Die Durchsetzung der Kindesherausgabe und des Umgangsrechts im Elternstreit

Europäische Hochschulschriften
Publications Universitaires Européennes
European University Studies

Reihe II
Rechtswissenschaft

Série II Series II
Droit
Law

Bd./Vol. 3497

PETER LANG
Frankfurt am Main · Berlin · Bern · Bruxelles · New York · Oxford · Wien

Bianca Kloeckner

Die Durchsetzung der Kindesherausgabe und des Umgangsrechts im Elternstreit

Die Anforderungen an ein kindgerechtes Verfahren unter Berücksichtigung empirischer und rechtsvergleichender Erkenntnisse

PETER LANG
Europäischer Verlag der Wissenschaften

Die Deutsche Bibliothek - CIP-Einheitsaufnahme

Kloeckner, Bianca:

Die Durchsetzung der Kindesherausgabe und des Umgangsrechts im Elternstreit : die Anforderungen an ein kindgerechtes Verfahren unter Berücksichtigung empirischer und rechtsvergleichender Erkenntnisse / Bianca Kloeckner. - Frankfurt am Main ; Berlin ; Bern ; Bruxelles ; New York ; Oxford ; Wien : Lang, 2002
(Europäische Hochschulschriften : Reihe 2, Rechtswissenschaft ; Bd. 3497)
Zugl.: Frankfurt (Main), Univ., Diss., 2002
ISBN 3-631-39784-4

D 30
ISSN 0531-7312
ISBN 3-631-39784-4

www.peterlang.de

Inhaltsverzeichnis:

Literaturverzeichnis:

Baer, Ingrid — Stellungnahme zum Entwurf eines Gesetzes zur Neuregelung des Rechts der elterlichen Sorge, in: ZfJ 1977, 516 ff.

Bailey, Martha — The Crying Game: Enforcement Of Access Rights; For Presentation At The Seventh Annual Institute Of Family Law, Ottawa 1998

Bailey, Martha/Bala, Nicholas C./Mc Callum, Magaret/Beaulne, J./Alexandrowicz, G. — Canada- International Encyclopedia Of Laws- family And Succession Law, The Hague, London, Boston 1999

Bailey, Martha — Enforcement Of Access Orders, 1998 National Family Law Program Section `M` (Sections dealing with Parental Counselling, Make-up Time, Permission not to pay Support and Enforcement Against the Access Parent), Toronto 1998?

Baltz, Jochen — Ächtung der Gewalt in der Erziehung, in: ZfJ 2000, 210 ff.

Bassenge, Peter/Herbst, Gerhard — FGG/RPflG, 8. Auflage, Heidelberg 1999 (zitiert: Bassenge/Herbst)

Baumbach, Adolf/Lauterbach, Wolfgang/Albers, Jan/Hartmann, Peter — Zivilprozeßordnung mit Gerichtsverfassungsgesetz und anderen Nebengesetzen, 58. Auflage, München 2000 (zitiert: Baumbach, Bearbeiter)

Bäumel, Dieter/Bienwald, Werner — Familienrechtsreformkommentar, Bielefeld 1998 (zitiert: FamRefKom, Bearbeiter)

Birnbaum, Rachel/Radovanovic, Helen — Brief Intervention Model For Access-Based Postseparation Disputes, in: F.C.C.R., Vol. 37, No. 4, October 1999, 504 ff.

Bumiller, Ursula/Winkler, Karl — Freiwillige Gerichtsbarkeit, 7. Auflage, München 1999 (zitiert: Bumiller/Winkler)

Carl, Eberhard — Mitwirkung von Minderjährigen im vormundschaftsgerichtlichen Verfahren, in: L. Salgo (Hrsg.), Vom Umgang der Justiz mit Minderjährigen, Neuwied, Kriftel 1995

Christian, Ingeborg — Die Herausgabe eines vom nichtsorgeberechtigten Elternteil oder eines Dritten entführten Kindes (In- und Auslandsfälle), in: DAVorm 1983, 418 ff., 660 ff.

Coester, Michael — Reform des Kindschaftsrechts, in: JZ 1992, 808 ff.

Currie, Brenda-Jean — Canadian Encyclopedic Digest, Volume 13, Title 62, Family Law, Third Edition , Ontario 1999

Dettenborn, Harry — Zwischen Bindung und Trennung- die Kindesherausgabe aus psychologischer Sicht, in: FPR 1996, 76 ff.

Diamond, Robyn Moglove — Enforcement Of Custody And Access Orders, in: 4 C.F.L.Q., 303 ff.

Dickmeis, Franz — Verfehlt § 33 II FGG seinen Zweck-Kindeswohlorientierte Entscheidungen des Familiengerichts und ihr Vollzug, in: NJW 1992, 537 ff.

Dickmeis, Franz — Die kinderpsychologische Begutachtung im familiengerichtlichen Verfahren, in: NJW 1983, 2053 ff.

Diercks, Kerstin — Ist bei der Herausgabevollstreckung Gewalt gegen das Kind zulässig?, in: FamRZ 1994, 1226 ff.

Dörr, Claus — Die Entwicklung des Familienrechts seit 1989- Eherecht, elterliche Sorge, Umgangsbefugnis, Kindesherausgabe, Ehewohnung und Hausrat, in: NJW 1991, 77 ff.

Epstein, Philip — Child Abductions And Jurisdictional Issues, in: Custody And Access, Chap. 4 Of Family Law Bar Admission Course Materials, The Law Society Of Upper Canada, 41st Bar, Toronto 1999

Epstein, Philip/Goodman, Susanne — Custody And Access, in: Custody And Access, Chap. 3 Of Family Law Bar Admission Course Materials, The Law Society Of Upper Canada, 41st Bar, Toronto 1999

Erman, Walter — Handkommentar zum Bürgerlichen Gesetzbuch, Band 2 (§§ 854-2385), 10. Auflage, Münster 2000 (zitiert: Erman, Bearbeiter)

Fodden, Simon R. — Family Law, Toronto 1999

Furstenberg, Frank F./Cherlin, Andrew J. — Geteilte Familien („Divided Families"), Stuttgart 1993

Geißler, Markus — Rechtsfragen um die Herausgabe eines Kindes und deren Vollstreckung, in: DGVZ 1997, 145 ff.

Gernhuber, Joachim — Lehrbuch des Familienrechts, 3. Auflage, München 1980

Gernhuber, Joachim/Coester-Waltjen, Dagmar — Lehrbuch des Familienrechts, 4. Auflage, München 1994

Goldstein, Joseph/Freud, Anna/Solnit, Albert J. — Jenseits des Kindeswohls, Frankfurt am Main 1991

Groß, Gerlinde — Grenzen des unmittelbaren Zwangs gegen Kinder, in: KindPrax 2001, 149 ff.

Heilmann, Stefan — Kindliches Zeitempfinden und Verfahrensrecht, Neuwied, Kriftel 1998

Heilmann, Stefan — Hilfe oder Eingriff? Verfassungsrechtliche Überlegungen zum Verhältnis von staatlichem Wächteramt und Jugendhilfe,in: ZfJ 2000, 41 ff.

Hinz, Manfred — Erzwingung der Kindesherausgabe unter Gewaltanwendung gegen das Kind?, in: FPR 1996, 62 ff.

Hulbert, Ronald E. — Mediation: An Effective Alternative to the Litigation Process in the Resolution of Custody and Access Disputes, in: McLeod , James G, Family Dispute Resolution, Litigation and ist Alternatives, Toronto, Calgary, Vancouver 1987

Jans, Karl-Wilhelm/Happe, Günther/Saurbier, Helmut — Jugendwohlfahrtsgesetz, 20. Auflage, Köln 1995 (zitiert: Jans/Happe, Bearbeiter)

Jopt, Uwe-Jörg — Staatliches Wächteramt und Kindeswohl, in: ZfJ 1990, 285 ff

Jopt, Uwe-Jörg — Staatlich legalisierte Kindesmißhandlung im Familienrecht, in: ZfJ 1991, 93 ff.

Keidel, Theodor/Kuntze, Joachim/Winkler, Karl — Freiwillige Gerichtsbarkeit, Teil A, Kommentar zum FGG, 11. Auflage, München 1978 (zitiert: Keidel[11]/ Bearbeiter)

Keidel, Theodor/Kuntze; Joachim/Winkler, Karl — Freiwillige Gerichtsbarkeit, Teil A, Kommentar zum FGG, 14. Auflage, München 1999 (zitiert: Keidel/ Bearbeiter)

Kitch, Alison — Conditioning Child Support Payment On Visitation Access: A Proposal, in: 5 Int. J. L. & Fam., 1991, 318 ff.

Knöpfel, Gottfried — Elternrecht, Kindesrecht und Zwang gegen Jugendliche, in: FamRZ 1985, 1211 ff.

Kronby, Malcolm C. — Canadian Family Law, 7th Edition, Toronto 1997

Kropp, Rainer — Herausgabe eines Kindes, in: DRiZ 1979, 118 f.

Kuckuk, Günter — Vollziehung von Umgangsregelungen gemäß § 1634 BGB, in: ZAP Fach 11, 161 ff.

Lempp, Reinhart — Kinder- und jugendpsychiatrische Anmerkung zur Frage, wieweit das Erziehungsrecht der Eltern durchgesetzt werden kann und darf, in: FamRZ 1986, 1061 ff.

Lempp, Reinhart — Kann die Familie weiterhin das Recht des Kindes gewährleisten?, in: Zeitschrift für Kinder- und Jugendpsychiatrie 1985, 43 ff.

Lempp, Reinhart — Der Entwurf eines Gesetzes zur Neuregelung des Rechts der elterlichen Sorge aus kinder- und jugendpsychiatrischer Sicht, in: ZfJ 1977, 507 ff.

Lossen, Helga/Vergho, Claudius — Familienberatung bei Trennung und Scheidung am Amtsgericht, in: FamRZ 1998, 1218 ff.

MacIsaac, Sherry — Canadian Encyclopedic Digest, Vol. 5, Title 31, Contempt Of Court, Third Edition, Ontario 1993

Maragh, Kathleen — Canadian Encyclopedic Digest, Vol. 6, Title 38, Courts, Third Edition, Ontario 2000

McLeod, James G. — Enforcement of Access and Ontario Bill 124, in: 4 C.F.L.Q., 335 ff.

McLeod, James G. — Child Custody Law And Practice, Release 3, Toronto, Ontario 1999

Mitrega, Michaela — Betreuter Umgang, in: FPR 1999, 212 ff.

Münchener Kommentar — Bürgerliches Gesetzbuch, Band 8, Familienrecht II (§§ 1589-1921), 3. Auflage, München 1992 (zitiert: MüKo, Bearbeiter)

Münchener Kommentar — ürgerliches Gesetzbuch, Band 10, Einführungsgesetz zum Bürgerlichen Gesetzbuche (Art. 1-38), 3. Auflage, München 1998 (zitiert: MüKo, Bearbeiter)

Münder, Johannes — Die Entwicklung autonomen kindschaftsrechtlichen Denkens, in: ZfJ 1988, 10 ff.

Münder, Johannes — Frankfurter Lehr- und Praxiskommentar zum Kinder- und Jugendhilfegesetz, 3.Auflage, Köln 1998 (zitiert: Münder, KJHG)

Newman, Judy — Supervised Access Programmes Revisited: Focus On Children, in: Matrimonial Affairs (Issue and date unknown); Announcement Of The Ministry Of The Attorney General; Ontario, 14.4.1992

Oelkers, Harald — Formelle und materielle Fragen des Umgangsrechts nach § 1634 BGB, in: FamRZ 1995, 449 ff.

Office Of The Children's Lawyer	Annual Review 1998/99 Of The Office Of The Children's Lawyer, issued by the Ministy Of The Attorney General, Toronto, Ontario 2000
Ollmann, Rainer	Zum Geltungsbereich des § 42 SGB VII (Inobhutnahme), in: FamRZ 2000, 261 ff.
Palandt, Otto	Bürgerliches Gesetzbuch, 59. Auflage, München 2000 (zitiert: Palandt, Bearbeiter)
Pearson, Brandon/Gallaway, Roger	For The Sake Of Children, in: Report Of The Special Joint Committe On Child Custody And Access, Toronto 1998
Putzo, Hans/Thomas, Heinz	Zivilprozeßordnung, 22. Auflage, München 1999 (zitiert: Putzo)
Raak, Wolfgang	Die Kindesherausgabe im vormundschaftsgerichtlichen Verfahren und die sich dabei manifestierende staatliche Gewalt, in: FPR 1996, 54 ff.
Radke, Birgit/Gewinner, Susanne	Das Umgangsrecht nach der Kindschaftsrechtsreform- Erste Erfahrungen aus der praktischen Arbeit seit der veränderten Position des Jugendamts, in: FPR 1999, 235 ff.
Rahm, Walter/Künkel, Bernd	Handbuch des Familiengerichtsverfahrens, 4.Auflage, Köln 1994, Stand: 37. Ergänzungslieferung, Oktober 1999 (zitiert: Rahm/Künkel, Bearbeiter)
Rauscher, Thomas	Das Umgangsrecht im Kindschaftsrechtsreformgesetz, in: FamRZ 1998, 329 ff.
Reichsgerichtskommentar	Das Bürgerliche Gesetzbuch, Band IV, 3.Teil (§§ 1589-1740g), 12. Auflage, Berlin 1999 (zitiert: RGRK, Bearbeiter)

Richter, Hermann/Kreuznacht, Hartmut — Der beschützte Umgang, in: ZfJ 1999, 45 ff.

Rudolphi, Hans-Joachim/Horn, Eckhard — Systematischer Kommentar zum Strafgesetzbuch, Band 2, Besonderer Teil (§§ 223-358), 7. Auflage, Neuwied, Kriftel 2000 (Stand: 50. Ergänzungslieferung, April 2000) (zitiert: SK; Bearbeiter)

Salgo, Ludwig — Der Anwalt des Kindes, Die Vertretung von Kindern in zivilrechtlichen Kindesschutzverfahren, Frankfurt am Main 1996

Salzgeber, Joseph — Gedanken eines psychologischen Sachverständigen zum begleiteten Umgang des Kindes mit einem Elternteil, in: FamRZ 1999, 975 f.

Schmidt, Gerd — Handbuch der freiwilligen Gerichtsbarkeit, 2. Auflage, München 1996 (zitiert: Schmidt)

Schönke, Adolf/Schröder, Horst — Strafgesetzbuch, 25. Auflage, München 1997 (zitiert: Schönke/Schröder, Bearbeiter)

Schüler, Joachim — Die Kindesherausgabevollstreckung nach der ZPO und dem FGG, in: DGVZ 1977, 133 ff.

Schüler, Joachim — Die Kindesherausgabevollstreckung seit dem 1.1.1980, in: ZfJ 1981, 173 ff.

Schütz, Harald — Die Erreichung des 13. Lebensjahres befreit das Kind nicht von der Pflicht, sich erziehen zu lassen, in: FamRZ 1987, 438 ff.

Schütz, Harald — Das Recht der Eltern auf Erziehung ihrer Kinder in der Familie, in: FamRZ 1986, 528 ff.

Shipley, Alan Q — Custody Law Reform In Ontario: The Children`s Law Reform Act, in: Children`s Rights In The Practice Of Family Law, Calgary, Toronto, Vancouver 1986

Shipley, Alan Q. — Notes On Child Abduction And The Children`s Law Reform Act, in: The Law Society Of Upper Canada, Toronto 1983

Soergel, Hans Theodor — Bürgerliches Gesetzbuch, Band 8, Familienrecht II (§§ 1589-1921), 12. Auflage, Stuttgart 1987 (zitiert: Soergel, Bearbeiter)

Spangenberg, Brigitte — Umgang mit dem „Nein"- Vermittlung des Umgangs gegen den ausgesprochenen Willen des sorgeberechtigten Elternteils, in: ZfJ 1994, 458 ff.

Spangenberg, Ernst — Richten und Heilen- mediatives Denken im (Familien-) Gerichtsverfahren, in: FamRZ 1997, 1263 ff.

Staudinger, Julius von — Kommentar zum Bürgerlichen Gesetzbuch (§§ 1626-1631 BGB; §§ 1-11 RKEG; §§ 1631a-1665 BGB), 12. Auflage, Berlin 1997 (zitiert: Staudinger[12]/ Bearbeiter)

Staudinger, Julius von — Kommentar zum Bürgerlichen Gesetzbuch (§§ 1638-1683 BGB), 13. Auflage, Berlin 2000 (zitiert: Staudinger[13]/Bearbeiter)

Staudinger, Julius von — Kommentar zum Bürgerlichen Gesetzbuch (§§ 1684-1717 BGB; Anhang zu § 1717: Artikel 223 EGBGB), 13. Auflage, Berlin 2000
(zitiert: Staudinger[13]/Bearbeiter)

Talos, Steven/Liepner, Michael/Dickinson, Gregory — Understanding The Law, Toronto 1990

Tröndle, Herbert/Fischer, Thomas — Strafgesetzbuch, 49. Auflage, München 1999

Vogel, Harald — Die Kinderherausgabe im familiengerichtlichen Verfahren, in: FPR 1996, 51 ff.

Wallerstein, Judith S./Lewis, Julia — Langzeitwirkungen der elterlichen Ehescheidung auf Kinder, in: FamRZ 2001, 65 ff.

Wallerstein, Judith/Blakeslee, Sandra — Gewinner und Verlierer, Frauen, Männer, Kinder nach der Ehescheidung-eine Langzeitstudie, München 1992

Walter, Eginhard — Einschränkung und Ausschluß des Umgangs nach § 1634 II 2 BGB, in: ZfJ 1996, 270 ff.

Walter, Eginhard — Begleiteter Umgang (§ 1684 IV BGB)-Erfahrungen, Konzeptionen, Praxismodelle und neue Möglichkeiten, in: FPR 1999, 204 ff.

Weisbrodt, Franz — Wie kann der Familienrichter das Verfahren gestalten, um mit Umgangskonflikten umgehen zu können, in: Kind-Prax 2000, 9 ff.

Wieser, Eberhard — Die gewaltsame Rückführung eines Kindes zu seinen Eltern, in: FamRZ 1990, 693 ff.

Wiesner, Reinhard/Mörsberger, Thomas/Oberloskamp, Helga/Struck, Jutta — SGB VIII- Kinder- und Jugendhilfe, 2. Auflage, München 2000 (zitiert: Wiesner/Mörsberger/Oberloskamp/Struck)

Wilton, Ann/Myanchi, Judy S. — Enforcement Of Family Law Orders And Agreements: Law And Practice, Ontario, Toronto 1999

Zitelmann, Maud	Kindeswohl und Kindeswille, Dissertation, Frankfurt am Main 2001

Abkürzungsverzeichnis:

A.	Auflage
a.a.O.	am angegebenen Ort
a.F.	alte Fassung
AG	Amtsgericht
Alb.	Alberta
Alt.	Alternative
Anh.	Anhang
Art.	Artikel
Az.	Aktenzeichen
B.C.	British Columbia
B.C.L.R.	British Columbia Law Reports
BayObLG	Bayerisches Oberstes Landgericht
BayObLGZ	Entscheidungssammlung in Zivilsachen des Bayerischen Obersten Landgerichts
Beschl.	Beschluß
BezG	Bezirksgericht
BGB	Bürgerliches Gesetzbuch
BGBl.	Bundesgesetzblatt
BGH	Bundesgerichtshof
BGHSt	Entscheidungssammlung des Bundesgerichtshofs in Strafsachen
BGHZ	Entscheidungssammlung des Bundesgerichtshofs in Zivilsachen
BRAK-Mitt.	Mitteilungen der Bundesrechtsanwaltskammer
BR-Drucks	Bundesratsdrucksache
bspw.	beispielsweise
BT-Drucks	Bundestagsdrucksache
BVerfGE	Entscheidungen des Bundesverfassungsgerichts
bzw.	beziehungsweise
C.A.	Court of Appeal
C.F.L.Q	Canadian Family Law Quarterly
chap.	chapter
CLRA	Children`s Law Reform Act
Ct.	Court
Ct.Rev	Courts Review
d.h.	das heißt
DAVorm.	Der Amtsvormund
ders.	derselbe
DGVZ	Deutsche Gerichtsvollzieherzeitung
Doc.	Document

DRiZ	Deutsche Richterzeitung
EGBGB	Einführungsgesetz zum Bürgerlichen Gesetzbuch
EGStGB	Einführungsgesetz zum Strafgesetzbuch
ESÜ	Europäisches Übereinkommen vom 20.5.1980 über die Anerkennung und Vollstreckung von Entscheidungen über das Sorgerecht für Kinder und die Wiederherstellung der Sorgeverhältnisse
EzFamR	Entscheidungssammlung zum Familienrecht
f.	folgende
F.C.C.R.	Family And Conciliation Courts Review
Fam.C.	Family Court
Fam.Div.	Family Division
FamRefKom.	Familienrechtsreformkommentar
FamRZ	Zeitschrift für das allgemeine Familienrecht
ff.	fortfolgende
FGG	Gesetz über die Angelegenheiten der freiwilligen Gerichtsbarkeit
FPR	Familie, Partnerschaft und Recht
Gen.Div.	General Division
GG	Grundgesetz
ggf.	gegebenenfalls
GVBl.	Gesetz- und Verordnungsblatt
GVGA	Geschäftsanweisung für Gerichtsvollzieher
H.C.	High Court
h.M.	herrschende Meinung
HKÜ	Haager Übereinkommen vom 25.10.1980 über die zivilrechtlichen Aspekte internationaler Kindesentführungen
Hrsg.	Herausgeber
HSOG	Hessisches Gesetz über die öffentliche Sicherheit und Ordnung
i.H.v.	in Höhe von
i.w.S.	im weiteren Sinne
Int. J. L. & Fam.	International Journal of Law and the Family

Justiz	Die Justiz. Amtsblatt des Justizministeriums Baden-Würtemberg
JWG	Jugendwohlfahrtsgesetz
JZ	Juristenzeitung
KG	Kammergericht
KindPrax	Kindschaftsrechtliche Praxis
KindRefKom.	Kindschaftrechtsreformkommentar
KindRG	Kindschaftsrechtsreformgesetz
KJHG	Kinder- und Jugendhilfegesetz
LG	Landgericht
m.w.N.	mit weiteren Nachweisen
Man.	Manitoba
Man.R.	Manitoba Reports
MSA	Haager Übereinkommen vom 05.10.1961 über die Zuständigkeit der Behörden und das anzuwendende Recht auf dem Gebiet des Schutzes von Minderjährigen
MüKo	Münchener Kommentar zum Bürgerlichen Gesetzbuch
N.B.	New Brunswick
N.B.R. (2d)	New Brunswick Reports (Second Series)
n.F.	neue Fassung
N.S.	Nova Scotia
N.S.F.C.	Nova Scotia Family Court
N.S.R. (2d)	Nova Scotia Reports (Second Series)
Nfdl.&P.E.I.R.	Newfoundland and Prince Edward Island Reports
Nfld.	Newfoundland
NJW	Neue Juristische Wochenschrift
NJW-RR	NJW-Rechtsprechungs-Report Zivilrecht
No.	Number
Nr.	Nummer
o.ä.	oder ähnliches
O.F.L.R.	Ontario Family Law Reports
O.R. (2d)	Ontario Reports (Second Series)
OLG	Oberlandesgericht
OLGZ	Entscheidungssammlung der Oberlandesgerichte in Zivilsachen
Ont.	Ontario
Ont.Ct.J.	Ontario Courts Journal
P.E.I.	Prince Edward Island

P.E.I.S.C.	Prince Edward Island Supreme Court
Prov.Ct.	Provincial Court
Prov.Div.	Provincial Division
Q.B.	Queen`s Bench
R.F.L. (2d)	Reports of Family Law (Second Series)
R.F.L. (3d)	Reports of Family Law (Third Series)
R.F.L. (4th)	Reports of Family Law (Fourth Series)
R.R.O.	Revised Rules Of Ontario
R.S.	Revised Statutes
R.S.A.	Revised Statutes of Albertra
R.S.B.C.	Revised Statutes of British Columbia
R.S.C.	Revised Statutes of Canada
R.S.M.	Revised Statutes of Manitoba
R.S.N.	Revised Statutes of Newfoundland
R.S.N.B.	Revised Statutes of New Brunswick
R.S.N.S.	Revised Statutes of Nova Scotia
R.S.N.W.T.	Revised Statutes of Northwest Territories
R.S.O.	Revised Statutes of Ontario
R.S.P.E.I.	Revised Statutes of Prince Edward Island
R.S.S.	Revised Statutes of Saskatchewan
R.S.Y.	Revised Statutes of Yukon
Rdnr.	Randnummer
RGBl.	Reichsgesetzblatt
RGRK	Reichsgerichtskommentar
s.	siehe bzw. section
S.	Siehe bzw. Seite
S.C.	Supreme Court
S.C.C.	Supreme Court of Canada
s.o.	siehe oben
s.u.	siehe unten
Sask.U.Fam.C.	Saskatchewan Unified Family Court
SchlHA	Schleswig- Holsteinische Anzeigen
SchlHOLG	Schleswig- Holsteinisches Oberlandesgericht
SGB	Sozialgesetzbuch
SK	Systematischer Kommentar zum Strafgesetzbuch
SorgeRÜbKG	Gesetz zur Ausführung des Haager Übereinkommens vom 25.10.1980 über die zivilrechtlichen Aspekte internationaler Kindesentführung und des Europäischen Übereinkommens

	vom 20.05.1980 über die Anerkennung und Vollstreckung von Entscheidungen über das Sorgerecht für Kinder und die Wiederherstellung des Sorgeverhältnisses vom 05.04.1990
StGB	Strafgesetzbuch
StPO	Strafprozeßordnung
Streit	Streit- Feministische Rechtszeitschrift
StRG	Strafrechtsreformgesetz
u.a.	unter anderem
U.F.C.	Unified Family Court
v.	vom bzw. versus
Vol.	Volume
Vorbem.	Vorbemerkung
VormG	Vormundschaftsgericht
W.D.F.L.	Weekly Digest Of Family Law
z.B.	zum Beispiel
z.T.	zum Teil
ZAP	Zeitschrift für die Anwaltspraxis
ZfJ	Zentralblatt für Jugendrecht
ZPO	Zivilprozeßordnung

Einführung

Im Falle der Trennung oder Scheidung gipfelt der elterliche Konflikt im Streit um die Gegenwart des Kindes. Besondere Bedeutung erlangt in diesem Zusammenhang die Durchsetzung der Elternrechte auf Herausgabe des Kindes oder auf Umgang mit dem Kind. In dieser Situation können Eltern die Interessen ihres Kindes schwerlich wahrnehmen. Umso bedeutsamer ist daher die Ausgestaltung des gerichtlichen Verfahrens zur Durchsetzung der Kindesherausgabe und des Umgangsrechts nach Maßstäben, die die Interessen des Kindes ausreichend berücksichtigen. Es ist daher notwendig, zu untersuchen, welche Anforderungen an ein kindgerechtes Verfahren zur Durchsetzung der elterlichen Rechte gestellt werden müssen.

Mit der vorliegenden Arbeit soll eine Untersuchung der Rechtsprechung im Bereich der Durchsetzung der Kindesherausgabe und des Umgangsrechts unternommen werden, um die Schwachstellen des geltenden Rechts und dessen Handhabung in der gerichtlichen Praxis herauszufiltern (A.I.-IV.). Letzterem Zweck soll insbesondere die Untersuchung eines Ausschnitts nichtveröffentlichter Rechtsprechung zur Durchsetzung der Kindesherausgabe und des Umgangsrechts dienen (A.IV.). Besondere Berücksichtigung sollen hierbei schädlichen Auswirkungen auf das Kind finden (A.V.).
Eine kritische Untersuchung bleibt jedoch unbefriedigend, wenn sie nicht konstruktiv ist. Daher sollen insbesondere alternative Durchsetzungsmöglichkeiten aufgefunden werden (A.VI.). Dem soll neben der Untersuchung des innerstaatlichen Rechts die Durchführung eines Vergleichs mit einem anderen Rechtssystem dienen (B). Bestenfalls können Lösungsansätze formuliert werden, durch die es jedenfalls rechtlich ermöglicht wird, die Interessen von Kindern im Elternstreit realistisch wahrzunehmen (C).

A. Die Vollstreckung der Kindesherausgabe und des Umgangsrechts in der gerichtlichen Praxis der Bundesrepublik Deutschland

Es wird zunächst untersucht, ob und ggf. welche Mängel, insbesondere negative Zwangswirkungen, zu Lasten des Kindes im Rahmen der Durchsetzung von gerichtlichen Entscheidungen, die zur Beilegung eines elterlichen Streits über die Kindesherausgabe oder das Umgangsrecht ergangen sind, in der gerichtlichen Praxis gegeben sind.
Dazu werden einleitend drei Fälle aus der Praxis nachgezeichnet (A.I.). Es wird ein kurzer Überblick über die der Durchsetzung zugrundeliegenden rechtlichen Konstellationen gegeben (A.II.). Im nächsten Abschnitt erfolgt eine vertiefte Auseinandersetzung mit der veröffentlichten Rechtsprechung zu den Vollstreckungsmitteln des § 33 FGG (A.III.) neben einer kritischen Auswertung eines Ausschnitts aus der nichtveröffentlichten familiengerichtlichen Rechtsprechung (A.IV.). Im Anschluß daran wird untersucht, ob die so geartete Durchsetzung der Kindesherausgabe und des Umgangsrechts mit Kindeswohlinteressen vereinbar ist (A.V.). Letztlich werden Alternativen zu den klassischen Zwangsmitteln des § 33 FGG dargestellt, soweit das geltende Recht solche bietet (A.VI.).

I. Fallstudien

Nachfolgend werden die Verfahrensabläufe dreier Fälle deutscher Amtsgerichte nachgezeichnet, die allesamt die Frage nach der Zulässigkeit der Anwendung mittelbarer oder unmittelbarer staatlicher Gewalt gegen Kinder berühren und einen aktuellen Klärungsbedarf aufzeigen wollen. [1]
Die nachfolgenden Fälle deuten auf Widersprüche zwischen Recht auf der einen Seite und Kindeswohl auf der anderen Seite hin. Das Recht aber soll Kinder, die ohnehin bereits durch das trennungs- oder scheidungsbedingte Auseinanderfallen der Familie belastet sind, eben vor diesen Belastungen und Schädigungen schützen.[2]

[1] an dieser Stelle wird auch auf die Fallbeschreibungen bei Jopt, ZfJ 1991, 93 (94) verwiesen, die ähnliche Situationen erfassen und auch auf die Erfahrungsberichte über die Herausgabevollstreckung von Pflegekindern in Kindeswohl 1991, 8 ff; 1992, 9 ff; 1994, 29 ff; hingewiesen, die allesamt die staatliche Anwendung von Gewalt gegenüber Kindern beschreiben;
[2] Jopt, ZfJ, 1991, 93 (95)

Fallstudie 1: Das Kind Susanne

Susanne[3] war zum Zeitpunkt der Einleitung des ersten sie betreffenden Herausgabeverfahrens vier Jahre alt. Zum Beendigungszeitpunkt des letzten sie betreffenden Herausgabeverfahrens war sie sieben Jahre alt.
Susanne lebte bis zum Juni 1990 zusammen mit ihren Eltern in der gemeinsamen Ehewohnung. Im Juni 1990 trennten sich ihre Eltern und Susannes Mutter verließ die gemeinsame Wohnung. Susanne verblieb bei ihrem Vater. In den folgenden Jahren bot u.a. der Kontakt der Mutter zu Susanne Anlaß zu ständigen Konflikten zwischen den Eltern. So fand der Streit der Eltern um die Aufrechterhaltung des Kontakts mit ihrer Mutter in einem amtsgerichtlichen Beschluß im Jahre 1993, der den Umgang der Mutter mit Susanne für einen bestimmten Zeitraum konkret festlegte und beiden Elternteilen für die Zuwiderhandlung ihrer aus diesem Beschluß resultierenden Verpflichtungen ein Zwangsgeld androhte, einen ersten Höhepunkt.

Im Oktober 1990 vereinbarten die Eltern im Rahmen eines Gesprächs beim Jugendamt, die elterliche Sorge für Susanne weiterhin gemeinsam übernehmen zu wollen. Susanne sollte zunächst beim Vater in der vormals gemeinsamen Wohnung bleiben, da man sie nicht aus ihrem gewohnten Umfeld herausreißen wollte. Susannes Mutter hatte vor, ein vom Vater unabhängiges stabiles Umfeld aufzubauen.
Im November 1990 bezog Susannes Mutter eine eigene Wohnung und Susanne besuchte ihre Mutter. Der Kontakt zu Susanne hatte bis dahin nur telefonisch bestanden. Nach diesem Besuch Susannes bei ihrer Mutter, unterband der Vater jeglichen Kontakt zwischen dem Kind und der Mutter.
Im März 1991 beantragte die Mutter die Herausgabe Susannes vom Vater zum Zwecke der Durchsetzung des Umgangs mit Susanne aufgrund der gemeinsamen elterlichen Sorge beim Amtsgericht Darmstadt, Familiengericht. Darüberhinaus begehrten sowohl Mutter als auch Vater die alleinige elterliche Sorge für Susanne.
Im nächsten halben Jahr führten die Eltern mehrere Gespräche beim Jugendamt durch. Außerdem wurde zur Entscheidung über die elterliche Sorge ein Sachverständigengutachten erstellt. Susanne hatte zu ihrer Mutter erst im Sommer 1991 wieder Kontakt, der sich nach und nach ausweitete, so daß sie auch bei ihrer Mutter übernachten konnte.
Im November 1991 entschied das Amtsgericht Darmstadt, Familiengericht, daß die elterliche Sorge für Susanne für die Zeit des Getrenntlebens der Eltern der Mutter übertragen wird. Der Herausgabeantrag der Mutter zur Durchsetzung des Umgangs vom März 1991 erledigte sich damit. Die Sorgerechtsentscheidung entsprach dem Vorschlag des Sachverständigengutachtens, der auch damit be-

[3] Die Fallstudie beschreibt den Verfahrensablauf der Verfahren des AG Darmstadt, Az.: 51 F 326/91; 51 F 1074/90; 51 F 1528/93. Die Entscheidungen dieser Verfahren wurden nicht veröffentlicht; der Name des Kindes ist aus datenschutzrechtlichen Gründen geändert worden.

gründet worden war, daß bei einer Übertragung der elterlichen Sorge für Susanne auf die Mutter der Kontakt zu beiden Elternteilen gewährleistet blieb. Die Entscheidung widersprach dem Vorschlag des Jugendamtes, welches sich u.a. aus Gründen der Kontinuität der Erziehung für die Übertragung der elterlichen Sorge auf den Vater ausgesprochen hatte, weil Susanne seit der Trennung ihrer Eltern ihren Lebensmittelpunkt beim Vater hatte. Eine Anhörung Susannes durch das Gericht war auf Wunsch der Eltern unterblieben.
Gegen die Übertragung der elterlichen Sorge auf die Mutter legte der Vater Beschwerde ein. Die Mutter hingegen beantragte im Dezember 1991 erneut die Herausgabe Susannes zur Ausübung ihres Sorgerechts.

Das Oberlandesgericht änderte sodann im Mai 1992 die erstinstanzliche Entscheidung ab[4] und übertrug die elterliche Sorge auf den Vater aus Gründen der Kontinuität. Das Oberlandesgericht hatte Susanne angehört, welche erklärte, zu beiden Eltern zu wollen. Wiederum erledigte sich der Herausgabeantrag der Mutter.
Im Rahmen des sich fortsetzenden Scheidungsverfahrens der Eltern trafen diese im Januar 1993 eine gerichtliche Umgangsvereinbarung, die es vorsah, daß die Mutter mit Susanne alle 14 Tage und in der Hälfte der Ferienzeit sowie an jedem zweiten Feiertag an Weihnachten, Ostern und Pfingsten Umgang haben sollte. In der Folgezeit wurde diese Regelung jedoch seitens des Vaters nicht immer eingehalten, so daß es zwar zu Kontakten zwischen Susanne und ihrer Mutter kam, diese jedoch insbesondere hinsichtlich der Schulferien nicht wie vereinbart stattfanden. Dies führte stets zu neuen erheblichen elterlichen Konflikten.

Im Dezember 1993 beantragte dann die Mutter erneut beim Amtsgericht Darmstadt, Familiengericht, die Herausgabe Susannes für die ihr zustehende Umgangszeit in den Weihnachtsferien des Kindes. Die Eltern Susannes konnten sich im Rahmen der mündlichen Verhandlung vor dem Amtsgericht Darmstadt, trotz eindringlicher Versuche seitens des Gerichts nicht einigen. Auch in diesem Verfahren wurde Susanne nicht angehört.

So entschied das Amtsgericht Darmstadt, Familiengericht, daß die Mutter berechtigt sei, in der Zeit vom 26.12.93, 10.00 Uhr bis zum 6.1.94, 18.00 Uhr Susanne zu sich zu nehmen. Dem Vater wurde unter Androhung eines Zwangsgeldes i.H.v. 500 DM aufgegeben, Susanne pünktlich an die Mutter herauszugeben. Der Mutter wurde unter Androhung eines Zwangsgeldes i.H.v. 500 DM aufgegeben, Susanne pünktlich zum Vater zurückzubringen.
Das Unterbleiben der Anhörung Susannes wurde damit begründet, daß letzendlich nur die Frage des Zeitraumes des Umgangsrechts zwischen den Parteien streitig gewesen sei, nicht aber das Umgangsrecht als solches. Susanne hätte

[4] Nichtveröffentlicht: Beschluß des OLG Frankfurt vom 18.5.1992, Az.: 6 UF 200/91

nach Auffassung des Gerichts zu einer Lösung dieses Konkflikts nichts beitragen können.

Fallstudie 2: Das Kind Mustafa

Mustafa,[5] zum Zeitpunkt des Verfahrens neun Jahre alt, lebte zusammen mit seinen Eltern in der gemeinsamen Ehewohnung, bis die Mutter Mustafas sich von Ihrem Ehemann, dem Vater des Kindes, trennte. Die Familie der Mutter sowie der Vater Mustafas nahmen das Kind kurz nach der Trennung gegen den Willen der Kindesmutter zu sich. Erst nach Einschaltung des Gerichts, des Gerichtsvollziehers und der Polizei kehrte das Kind zur Mutter zurück.

Mustafa wurde seiner Mutter am 3.2.1997 von deren Vater, seinem Großvater und den Brüdern der Mutter, unmittelbar nach der Trennung der Eltern Mustafas gewaltsam entrissen und in die Wohnung der Großeltern verbracht. Dort enthielten die Großeltern, die Brüder und der Vater Mustafas das Kind der Mutter vor.
Die Mutter beantragte daraufhin mit Antrag vom 4.2.1997 im Eilverfahren am Amtsgericht Frankfurt, Familiengericht, die Herausgabe des Kindes gegen den Großvater.
Sie machte durch die Abgabe einer eidestattlichen Versicherung glaubhaft, es bestehe die Gefahr, daß der Großvater und die Brüder der Mutter das Kind in die Türkei zu den Verwandten des Kindesvaters verbringen wollten, damit Mustafa bei diesen aufwachsen könne. Sie machte weiterhin glaubhaft, daß sie im Falle einer Verbringung Mustafas in die Türkei in den nächsten Jahren keine Möglichkeit haben würde, Mustafa wiederzusehen. Sie betreibe das Scheidungsverfahren und gab an, das alleinige Sorgerecht zu beanspruchen.

Mit Beschluß vom 4.2.1997, also am Tag der Antragsstellung, entschied das Amtsgericht Frankfurt, Familiengericht, im Wege der einstweiligen Anordnung ohne vorherige Anhörung des Antragsgegners, dem Großvater Mustafas, des Kindes selbst oder sonstiger Beteiligter und ohne Einschaltung des Jugendamtes, daß der Großvater das Kind an die Mutter herauszugeben habe. Darüberhinaus wurden keine Vollstreckungsanordnungen getroffen.
Zur Begründung des Beschlusses wird lediglich angeführt: „ Die Antragsstellerin hat glaubhaft gemacht, daß sie von ihrem Ehemann (Vater) getrennt lebt. Am 3.2.1997 nahmen der Antragsgegner (Großvater) und die Brüder der Antragsstellerin das Kind Mustafa gewaltsam von der Antragstellerin weg. Danach wurde angekündigt, daß Mustafa in die Türkei verbracht werden soll. Um dies zu verhindern, war die beantragte Anordnung zu erlassen.“

[5] Die Fallstudie beschreibt den Verfahrensablauf des Verfahrens des AG Frankfurt, Az.: 35 F 2038/97. Die Entscheidungen dieses Verfahrens, wurden nicht veröffentlicht; der Name des Kindes ist aus datenschutzrechtlichen Gründen geändert worden.

Am selben Tag erwirkte die Mutter die Herausgabe Mustafas durch einen Gerichtsvollzieher und zwei Polizisten unter Anwendung von Gewalt aus der Wohnung der Großeltern, obwohl eine Anordnung zur Vollstreckung des Herausgabebeschlusses nicht vorlag.

Aus dem Protokoll über die Vollstreckung der Herausgabe des Gerichtsvollziehers ergibt sich, daß die Großeltern Mustafas, Mustafas Vater und Mustafas Onkel bei der Vollstreckung anwesend waren und Mustafa nicht herausgeben wollten. Wörtlich heißt es: „Wir sind auf erheblichen Widerstand ... gestoßen, der mit Gewalt gebrochen werden mußte."

Mustafa war zunächst nicht bereit, mit der Mutter, dem Gerichtsvollzieher und den Polizisten mitzugehen. Er äußerte, er wolle nicht mitgehen, weil er Angst habe.
Der Gerichtsvollzieher unterhielt sich nun mit den Beteiligten und ließ sich von der Mutter Mustafas davon überzeugen, daß das Kind eingeschüchtert worden sei. Daraufhin nahm der Gerichtsvollzieher das Kind „an die Hand" und „brachte" ihn „zu seiner Mutter, während die Polizei die Verwandschaft fernhielt, die auf die Kindesmutter losgehen wollte".
Mustafa und seine Mutter wurden daraufhin von der Polizei in die Ehewohnung gefahren, wo die Mutter aber aus Angst, die anderen Beteiligten könnten umgehend dort auftauchen, nicht bleiben wollte.
Der Gerichtsvollzieher brachte Mustafa und seine Mutter deshalb zum örtlichen Jugendamt, damit die weitere Unterbringung beider geklärt werden konnte. „Dort wollte" Mustafa „dann doch mit der Mutter gehen und berichtete sogar" einem Zeugen, „daß seine Großeltern, sein Vater und sein Onkel ihm gesagt hätten, er solle nicht mehr Mama sagen und ihm vor der Mutter Angst gemacht hätten".
Mustafa und seine Mutter wurden sodann übergangsweise in einer Sozialstation untergebracht.

Fallstudie 3: Die Kinder Martin und Andrea

Martin ist neun Jahre alt und Andrea[6] ist sieben Jahre alt. Beide lebten mit ihren Eltern zusammen, bis diese sich trennten. Die Mutter verblieb mit den Kindern zunächst in der ehemals gemeinsamen Wohnung, während der Vater auszog und in die Nähe der ehemals gemeinsamen Wohnung verzog. Die Kinder verlagerten ihren Lebensmittelpunkt im Laufe der Zeit zum Vater und weigerten sich während der gesamten Dauer des Herausgabeverfahrens vom 6.1.1997 bis zum 24.3.1997 mit der Mutter zu leben. Jegliche Bemühungen der Mutter, die Kinder zu einem Zusammenleben mit ihr zu bewegen scheiterten.

[6] Die Fallstudie beschreibt den Ablauf des Verfahrens des AG Frankfurt, Az.: 35 F 9002/97, Die Entscheidungen dieses Verfahrens wurden nicht veröffentlicht; die Namen der Kinder sind aus datenschutzrechtlichen Gründen geändert worden.

Am 6.1.1997 beantragte die Mutter beim Amtsgericht Frankfurt, Familiengericht, den Erlaß einer einstweiligen Anordnung zur Herausgabe der Kinder. Diesem Antrag ging folgendes voraus:

Nach der Trennung konnten sich die Eltern nicht über das Sorge- und Umgangsrecht einigen, so daß der Mutter der Kinder im Juli 1996 im Rahmen des Verfahrens über die Regelung des Sorgerechts für die Zeit des Getrenntlebens beim Amtsgericht Frankfurt, Familiengericht, das Aufenthaltsbestimmungsrecht für die Kinder für die Zeit des Getrenntlebens zugesprochen wurde. Auf die Beschwerde des Vaters gegen diese Entscheidung bestätigte das Oberlandesgericht Frankfurt den Beschluss des Amtsgerichts[7].

Im Rahmen des vom Vater betriebenen anschließenden Verfahrens zur vorläufigen Regelung seines Umgangs mit den Kindern trafen die Eltern im Rahmen der mündlichen Verhandlung im Dezember 1996 eine Umgangsvereinbarung, wonach der Vater u.a. mit den Kindern in der Zeit der Weihnachtsferien Umgang haben und diese am 3.1.1997 zurück zur Mutter bringen sollte. Bereits in diesem Verfahren äußerten die Kinder, beim Vater bleiben zu wollen, wobei das Gericht von einer Manipulation der Kinder durch deren Vater ausgegangen war und daher den Kindeswillen nicht ausschlaggebend berücksichtigte bzw. zum Anlaß nahm, nunmehr das Aufenthaltsbestimmungsrecht abzuändern.

Der Besuchsaufenthalt beim Vater kam zustande. Nach dem 3.1.1997 erklärten die Kinder noch länger beim Vater bleiben zu wollen. Die Mutter stimmte zunächst zu, verlangte dann aber die Kinder vom Vater heraus. Die Kinder kehrten jedoch nicht zur Mutter zurück.

Auf den Antrag der Mutter auf Erlaß einer einstweiligen Anordnung zur Herausgabe der Kinder vom 6.1.1997 hielt das Gericht nun mit dem Jugendamt Rücksprache, welches mitteilte, die Kinder boykottierten die Rückkehr zur Mutter. Das Jugendamt riet davon ab, eine gewaltsame Herausgabe durchzuführen und empfahl eine Anhörung der Beteiligten.
Am 14.1.1997 fand dann ein Termin zur mündlichen Verhandlung vor dem Amtsgericht Frankfurt, Familiengericht, statt, bei dem die Kinder nicht anwesend waren. Die Parteien vereinbarten im Rahmen dieser mündlichen Verhandlung, der Vater solle die Kinder am nächsten Tag um 13.15 Uhr zum Gericht bringen und nach Ablieferung der Kinder das Gerichtsgebäude umgehend verlassen. Sodann solle eine Anhörung der Kinder erfolgen. Die Mutter solle die Kinder dann um 13.30 Uhr abholen. Über die Stellung der streitigen Anträge hinaus, beantragte der Rechtsanwalt des Vaters die Beiordnung eines rechtlichen Vertreters für die Kinder. Eine derartige Beiordnung ist jedoch im Rahmen des

[7] Nichtveröffentlicht: Beschluß des OLG Frankfurt vom 26.8.1996, Az.: 3 WF 110/96

gesamten noch nachfolgend beschriebenen Verfahren nicht vorgenommen worden.

Am nächsten Tag brachte der Vater die Kinder wie vereinbart pünktlich zum Gericht, wo sie sodann ohne Beisein anderer Erwachsener zusammen angehört wurden. Im Rahmen dieser Anhörung erklärten die Kinder, beim Vater bleiben zu wollen. Den Kindern wurde durch das Gericht eindringlich dargelegt, daß Gesetze und Gerichtsentscheidungen zu befolgen seien. Dies änderte jedoch nichts an der Haltung der Kinder.
Die Mutter erschien wie vereinbart pünktlich und nahm die Kinder dann trotz deren Bekundungen, nicht mit dieser gehen zu wollen mit. Im Gedächtnisprotokoll des Gerichts heißt es wörtlich: „Ich hörte dann, wie beide (Kinder) auf dem Flur weinten. Offensichtlich um die Mutter umzustimmen."
Gegen ca. 15.00 Uhr teilte die Mutter dem Gericht mit, daß die Kinder der Mutter auf dem Nachhauseweg weggelaufen und zur Wohnung des Vater gegangen sind.

Inzwischen kam es zwischen dem 30.1. und dem 1.2.1997 nach Absprachen im Rahmen des Mediationsverfahrens der Eltern zu Kontakten der Mutter mit ihren Kindern.

Am 3.2.1997 gab die Mutter bei der Geschäftsstelle des Amtsgerichts Frankfurt, Familiengericht, zu Protokoll, der Vater, welcher die Kinder immer noch nicht herausgegeben hatte, plane, mit den Kindern für kurze Zeit nach Berlin zu fahren und weigere sich, die Kinder für diese Zeit der Mutter zu geben.
Daraufhin erließ das Amtsgericht Frankfurt, Familiengericht, am 3.2.1997 ohne erneute Anhörung des Vaters oder der Kinder eine einstweilige Anordnung zur Herausgabe der Kinder an die Mutter.
Zur Begründung führte das Gericht an, die Mutter befürchte zu Recht, daß der Vater ihr die Kinder noch weiter entziehe. Die Rückkehr der Mutter sei von den Kindern mit stereotyp nachgeplapperten Sätzen abgelehnt worden, im Gegensatz zur letzten Anhörung der Kinder im Rahmen des Umgangsverfahrens im Dezember seien nunmehr keinerlei positive Gefühle für die Mutter mehr vorhanden. Zusätzlich ordnete das Gericht an:

„ Die Antragsstellerin ist berechtigt, zur Herausgabe der Kinder einen Gerichtsvollzieher beizuziehen, der zur Zuhilfenahme polizeilicher Vollzugsorgane befugt ist."
„ Das Gericht ist davon überzeugt, daß die Antragsstellerin (Mutter) mit dieser Befugnis maßvoll umgehen wird."

Die Kinder sind dann am selben Tag von der Schule aus mit der Mutter nach Hause gegangen, nachdem der Vater auf die Kinder eingewirkt hatte. Zuvor

hatte eine Diskussion der Eltern und der Schulleiterin stattgefunden während der sich die Kinder wiederum weigerten, mit der Mutter nach Hause zu gehen.
Im Laufe der darauffolgenden Woche sind jedoch zunächst Martin, später dann Andrea wieder zum Vater zurückgekehrt.
Die Schulleiterin sowie Mitarbeiter des Jugendamtes hatten in diesem Zusammenhang den Verdacht geäußert, daß die Kinder vom Vater sehr stark manipuliert worden seien. Die seitens des Jugendamtes angeregten Mediationsversuche der Eltern scheiterten zu diesem Zeitpunkt.

Am 21.2.1997 erließ das Amtsgericht Frankfurt, Familiengericht, ohne weitere Begründung einen Ergänzungsbeschluß zum Beschluß vom 3.2.1997. Darin wird angeordnet:

„ Der Gerichtsvollzieher wird beauftragt, die Herausgabe durchzuführen. Er ist zur Anwendung von Gewalt berechtigt und kann erforderlichenfalls um Unterstützung der polizeilichen Vollzugsorgane nachsuchen."

Das Jugendamt rät in einer Stellungnahme vom 21.2.1997 im Interesse der Kinder von jeglicher Dritteinwirkung ab.

Am selben Tag unternimmt die Mutter mit Hilfe eines Gerichtsvollziehers und der Polizei einen Versuch, die Herausgabe zu vollstrecken. Die Vollstreckung scheiterte am intensiven Widerstand der Kinder, dem Beschluß Folge zu leisten. Als die Mutter mit dem Gerichtsvollzieher und der Polizei beim Vater der Kinder erschien, erklärte dieser, er werde gegen die Vollstreckung des Herausgabebeschlusses keinen Widerstand leisten. Der Vater erklärte daraufhin den Kindern, was der Gerichtsvollzieher und die Polizei wolle, daraufhin begannen beide zu schreien und zu weinen und wollten nicht mitgehen. Daraufhin holte der Gerichtsvollzieher die Mutter in die Wohnung und bat diese die Kinder von dem Hochbett, auf welches diese in der Zwischenzeit geflüchtet waren, herunterzuholen und zum mitgehen zu bewegen. Daraufhin flüchteten die Kinder in die hinterste Ecke des Hochbettes und waren nicht zum Herunterkommen zu bewegen. Der Gerichtsvollzieher hielt in der Zwischenzeit telefonisch Rücksprache mit dem Jugendamt, welches bat, die Angelegenheit zu verschieben und dem Gericht, welches darauf hinwies, daß eine Gewaltanwendung gegen die Kinder seitens des Gerichtsvollziehers unzulässig sei.
Da niemand die Kinder zum Mitgehen bewegen konnte, wurde die Vollstreckung abgebrochen.

Nach diesem erfolglosen Versuch der Mutter aus den Beschlüssen vom 3.2.und 21.2.1997 zu vollstrecken, legte der Vater gegen diese Beschwerde ein.

Auf diese Beschwerde hob das Oberlandesgericht Frankfurt im März 1997 den Herausgabebeschluß auf (Beschluß vom 3.2.1997) und stellte das Entfallen des Zwangsmittels (Beschluß vom 3.2.1997 und vom 21.2.1997) fest.[8]
Zur Begründung führt das Oberlandesgericht an, eine gewaltsame Rückführung der Kinder sei im Hinblick auf Art. 1 I und 2 I GG nicht gerechtfertigt und sei völlig unverhältnismäßig, bevor nicht eine entgültige Sorgerechtsentscheidung ergangen sei. Der durch die Maßnahmen der Mutter zur Durchsetzung ihres Aufenthaltsbestimmungsrecht verursachte Druck und Stress für die Kinder laufe deren Wohl zuwider. Die Maßnahmen der Mutter haben diese in Loyalitätskonflikte gestürzt, die Mutter habe die psychische Situation der Kinder zu beachten. Diese Entscheidung werde auch von den Ansichten des Jugendamtes getragen.

Das Jugendamt stellt abschließend fest, die versuchte Herausnahme habe zu einer weiteren Traumatisierung der Kinder geführt.

[8] Nichtveröffentlicht: Beschluß des OLG Frankfurt vom 24.3.1997, Az.: 3 WF 49/97

II. Gesetzliche Grundlagen der Durchsetzung des Sorge- und Umgangsrechts

Nachfolgend wird im knappen Überblick in die gesetzlichen Grundlagen der Durchsetzung der Kindesherausgabe und des Umgangsrechts gemäß § 33 FGG eingeführt.

1. Vollziehbare Grundentscheidung

Voraussetzung der Durchsetzung der Kindesherausgabe oder des Umgangsrechts gemäß § 33 FGG ist, daß eine vollziehbare Grundentscheidung ergangen ist.[9]
Als vollziehbare Grundentscheidung im Sinne des § 33 FGG kommen eine Herausgabeentscheidung gemäß § 1632 I, III BGB, die gerichtliche Regelung des Umgangsrechts bzw. die Anordnung der Herausgabe des Kindes zum Zwecke der Ausübung des Umgangsrechts gemäß § 1684 III BGB oder ein seitens der Eltern darüber geschlossener Vergleich sowie ausländische Herausgabeentscheidungen und Rückführungsentscheidungen nach internationalen Rückführungsübereinkommen in Betracht, nicht aber das Sorgerecht, Aufenthaltsbestimmungsrecht oder Umgangsrecht als solches.[10]

a) Herausgabeentscheidung gemäß § 1632 I, III BGB

aa) Materielle Grundentscheidung

Gemäß § 1632 I BGB umfaßt die elterliche Sorge u.a. das Recht, das Kind von jedem herauszuverlangen, der es den Eltern oder einem Elternteil widerrechtlich vorenthält. Auf Antrag kann das Familiengericht gemäß § 1632 III BGB, § 621 I Nr. 3 ZPO entscheiden, daß das Kind an die oder den Antragssteller herauszugeben ist, wenn die Voraussetzungen des § 1632 I BGB gegeben sind. Die Herausgabeentscheidung ist auf das Rückführen oder das Bringen des Kindes gerichtet.[11]
Die zugrundeliegende Sorgerechtsentscheidung kann nach § 1671, 1672 BGB ergangen sein. Auch die Übertragung des Aufenthaltsbestimmungsrechts oder die vorläufige Übertragung der elterlichen Sorge nach § 620 Nr.1 ZPO sind als Grundlage der Herausgabeentscheidung nach §§ 1632 I, III BGB ausreichend.[12]
In Betracht kommen demnach ein Herausgabebegehren der gemeinsam sorgeberechtigten Eltern gegenüber Dritten sowie ein Herausgabebegehren eines Elternteils, wenn er das alleinige Sorgerecht bzw. mindestens das Aufenthaltsbe-

[9] Bassenge/Herbst, § 33 FGG, Rdnr. 2
[10] So auch Bumiller/Winkler, § 33 FGG, Rdnr. 4, 5; auch internationale Rückführungsentscheidungen dienen letztlich der Durchsetzung der elterlichen Sorge oder des Umgangsrechts.
[11] Staudinger[12]/ Salgo, § 1632 BGB, Rdnr. 8
[12] Palandt, Diederichsen, § 1632 BGB, Rdnr. 2

stimmungsrecht innehat, gegenüber dem anderen Elternteil oder gegenüber Dritten.
Entscheidungsmaßstab ist hier das Vorliegen des widerrechtlichen Vorenthaltens. Am widerrechtlichen Vorenthalten mangelt es, wenn das Kind von sich aus die Herausgabe verweigert[13] jedenfalls soweit es über 14 Jahre alt ist,[14] nicht aber wenn die Weigerungshaltung des Kindes auf die nachhaltige Beeinflussung des Zurückhaltenden zurückzuführen ist.[15]
Die Herausgabe soll im Verhältnis der Eltern untereinander abgelehnt werden können, wenn Gründe für die vorübergehende Vorenthaltung des Kindes bestehen oder die Verhältnisse im Interesse des Kindeswohls wegen im Sinne desveränderter Umstände eine Nachprüfung verlangen und die entgültige Entscheidung abgewartet werden kann,[16] oder wenn die Herausgabe nicht mit dem Kindeswohl vereinbar wäre.[17] Nach anderer Auffassung gilt dies nur, wenn das Herausgabegesuch einen Mißbrauch der elterlichen Sorge im Sinne der §§ 1666, 1666a BGB darstellt.[18]
Aus diesen Gründen setzt jede Herausgabeanordnung gegenüber dem nichtsorgeberechtigten Elternteil eine erneute, aber im Gegensatz zur zugrundeliegenden Sorgerechts- oder Aufenthaltsbestimmungsrechtsentscheidung nur eingeschränkte am Kindeswohl orientierte sachliche Prüfung voraus. [19] Das bedeutet, daß nicht die Sorgerechts- oder Aufenthaltsbestimmungsrechtsentscheidung erneut zu überprüfen ist, sondern lediglich geprüft werden muß, ob das Herausgabebegehren sich mit dem Kindeswohl vereinbaren läßt[20] oder nach anderer Auffassung einen Sorgerechtsmißbrauch im Sinne des § 1666 BGB darstellt.[21] In diesem Zusammenhang ist die Weigerung des Kindes auch im Falle der Beeinflussung durch den Herausgabepflichtigen angemessen zu berücksichtigen.[22]

[13] Unabhängig vom Alter: RGRK, Wenz, § 1632 BGB, Rdnr. 6
[14] BayObLG FamRZ 1985, 737 ff; Staudinger[12]/ Salgo, § 1632 BGB, Rdnr. 14;
[15] OLG Zweibrücken FamRZ 1983, 297; Staudinger[12]/ Salgo, § 1632 BGB, Rdnr. 14; MüKo, Hinz, § 1632 BGB Rdnr. 9; RGRK, Wenz, § 1632 BGB, Rdnr. 6
[16] So Palandt, Diederichsen, § 1632 BGB, Rdnr. 6
[17] So MüKo, Hinz, § 1632 BGB, Rdnr. 35 für den Fall des Elternstreits
[18] BayObLG FamRZ 1990, 1379; OLG Stuttgart FamRZ 1975, 106 (107); OLG Hamm FamRZ 1970, 95; dagegen äußert MüKo, Hinz, § 1632 BGB, Rdnr. 32 Bedenken, weil die Eingriffsfunktion des § 1666 BGB und die Unterstützungsfunktion des § 1631 III BGB auf diese Weise verwechselt würden.
[19] OLG Düsseldorf FamRZ 1981, 601; OLG Hamm FamRZ 1967, 296 (297); BayObLG FamRZ 1963, 582 (584)
[20] Vogel, FPR 1996, 51(52); Siehe zum Begriff des Kindeswohls im Recht grundlegend: Zitelmann, Kindeswohl und Kindeswille, S. 113 ff.
[21] OLG Stuttgart FamRZ 1975, 106 (107); OLG Hamm FamRZ 1970, 95f
[22] Siehe zum Begriff des Kindeswillen im Recht grundlegend: Zitelmann, Kindeswohl und Kindeswille, S. 145 ff.; siehe zur Reflektion des Verhältnisses des Kindeswohls zum Kindeswillen in der Wissenschaft grundlegend: Zitelmann, Kindeswohl und Kindeswille, S. 59 ff.; insbesondere zur Beachtlichkeit des Kindeswillen siehe: Zitelmann, Kindeswohl und Kindeswille, S. 166 ff.

bb) Verfahren

Das Herausgabeverfahren gemäß §§ 1632 I, III BGB unterliegt dem FGG-Verfahren, das Familiengericht wird jedoch nur auf Antrag tätig.[23] Besonderheiten gelten hinsichtlich der einstweiligen Anordnung der Kindesherausgabe im Rahmen einer Ehesache gemäß §§ 620 Nr. 3 ZPO, 620a ZPO, 606 I ZPO.[24] Zuständiges Gericht ist einheitlich das Familiengericht gemäß § 1632 III BGB, § 621 I Nr. 3 ZPO.[25]
Gemäß § 50a FGG sind die Eltern des Kindes im Herausgabeverfahren als die Personensorge betreffendes Verfahren persönlich anzuhören.[26] Das Kind ist gemäß § 50b I, II FGG in Herausgabeverfahren ebenfalls unabhängig vom Alter persönlich anzuhören.[27]
Gemäß § 49a I Nr. 6 FGG ist das Jugendamt vor der Entscheidung über die Herausgabe des Kindes anzuhören.
Gemäß § 50 I FGG kann dem Kind ein Pfleger für die Wahrnehmung seiner Interessen bestellt werden.
Das Gericht hat gemäß § 52 FGG auf ein Einvernehmen der Beteiligten hinzuwirken. Hierzu ist möglichst früh ein Termin zu bestimmen.

cc) Besonderheiten bei der einstweiligen Anordnung zur Herausgabe des Kindes

(1) Einstweilige Anordnung im isolierten Verfahren

Ein Herausgabebeschluss kann im isolierten Verfahren im Wege der einstweiligen Anordnung nach §§ 1632 I BGB, 621 I Nr. 3 ZPO, 49a Nr. 6 in Verbindung mit § 49 IV FGG ergehen, wenn keine Ehesache im Sinne der §§ 606 I, 620 ZPO anhängig ist. Voraussetzung ist hier, daß für das Kindeswohl bei einer Verzögerung der Entscheidung Gefahr im Verzuge besteht (§ 49 IV FGG), daß ein Hauptsacheverfahren zur Herausgabe des Kindes gemäß § 1632 I, III BGB anhängig gemacht wird und daß dem/der Antragssteller/in mindestens das Aufenthaltsbestimmungsrecht zusteht.[28] Gemäß §§ 49a II, 49 IV FGG muß die Anhörung des Jugendamtes bei einer Entscheidung wegen Gefahr im Verzuge unverzüglich nachgeholt werden. Dasselbe gilt für die Anhörung der Eltern gemäß § 50a III FGG und des Kindes gemäß § 50b III FGG, wobei das Gesetz in diesen

[23] Palandt, Diederichsen, § 1632 BGB, Rdnr. 9; Staudinger[12]/ Salgo, § 1632 BGB, Rdnr. 37
[24] Siehe unten A.II.1.a)cc)(2)
[25] Bis zum 1.7.1998 lag die Zuständigkeit für Herausgabebegehren von Eltern gegen Dritte gemäß § 1632 III 1. HS a. F. beim Vormundschaftsgericht; geändert durch KindRG vom 16.12.1997
[26] Keidel/ Engelhardt, § 50a FGG, Rdnr. 6
[27] Palandt, Diederichsen, § 1632 BGB, Rdnr. 12; Keidel/ Engelhardt, § 50b FGG, Rdnr. 5
[28] Palandt, Diederichsen, § 1632 BGB, Rdnr. 14

beiden Fällen ausdrücklich vorschreibt, daß eine Anhörung vor einer Entscheidung nur aus schwerwiegenden Gründen unterbleiben kann.
Hinsichtlich der Verfahrenspflegschaft gilt das oben Gesagte entsprechend.[29]

(2) Einstweilige Anordnung bei Anhängigkeit einer Ehesache

Im Rahmen eines Ehescheidungsverfahrens kann die Herausgabeentscheidung im Wege der einstweiligen Anordnung gemäß §§ 1632 I, III BGB, 620 Nr. 3 ZPO auf Antrag ergehen und zwar auch in Verbindung mit der vorläufigen Regelung der elterlichen Sorge gemäß § 620 Nr.1 ZPO. Ein Antrag auf Kindesherausgabe im Wege der einstweiligen Anordnung gemäß § 620a I ZPO ist nach § 620a II ZPO zulässig, wenn eine Ehesache anhängig ist. Danach soll der Antragssteller die Voraussetzungen für die Entscheidung glaubhaft machen. Gemäß § 620a I ZPO kann dieser Beschluss ohne mündliche Verhandlung ergehen. Gemäß § 620a III ZPO sollen das Kind und das Jugendamt angehört werden, außer wenn dies wegen der besonderen Eilbedürftigkeit nicht möglich ist, dann müssen die Anhörungen aber unverzüglich nachgeholt werden (§ 620a III 2 ZPO). Die Eltern finden Gelegenheit zur Äußerung im Rahmen der Möglichkeiten, die § 128 ZPO bietet. Die Gelegenheit zur Äußerung kann bei besonderer Eilbedürftigkeit im Falle des Verzichts auf die Durchführung eines schriftlichen Verfahrens gemäß § 128 II ZPO unterbleiben, da nach § 620b ZPO die Änderung und Aufhebung der Entscheidung möglich ist.[30]
Ist die Herausgabeanordnung nach § 620a ZPO ohne vorherige Anhörung des Jugendamtes ergangen, so kann das Gericht auf Antrag sowie von Amts wegen die Entscheidung aufheben (§ 620b I ZPO). Vor Erlaß einer Aufhebungsentscheidung kann das Gericht die Aussetzung der Vollziehung der Entscheidung anordnen (§ 620e ZPO).
Gegen die Entscheidung ist die sofortige Beschwerde, über die das Oberlandesgericht entscheidet, gemäß § 620c ZPO statthaft.

b) Umgangsregelung und Herausgabeentscheidung aufgrund des Umgangsrechts

aa) Materielle Grundentscheidung

Das Recht auf Umgang eines Elternteils mit dem Kind gemäß § 1684 I BGB kann gemäß § 1684 III 1 BGB hinsichtlich des Umfangs und der Ausübung gerichtlich geregelt werden. Ausschließlicher Entscheidungsmaßstab ist das Kindeswohl,[31] wobei auch der Wille des Kindes Berücksichtigung finden muß.[32]

[29] Siehe oben: A.II.1.a)bb)
[30] Putzo, § 620a ZPO, Rdnr. 3
[31] BVerfGE 31, 194; Palandt, Diederichsen, § 1684 BGB, Rdnr. 27; MüKo, Hinz, § 1634 BGB a. F., Rdnr. 15

Ist es zum Wohle des Kindes erforderlich, kann das Familiengericht gemäß § 1684 IV BGB das Umgangsrecht oder den Vollzug früherer Entscheidungen über das Umgangsrecht einschränken oder ausschließen. Das Gericht kann gemäß § 1684 IV 3 BGB die Überwachung des Umgangs anordnen.
Ein Herausgabeanspruch des Umgangsberechtigten gegen den/die Sorgeberechtigte/n oder Dritte -wie § 1632 I BGB- ist nicht explizit geregelt, sondern unterfällt der gerichtlichen Umgangsbestimmung nach § 1684 III 1 BGB.
Die gerichtliche Umgangsbestimmung muß eine vollzugsfähige Entscheidung darstellen.[33] Hinsichtlich einer Anordnung auf der Grundlage von § 1684 III 1 BGB, daß der/die Sorgeberechtigte das Kind herauszugeben hat, ist dies unproblematisch.
Handelt es sich nicht um eine Herausgabeanordnung, sondern um eine allgemeine gerichtliche Umgangsregelung, muß aus der Entscheidung zumindest hervorgehen, daß der/die Sorgeberechtigte das Kind zum Zwecke des Umgangs entsprechend der gerichtlichen oder außergerichtlichen Vereinbarung über die genaue Zeit und den genauen Ort des Umgangs dem Umgangsberechtigten zur Abholung bereitzuhalten oder zu übergeben hat.[34]
Im Falle des Vorliegens einer kindlichen Weigerungshaltung ist den Gründen dafür nachzugehen.[35]

Diesbezüglich ist es umstritten, welche Folgen die kindliche Weigerung, mit dem Umgangsberechtigten Elternteil Umgang zu haben, hat.[36]
Es wird vertreten, dem Kindeswillen sei kein absoluter Vorrang einzuräumen.[37]
Dahingegen wird auch vertreten, die Kindesweigerung sei stets beachtlich, es müsse geprüft werden, ob die Persönlichkeitsentwicklung des Kindes soweit fortgeschritten ist, daß eine dem Willen des Kindes zuwiderlaufende Umgangsregelung eine Gefährdung seiner Entwicklung darstellen würde und die Gründe für die Kindeshaltung subjektiv beachtlich sind. Insoweit wird auch auf die Beachtung des Persönlichkeitsrechts jüngerer Kinder hingewiesen.[38]
Weitergehend wird vertreten, ein entgegenstehender Wille des Kindes führe stets zur Nichtdurchführbarkeit des Umgangs, Zwang solle vermieden werden.[39]

[32] Siehe zum Begriff des Kindeswohls im Recht grundlegend: Zitelmann, Kindeswohl und Kindeswille, S. 113 ff., und zum Begriff des Kindeswillen im Recht grundlegend: Zitelmann, Kindeswohl und Kindeswille, S. 145 ff.
[33] OLG Brandenburg, FamRZ 1995, 484-485
[34] Siehe Kuckuck, ZAP Fach 11, S. 172
[35] BVerfG NJW 1993, 2671
[36] Zum Meinungsstand hinsichtlich der Beachtlichkeit des Kindeswillens bei der Umgangsrechtsentscheidung siehe Staudinger[12]/ Peschel-Gutzeit, § 1634 BGB a. F., Rdnr. 191 ff.; zur Beachtlichkeit des Kindeswillen siehe grundlegend: Zitelmann, Kindeswohl und Kindeswille, S. 166 ff.
[37] Palandt, Diederichsen, § 1634 BGB a. F., Rdnr. 32
[38] MüKo, Hinz, § 1634 BGB a. F., Rdnr. 29 ff
[39] Staudinger[12]/ Peschel-Gutzeit, § 1634 BGB a. F., Rdnr. 316 ff

Bereits bei Erlaß der Umgangsregelung ist jedenfalls die Durchsetzbarkeit gerade im Hinblick auf die kindliche Weigerungshaltung zu berücksichtigen.[40]

bb) Verfahren

Zuständig für die Entscheidung über das Umgangsrecht ist gemäß §§ 1684 III BGB, 621 I Nr. 2 ZPO das Familiengericht. Im Umgangsverfahren sind die Eltern gemäß § 50a FGG und das Kind gemäß § 50b FGG persönlich anzuhören.[41]
Das Jugendamt ist gemäß § 49a I Nr. 7 FGG anzuhören.
Das Gericht kann gemäß § 50 I FGG dem Kind zur Wahrnehmung seiner Interessen einen Verfahrenspfleger beiordnen.
Das Gericht hat gemäß § 52 FGG auf ein Einvernehmen der Beteiligten hinzuwirken. Hierzu ist möglichst früh ein Termin zu bestimmen.
Das Gericht führt gemäß § 52a FGG auf Antrag eines Elternteils ein Vermittlungsverfahren durch, wenn der Elternteil geltend macht, daß der andere die Durchführung einer gerichtlichen Umgangsvereinbarung vereitelt oder erschwert.

cc) Besonderheiten bei Erlaß einer einstweiligen Anordnung

Das Familiengericht kann eine Regelung über das Umgangsrecht kann auch im Wege einstweiliger Anordnung treffen, und zwar mittels Durchführung eines isolierten Verfahrens auf Regelung des Umgangsrechts im Wege der einstweiligen Anordnung gemäß §§ 1684 BGB, 621 I Nr. 2 ZPO, 49 VI, 49a II FGG oder bei Anhängigkeit einer Ehesache auf Antrag gemäß § 620 Nr. 2 ZPO.
Hinsichtlich der Anhörungspflichten gilt das oben unter A.II.1.a)cc) Gesagte für das Umgangsrecht entsprechend.
Ebenso muß eine ernsthafte und nachhaltige Beeinträchtigung des Kindeswohls, die ein Abwarten bis zu einer Endentscheidung nicht zuläßt, gegeben sein (§§ 49 IV, 49a II FGG) bzw. muß die begehrte Umgangsregelung ansonsten wegen Zeitablaufs hinfällig sein.[42]

c) Vergleich

Die Eltern können hinsichtlich der Herausgabe des Kindes aufgrund Sorgerechts oder Umgangsrechts oder des Umgangsrechts allgemein einen Vergleich schließen.
Dieser Vergleich kann als solcher den Anforderungen des § 33 FGG an eine vollziehbare Grundentscheidung genügen, soweit er einen vollzugsfähigen In-

[40] Dies muß aber nicht unbedingt bedeuten, daß das Gericht die Entscheidung so zu treffen hat, daß es ihr durch Zwangsmittel Geltung verschaffen könnte; so aber: OLG Karlsruhe Die Justiz 1981, 84 (85)
[41] Keidel/ Engelhardt, § 50a FGG, Rdnr. 6, § 50b FGG, Rdnr. 6
[42] Rahm/Künkel, Schneider, III B, Rdnr. 1152, 1153

halt im Sinne des oben gesagten hat.[43] Weiterhin ist es Voraussetzung, daß das Gericht ihn durch eine eigene Entscheidung billigt und ihm eindeutig den Charakter einer Verfügung im Sinne des § 33 FGG verleiht.[44] Gegenstand der Vollstreckung ist dann die Verfügung des Gerichts, nicht aber der Vergleich.[45]

2. Durchsetzung der vollziehbaren Grundentscheidung nach § 33 FGG

§ 33 FGG sieht für die Durchsetzung der Herausgabe- bzw. der allgemeinen Umgangsentscheidung als vollziehbarer Grundentscheidung im Sinne des § 33 FGG verschiedene Vollstreckungsmittel vor.
Auch die im Wege der einstweiligen Anordnung ergangene Herausgabe- oder allgemeine Umgangsentscheidung ist gemäß § 33 FGG und nicht nach den Regeln der ZPO vollstreckbar. Dies ergibt sich aus §§ 794 I Nr. 3, 2. HS, 621 Nr. 2 und 3, 621a I 1 ZPO, 1632 III BGB, 1684 III BGB hinsichtlich der einstweiligen Anordnungen, die im Rahmen einer Ehesache ergangen sind und aus §§ 621 Nr.2 und 3, 621a I 1 ZPO, 1632 III BGB, 1684 III BGB für einstweilige Anordnungen, die im isolierten Verfahren ergangen sind. Dies ist wegen der Ausgestaltung der Vollstreckungsvorschriften des FGG im Gegensatz zu §§ 883, 888 ZPO auch sachgerecht.[46]
Die einzelnen Zwangsmittel unterscheiden sich hinsichtlich ihrer Auswirkungen auf das Kind. Mit der Androhung bzw. der Verhängung des Zwangsgeldes oder der Zwangshaft gemäß § 33 I 1 und 2 FGG soll der Wille des Verpflichteten dahingehend gebeugt werden, der zugrundeliegenden Entscheidung Folge zu leisten, es liegt insoweit eine mittelbare Durchsetzung der Herausgabe vor.[47]
Mit der Anordnung der gewaltsamen Herausgabe des Kindes gemäß § 33 II 1 FGG soll die Herausgabe des Kindes unmittelbar erreicht werden.

a) Historischer Überblick über die Entwicklung der Zwangsmittel

§ 33 FGG ist seit 1935[48] abgesehen von der Einführung der Zwangshaft im Grundsatz weitgehend unverändert.[49]

[43] Keidel/ Zimmermann, § 33 FGG, Rdnr. 10
[44] Keidel/ Zimmermann, § 33 FGG, Rdnr. 10 m.w.N.
[45] Streitig, wie hier: OLG Brandenburg FamRZ 1995, 484; OLG Düsseldorf FamRZ 1983, 90; OLG Zweibrücken FamRZ 1982, 430
[46] Keidel/ Zimmermann, § 33 FGG, Rdnr. 35, m.w.N.; MüKo, Hinz, § 1632 BGB, Rdnr. 33 zur Herausgabeentscheidung gemäß § 1632 BGB; Palandt, Diederichsen, § 1684 BGB, Rdnr. 67
[47] Rahm/Künkel, Schneider, IIIB, Rdnr. 1282
[48] § 33 FGG trat durch die Neuregelung des Art. 4 der VO vom 5.8.1935 (RGBl. I 1065) in Kraft
[49] Hinsichtlich der übrigen, das vorliegend untersuchte Thema nur formell berührenden Änderungen siehe den Überblick über die Gesetzesänderungen des § 33 FGG in Keidel[11]/ Keidel, § 33 FGG, vor Rdnr. 1 und 14. Auflage, § 33 FGG, vor Rdnr. 1

Im Jahre 1974 wurde der Begriff „Ordnungsstrafe“ in § 33 I und III FGG durch den Begriff „Zwangsgeld“ ersetzt.[50]
Im Jahre 1990 wurden die Vollstreckungsmittel des § 33 FGG verschärft.[51] Die Möglichkeit der Verhängung des Zwangsgeldes wurde von 1.000 DM auf 50.000 DM erhöht.
Die Zwangshaft als Zwangsmittel zur Herausgabe einer Person wurde eingeführt. Die heute geltenden, die Zwangshaft betreffenden Regelungen des § 33 I 2 und III 2-5 FGG sind seither unverändert. Gleichzeitig wurde in § 33 II 1 FGG klargestellt, daß die Anordnung von Gewalt unabhängig von den Zwangsmitteln des Zwangsgeldes und der Zwangshaft erfolgen kann.
Die jüngste Änderung erfuhr § 33 FGG durch die Einfügung des neuen § 33 II 2 FGG im Jahre 1997 im Zuge der Kindschaftsrechtsreform.[52] § 33 II 2 FGG stellt nunmehr ausdrücklich klar, daß eine Gewaltanwendung gegen ein Kind nicht zugelassen werden darf, um das Umgangsrecht auszuüben.

b) Zwangsgeld

Die Herausgabeentscheidung gemäß § 1632 I, III BGB und die gerichtliche Regelung des Umgangsrechts bzw. eine Herausgabeentscheidung zur Vollziehung des Umgangsrechts gemäß § 1684 III BGB können durch Verhängung eines Zwangsgeldes nach § 33 I 1 FGG durchgesetzt werden.[53] Gemäß § 33 III 1 FGG muß das Zwangsgeld, bevor es festgesetzt wird, angedroht werden.
Gemäß § 33 III 2 FGG, Art. 6 I EGStGB beträgt der Mindestbetrag des Zwangsgeldes 5 DM, der Höchstbetrag beträgt 50.000 DM.

c) Zwangshaft

Gemäß § 33 I 2 FGG kann das Gericht unabhängig von der Festsetzung eines Zwangsgeldes die Zwangshaft anordnen, wenn eine Person herausgegeben werden soll. Das bedeutet, vollziehbare Grundentscheidung muß hier eine Herausgabeentscheidung sein. Eine allgemeine Umgangsregelung reicht insoweit nicht aus. Gemäß § 33 III 3 FGG soll die Verhängung der Zwangshaft angedroht werden, wenn nicht die Durchsetzung der gerichtlichen Anordnung besonders eilbedürftig ist oder die Befürchtung besteht, daß die Vollziehung der Haft vereitelt

[50] Siehe Art. 105 Nr.2 EGStGB vom 2.3.1974 (BGBl. I, S 469; Berlin-West, GVBl. 1974, S. 874, in Kraft seit 1.1.1975, Art. 326 I EGStGB); Durch diese Änderung wurde der Beugecharakter der Vorschrift klargestellt, so daß das Zwangsgeld bereits begriffsnotwendig nicht als Ordnungsmittel in Betracht kommen kann. Dazu ausführlich: Keidel[11]/ Keidel, § 33 FGG Rdnr. 8
[51] Siehe Gesetz vom 5.4.1990 (BGBl. I, S. 701), sofort in Kraft getreten
[52] Art. 8 Nr. 1 KindRG vom 16.12.1997 (BGBl. I, S. 2942), in Kraft seit 1.7.1998
[53] § 33 I 1 FGG beinhaltet Fälle des § 1632 BGB und § 1684 BGB: Keidel/ Zimmermann, § 33 FGG, Rdnr. 13

wird. Gemäß § 33 III 4 FGG soll die besondere Eilbedürftigkeit insbesondere dann anzunehmen sein, wenn andernfalls im Ausland vollstreckt werden müßte. Die Dauer der Zwangshaft darf gemäß §§ 33 III 5 FGG, 913 ZPO sechs Monate nicht überschreiten.

d) Anordnung unmittelbaren Zwangs gemäß § 33 II 1 FGG

Gemäß § 33 II 1 FGG kann aufgrund einer besonderen Verfügung des Gerichts unabhängig von der Verhängung eines Zwangsgeldes oder der Zwangshaft Gewalt gebraucht werden, wenn eine Person herausgegeben werden soll oder eine Anordnung ohne Gewalt nicht durchzuführen ist. Gemäß § 33 II 2 FGG ist eine Gewaltanwendung gegen ein Kind unzulässig, wenn das Kind zur Durchsetzung des Umgangsrechts herausgegeben werden soll. Die Gewaltanwendung gegen Sachen oder Personen zur Durchsetzung der Herausgabeentscheidung gemäß § 1632 I, III BGB sowie gegen Sachen oder andere Personen als das Kind zur Durchsetzung eines umgangsrechtlichen Herausgabeanspruch oder einer allgemeinen Umgangsregelung sind demnach jedenfalls nach dem Gesetzeswortlaut zunächst denkbar.[54]
Gemäß § 33 II 3 FGG darf der Vollstreckungsbeamte falls erforderlich die Hilfe der polizeilichen Vollzugsorgane in Anspruch nehmen. Gemäß § 33 III 6 FGG soll die Gewaltverfügung in der Regel angedroht werden.

e) Abgabe einer eidesstattlichen Versicherung

Wird das Kind nicht vorgefunden, so kann der/die Herausgabeverpflichtete gemäß § 33 II 5 FGG zur Abgabe einer eidestattlichen Versicherung über den Verbleib des Kindes angehalten werden.

3. Vollstreckung von Entscheidungen mit Auslandsbezug

a) Vollstreckung einer ausländischen Herausgabeentscheidung

Die Vollstreckung einer ausländischen Herausgabeentscheidung aufgrund der elterlichen Sorge oder des Umgangs bzw. einer allgemeinen Umgangsentscheidung gemäß § 33 FGG setzt voraus, daß sie von einem deutschen Gericht anerkannt und für vollstreckbar erklärt wird und mit einer Vollstreckungsklausel versehen wird.[55] Die Entscheidung wird grundsätzlich anerkannt, wenn die Entscheidung dem Verfahren der freiwilligen Gerichtsbarkeit zuzuordnen ist, was bei Sorge- oder Umgangsrechtsentscheidungen sowie Herausgabeentscheidungen grundsätzlich der Fall ist[56] und die Negativvoraussetzungen des § 16a FGG

[54] Siehe dazu Keidel/ Zimmermann, § 33 FGG, Rdnr. 34
[55] Keidel/ Zimmermann, § 16a FGG, Rdnr. 12
[56] Siehe Bumiller/Winkler, § 16a FGG, Rdnr. 2

nicht gegeben sind.[57] Da die Sorge- oder Umgangsrechtsregelung als solche noch nicht notwendig eine vollziehbare Grundentscheidung im Sinne des § 33 FGG darstellt, ist darauf zu achten, daß die ausländische Entscheidung tatsächlich im Sinne des oben gesagten vollziehbar ist, demnach eine Herausgabeanordnung beinhaltet.

b) Vollstreckung nach Staatsverträgen

Über die Anerkennung und Vollstreckung von ausländischen Entscheidungen im Bereich der elterlichen Sorge und des Umgangs sind verschiedene Staatsverträge geschlossen worden. Zu nennen sind hier das Minderjährigenschutzabkommen (MSA)[58]- wobei Art. 7 MSA hinsichtlich der Anerkennung und Vollstreckung auf andere zwischenstaatliche Übereinkünfte verweist -, das Haager Übereinkommen über die zivilrechtlichen Aspekte internationaler Kindesentführung (HKÜ)[59] und das Europäische Übereinkommen über die Anerkennung und Vollstreckung von Entscheidungen über das Sorgerecht und die Wiederherstellung des Sorgeverhältnisses (ESÜ) sowie das Ausführungsgesetz zu beiden Abkommen (SorgeRÜbkAG).[60]

aa) Vollstreckung von Kindesrückführungsentscheidungen nach dem HKÜ

Gemäß Art. 12 HKÜ ordnet das zuständige Familiengericht die Rückführung eines widerrechtlich aus einem Vertragsstaat verbrachten oder zurückgehaltenen Kindes im Falle des Vorliegens der rechtlichen Voraussetzungen des HKÜ zum Zwecke der Wiederherstellung der tatsächlichen Sorgeverhältnisse (Art. 3, 12 HKÜ) bzw. zum Zwecke der Ausübung des Umgangsrechts (Art. 21 HKÜ) an. Hinzuweisen ist insbesondere auf Art. 13 Satz 2 HKÜ. Danach ist die Rückgabeentscheidung zu versagen, wenn sich das Kind der Rückgabe widersetzt, soweit es urteilsfähig ist.[61]

Das Verfahren über die Rückgabeentscheidung unterliegt gemäß §§ 5, 6 SorgeRÜbkAG den Vorschriften des FGG, zuständig ist das Familiengericht. Die Vollstreckung der Rückführungsentscheidung erfolgt nach § 33 FGG. Die oben genannten Grundsätze über das Verfahren gelten demnach entsprechend.[62]

Da letztlich der Vollstreckung einer Rückführungsentscheidung ebenfalls ein sorgerechtlicher oder umgangsrechtlicher Anspruch zugrundeliegt, soll nachfolgend insgesamt nicht gesondert auf die besondere Vollstreckungssituation von

[57] Siehe hinsichtlich der Umgangsregelungen auch Staudinger[13]/ Rauscher, § 1684 BGB, Rdnr. 228

[58] Zu den Vertragsstaaten s. Palandt, Heldrich, Anh. zu EGBGB 24, Rdnr. 1

[59] Zu den Vertragsstaaten s. Palandt, Heldrich, Anh. zu EGBGB 24, Rdnr. 59

[60] Überblick über die relevanten Staatsverträge in Keidel/ Zimmermann, § 16a FGG, Rdnr. 12

[61] Siehe m.w.N. inbesondere zum Alter urteilsfähiger Kinder: MüKo, Siehr, Art. 19 EGBGB Anh. II, Rdnr. 63

[62] Palandt, Heldrich, Anh. zu EGBGB 24, Rdnr. 77

Rückführungsentscheidungen nach HKÜ eingegangen werden. Im allgemeinen ist das zur Durchsetzung des Herausgabeanspruchs gemäß § 1632 I, III BGB und des Umgangsrechts gesagte zu übertragen.

bb) Vollstreckung von Entscheidungen nach dem ESÜ

Ein Herausgabetitel der aus einem anderen Vertragsstaat des ESÜ stammt und dort vollstreckbar ist, kann nach § 33 FGG vollstreckt werden, nachdem er gemäß § 7 I SorgeRÜbkAG auf Antrag mit einer Vollstreckungsklausel versehen wird. Wenn keine vollzugsfähige Entscheidung im Sinne des § 33 FGG vorliegt, weil z.B. nur die Sorgerechtsentscheidung gegeben ist, ist gemäß § 7 II SorgeRÜbkAG die Feststellung der Anerkennung dieser Entscheidung sowie die Herausgabe des Kindes anzuordnen, diese Anordnung kann wiederum nach § 33 FGG vollstreckt werden. Das Familiengericht ist gemäß § 5 SorgeRÜbkAG zuständig. Das Verfahren richtet sich nach FGG und SorgeRÜbkAG, folglich gilt das jeweils zum Verfahren hinsichtlich der vollziehbaren Grundentscheidung und der Vollstreckungsentscheidung gesagte entsprechend.[63]
Gemäß § 12 SorgeRÜbkAG sind zunächst die Bestimmungen des HKÜ anzuwenden, sofern der Antragssteller nicht ausdrücklich die Anwendung der Bestimmungen des ESÜ begehrt, sofern beide Übereinkommen anwendbar wären. Im Übrigen gilt das zum HKÜ Gesagte entsprechend.

[63] Keidel/ Zimmermann, § 16a FGG, Rdnr. 12

III. Die Zwangsmittel des § 33 FGG in der veröffentlichten Rechtssprechung und Literatur

Es erfolgt eine Auseinandersetzung mit der Handhabung der Zwangsmittel des Zwangsgeldes gemäß § 33 I 1 FGG, der Zwangshaft gemäß § 33 I 2 FGG und der Gewaltanwendung gemäß § 33 II 1 FGG in der veröffentlichten Rechtssprechung und Literatur.

1. Allgemeine Grundsätze hinsichtlich der Verhängung der Zwangsmittel

Die Verhängung der Zwangsmittel gehört systematisch nicht mehr zur Grundentscheidung, sondern ist Teil des selbständigen Vollstreckungsverfahrens, da ein selbständiger Eingriff in die Rechte der Betroffenen gegeben ist.[64]

Die Entscheidung über die Androhung und Verhängung eines Zwangsmittels sowie die Auswahl eines solchen Zwangsmittels, ist von großer Bedeutung für die Situation des Kindes.
Das Kind selbst betreibt weder die Vollstreckung noch ist es Vollstreckungsgegner, es ist von der Vollstreckung trotzdem unmittelbar betroffen.
Die Vollstreckung darf sich daher nie gegen das Kind, sondern immer nur gegen den Herausgabepflichtigen bzw. Verpflichteten der Umgangsregelung richten.[65]

Insoweit ist zunächst zweierlei zu unterscheiden. Zum einen ist zu klären, nach welchen Kriterien das Gericht die Entscheidung über die Durchführung der Vollstreckung und die Auswahl der Zwangsmittel trifft (a)). Zum anderen ist zu untersuchen, unter welchen Voraussetzungen das Gericht überhaupt eine Vollstreckungsentscheidung trifft, ob dies auf Antrag der Parteien oder von Amts wegen geschieht (b)).

a) Entscheidungsmaßstab für die Durchführung der Vollstreckung und die Auswahl des Vollstreckungsmittels

Die Androhung und Verhängung eines Zwangsmittels steht im pflichtgemäßen Ermessen des Gerichts.[66] Dies ergibt sich aus dem Wortlaut des § 33 FGG in Bezug auf Zwangsgeld, Zwangshaft und unmittelbaren Zwang „kann“.

Bei der Ermessensentscheidung ist der Verhältnismäßigkeitsgrundsatz zu berücksichtigen,[67] was bedeutet, daß das gewählte Mittel mit dem gewollten

[64] Siehe z.B. OLG Hamm FamRZ 1980, 481 (482) zum Zwangsgeld; BayObLG FamRZ 1998, 1129 zum Zwangsgeld, m.w.N.; BGH FamRZ 1990 35 (36)
[65] RGRK, Wenz, § 1632 BGB, Rdnr. 47
[66] OLG Karlsruhe DAVorm 2000, 351; FamRZ 1998, 638; OLG Nürnberg EzFamR aktuell 1994, 286 (S); 1992, Nr. 7,7; OLG Hamm FamRZ 1975, 639

Zweck in einem vernünftigen Verhältnis stehen muß.[68] Dies muß sowohl hinsichtlich der Frage nach der Vollstreckung überhaupt als auch hinsichtlich der Auswahl des Vollstreckungsmittels und der Durchführung der Vollstreckung gelten.[69] Danach muß stets das mildeste Mittel zur Durchsetzung der Herausgabeentscheidung bzw. des Umgangsrechts gewählt werden.

Maßgeblich sind die Umstände des Einzelfalls.[70]

Die Vollstreckung hat in jedem Stadium auf die Belange des Kindes Rücksicht zu nehmen[71] und es soll behutsam vorgegangen werden.[72]
Es soll eine am Kindeswohl ausgerichtete eingeschränkte sachliche Prüfung vorgenommen werden.[73] Eingeschränkt bedeutet in diesem Zusammenhang, daß Kindeswohlbelange im Augenblick der Entscheidung zwar erneut Berücksichtigung finden,[74] das Gericht aber nicht erneut in dieselbe Sachverhaltsprüfung einzutreten hat, wie es zum Erlaß der Grundentscheidung notwendig war. Vielmehr sind nur die Auswirkungen der in diesem Zusammenhang getroffenen Durchsetzungsmaßnahmen auf das Kind zu berücksichtigen.

Hierbei ist zunächst zu berücksichtigen, daß ein Auseinanderfallen der Grundentscheidung mit der Vollstreckungsentscheidung möglich ist und keinen Widerspruch darstellt.[75] Denn es handelt sich gerade um eine Besonderheit im Bereich des Familienrechts, dass Pflichten normiert werden, welche nicht gleichzeitig vollstreckbar sind. Hierunter fällt zum Beispiel die Pflicht zur ehelichen Lebensgemeinschaft gemäß § 1353 I BGB oder die Pflicht zur elterlichen Sorge gemäß § 1626 I Satz 1 BGB.

[67]So BVerfGE 52, 214 (219) zur Vollstreckung gerichtlicher Entscheidungen allgemein; BayObLG FamRZ 1985, 736 (739); OLG Hamburg FamRZ 1994, 1128; OLG Celle FamRZ 1994, 1129; Staudinger[12]/ Salgo, § 1632 BGB, Rdnr. 37
[68] BVerfGE 10, 89 (117)
[69] RGRK, Wenz, § 1632 BGB, Rdnr. 48
[70] BGHZ 67, 255 (262)
[71] BGHZ 67, 255 (262); BGH FamRZ 1983, 1008 (1013); OLG Karlsruhe FamRZ 1998, 637 (638); s. auch Staudinger[12]/ Peschel-Gutzeit, § 1634 BGB a. F., Rdnr. 434
[72] BGHZ 67, 255 (262); BGH FamRZ 1983, 1008 (1013)
[73] BayObLG FamRZ 1985, 520 (521)
[74] BayObLG FamRZ 1974, 534 (536)
[75] Sinngemäß Gernhuber, § 57 VIII., Nr.1: Erzwingbarkeit ist nicht Notwendigkeit einer Rechtsnorm; im Ergebnis so auch: KG FamRZ 1985, 639 ff., der Ausschluß des Umgangsrechts wurde abgelehnt, aber es wurde auf die Nichtdurchsetzbarkeit des Umgangsrechts mittels Zwang hingewiesen; siehe auch OLG Zweibrücken, KindPrax 2001, 129, das Gericht lehnte es in seinem Beschluss ab, die Zwangsvollstreckung eines bestandskräftigen Beschlusses betreffend die Herausgabe von Kindern zum Zwecke der Rückführung in die USA anzuordnen, weil die Vollstreckung mit der Anwendung von Gewalt gegen die Kinder verbunden gewesen wäre.

Die Grundentscheidung kann Kindeswohlbelange angemessen berücksichtigen wohingegen die Vollstreckung derselben Grundentscheidung mit Kindeswohlbelangen unvereinbar sein kann.
Dies ergibt sich einerseits daraus, daß hinsichtlich des Erlaßes der Grundentscheidung und des Erlaßes der Vollstreckungsentscheidung verschiedene Zeitpunkte denkbar sind.
Andererseits ergibt sich dies daraus, daß im Falle der Entscheidung über die Vollstreckung ein weitergehender Eingriff in den Rechtskreis der Eltern bzw. des Kindes hinzutritt.[76]
Denn zunächst ist eine gerichtliche Entscheidung gegeben, welche besagt, daß ein bestimmter Anspruch besteht. Damit wird zunächst festgestellt, daß ein bestimmter Sachverhalt der Rechtsordnung entspricht. Unabhängig davon erfolgt erst die gerichtliche Entscheidung, dieser Entscheidung zur Durchsetzung zu verhelfen („Ob" der Vollstreckung) und letztlich die Entscheidung für ein bestimmtes Zwangsmittel („Wie" der Vollstreckung), womit der Staat den Anspruchssteller in der Verwirklichung seiner Rechte unterstützt.

Für die Entscheidung hinsichtlich des „Ob" folgt daraus in erster Linie, daß nicht jede Entscheidung, die unter der rechtmäßigen Berücksichtigung der Kindeswohlbelange ergangen ist, auch automatisch vollstreckt werden kann.[77]
Mit der gerichtlichen Entscheidung für die Durchsetzung der Grundentscheidung im Wege der Zwangsvollstreckung gilt aber in jedem Falle, daß der beim Erlaß der Grundentscheidung angelegte Maßstab zur Berücksichtigung der Kindeswohlbelange keinesfalls unterlaufen werden darf, da erst die Grundentscheidung zur Vollstreckung überhaupt legitimiert und sie durch die Vollstreckung nicht ausgehebelt werden darf.[78]
Für die Entscheidung hinsichtlich des „Wie" der Vollstreckung ist zu beachten, daß der Anspruchsgegner durch staatliche Zwangsanwendung zum Einlenken bewegt werden soll. Das Kind ist aber nicht Vollstreckungsgegner und muß deswegen von der Anwendung eines bestimmten Zwangsmittels unberührt bleiben,[79] was faktisch unmöglich sein dürfte.

[76] Siehe oben: A.III.1., deshalb ist das Vollstreckungsverfahren ein selbständiges Verfahren.
[77] siehe OLG Zweibrücken, KindPrax 2001, 129, das Gericht lehnte es in seinem Beschluss ab, die Zwangsvollstreckung eines bestandskräftigen Beschlusses betreffend die Herausgabe von Kindern zum Zwecke der Rückführung in die USA anzuordnen, weil die Vollstreckung mit der Anwendung von Gewalt gegen die Kinder verbunden gewesen wäre.
[78] Ebenso hinsichtlich des Umgangsrechts: Kuckuck, ZAP Fach 11, S. 163; siehe auch OLG Hamm FamRZ 1996, 363; im Hinblick auf die unterschiedlichen möglichen zugrundeliegenden Entscheidungen und die unterschiedlichen Entscheidungsmaßstäbe kritisiert Dickmeis, NJW 1992, 537 ff die Unterschiedslosigkeit der Regelung des § 33 FGG.
[79] Siehe außerdem zum Verhältnis des Kindes zur Zwangsvollstreckung: Münder, ZfJ 1988, 10 ff.

Es stellt sich nunmehr die Frage nach der Intensität der zu berücksichtigenden Kindeswohlbelange. Insoweit existiert kein einheitlicher Maßstab in Rechtsprechung und Literatur.

Im Hinblick auf die Durchsetzung des Umgangsrechts wird vertreten, daß das Wohl des Kindes den Richtpunkt der Entscheidung bilden muß.[80] Es wird auch vertreten, der Zwang dürfe nicht dem Wohl des Kindes zuwiderlaufen.[81]
Im Hinblick auf die Durchsetzung des sorgerechtlichen Herausgabeanspruchs gemäß § 1632 I, III BGB bzw. eines anerkannten ausländischen sorgerechtlichen Herausgabetitels wird sowohl vertreten, das Kind dürfe durch die Durchsetzung psychisch und physisch nicht geschädigt werden[82], die Durchsetzung dürfe dem Wohl des Kindes nicht zuwiderlaufen[83], es sei im Rahmen der Vollstreckung zu überprüfen, inwieweit das Herausgabeverlangen einen Mißbrauch der elterlichen Sorge gemäß § 1666 BGB darstelle.[84]
Dahingegen wird vertreten, die Durchsetzung müsse dem Wohl des Kindes entsprechen[85] oder maßgebend sei das Wohl des Kindes.[86]
Hinsichtlich der Durchsetzung von Rückführungsentscheidungen nach dem HKÜ oder dem ESÜ speziell erwähnen Literatur und Rechtssprechung nicht ausdrücklich, mit welcher Intensität Kindeswohlbelange zu berücksichtigen sind.

Nach alledem steht jedenfalls fest, daß das Kindeswohl auch im Hinblick auf die Vollstreckung handlungsleitende Maxime ist.[87]

Für die Entscheidung hinsichtlich des „Ob" und des „Wie" der Vollstreckung mit den Mitteln des § 33 FGG ist ein einheitlicher Maßstab betreffend die Intensität der zu berücksichtigenden Kindeswohlbelange notwendig. Dieser muß abstrakt d.h. vom Einzelfall und der Grundentscheidung unabhängig sein.

Als zentrale Grenzen kennt das Kindschaftsrecht u.a. den Schutz des Kindes durch den Staat gemäß §§ 1666, 1666a BGB vor sein Wohl gefährdenden elterlichen Maßnahmen und zum anderen die Unterstützung der Eltern durch den Staat gemäß § 1631 III BGB, wenn die Maßnahme positiv erforderlich ist, also

[80] BVerfGE 31, 194 (209); BGH NJW-RR 1986, 1264 (1265)
[81] Staudinger[12]/ Peschel-Gutzeit, § 1634 BGB a. F., Rdnr. 434
[82] AG München DGVZ 1982, 12; AG Emden DGVZ 1972, 78 (79)
[83] BayObLG 1974, 317 unter Hinweis auf BVerfGE 24, 119 (144); OLG Celle FamRZ 1994, 1129 prüft jedenfalls, ob Vollzug der Herausgabe nach § 1632 BGB dem Kindeswohl zuwiderläuft; RGRK, Wenz, § 1632 BGB, Rdnr. 48
[84] BGH FamRZ 1975, 273; 1977, 126
[85] OLG Hamburg FamRZ 1994, 1128; Staudinger[12]/ Salgo, § 1632 BGB, Rdnr. 37; Jopt, ZfJ 1991, 93 (95); Raak, FPR 1996, 54
[86] Schüler, ZfJ 1981, 173 (177)
[87] Jopt, ZfJ 1991, 93 (95)

dem Kindeswohl dienlich ist.[88] Hier besteht eine Pufferzone zwischen der Versagung einer staatlichen Unterstützung und dem Gewährenlassen der Eltern.[89]

Daraus läßt sich ableiten, daß die staatliche Vollstreckung als faktische Unterstützung der Eltern keinesfalls ein Verhalten sein kann, das gleichzeitig das Eingreifen des Staates zum Schutz des Kindes nach §§ 1666, 1666a BGB begründet. Folglich darf die staatliche Anwendung von Zwang keinesfalls das Kindeswohl gefährden[90], muß aber auch an höheren Anforderungen als an der Gefährdung des Kindeswohls gemessen werden.

Zudem läßt sich der Gedanke übertragen, daß der Staat seine Unterstützung im Bereich des Eltern-Kind-Verhältnisses nur da anbieten will, wo es dem Kindeswohl dienlich ist. Dieser aus § 1631 III BGB resultierende Grundgedanke muß in die Ermessensentscheidung bei der Zwangsvollstreckung im Bereich des Eltern-Kind-Verhältnisses zugunsten eines Elternteils oder der Eltern zusammen einfließen, denn auch hier unterstützt der Staat einen Elternteil oder beide Eltern in ihren Rechten.
Daraus folgt, daß die Entscheidung für das „Ob" und das „Wie" der Zwangsvollstreckung Kindeswohlbelange in der Intensität zu berücksichtigen hat, daß jede Maßnahme zur Vollstreckung dem Kindeswohl dienlich sein muß.[91]
Es ist daher hinsichtlich der Entscheidung über das „Ob" der Vollstreckung insbesondere zu berücksichtigen, ob eventuell zum Wohle des Kindes von einer zwangsweisen Durchsetzung abgesehen werden sollte.[92]
Da es in der Praxis unrealistisch ist, daß das Kind gänzlich unberührt von Zwangsvollstreckungsmaßnahmen jeder Art bleibt, ist deshalb hinsichtlich des „Wie" zu berücksichtigen, daß die Maßnahmen ausgewählt werden, die eine möglichst geringe Beeinträchtigung der Kindesinteressen mit sich bringen, so daß nach einer unter Beachtung des Verhältnismäßigkeitsgrundsatzes vorzunehmenden Gesamtabwägung aller Umstände die Durchführung der Vollstre-

[88] Hinsichtlich § 1631 III BGB: KG NJW 1965, 870; OLG Karlsruhe OLGZ 1966, 583 (584)
[89] Gernhuber, § 57 VIII., Nr.4, das Kind erfahre dadurch faktische Unterstützung; siehe auch Staudinger[12]/ Salgo, § 1631 BGB, Rdnr. 82
[90] Insoweit verdienen im Ergebnis Zustimmung: Staudinger[12]/ Peschel-Gutzeit, § 1634 BGB a. F., Rdnr. 434; AG München DGVZ 1982, 12; AG Emden DGVZ 1972, 78 (79); BayObLG 1974, 317; OLG Celle FamRZ 1994, 1129; RGRK, Wenz, § 1632 BGB, Rdnr. 48; BGH FamRZ 1975, 273; 1977, 126; unentschieden: Schüler, ZfJ 1981, 173 (177)
[91] OLG Hamburg FamRZ 1994, 1128; Staudinger[12]/ Salgo, § 1632 BGB, Rdnr. 37; Jopt, ZfJ 1991, 93 (95); Raak, FPR 1996, 54
[92] Schüler, ZfJ 1981, 173 (177); siehe dazu ausführlich unten: A.V.1. und 2.; siehe auch OLG Zweibrücken, KindPrax 2001, 129, das Gericht lehnte es in seinem Beschluss ab, die Zwangsvollstreckung eines bestandskräftigen Beschlusses betreffend die Herausgabe von Kindern zum Zwecke der Rückführung in die USA anzuordnen, weil die Vollstreckung mit der Anwendung von Gewalt gegen die Kinder verbunden gewesen wäre.

ckung im Hinblick auf die einzelne Zwangsmaßnahme dem Kindeswohl dienlich ist.[93]

b) Sonstige Voraussetzungen für die Einleitung der Vollstreckung

Es bedarf der Untersuchung, ob das Gericht von Amts wegen oder auf Antrag der Partei über die Androhung oder Verhängung eines Zwangsmittels entscheidet. [94]

Diesbezüglich könnte die Grundentscheidung eine Rolle spielen. Eine Herausgabeentscheidung gemäß § 1632 I, III BGB ergeht auf Antrag eines oder beider Elternteile. Bei der Durchsetzung ausländischer Herausgabeentscheidungen ergeht jedenfalls die Entscheidung über die Anerkennung der Herausgabeentscheidung auch auf Antrag der Parteien.
Eine Rückführungsentscheidung nach einem internationalen Rückführungsübereinkommen ergeht ebenfalls auf Antrag einer Partei.
Eine gerichtliche Umgangsregelung bzw. eine umgangsrechtliche Herausgabeentscheidung ergeht zwar von Amts wegen, regelmäßig geht der Einleitung des Umgangsrechtsverfahrens jedoch ein Antrag eines Elternteils oder beider Elternteile voraus.[95]
So wird vertreten, daß die Einleitung eines Vollstreckungsverfahrens jedenfalls zur Durchsetzung eines Herausgabeanspruchs nach § 1632 I, III BGB allein auf Antrag der Parteien erfolgt.[96]
Insbesondere wird vertreten, daß die Androhung oder Verhängung der Zwangshaft zur Vollstreckung des sorgerechtlichen Herausgabeanspruchs auf Antrag des Anspruchsinhabers erfolgt.[97]

Dahingegen wird vertreten, die Vollziehung der Herausgabeentscheidung sei Sache des Gerichts und dürfe nicht den Eltern überlassen werden.[98] Die Vollstreckungsentscheidung werde im Amtsverfahren getroffen, auch wenn das zugrundeliegende Verfahren ein Antragsverfahren darstelle.[99]
Im übrigen erwähnen Literatur und Rechtssprechung kein Antragserfordernis.[100]

[93] Christian, DAVorm 1983, 417 (423 f.); siehe auch unten: A.V.3.
[94] Davon ist die Frage, wer nach ergangener Vollstreckungsentscheidung den Vollstreckungsauftrag erteilt zu unterscheiden; siehe dazu unten: A.III.4.a)gg)
[95] Palandt, Diederichsen, § 1634 BGB a. F., Rdnr. 36 (54.A)
[96] Staudinger[12]/ Salgo, § 1632 BGB, Rdnr. 37
[97] BT/Drucks 11/3622, S. 3
[98] OLG Hamburg FamRZ 1994, 1128; OLG Frankfurt FamRZ 1980, 1038 (1041); Palandt, Diederichsen, § 1632, Rdnr. 16 (58.A); RGRK, Wenz, § 1632 BGB Rdnr. 46
[99] Bassenge/Herbst, § 33 FGG, Rdnr. 7
[36] Siehe statt aller Keidel/ Zimmermann, § 33 FGG

Der Wortlaut des § 33 FGG spricht gegen das Tätigwerden des Gerichts lediglich auf Antrag der Parteien. Ein Antragserfordernis ist aus § 33 FGG nämlich nicht ersichtlich.
Auch die Einbettung der Regelung der Zwangsmittel im FGG insgesamt spricht gegen die Entscheidung über Androhung und Verhängung eines Zwangsmittels allein auf Antrag der Parteien. Konsequenterweise müßte der in § 12 FGG niedergelegte Untersuchungsgrundsatz unabhängig von den Voraussetzungen zum Erlaß der Grundentscheidung dazu führen, daß die Zwangsmittel von Amts wegen verhängt werden und ein Antrag der Parteien nicht erforderlich ist, wenn ein solcher auch regelmäßig geeignet ist, dem Gericht von einem Entscheidungsbedarf Kenntnis zu verschaffen.
Dies dient auch dem Erfordernis nach Rechtsklarheit, da somit ein einheitlicher für alle der Vollstreckung zugrundeliegenden Entscheidungen geltender Grundsatz gegeben ist. Andererseits müßte je nach der zugrundeliegenden Entscheidung hinsichtlich der Einleitung der Vollstreckung etwas unterschiedliches gelten.

Es ist allerdings zu beachten, daß das Antragserfordernis nach § 1632 I, III BGB ohnehin nicht dazu führt, daß im Herausgabeverfahren der Parteiengrundsatz gilt.[101] Vielmehr ist dies Ausfluß des Aufenthaltsbestimmungsrechts gemäß § 1631 I BGB bzw. des Rechts auf Bestimmung des Umgangs mit Dritten gemäß § 1632 II BGB.

Der letztgenannten Auffassung ist rechtsdogmatisch zu folgen. Für die Einleitung der Vollstreckung nach § 33 FGG ist kein Antrag der Parteien erforderlich. Allerdings darf dies nicht dazu führen, dass das Gericht ohne konkrete Anregungen der Parteien oder ohne Anhaltspunkte für die Notwendigkeit der zwangsweisen Durchsetzung der Herausgabeentscheidung Vollstreckungsentscheidungen trifft. Hinsichtlich des „Ob“ der Vollstreckung ist daher eine konkrete Anregung der Parteien zu fordern, ohne dass hier hinsichtlich des „Wie“ der Vollstreckung ein bestimmter Antrag notwendig ist.

2. Zwangsgeld

Fragen, die die Androhung eines Zwangsgeldes gemäß § 33 III 1 FGG und die Festsetzung des Zwangsgeldes gemäß § 33 I 1 FGG betreffen, werden in der veröffentlichten Rechtssprechung überwiegend zur Durchsetzung des Umgangsrechts, seltener zur Durchsetzung des sorgerechtlichen Herausgabeanspruches diskutiert.
Das Zwangsgeld ist keine Strafe für begangenes Unrecht, sondern besitzt vielmehr Beugecharakter. Sinn und Zweck des Zwangsgeldes ist es daher, den Willen des Herausgabepflichtigen dahingehend zu beugen, daß er ob dem Druck der

[101] So auch Keidel/ Zimmermann, § 33 FGG, Rdnr. 36

finanziellen Belastung der gerichtlich bestimmten Herausgabepflicht des Kindes Folge leistet.[102]
Das Verfahren um die Androhung oder Verhängung des Zwangsgeldes stellt ein gegenüber dem Verfahren zur durchzusetzenden Grundentscheidung z.B. Herausgabebeschluß gemäß § 1632 I, III BGB oder Regelung des Umgangsrechts ein selbständiges Verfahren dar.[103] Es gilt der Untersuchungsgrundsatz gemäß § 12 FGG.[104]

a) Verhängung des Zwangsgeldes

aa) Formelle Voraussetzungen für die Verhängung des Zwangsgeldes

(1) Anhörungen

Im Verfahren zur Verhängung eines Zwangsgeldes ist eine persönliche Anhörung der Eltern und des Kindes durchzuführen.[105]
Denn das Verfahren über die Verhängung des Zwangsgeldes zur Durchsetzung des sorge- oder umgangsrechtlichen Herausgabebeschlusses ist ein die Personensorge betreffendes Verfahren im Sinne der §§ 50a I 2, 50b I FGG, auch wenn es als Vollstreckungsverfahren gegenüber dem Verfahren zur Herausgabeentscheidung wegen § 1632 I, III BGB oder aufgrund des Umgangsrechts ein selbständiges Verfahren darstellt. Beide Verfahren stehen in einem engen Zusammenhang, so daß von einen die Personensorge betreffenden Verfahren auszugehen ist.[106] Ist eine Scheidungssache anhängig, so ergibt sich die Anhörungspflicht der Eltern auch aus § 613 I 2 ZPO.

Von der Anhörung des nichtsorgeberechtigten Elternteils kann gemäß § 50a II FGG abgesehen werden, wenn von seiner Anhörung eine Aufklärung nicht zu erwarten ist. Hinsichtlich der Form der Anhörung besteht insoweit nach dem Wortlaut des § 50a II FGG nicht das Erfordernis nach einer persönlichen Anhörung. Diese wird jedoch trotzdem unterschiedslos gefordert, was sich mit der Sachnähe des nichtsorgeberechtigten Elternteils als jeweils Herausgabe- oder Handlungspflichtigem begründen läßt.[107]

[102] Siehe statt aller Keidel/ Zimmermann, § 33 FGG Rdnr. 4, m.w.N.
[103] OLG Hamm FamRZ 1980, 481 (482)
[104] Siehe dazu auch oben: III. 1. b)
[105] BayObLG FamRZ 1998, 1129; BayObLG FamRZ 1993, 823 (824); Keidel/ Zimmermann, § 33 FGG, Rdnr. 19; Keidel/Kuntze/Zimmermann, Engelhardt, § 50a FGG, Rdnr. 6, dieser nur hinsichtlich Zwangsgeldverfahren zur Vollstreckung des sorgerechtlichen Herausgabeanspruchs
[106] BayObLG FamRZ 1984, 197 (198)
[107] BayObLG FamRZ 1998, 1129; BayObLG FamRZ 1993, 823 (824)

Von der Anhörung eines Kindes unter 14 Jahren kann gemäß § 50b I, II 1 FGG abgesehen werden, wenn die Neigungen, Bindungen oder der Wille des Kindes für die Entscheidung nicht von Bedeutung ist.
Davon wird Gebrauch gemacht. Es wird nämlich teilweise von einer Kindesanhörung mit der Begründung abgesehen, die Anhörung eines Kindes sei im Verfahren um die Vollstreckung des Umgangsrechts nicht veranlaßt, da es auf seine Neigungen und Bindungen oder seinen Willen im jeweiligen Fall bei der Entscheidung über die Festsetzung des Zwangsgeldes zur Durchsetzung des Umgangsrechts nicht angekommen sei.[108]

Im übrigen kann von der Anhörung grundsätzlich gemäß §§ 50a III 1, 50b III 1 FGG nur aus schwerwiegenden Gründen abgesehen werden.
Wenn die Anhörung wegen Gefahr im Verzug unterbleibt, ist sie gemäß §§ 50a III 2, 50b III 2 FGG unverzüglich nachzuholen. Hierbei ist zu beachten, daß nicht jedes Eilverfahren als solches von der Durchführung einer Anhörung vor der Entscheidung entbindet.[109] Grundsätzlich ist die Anhörung auch im Eilverfahren durchzuführen.[110]

Eine erneute Anhörung der Eltern und des Kindes im Verfahren zur Verhängung des Zwangsgeldes soll ausnahmsweise entbehrlich sein, wenn im zeitlich kurz vorhergehenden Verfahren zum Erlaß der Grundentscheidung eine Anhörung durchgeführt worden war und bereits auf die Möglichkeit der zwangsweisen Durchsetzung eingegangen wurde, daher durch eine erneute Anhörung keine entscheidungserheblichen Gesichtspunkte mehr zu Tage gebracht werden können.[111]

Eine Anhörung des Jugendamtes zur Anordnung eines Zwangsmittels ist nicht ausdrücklich im Gesetz vorgesehen. Jedoch ergibt sich aus §§ 49a I Nr. 6 und 7 FGG und 620a III 1 ZPO, daß das Jugendamt zwingend vor einer Entscheidung über die Herausgabe des Kindes nach § 1632 I, III BGB und des Umgangsrechts angehört werden muß. Gemäß §§ 49a II i.V.m. § 49 IV FGG, 620a III 2 ZPO kann das Gericht seine Entscheidung bereits vor der Anhörung des Jugendamtes treffen, wenn Gefahr im Verzuge gegeben ist, hat diese aber umgehend nachzuholen.
Daraus ergibt sich keine Anhörungspflicht des Jugendamtes für das Vollstreckungsverfahren, da dieses nach oben Gesagtem ein selbständiges Verfahren darstellt. Dies gilt auch im Hinblick auf die insoweit offenere Formulierung der §§ 50a, 50b FGG.

108 BayObLG FamRZ 1998, 1129; BayObLG FamRZ 1996, 878 (879)
109 Eilverfahren „kann“ Grund für Absehen von Anhörung sein: Keidel/ Engelhardt, § 50a FGG, Rdnr. 24
110 Schmidt, Rdnr. 196
111 BayObLG FamRZ 1996, 878 (879); BayObLG FamRZ 1993, 823 (825)

Das Jugendamt hat aber in jedem Falle zum Erlaß der Grundentscheidung bereits angehört werden müssen. Bei Erlaß der Grundentscheidung kann die Frage nach deren Durchsetzbarkeit ohnehin nicht ausgeklammert werden.
Die Anhörungsvorschriften der §§ 49, 49a FGG sind darüberhinaus nicht abschließend.[112] Eine Anhörung des Jugendamtes kann auch nach § 12 FGG zwingend geboten sein.[113]

(2) Rechtliches Gehör

Vor der Festsetzung des Zwangsgeldes ist den Verfahrensbeteiligten aber in jedem Falle das rechtliche Gehör zu gewähren.[114] Dies kann sowohl im Wege der mündlichen als auch schriftlichen Anhörung geschehen.[115]

(3) Bestellung eines Verfahrenspflegers

Gemäß § 50 FGG kann das Gericht dem Kind einen Verfahrenspfleger zur Wahrnehmung seiner Interessen bestellen, wenn dies erforderlich ist. Dies ist unter anderem gemäß § 50 II Nr.1 FGG in der Regel dann der Fall, wenn das Interesse zu dem seiner gesetzlichen Vertreter in erheblichem Widerspruch steht.

(4) Hinwirken auf Einvernehmen

Nach § 52 FGG hat das Gericht in allen Phasen des Verfahrens möglichst frühzeitig auf ein Einvernehmen der Parteien hinzuwirken. Dies muß auch und gerade für das Vollstreckungsverfahren gelten.
Der Vorschrift kommt gerade für den Fall der Boykottierung des Umgangs durch einen Elternteil im Zusammenhang mit einer Kindesweigerung besondere Bedeutung zu. Es hat insoweit ein ausdrücklicher Hinweis auf die elterliche Loyalitätspflicht gemäß § 1684 II BGB zu erfolgen.[116]
Die Durchführung eines Vermittlungsverfahrens gemäß § 52a FGG ist nicht Voraussetzung für die Einleitung des Zwangsgeldverfahrens, da dieses nur auf Antrag eines Elternteils eingeleitet wird.[117] Das Gericht hat jedoch im Rahmen der aus § 52 FGG resultierenden Pflicht auf die Möglichkeit der Durchführung des Vermittlungsverfahrens gemäß § 52a FGG hinzuweisen.[118]

[112] Keidel/ Engelhardt, § 49 FGG, Rdnr. 11
[113] Bassenge, §§ 49, 49a FGG, Rdnr. 1
[114] SchlHOLG SchlHA 1979, 20; OLG Hamm FamRZ 1998, 307
[115] Dies folgt aus: BVerfGE 6, 19 (20); BVerfGE 31, 364 (370); BVerfGE 86, 133 (144)
[116] Siehe Palandt, Diederichsen, § 1684 BGB, Rdnr. 41
[117] siehe OLG Bamberg, FamRZ 2001, 169 f.
[118] siehe OLG Naumburg, OLGR Naumburg 1998, 459

bb) Materielle Voraussetzungen

(1) Allgemeine Voraussetzungen für die Verhängung des Zwangsgeldes

Der Verhängung des Zwangsgeldes muß eine vollziehbare Grundverfügung zugrundeliegen.[119] Dies bedeutet, daß nach dem oben Gesagten eine über Zeit, Ort und Art des Umgangs genaue und erschöpfende Bestimmung vorliegen muß.[120]

Die vorzunehmende Herausgabe muß nach § 33 I 1 FGG ausschließlich vom Willen des Verpflichteten abhängen.[121] Das ist nicht der Fall, wenn der Vornahme unüberwindbare Hindernisse entgegenstehen.

Eine Zwangsgeldverhängung kommt nur in Betracht, wenn eine schuldhafte Zuwiderhandlung oder Unterlassung entgegen der ausgesprochenen Verpflichtung vorliegt.[122] Verschuldensmaßstab ist vorsätzliches oder fahrlässiges Handeln.

(2) Entscheidungsmaßstab

Die Verhängung eines Zwangsgeldes steht im pflichtgemäßen Ermessen des Gerichts.[123] Dies ergibt sich aus dem Wortlaut des § 33 I 1 FGG („kann") (s.o.).

Die Anordnung der Festsetzung des Zwangsgeldes als Zwangsmittel steht nach dem oben Gesagten unter dem Vorbehalt des Grundsatzes der Verhältnismäßigkeit.[124] Die Verhängung des Zwangsgeldes wird weithin als das mildeste Mittel der gesetzlich vorgesehenen Vollziehungsmaßnahmen verstanden. Die Entscheidung über die Verhängung des Zwangsgeldes muß nach dem oben Gesagten dem Kindeswohl dienen.[125]

(3) Höhe des verhängten Zwangsgeldes

Die Höhe des verhängten Zwangsgeldes zwischen 5 DM und 50.000 DM steht im pflichtgemäßen Ermessen des Gerichts.

[119] BayObLGZ 1974, 351 (353)
[120] Siehe statt aller Keidel/ Zimmermann, § 33 FGG Rdnr. 11, m.w.N.
[121] BayObLG FamRZ 1974, 534 (537)
[122] OLG Celle FamRZ 1998, 1130; OLG Stuttgart FamRZ 1966, 256 (257); OLG Frankfurt FamRZ 1996, 362
[123] OLG Karlsruhe DAVorm 2000, 351; FamRZ 1998, 638; OLG Nürnberg EzFamR aktuell 1994, 286 (S); 1992, Nr. 7,7; OLG Hamm FamRZ 1975, 639
[124] OLG Karlsruhe FamRZ 1998, 637 (638)
[125] Siehe oben: A.III.1.a)

Hierbei sind die Umstände des Einzelfalls zu berücksichtigen.[126] Als solche sind z.B. die Stärke des auf die Mißachtung gerichteten Willens,[127] das Maß des Verschuldens[128], die wirtschaftlichen Verhältnisse[129], die Wirkungslosigkeit bisheriger Zwangsgelder[130] und die Intensität der Zuwiderhandlung[131] zu berücksichtigen.
Die Beitreibung des Zwangsgeldes erfolgt nach §§ 1 I Nr. 3, II, 2 JustizbeitreibungsO v. 11.3.1937 i.V.m. §§ 1 I Nr.3, II-V, 2 ff der bundeseinheitlichen Einforderungs- und BeitreibungsO v. 20.11.1974. Vollstreckungsbehörde ist das Gericht, das das Zwangsgeld erlassen hat. Einziehungsbehörde ist die Gerichtskasse. Zuständig für die Vollstreckung ist der Rechtspfleger. Da Zahlungsvergünstigungen dem Beugezweck des Zwangsgeldes zuwiderlaufen würden, können solche nicht erlassen werden.[132]
Die Umwandlung eines nicht beitreibbaren Zwangsgeldes in ein anderes Zwangsmittel ist ausgeschlossen.[133]

Auch im Hinblick auf die Höhe des zu verhängenden Zwangsgeldes muß der oben aufgestellte Entscheidungsmaßstab berücksichtigt werden. Die Verhängung des Zwangsgeldes muß danach und gerade hinsichtlich der Höhe dem Kindeswohl dienlich sein. Es wird beachtet, daß die Beitreibung des Zwangsgeldes sich nur bei guten Einkommens- oder Vermögensverhältnissen nicht zu Lasten des Kindes auswirken kann, ansonsten würde der Lebensstandard der „Restfamilie" gesenkt werden.[134]

Im übrigen wurden Kindeswohlbelange bei der Bemessung der Höhe des Zwangsgeldes in keiner der zitierten Entscheidungen ausdrücklich berücksichtigt.

b) Androhung des Zwangsgeldes

Das Zwangsgeld ist gemäß § 33 III 1 FGG vor seiner Verhängung anzudrohen. Die Androhung dient dem Zweck, dem Herausgabepflichtigen deutlich zu machen, daß das Gericht gewillt ist, die Herausgabepflicht notfalls mit der Verhän-

[126] BGH NJW 1973, 2288 (2289); BayObLG FamRZ 1996, 878 (879)
[127] Keidel/ Zimmermann, § 33 FGG, Rdnr. 20a
[128] BGH NJW 1973, 2288 (2289); BayObLG FamRZ 1977, 736 (740); BayObLGZ 1974, 351 (352)
[129] BayObLG FamRZ 1996, 878 (879); FamRZ 1993, 823 (825); BayObLGZ 1974, 351 (352); danach bemesse sich, wie empfindlich das Zwangsgeld wirken werde: Keidel/ Zimmermann, § 33 FGG, Rdnr. 20a; BT/Drucks 11/3622, S. 4
[130] Siehe Bassenge/Herbst, § 33 FGG, Rdnr. 20
[131] Zeitliche Intensität: BayObLG FamRZ 1993, 823 (825); Hartnäckige Verweigerungshaltung: BayObLG 1996, 878 (879); Bedeutung der Angelegenheit: BayObLGZ 1974, 351 (352)
[132] Keidel/ Zimmermann, § 33 FGG, Rdnr. 31
[133] Keidel/ Zimmermann, § 33 FGG, Rdnr. 20
[134] BT/Drucks 13/4899 S. 47

gung des Zwangsgeldes durchzusetzen und durch die Warnungsfunktion der Androhung einen Überraschungseffekt für den Herausgabepflichtigten zu verhindern. Der Herausgabepflichtige erhält durch die Androhung des Zwangsgeldes die Information, daß die Herausgabepflicht notfalls durch Verhängung eines Zwangsgeldes erzwungen werden kann.[135]
Bereits die Androhung des Zwangsgeldes soll die Willensentschließung des Pflichtigen beeinflussen.[136] Deshalb wird vertreten, bereits die Androhung bedeute eine Zwangswirkung für den Verpflichteten.[137]
Soweit vertreten wird, die Androhung des Zwangsgeldes stelle als solche noch keine Belastung für den Herausgabeverpflichteten dar,[138] kann dem nicht gefolgt werden. Denn jeder Versuch einer Willensbeeinflussung stellt eine Belastung dar. Dies entspricht auch dem Sinn und Zweck der Androhung, den Vollstreckungsgegner über die gesetzlich möglichen Maßnahmen zu informieren und ihn bereits dadurch zu einem Einlenken zu veranlassen.

aa) Formelle Voraussetzungen für die Androhung des Zwangsgeldes

(1) Verfahren

Die Androhung des Zwangsgeldes kann mit der Grundentscheidung verbunden werden, obwohl das Verfahren zur Androhung des Zwangsgeldes dem Verfahren zum Erlaß der Grundentscheidung selbständig gegenübersteht.[139]
Die erneute Androhung eines Zwangsgeldes zur Durchsetzung derselben Herausgabeverpflichtung darf nur erfolgen, wenn vorher durch die Vollstreckung eines bereits verhängten Zwangsgeldes die Durchsetzung der Herausgabepflicht versucht wurde.[140]
Zwischen der Verhängung des Zwangsgeldes und seiner Androhung muß eine angemessene Frist verstrichen sein, in der der Verpflichtete tatsächlich Gelegenheit hatte, der Verpflichtung nachzukommen.[141]
Die Androhung ist unzulässig, wenn ein Vermittlungsverfahren gemäß § 52a FGG beantragt ist.[142]

[135] S. OLG Karlsruhe FamRZ 1967, 228 (229)
[136] BayObLG FamRZ 1984, 197 (198)
[137] BayObLG FamRZ 1984, 197 (198)
[138] Siehe dazu OLG Karlsruhe FamRZ 1996, 1226
[139] OLG Karlsruhe FamRZ 1988, 1196, (1197); dies gilt für die Verhängung des Zwangsgeldes entsprechend
[140] OLG München FamRZ 1993, 1107
[141] Bumiller/Winkler, § 33 FGG, 2.c)
[142] OLG Zweibrücken, DAVorm 1999, 783

(2) Anhörungen

Auch im Verfahren zur Androhung eines Zwangsgeldes ist eine Anhörung der Eltern und des Kindes durchzuführen.[143] Denn das Verfahren über die Androhung des Zwangsgeldes zur Durchsetzung des sorge- oder umgangsrechtlichen Herausgabebeschlusses ist ebenfalls ein die Personensorge betreffendes Verfahren im Sinne der §§ 50 a, 50 b FGG.[144] Im übrigen gilt das oben zur Anhörung Gesagte entsprechend.

(3) Rechtliches Gehör

Das oben Gesagte gilt entsprechend.[145]

(4) Bestellung eines Verfahrenspflegers

Gemäß § 50 FGG kann das Gericht dem Kind nach oben Gesagtem einen Verfahrenspfleger zur Wahrnehmung seiner Interessen bestellen, wenn dies erforderlich ist.
Diesbezüglich wurde in einem Umgangsverfahren, bei dem es auch zur Androhung eines Zwangsgeldes kam, ein Interessenkonflikt gemäß § 50 II Nr. 1 FGG angenommen und eine Verfahrenspflegschaft angeordnet.[146]

(5) Hinwirken auf Einvernehmen

Das oben unter III.2.a)aa)(4) Gesagte gilt entsprechend.

bb) Materielle Voraussetzungen für die Androhung des Zwangsgeldes

(1) Allgemeine materielle Voraussetzungen für die Androhung des Zwangsgeldes

Zugrundeliegen muß auch der Androhung eine vollziehbare Verfügung. Für die Androhung eines Zwangsgeldes zur Durchsetzung des Umgangsrechts bedeutet dies ebenfalls, daß nach dem oben Gesagten eine über Zeit, Ort und Art des Umgangs genaue und erschöpfende Bestimmung vorliegen muß.[147]
Bereits im Zeitpunkt der Androhung des Zwangsgeldes zur Herausgabe darf die Herausgabe nur ausschließlich vom Willen des Verpflichteten abhängen.[148] Das

[143] BayObLG FamRZ 1984, 197 (198)
[144] BayObLG FamRZ 1984, 197 (198)
[145] Siehe oben: III.2.a) aa) (2)
[146] OLG Karlsruhe DAVorm 2000, 351 (354)
[147] Siehe statt aller Keidel/ Zimmermann, § 33 FGG Rdnr. 11, m.w.N.
[148] BayObLG FamRZ 1974, 534 (537)

ist wie im Falle der Verhängung des Zwangsgeldes dann nicht der Fall, wenn der Vornahme unüberwindbare Hindernisse entgegenstehen.

Die Androhung des Zwangsgeldes setzt nicht voraus, daß eine schuldhafte Zuwiderhandlung gegen die Herausgabeverpflichtung gegeben ist oder konkret zu befürchten ist.[149]
Eine schuldhafte Zuwiderhandlung gegen die Herausgabeverpflichtung oder deren Besorgnis dürfen aber nicht ausgeschlossen erscheinen.[150]

Wird die Androhung des Zwangsgeldes nicht mit der Grundentscheidung verbunden, sondern erfolgt sie zeitlich wesentlich später, so muß eine hinreichende Veranlassung für die Androhung des Zwangsgeldes bestanden haben. Eine hinreichende Veranlassung für die Androhung ist zumindest hinsichtlich der Durchsetzung des Umgangsrechts dann gegeben, wenn Umstände vorliegen, die befürchten lassen, der Verpflichtete werde sich nicht an die Umgangsregelung halten.[151]

(2) Entscheidungsmaßstab für die Androhung des Zwangsgeldes

Die Androhung eines Zwangsgeldes steht im pflichtgemäßen Ermessen des Gerichts.[152]

Diesbezüglich wird vertreten, der Ermessensspielraum sei erheblich eingeschränkt, wenn gleichzeitig mit der zu vollstreckenden Anordnung das Recht auf Umgang mit dem Kind gewahrt werden soll. In diesem Fall sei grundsätzlich eine Zwangsgeldandrohung mit der Grundentscheidung zu verbinden.[153].

Dieser Auffassung kann nicht gefolgt werden.

[149] Heute herrschende Meinung, OLG Celle FamRZ1999, 173; OLG Zweibrücken FamRZ 1999, 173 (174); OLG Karlsruhe FamRZ 2000, 351 (354); OLG Karlsruhe 1998, 637 (638); SchlHOLG SchlHA 1978, 119; OLG Nürnberg EzFamR aktuell 1994, 286 (S) a.A. früher OLG Stuttgart FamRZ 1966, 256 (258), nach früherer Auffassung des OLG Stuttgart war es erforderlich, daß unter Berücksichtigung aller Umstände des Einzelfalles ein vernünftiger Grund für die Androhung der „Ordnungsstrafe" (heute Zwangsgeld s.o.) besteht. Dies ist dann der Fall, wenn mit einer Zuwiderhandlung des Elternteils gegen das betreffende Gebot oder Verbot zu rechnen ist; s. zum früheren Meinungsstreit: OLG Karlsruhe FamRZ 1967, 228 (229)
[150] OLG Nürnberg EzFamR aktuell 1992, Nr. 7, 7; Bassenge/Herbst, § 33 FGG, Rdnr. 14
[151] OLG Karlsruhe FamRZ 1988, 1196 (1197)
[152] OLG Karlsruhe DAVorm 2000, 351; FamRZ 1998, 638; OLG Nürnberg EzFamR aktuell 1994, 286 (S); 1992, Nr. 7,7
[153] OLG Nürnberg EzFamR aktuell 1994, 286 (S); OLG Zweibrücken FamRZ 1999, 173 (174); der Ermessensspielraum sei erheblich eingeschränkt, da ein Recht des Umgangselternteils verfolgt werden soll: Staudinger[13]/ Rauscher, § 1684 BGB, Rdnr. 233

Nach oben unter 1.a) Gesagtem muß die Entscheidung über ein Zwangsmittel dem Kindeswohl dienlich sein. Es wird insoweit vertreten, daß das Kindeswohl auch bereits auf die vom Gesetz zwingend vorgeschriebene und regelmäßig vorgeschaltete Androhung von Zwangsmitteln ausstrahle und hierbei zu beachten sei.[154] Da bereits die Androhung des Zwangsgeldes eine Zwangswirkung bedeutet, ist dem zuzustimmen. So muß auch hinsichtlich der Entscheidung über die Androhung eines Zwangsgeldes die Berücksichtigung der Kindeswohlbelange erfolgen. Es verbietet sich daher jeder Automatismus.

cc) Höhe des angedrohten Zwangsgeldes

Das Zwangsgeld muß in einer bestimmten Höhe angedroht werden. Die angedrohte Höhe des Zwangsgeldes steht im pflichtgemäßen Ermessen des Gerichts. Es reicht insoweit aus, in der Androhung einen bestimmten Höchstbetrag zu formulieren, wenn dieser bei vorausschauender Betrachtung bei der Verhängung des Zwangsmittels in Betracht kommt.[155] Die angekündigte Summe des Zwangsgeldes muß daher nach den bis dahin ersichtlichen Umständen des Falles auch tatsächlich in Betracht zu ziehen sein.[156]

Die oben genannten Kriterien zur Höhe des Zwangsgeldes gelten entsprechend, wobei zu beachten ist, daß bei der Androhung des Zwangsgeldes die endgültige Intensität der Zuwiderhandlung und das endgültige Maß des Verschuldens noch nicht festgestellt werden kann.

c) Bedeutung des entgegenstehenden Kindeswillens im Zwangsgeldverfahren

aa) Auswirkungen des entgegenstehenden Kindeswillens auf die Durchführung des Zwangsgeldverfahrens

Zu untersuchen sind nunmehr die Folgen der Kindesweigerung für die Durchführung des Zwangsgeldverfahrens hinsichtlich Verhängung und Androhung des Zwangsgeldes. Da Ziel der Durchführung eines Zwangsgeldverfahrens meistens die Durchsetzung des Umgangsrechts ist, befassen sich überwiegend damit die nachfolgend untersuchten Entscheidungen.

[154] OLG Karlsruhe FamRZ 1998, 637 (638)
[155] BGH NJW 1973, 2288; BayObLG FamRZ 1996, 878 (879); OLG Bamberg FamRZ 1998, 307
[156] BGH NJW 1973, 2288 (2289)

(1) Entgegenstehender Kindeswille als unüberwindbares Hindernis

(a) Unüberwindbares Hindernis bei der Verhängung des Zwangsgeldes

Die Kindesweigerung, einer Herausgabe zum Zwecke der Ausübung des Umgangsrechts Folge zu leisten, könnte als unüberwindbares Hindernis im Sinne des oben Gesagten verstanden werden und damit die Voraussetzungen für die Verhängung und die Androhung eines Zwangsgeldes entfallen lassen.

Nach teilweise vertretener Ansicht wird grundsätzlich in der Kindesweigerung, der Herausgabepflicht zur Durchsetzung des Umgangsrechts Folge zu leisten, kein unüberwindbares Hindernis gesehen. [157]
Soll eine Umgangsregelung durchgesetzt werden, so sei der sorgeberechtigte Elternteil vielmehr verpflichtet, aufgrund seiner elterlichen Autorität durch geeignete erzieherische Mittel auf die Besuchsverwirklichung hinzuwirken und den entgegenstehenden Widerstand des Kindes zu überwinden. Jedenfalls bei Kindern unter 10 Jahren sei vom Gelingen dieser Einwirkung auch ohne Prügel auszugehen.[158]

Ein unüberwindbares Hindernis liege erst dann vor, wenn sich das Kind trotz der intensiven positiven Einflußnahme durch den Herausgabeverpflichteten beharrlich weigere, der Herausgabeanordnung Folge zu leisten.[159]

Es werden aber verschiedene Auffassungen zum Alter der Kinder vertreten, wann das Scheitern der Einwirkung beachtlich ist.
Es wird davon ausgegangen, daß bei der Weigerung eines 13 jährigen Kindes Erziehungsmittel versagen können[160] oder daß bei der Weigerung eines 11 jährigen Kindes die Einflußnahme der Mutter nicht mehr zu einer Abkehr des Kindes von seiner Handlung führen kann.[161]
Es wird auch vertreten, daß bei 7- 10jährigen Kindern die Einflußnahme versagen kann, dies sei jedoch bei kleineren Kindern nicht der Fall.[162]
Andererseits wird vertreten, daß das Versagen einer Einflußnahme unabhängig vom Alter des Kindes beachtlich ist und eine Vollstreckung dann unterbleiben muß.[163]

[157] OLG Celle FamRZ 1999, 173; OLG Zweibrücken FamRZ 1987, 90 (91)
[158] OLG Zweibrücken FamRZ 1987, 90 (91); BezirksG Frankfurt/O. FamRZ 1994, 58; Keidel/ Zimmermann, § 33 FGG, Rdnr. 12; Staudinger[13]/ Rauscher, § 1684 BGB, Rdnr. 239
[159] OLG Karlsruhe 1998, 637 (638), nach Ansicht des OLG Karlsruhe soll in diesem Fall auch bei der Androhung des Zwangsgeldes die Überprüfung der der Herausgabeverpflichtung zugrundeliegende Umgangsrechtsentscheidung erfolgen dürfen; OLG Zweibrücken FamRZ 1984, 508 (509); Keidel/ Zimmermann, § 33 FGG, Rdnr. 12; Dörr NJW 1991, 77 (83); Staudinger[13]/ Rauscher, § 1684 BGB, Rdnr. 239
[160] AG Charlottenburg FamRZ 1989, 1216 (1287)
[161] OLG Celle FamRZ 1998, 1130 (1131)
[162] Keidel/ Zimmermann, § 33 FGG, Rdnr. 12

Im Gegensatz dazu wird vertreten, die intensive Weigerung des Kindes, der Herausgabeanordnung zum Zwecke der Durchsetzung des Umgangs Folge zu leisten, stelle grundsätzlich ein unüberwindbares Hindernis dar.[164] Dies gelte selbst dann, wenn das Kind hinsichtlich der Weigerung vom herausgabepflichtigen Elternteil beeinflußt worden war. Die Durchsetzung der Entscheidung gegen den Kindeswillen könne dem Wohl des Kindes unabhängig von einer möglichen Beeinflussung nur abträglich sein.[165] Der Respekt vor dem Persönlichkeitsrecht auch kleinerer Kinder sollte die Gerichte davon abhalten, deren Willen zu brechen.[166]
Grundsätzlich könne wegen des Wortlauts von § 33 I 1 FGG „ausschließlich" nicht abstrakt bestimmt werden, daß der sorgeberechtigte Elternteil sich nicht auf die Nichtdurchsetzbarkeit der Umgangsregelung berufen könne, wenn das Kind sich weigere, der Regelung Folge zu leisten.[167]

Unabhängig von einer erzieherischen Einwirkung wird vertreten, der entgegenstehende Wille von Kindern im Alter von 13 bis 17 Jahren sei nur dann zu beachten, wenn sie die geistige und sittliche Reife aufwiesen, um zu einer eigenen die Durchführung des Umgangs betreffenden Entscheidung zu gelangen.[168]

(b) Unüberwindbares Hindernis bei der Androhung des Zwangsgeldes

Die Weigerung des Kindes, der Herausgabeanordnung Folge zu leisten, wird in auch bezüglich des Verfahrens zur Androhung des Zwangsgeldes unterschiedlich behandelt.

Diesbezüglich wird in der Weigerung eines bis zu 10 jährigen Kindes, einer Umgangsregelung nachzukommen, kein unüberwindbares Hindernis, welches die Androhung eines Zwangsgeldes verbiete, gesehen. Aufgrund der elterlichen Autorität habe der Herausgabepflichtige durch geeignete erzieherische Mittel auf sein Kind so hinzuwirken, daß der Widerstand überwunden werde. Daß dies bei sachgerechtem Einsatz der Erziehungsmittel auch so gelinge, sei jedenfalls bei einem bis zu 10 Jahre alten Kind anzunehmen.[169]

[163] So auch Staudinger[12]/ Peschel-Gutzeit, § 1634 BGB, Rdnr. 437: eine Vollziehung hat bei Versagen der erzieherischen Einwirkung zu unterbleiben.
[164] Münder, ZfJ 88, 10: Die Vollstreckung dürfe nie gegen den Willen des Kindes durchgeführt werden; einschränkend: Gernhuber, § 65 IV., Nr.2
[165] SchlHOLG SchlHA 1979, 20
[166] Siehe Gernhuber, § 66 IV., Nr.2; grds. gegen die zwangsweise Überwindung des Kindeswillens unabhängig vom Alter: Staudinger[12]/ Peschel-Gutzeit, § 1634 BGB a. F., Rdnr. 317
[167] AG Charlottenburg FamRZ 1989, 1216 (1287)
[168] BayObLG FamRZ 1977, 736 (740)
[169] OLG Brandenburg FamRZ 1996, 1092 (1093); OLG Hamm FamRZ 1996, 363; zustimmend: Staudinger[13]/ Rauscher, § 1684 BGB, Rdnr. 236

Demgegenüber wurde ein unüberwindbares Hindernis in der Weigerung eines 16 und eines 17jährigen Mädchens, einer Herausgabeanordnung auf der Grundlage von § 1632 I, III BGB Folge zu leisten, gesehen. Die erfolgte Androhung eines Zwangsgeldes zur Durchsetzung dieser Entscheidung wurde aufgehoben.[170]

(2) Entgegenstehender Kindeswille und Verschulden des Herausgabepflichtigen

Davon ausgehend, daß die Kindesweigerung (entgegen der diesseits vertretenen Auffassung, siehe c)) kein unüberwindbares Hindernis, einer Umgangsregelung Folge zu leisten, darstellt, werden die Auswirkungen der Kindesweigerung auf das Verschulden des Herausgabepflichtigen diskutiert.

Als Konsequenz zur oben zuerst dargestellten Auffassung wird vertreten, ein Verschulden liege vor, wenn im Falle der Weigerung des Kindes die oben ausgeführte erzieherische Einwirkung auf das Kind in zureichender Weise unterblieben ist.[171]
Bei Kindern im Alter von 7– 10 Jahren sei der Herausgabepflichtige nicht gehalten, die Mitnahme der Kinder durch unmittelbaren Zwang zu ermöglichen.[172]
Eine unzureichende Einwirkung und damit auch ein Verschulden wurde im Falle der Weigerung eines 11jährigen Kindes[173] und im Falle eines 15 und eines 14jährigen Kindes[174] bejaht.
Als zureichende Einwirkung wurde das zehnmalige Zureden auf ein 12jähriges Kind angesehen.[175]
Teilweise wird vertreten, daß ein Verschulden entfällt, wenn das Kind schwerwiegende Gründe für die Weigerung geltend macht, oder sich bereits der Grenze der Volljährigkeit nähert.[176]
Zum Teil wird jedoch vertreten, daß ein Verschulden aufgrund unzureichender erzieherischer Einwirkung nur bei Kindern bis zu 10 Jahren in Betracht komme.[177]

170 BayObLG FamRZ 1974, 534 (537)
171 Weigerung läßt Verschulden nicht entfallen: Palandt, Diederichsen, § 1684 BGB, Rdnr. 64; Kuckuk, ZAP Fach 11, S. 163; Staudinger[13]/ Rauscher, § 1684 BGB, Rdnr. 239
172 LG Mannheim Die Justiz 1976, 431; RGRK, Wenz, § 1632 BGB, Rdnr. 47
173 OLG Celle FamRZ 1999, 173
174 BayObLG FamRZ 1993, 823 (825)
175 OLG Zweibrücken FamRZ 1984, 508 (509); ebenso: MüKo, Hinz, § 1634 BGB a. F., Rdnr. 49a
176 Kuckuk ZAP Fach 11, S. 163
177 Keidel/ Zimmermann, § 33 FGG, Rdnr. 19

Nach anderer Auffassung wird es hinsichtlich der Verschuldensfrage als ausreichend angesehen, wenn die tatsächliche Möglichkeit verschafft wird, die abholbereiten Kinder mitzunehmen.[178]

bb) Entgegenstehender Kindeswille und Überprüfung der Grundentscheidung

Weigert sich ein Kind nach Erlaß einer Herausgabeanordnung, dieser Folge zu leisten, stellt sich die Frage nach der Qualität jener Anordnung.

Es ist deshalb zu untersuchen, ob in der Kindesweigerung nicht nur ein Anlaß gesehen wird, die Vollstreckung zu unterlassen, sondern auch die Grundentscheidung zu überprüfen.

Gründe, die die der Vollstreckung zugrundeliegende sorge- oder umgangsrechtliche Herausgabeanordnung betreffen, wie z.B. das Vorbringen, die getroffene Regelung verstoße wegen der Weigerung des Kindes gegen dessen Wohl und könne daher nicht durchgesetzt werden, sollen nach Meinung einiger Gerichte im Rahmen des Verfahrens zur Androhung oder Verhängung des Zwangsgeldes grundsätzlich unbeachtlich bleiben.[179]

Teilweise wird daher vertreten, es sei ein unabhängiges Umgangs- oder Sorgerechtsänderungsverfahren durchzuführen, welches auf die Durchführung des Zwangsgeldverfahrens keinen Einfluß habe.
Sogar Umstände, die auf eine Gefährdung eines 10jährigen Kindes hindeuten, würde der Umgang durchgeführt, spielten demnach im Rahmen der Androhung des Zwangsgeldes keine Rolle und blieben unbeachtlich, da dies nach Auffassung des Gerichts lediglich Anlaß bieten könne, die Umgangsregelung als solche abzuändern. Auf das Verfahren zur Androhung des Zwangsgeldes habe dieser Umstand jedoch keine Auswirkungen.[180]
Im Rahmen der Überprüfung der Vollstreckungsentscheidung könne nicht geltend gemacht werden, die durchzusetzende Umgangsregelung verstoße gegen das Kindeswohl und sei deswegen aufzuheben. Dieses Vorbringen sei im Verfahren über die Durchsetzung der Umgangsregelung nicht zu prüfen, da die Entscheidung zur Durchsetzung des Umgangsrechts und die Regelung des Umgangsrechts als solche grundsätzlich zu trennen seien, ansonsten könne die Umgangsregelung unterlaufen werden.[181]

[178] Palandt, Diederichsen, § 1632 BGB, Rdnr. 16
[179] OLG Düsseldorf FamRZ 1993, 1349 (1350), OLG Hamburg FamRZ 1996, 1093; OLG Hamm FamRZ 1996, 363; OLG Karlsruhe Die Justiz 1981, 84 (85); ebenso Keidel/ Zimmermann, § 33 FGG, Rdnr. 19; MüKo, Hinz, § 1632 BGB, Rdnr. 49; Bumiller/Winkler, § 33 FGG, 2.c); Staudinger[13]/ Rauscher, § 1684 BGB, Rdnr. 236
[180] OLG Brandenburg FamRZ 1996, 1092 (1093)
[181] OLG Hamm FamRZ 1996, 363

Teilweise wird zwar eingeräumt, es sei grundsätzlich auch innerhalb des Zwangsgeldverfahrens zu beachten, ob die zugrundeliegende Entscheidung wegen veränderter Umstände gemäß § 18 FGG von Amts wegen abzuändern sei.[182] Keinesfalls sei insoweit noch Raum für die Anordnung eines Zwangsgeldes, wenn das entscheidende Gericht zu erkennen gibt, daß die Voraussetzungen für eine Abänderung der Umgangsentscheidung vorliegen.[183]
Die Weigerung des Kindes, der zugrundeliegenden Entscheidung Folge zu leisten, bedeute an sich jedoch keine Veränderung der Umstände im Sinne des § 18 FGG, auch nicht unter dem Gesichtspunkt des Kindeswohls.
Lediglich, wenn eine beharrliche Weigerung des Kindes, der Umgangsregelung Folge zu leisten, vorliege, habe die Überprüfung der der Herausgabeverpflichtung zugrundeliegende Umgangsrechtsentscheidung zu erfolgen, wenn der Verpflichtete alle erzieherischen Mittel voll ausgeschöpft hat, um das Kind zur Durchführung des Umgangs zu bewegen.[184]
So wird im Hinblick auf die Durchsetzung einer Umgangsregelung mit einem 17jährigen und einem 14jährigen Kind, welche sich beide weigerten, der Umgangsregelung Folge zu leisten, vertreten, es sei nicht einzusehen, weshalb die Durchsetzung einer zum Wohle der Kinder getroffene Umgangsregelung wiederum gegen das Wohl der Kinder verstoßen soll. Denn das Gericht habe seine Regelung von vornherein so zu treffen, daß es ihr auch durch Zwangsmittel Geltung verschaffen kann.[185]
Dieselbe Auffassung wird im Hinblick auf die Durchsetzung einer Umgangsregelung mit einem 9jährigen Kind, welches sich weigert, der Umgangsregelung Folge zu leisten, vertreten.[186]

Folge dieser Auffassungen ist es, daß die getroffene Zwangsgeldentscheidung unabhängig von der Kindesweigerung wie bereits oben festgestellt durchgesetzt werden muß, ohne daß es zu einer Überprüfung und Abänderung der zugrundeliegenden Herausgabeentscheidung aufgrund des Umgangsrechts im Sinne einer Einschränkung oder Aussetzung der Vollziehung gemäß § 1684 IV 1 BGB oder einer Aufhebung oder einer inhaltlichen Abänderung kommt, wenn die übrigen der oben genannten Voraussetzungen gegeben sind.

Dementgegen wird die Auffassung vertreten, daß bei der Durchsetzung einer Umgangsregelung im Wege der Vollstreckung gerade im Hinblick auf eine Kindesweigerung stets zu überprüfen sei, ob die Regelung noch gerechtfertigt ist

[182] OLG Karlsruhe Die Justiz 1981, 84 (85); MüKo, Hinz, § 1632 BGB, Rdnr. 49a; Staudinger[13]/ Rauscher, § 1684 BGB, Rdnr. 241
[183] OLG Hamburg FamRZ 1996, 1093; Staudinger[13]/ Rauscher, § 1684 BGB, Rdnr. 241
[184] OLG Karlsruhe FamRZ 1998, 637 (638)
[185] OLG Karlsruhe Die Justiz 1981, 84 (85)
[186] OLG Zweibrücken FamRZ 1987, 90; MüKo, Hinz, § 1632 BGB, Rdnr. 49a

oder wegen veränderter Umstände mit dem Wohle des Kindes im Widerspruch steht und deshalb gemäß § 18 FGG von Amts wegen geändert werden muß.[187] Liege eine Kindesweigerung vor, so müsse unabhängig von der möglichen Beeinflussung durch den Herausgabepflichtigen, eine Überprüfung der Entscheidung vorgenommen werden, da die Durchsetzung der Herausgabe dem Kindeswohl abträglich sei.[188]
Die Gründe für die Ablehnung des Kindes müßten im Wege der ohnehin obligatorischen Anhörung im Vollstreckungsverfahren vom Amts wegen ermittelt und überprüft werden. Erforderlichenfalls müsse von Amts wegen ein neues Umgangs- oder Sorgerechtsverfahren in Gang gesetzt werden.[189]

cc) Stellungnahme

(1) Kindesweigerung als unüberwindbares Hindernis

Der Auffassung, in der kindlichen Weigerungshaltung, der Umgangsregelung Folge zu leisten, sei kein unüberwindbares Hindernis zu sehen, kann nicht gefolgt werden, da in diesem Falle die vorzunehmende Handlung nicht ausschließlich vom Willen des Verpflichteten im Sinne des § 33 I 1 FGG abhängt.

Das durch die Kindesweigerung bedingte Vollstreckungshindernis wird nur dadurch genommen, daß für den Fall des Vorliegens einer kindlichen Weigerungshaltung im Hinblick auf die Durchführung des Umgangs eine Pflicht zur erzieherischen Einflußnahme auf das Kind mit dem Zweck der Überwindung des Kindeswillens formuliert wird.[190]

An dieser Stelle ist darauf hinzuweisen, daß eine Überwindung des Kindeswillens mittels elterlichen Zwangs im Hinblick auf die jüngste Änderung des § 1631 II BGB ohnehin ausgeschlossen ist.[191] Die staatlich formulierte Pflicht zur zwangsmäßigen Überwindung des Kindeswillens auf der einen Seite würde die neue Regelung des § 1631 II BGB mit dem absoluten Verzicht auf Gewalt und seelischen Zwang auf der anderen Seite ad absurdum führen.

[187] OLG Hamburg FamRZ 1996, 1093; siehe dazu auch: OLG Zweibrücken FamRZ 1987, 90 (91) und OLG Düsseldorf FamRZ 1993, 1349
[188] SchlHOLG SchlHA 1979, 20
[189] Staudinger[12]/ Peschel-Gutzeit, § 1634 BGB a. F., Rdnr. 439
[190] So: OLG Zweibrücken FamRZ 1987, 90 (91); BezirksG Frankfurt/O. FamRZ 1994, 58; Keidel/ Zimmermann, § 33 FGG, Rdnr. 12; OLG Karlsruhe 1998, 637 (638), nach Ansicht des OLG Karlsruhe soll in diesem Fall auch bei der Androhung des Zwangsgeldes die Überprüfung der der Herausgabeverpflichtung zugrundeliegende Umgangsrechtsentscheidung erfolgen dürfen; OLG Zweibrücken FamRZ 1984, 508 (509); Dörr NJW 1991, 77 (83)
[191] Vgl. BGBl. I vom 7.11.2000, S. 1479; siehe zur vorangegangenen Diskussion um den Wortlaut des geänderten § 1631 II BGB: Balz, ZfJ 2000, 210

Aus § 1684 II BGB ergeben sich zwar bestimmte Wohlverhaltenspflichten der Eltern untereinander.
Das unbesehene Treffen von Anordnungen, um den Sorgeberechtigten zu seiner möglicherweise aus § 1684 II BGB resultierenden Pflicht zur Vornahme einer insoweit legitimen erzieherischen Einflußnahme im Rahmen des Vollstreckungsverfahrens zum Zwecke der Überwindung des Kindeswillens anzuhalten, widerspricht in dieser Form dem Amtsaufklärungsgrundsatz gemäß § 12 FGG.[192]
In jedem Fall muß zunächst überprüft werden, welche Gründe für die Weigerungshaltung bestehen.[193] Dies gilt unabhängig vom Alter des Kindes auch bereits bei sehr jungen Kindern. Erst dadurch kann überhaupt festgestellt werden, ob die Haltung des Kindes auf mangelnder erzieherischer Einflußnahme beruht oder selbst in diesem Falle durch erzieherische Einflußnahme verändert werden kann oder ob die Meinung des Kindes akzeptiert werden muß.[194]
Dies muß jedoch einzelfallbezogen entschieden werden und bedarf unter Heranziehung der Gründe für die Kindesweigerung und der Möglichkeiten der Überwindung einer eingehenden Untersuchung. Dies entspricht auch dem Ziel des Gesetzgebers, was durch die Regelung des § 1684 IV BGB deutlich wird.

Das Ausschließlichkeitserfordernis des § 33 I 1 FGG kann auch deshalb nicht mittels der Pflicht zur erzieherischen Einflußnahme im Zwangsgeldverfahren überwunden werden, weil dies mit dem Gesetzeswortlaut und der Systematik des Vollstreckungsrechts allgemein nicht vereinbar wäre.

Nach dem Gesetzeswortlaut muß die vorzunehmende Handlung ausschließlich vom Willen des Verpflichteten abhängen. Dies ist eindeutig nicht der Fall, wenn die Handlung vom Willen eines anderen oder, soweit man Kleinkinder für willensäußerungsunfähig erklären will,[195] von anderen „Faktoren" als vom Willen des Verpflichteten abhängig ist.[196]
Ist also im Zeitpunkt der Entscheidung über die Androhung oder die Verhängung eines Zwangsgeldes eine Kindesweigerung gegeben, so liegt eindeutig kein Sachverhalt vor, der eine Maßnahme im Sinne von § 33 I FGG stützt.

[192] Wie weit das „Anhalten" i.S.d. § 1684 III 2 BGB gehen darf ist unklar: Palandt, Diederichsen, § 1684 BGB, Rdnr. 41, 42
[193] Dieser in BVerfG NJW 1993, 2671 aufgestellte Grundsatz ist auf das Vollstreckungsverfahren zu übertragen.
[194] Die Weigerung älterer Kinder soll ohnehin nach teilweise vertretener Ansicht ein unüberwindbares Hindernis darstellen, siehe nur OLG Celle FamRZ 1998, 1130 (1131), 11 Jahre; BayObLG FamRZ 1977, 736 (740) 13 bis 17 Jahre soweit geistige und seelische Reife vorhanden; BayObLG FamRZ 1974, 534 (537) 16 und 17 Jahre
[195] So: Kropp, DRiZ 1979, 118 (119)
[196] Siehe dazu: AG Charlottenburg FamRZ 1989, 1216 (1217)

Diese Tatsache kann nicht umgangen werden, indem man eine Einwirkungspflicht des Herausgabepflichtigen auf den Willen des Kindes bzw. den „Faktor Kind“ begründet.

Die Aufklärung der Frage nach dem „Ob“ und „Wie“ einer erzieherischen Einwirkung auf den Kindeswillen oder anderer Möglichkeiten kann nicht dem Vollstreckungs- typischerweise dem Zwangsgeldverfahren überlassen bleiben, da im Rahmen des Vollstreckungsverfahrens nur eine eingeschränkte Prüfung der Kindeswohlbelange vorgenommen werden soll[197] und verfahrenstechnisch die aus § 1684 II BGB resultierende Pflicht zur erzieherischen Einflußnahme und eine mögliche Anordnung zum Anhalten an die Befolgung dieser Pflicht gemäß § 1684 III 2 BGB im Rahmen eines Erkenntnisverfahrens festgestellt werden bzw. ergehen muß. Der Bedarf nach einer erzieherischen Einflußnahme auf das Kind müßte daher im Falle des anfänglichen Vorliegens einer Kindesweigerung vor Erlaß der Umgangsregelung in einem Grundverfahren geklärt werden. Im Falle der nach Erlaß der Umgangsregelung eintretenden Kindesweigerung müßte dies ebenfalls geschehen.[198]

Es wäre dann aber zu überlegen, inwieweit die Anordnung einer aus § 1684 II BGB resultierenden gegenüber dem anderen Elternteil bestehenden Pflicht zur erzieherischen Einflußnahme auf das Kind vollstreckt werden kann,[199] denn nur nach der „erfolgreichen“ also den Kindeswillen überwindenden erzieherischen Einflußnahme besteht im Sinne von § 33 I FGG kein unüberwindbares Hindernis mehr.
Die Durchsetzbarkeit der Pflicht zur erzieherischen Einflußnahme erscheint insoweit bedenklich, da keine anderen Zwangsmittel zur Verfügung stehen und dieselben Voraussetzungen für die Vollstreckung nach § 33 I FGG gegeben sind. Die Pflicht zur erzieherischen Einflußnahme besteht gegenüber dem anderen Elternteil und ist nicht gegen das Kind gerichtet. Eine sinnvolle erzieherische Einflußnahme setzt außerdem voraus, daß eine Wechselbeziehung zwischen Kind und Einflußnehmendem besteht.[200] Die Vornahme des erzieherischen Einflusses kann daher dem Charakter, Sinn und Zweck nach keine Handlung, die nur vom Willen des Verpflichteten abhängt im Sinne des § 33 I FGG sein.
Zudem kann lediglich die Bemühung der Eltern tituliert werden. Die Nachprüfbarkeit des Erfolges der Bemühung ist jedoch nicht möglich.
Das Kind ist nämlich nicht Vollstreckungsgegner, würde auf dem Weg über die Rechtspflicht zum Erfolg der erzieherischen Einflußnahme aber faktisch zum

[197] Siehe: A.III.1.a)
[198] Siehe hierzu auch unten: A.VI.2.c), d), e)
[199] Siehe dazu: Staudinger[13]/ Rauscher, § 1684 BGB, Rdnr. 234; die Pflicht zur erzieherischen Einflußnahme soll Gegenstand einer eigenen Entscheidung sein und so vollstreckt werden, der bloße Hinweis auf diese Verpflichtung reiche nicht aus.
[200] Siehe Lempp, FamRZ 1986, 1061 (1062)

Vollstreckungsgegner gemacht, da die Vornahme der elterlichen Bemühung nur allein am Erfolg, nämlich der veränderten Kindeshaltung ablesbar wäre. Das Vollstreckungsrecht kennt auch sonst nicht die Vollstreckung einer Verpflichtung zur Handlung des Vollstreckungsgegners gegen andere Personen als ihn selbst.[201] Daher können auch keine Altersgruppen festgelegt werden, in denen grundsätzlich vom Gelingen der erzieherischen Einflußnahme auszugehen ist.
Kann die Pflicht zu einer erfolgreichen erzieherischen Einflußnahme bereits nicht mittels Zwang durchgesetzt werden, so muß dies aber dann für die sich allein darauf stützende Umgangsregelung erst recht gelten.

Hierbei ist auch zu beachten, daß der Verstoß gegen die Loyalitätspflicht aus § 1684 II BGB sowie gegen die Umgangsregelung zumeist miteinander einhergehen.[202]
Aus Kindessicht ist es ohne Bedeutung, ob eine Umgangsregelung oder eine gerichtlich titulierte Verhaltensmaßgabe für den Sorgeberechtigten, auf das Verhalten des Kindes einzuwirken, Grundlage der Vollstreckung ist.
Im Falle des Vorliegens der Kindesweigerung kann daher auch für den Fall der Titulierung einer Verhaltensmaßgabe der Eltern nichts anderes gelten, als für die Titulierung des Umgangsrechts als solchem.[203]
Es muß also darauf geachtet werden, daß nicht vom gewünschten Ergebnis her argumentiert wird.

Außerdem bestehen dahingehend Zweifel an der Vereinbarkeit einer solchen Pflicht mit dem Persönlichkeitsrecht und dem Recht auf Achtung der Menschenwürde des Kindes nach Art. 1 I, 2 I GG, als nur zum Zwecke der Durchsetzbarkeit einer Gerichtsentscheidung auf das Kind eingewirkt werden soll.[204]
Das Kind kann nicht nach Belieben manipuliert werden, eine bestimmte kindliche Haltung ist ernst zu nehmen und gerade im Bereich des Umgangsrechts zu untersuchen. Insoweit verbietet es sich, den Kindeswillen und damit das Kind zum bloßen Objekt des Verfahrens zu machen.
Auch die Titulierung einer Verhaltensmaßgabe für den Sorgeberechtigten hätte nur dann Sinn, wenn sie im Allgemeinen und notwendigerweise zum Erfolg führen würde. Damit würde der Wille des Kindes und damit das Kind selbst jedoch wiederum zum bloßen Objekt des Verfahrens. Die Loyalitätspflicht des Sorgeberechtigten Elternteils im Sinne einer pflichtmäßigen erzieherischen Einwirkung auf das Kind für den Fall, daß sich das Kind weigern sollte der Umgangsregelung Folge zu leisten, ist daher nur zu Lasten des Kindes, vollstreckbar.

201 Anders bei der Sachpfändung, für die § 758 III ZPO anzuwenden ist; siehe Baumbach, Hartmann, § 758 ZPO, 3.C, dies ist jedoch nicht auf die Vollstreckung einer Handlung übertragbar.
202 Siehe Kuckuck, ZAP Fach 11, S. 161 (S. 164)
203 Tendenziell wohl anderer Auffassung: Staudinger[13]/ Rauscher, § 1684 BGB, Rdnr. 108 f.
204 So auch MüKo, Hinz, § 1634 BGB a. F., Rdnr. 30a; Gernhuber, § 66 IV., Nr.2

Darüberhinaus kann es zunächst einer gesonderten Untersuchung überlassen bleiben, ob und ggf. wann die Androhung und Verhängung eines Zwangsgeldes auch ohne Vorliegen einer kindlichen Weigerungshaltung tatsächlich noch dem allgemeinen Entscheidungsmaßstab, dem Kindeswohl dienlich sein zu müssen, entspricht.[205]
Aus vorgenannten Gründen ist die Verhängung und Androhung eines Zwangsgeldes jedenfalls unzulässig, wenn sich das Kind weigert, der Anordnung Folge zu leisten.

(2) Konsequenzen der Nichtdurchsetzbarkeit des Umgangsrechts mittels Zwangsgeld

Der Klarheit wegen soll nun zum Aufzeigen der Konsequenzen aus dem so gewonnen Ergebnis in zwei Situationen unterschieden werden: Zum einen kann die Kindesweigerung bereits zu Beginn des gerichtlichen Umgangsverfahrens bestanden haben und bis zum Zeitpunkt der Entscheidung der Vollstreckung unverändert geblieben sein. Zum anderen kann die Kindesweigerung erst nach einer gerichtlichen Umgangsregelung beim Versuch ihrer Umsetzung entstanden sein.

Hinsichtlich ersterer Situation gilt es nach oben Gesagtem festzustellen, daß bereits die Weigerungshaltung des Kindes vor Erlaß der gerichtlichen Umgangsregelung zu berücksichtigen war.[206] Hierbei mußte überprüft werden, inwieweit der Wille des Kindes dem Kindeswohl entspricht.[207]
Ist man bei dieser Prüfung zu dem Ergebnis gekommen, daß sich Kindeswille und Kindeswohl nicht entsprechen, sondern daß entgegen dem Kindeswillen das Umgangsrecht dem Kindeswohl entspricht, so war bei Erlaß der Grundentscheidung bereits die Frage der Durchsetzbarkeit der gerichtlichen Umgangsentscheidung zu bedenken.[208]
Insoweit muß es gegebenenfalls nach der hier vertretenen Auffassung hingenommen worden sein, daß eine Entscheidung die zwar grundsätzlich dem Kindeswohl dienlich ist, mittels Androhung oder Verhängung von Zwangsgeld auch über eine Pflicht zur erzieherischen Einflußnahme nicht durchsetzbar ist. Dabei müssen andere Möglichkeiten, dem Kontakt zwischen Kind und Umgangsberechtigten zur Durchsetzung zu verhelfen, heranzogen werden. Im Falle des Nichtvorhandenseins solcher Möglichkeiten im konkreten Fall oder ihres Scheiterns müßte die Nichtdurchsetzbarkeit des Umgangsrechts mit staatlicher Unterstützung hingenommen werden.

[205] Dies wird verneint: SchlHOLG SchlHA 1979, 20; siehe dazu auch: A.V.
[206] Siehe oben: A.II.1.b) aa)
[207] Siehe zur Reflektion des Verhältnisses des Kindeswohls zum Kindeswillen in der Wissenschaft grundlegend: Zitelmann, Kindeswohl und Kindeswille, S. 59 ff.
[208] Siehe oben: A.II.1.b)aa)

Trotzdem ist grundsätzlich bereits die Umgangsregelung so zu treffen, daß sie auch praktikabel ist.[209] Dann besteht auch die Gefahr der Aushebelung der Grundentscheidung nicht. Eine kindgerechte Umgangsregelung dürfte hinsichtlich ihrer Durchsetzung kaum Schwierigkeiten bereiten.
Dies darf keinesfalls bedeuten, daß eine mangelhafte Regelung um jeden Preis durchgesetzt werden muß, weil anderenfalls die getroffene Regelung unterlaufen würde.[210]
Trotz Trennung von Grundverfahren und Vollstreckungsverfahren ist es folglich im Hinblick auf die oben dargestellten Auffassungen zum entgegenstehenden Kindeswillen und der Überprüfung der Grundentscheidung nicht vertretbar, daß das Vorbringen, die Umgangsregelung verstoße wegen der Kindesweigerung gegen dessen Wohl und könne daher nicht durchgesetzt werden, grundsätzlich im Rahmen des Zwangsgeldverfahrens unbeachtlich bleiben muß.[211] Die Kindesweigerung muß insoweit Beachtung finden, als sie zunächst zur Nichtdurchsetzbarkeit des Umgangsrechts mittels Zwangsgeld führt.

Gerade im Hinblick auf die zweite Situation ist es möglich, daß eine Entscheidung, die dem Grunde nach dem Kindeswohl dienlich ist, nicht vollstreckt werden kann, da die Vollstreckung dem Kindeswohl nicht mehr dienlich ist.
Darüberhinaus muß gerade im Hinblick auf die zweite Situation überprüft werden, welche Gründe für die erst nachträglich eingetretene, möglicherweise noch nicht hartnäckige Weigerungshaltung bestehen und zwar unabhängig vom Alter des Kindes auch bereits bei sehr jungen Kindern.[212] Nur so können Wege gefunden werden, den Kontakt zwischen dem Kind und dem Umgangsberechtigten zu erhalten.[213] Dagegen läßt sich nicht einwenden, daß etwa bereits eine Kindesanhörung vor Erlaß der Umgangsregelung stattgefunden hat.[214] Denn in der Zwischenzeit können neue Umstände hinzugetreten sein oder es kann aufzuklären sein, warum im Falle des Vorliegens ersterer Situation Maßnahmen zur Überzeugung des Kindes bzw. zur Zusammenführung der Beteiligten fehlgeschlagen sind.

Für die gesonderte Durchführung eines Vollstreckungsverfahren spricht trotz der scheinbar verschwimmenden Grenzen zwischen Erkenntnis- und Vollstreckungsverfahren, daß die gesonderte Überprüfung der Androhung und Verhän-

[209] Insoweit verdient Zustimmung: OLG Karlsruhe, Die Justiz 1981, 84 (85)
[210] So aber in der Konsequenz OLG Hamm FamRZ 1996, 363
[211] So aber: OLG Düsseldorf FamRZ 1993, 1349 (1350); OLG Hamburg FamRZ 1996, 1093; OLG Hamm FamRZ 1996, 363; OLG Karlsruhe Die Justiz 1981, 84 (85); ebenso Keidel/ Zimmermann, § 33 FGG, Rdnr. 19; MüKo, Hinz, § 1632 BGB, Rdnr. 49; Bumiller/Winkler, § 33 FGG, 2.c)
[212] Dieser in BVerfG NJW 1993, 2671aufgestellte Grundsatz ist auf das Vollstreckungsverfahren zu übertragen.
[213] Insoweit im Ansatz vertretbar: OLG Hamm, FamRZ 1996, 363
[214] Vergleiche: BayObLG FamRZ 1996, 878 (879); FamRZ 1993, 823 (825)

gung von Zwangsgeld zur Durchsetzung einer Umgangsregelung faktisch im Hinblick auf die erste Situation ein Korrektiv für eine mangelhafte Grundentscheidung darstellen kann.
Im Hinblick auf die zweite Situation kann die gesonderte Überprüfung der Zwangsanwendung als Sicherungsmechanismus zum Aufdecken neuer beachtlicher Umstände dienen.
Im Rahmen der Vollstreckung darf es nämlich keinesfalls zur Vertiefung einer für das Kind nachteiligen Situation kommen.[215]

(3) Schlußfolgerungen

Unabhängig von der zugrundeliegenden Situation ist mithin der Auffassung zu folgen, die davon ausgeht, die Kindesweigerung stelle in jedem Falle ein unüberwindbares Hindernis dar, mit der Folge, daß die Verhängung oder Androhung eines Zwangsgeldes im Falle der Kindesweigerung nach § 33 I 1 FGG unzulässig ist.[216]

Gegen die zum Verschulden vertretenen Auffassungen ist folglich vorzubringen, daß sie bereits im Ansatz verkennen, daß die Voraussetzungen des § 33 I 1 FGG mangels Vorliegens einer ausschließlich vom Willen des Verpflichteten abhängigen Handlung nicht vorliegen und sich damit die Verschuldensprüfung erübrigt.

Die bei der Durchsetzung des Umgangsrechts offenbar werdende Kindesweigerung, so die zweite Situation, stellt unabhängig von einer möglichen Beeinflussung des Kindes, stets einen veränderten Umstand nach § 18 FGG dar und muß immer zur Folge haben, daß die Umgangsregelung erneut überprüft wird.

Gegebenenfalls muß beim Erlaß einer Umgangsregelung, die trotz des entgegenstehenden Kindeswillens dem Kindeswohl entspricht, die Nichtdurchsetzbarkeit mittels Zwangsgeld hingenommen werden und an andere Möglichkeiten zur Durchsetzung der Umgangsregelung gedacht werden.

Ob die Umgangsregelung als solche noch dem Kindeswohl entspricht und gemäß §§ 1696 BGB, 18 FGG geändert werden muß, ist auch im Falle des Vorliegens der ersten Situation im Hinblick auf das eben Gesagte stets zu beachten, da ansonsten die Unvereinbarkeit mit dem Kindeswohl bei der Vollstreckung jener Umgangsregelung vertieft werden würde und die daraus resultierenden Folgen im Interesse des Kindes in jedem Fall vermieden werden müssen.

[215] Siehe dazu: Gernhuber, § 66 IV., Nr.2
[216] Im Ergebnis ebenso: Staudinger[12]/ Peschel-Gutzeit, § 1634 BGB a. F., Rdnr. 317; wohl auch Gernhuber, § 66 IV., Nr.2

Diese Aussagen sind auf die Weigerung des Kindes, einer Herausgabeanordnung zur Durchsetzung des Sorgerechts Folge zu leisten, weitgehend übertragbar, weil die Aussagen auf allgemeine Argumente gestützt werden, die unabhängig von der zu vollstreckenden Grundentscheidung gelten.
Aus § 1687a BGB resultiert auch für den Umgangsberechtigten grundsätzlich die Pflicht zur erzieherischen Einflußnahme. Bei der Wahrnehmung dieser Pflicht stellt die Kindesweigerung gleichfalls ein unüberwindbares Hindernis dar.

3. Zwangshaft

Gemäß § 33 I 2 FGG kann zur Vollstreckung der Herausgabe einer Person die Zwangshaft neben anderen Zwangsmitteln verhängt werden.[217]

Auch die Zwangshaft ist keine Sühne für begangenes Unrecht, sondern hat Beugecharakter.
Die Vorschrift des § 33 I 2 FGG wurde hauptsächlich als Druckmittel gegen Kindesentführungen ins Ausland eingeführt.[218] Im Gegensatz zu den repressiv wirkenden Haftmaßnahmen im Falle einer Kindesentziehung gemäß § 235 StGB, kann durch die Inhaftierung des Herausgabepflichtigen sein Wille dahingehend gebeugt werden, daß er das herauszugebende Kind herausgibt oder seinen Aufenthaltsort verrät.[219] Im Gegensatz zur Verhaftung durch einen Haftbefehl beim Bestehen eines dringenden Tatverdachts gemäß §§ 112 StPO, 235 StGB kann mehr Druck auf den Herausgabepflichtigen ausgeübt werden, falls keine Haftgründe im Sinne des § 112 StPO vorliegen.[220]
Auch dieses Verfahren stellt im Verhältnis zum Herausgabeverfahren ein selbständiges Verfahren dar. [221] Es gilt auch hier der Untersuchungsgrundsatz gemäß § 12 FGG.[222]

[217] Anders noch OLG Karlsruhe OLGZ 1982, 312 (314) unter Zugrundelegung von § 33 FGG a. F., der die Zwangshaft als Zwangsmittel zur Herausgabe der Person noch nicht ausdrücklich vorsah.
[218] BT/Drucks 11/ 3622, S. 4
[219] Mit dieser Wirkung erklärt der Gesetzgeber auch die Notwendigkeit der Regelung: BT/Drucks 11/3622, S. 4
[220] BT/Drucks 11/ 3622, S. 4
[221] Siehe entsprechend: OLG Hamm FamRZ 1980, 481 (482)
[222] Siehe auch oben: A.III. 1. b)

a) Formelle Voraussetzungen für Androhung und Verhängung der Zwangshaft

aa) Androhung

Die Zwangshaft muß gemäß § 33 III 3 FGG unter Beachtung des Verhältnismäßigkeitsgrundsatzes angedroht werden.[223] Dies gilt nicht gemäß § 33 III 3 FGG, wenn besondere Eilbedürftigkeit besteht oder die Befürchtung besteht, daß die Vollziehung der Haft vereitelt wird.
Gemäß § 33 III 4 FGG soll die besondere Eilbedürftigkeit dann anzunehmen sein, wenn andernfalls die Anordnung im Ausland vollstreckt werden müßte. [224] Die Haft soll hier sofort vollzogen werden können, wenn der Herausgabepflichtige das Kind in seiner Gewalt hat und zu befürchten ist, daß der Grenzübertritt unmittelbar oder in naher Zeit bevorsteht.[225]

bb) Anhörung und rechtliches Gehör

Hinsichtlich Anhörung und rechtlichem Gehör gilt das oben zum Zwangsgeld Gesagte entsprechend.[226]

cc) Bestellung eines Verfahrenspflegers

Hinsichtlich der Bestellung eines Verfahrenspflegers gilt das oben zum Zwangsgeld Gesagte entsprechend.[227]

dd) Sonstige formelle Voraussetzungen

Die Anordnung ersatzweiser Haft im Falle der gleichzeitigen Festsetzung von Zwangsgeld ist unzulässig, da § 33 FGG die Umwandlung eines nicht beitreibaren Zwangsgeldes in Haft nicht vorsieht.[228]

Im übrigen gilt das hinsichtlich der sonstigen formellen Voraussetzungen über die Verhängung und die Androhung von Zwangsgeld Gesagte entsprechend.

[223] BT/Drucks 11/3622, S. 5; Keidel/ Zimmermann, § 33 FGG, Rdnr. 52
[224] So: BT/Drucks 11/3622, S. 5
[225] BT/Drucks 11/3622, S. 5; Keidel/ Zimmermann, § 33 FGG, Rdnr. 52
[226] Siehe oben: A.III. 2. a) aa) (1) und (2)
[227] Siehe oben: A.III. 2. a) aa) (3)
[228] BayObLG FamRZ 1993, 823 (825)

b) Materielle Voraussetzungen für die Androhung und die Verhängung der Zwangshaft

aa) Allgemeine materielle Voraussetzungen

Es gelten grundsätzlich die hinsichtlich der Androhung und Verhängung des Zwangsgeldes aufgestellten allgemeinen materiellen Voraussetzungen entsprechend.[229]

bb) Entscheidungsmaßstab

Die Verhängung und die Androhung der Zwangshaft stehen im pflichtgemäßen Ermessen des Gerichts. Dies ergibt sich aus dem Wortlaut des § 33 I 2 FGG „kann". Es gilt das zum Entscheidungsmaßstab unter III.1. a) Gesagte entsprechend.

(1) Androhung oder Verhängung der Zwangshaft zur Durchsetzung eines sorgerechtlichen Herausgabeanspruchs

(a) Entscheidungsmaßstab in Rechtsprechung und Literatur

Die Androhung und Verhängung der Zwangshaft wird hauptsächlich zur Vollstreckung des Herausgabeanspruchs gemäß § 1632 I, III BGB sowie ausländischer Herausgabeentscheidungen nach dem SorgeRÜbkAG in Betracht gezogen.[230] Die Verhängung der Zwangshaft soll insbesondere dann in Betracht kommen, wenn die konkrete Gefahr besteht, daß das herauszugebende Kind an einen unbekannten Aufenthaltsort, insbesondere ins Ausland, verbracht wird oder wenn der Aufenthaltsort des Kindes unbekannt ist, insbesondere wenn das Kind sich im Ausland aufhält, also in Entführungsfällen.[231]
Eine vorbeugende Verhängung der Zwangshaft ist jedoch nicht möglich, einer lediglich drohenden Entführung soll notfalls mit der Aussetzung des Umgangsrechts entgegengewirkt werden.[232]

Die Zwangshaft wird im Verhältnis zur Verhängung von Zwangsgeld als schärferes Mittel angesehen.[233] Wenn das Kind nach der Durchführung des Umgangsrechts entgegen der gerichtlichen Umgangsregelung ins Ausland verbracht wurde und die mehrfache Festsetzung von Zwangsgeld nicht zur Herausgabe des

[229] Siehe oben: A.III.2.a)bb) (1) und III. 2.b)bb)(1)
[230] BT/Drucks 11/3622, S. 4; Schmidt, Rdnr. 121
[231] Keidel/ Zimmermann, § 33 FGG, Rdnr. 52; Gernhuber § 57 V., Nr.4
[232] BT/Drucks 11/3622, S. 4
[233] BT/Drucks 11/3622, S. 4; OLG Hamburg FamRZ 1994, 1128; OLG Karlsruhe OLGZ 1982, 312ff; OLG Hamm FamRZ 1993, 1479; Staudinger[13]/ Rauscher, § 1684 BGB, Rdnr. 235

Kindes geführt hat, soll die Zwangshaft angeordnet werden können.[234] Die Zwangshaft soll auch zur Erzwingung der Herausgabe eines Kindes an den aufgrund neuer Sorgerechtsregelung allein Sorgeberechtigten anderen Elternteil angedroht werden können.[235]

Die Zwangshaft wird nach teilweise vertretener Auffassung im Verhältnis zur Anordnung gemäß § 33 II 1 FGG als milderes Mittel angesehen und soll daher immer erwogen werden, wenn die Anordnung unmittelbarer Gewalt in Betracht gezogen wird.[236]
Es wird aber auch vertreten, daß der Herausgabepflichtige eher durch die Verhängung eines Zwangsgeldes oder die Anordnung unmittelbaren Zwangs, denn der Verhängung der Zwangshaft zur Herausgabe des Kindes veranlaßt werden soll, wenn der Aufenthaltsort des Kindes bekannt ist.[237]

Gegen das Zwangsmittel der Zwangshaft als solches wird kritisch vorgebracht, daß es dem Kind nicht verborgen bleibe, wenn ein Elternteil gegen den anderen Elternteil mit dem Mittel der Zwangshaft vorgehe. Die Verhängung der Zwangshaft stelle mittelbare Gewalt dar, was bei der Ermessensausübung zu berücksichtigen sei.[238]

(b) Stellungnahme

Ob die Androhung oder Verhängung der Zwangshaft im Einzelfall überhaupt dem Kindeswohl dienlich sein kann, erscheint nach allem zweifelhaft und muß an gesonderter Stelle untersucht werden.

Die Androhung und Verhängung der Zwangshaft scheidet jedenfalls aus, wenn sich das Kind weigert, der Herausgabeanordnung Folge zu leisten. Denn das Kind ist nicht Vollstreckungsgegner. Sein Wille darf daher nicht durch die Inhaftierung des Herausgabepflichtigen gebeugt werden. Insoweit gilt das oben Gesagte entsprechend.[239]

[234] OLG Hamm FamRZ 1993, 1479
[235] OLG Franfurt/M. ZfJ 1998, 343 (344)
[236] Bei der Vollziehung des Herausgabeanspruchs nach § 1632 I, III BGB: OLG Hamburg FamRZ 1994, 1128; Schmidt, Rdnr. 121
[237] Keidel/Kunzte/Winkler, Zimmermann, § 33 FGG, Rdnr. 52
[238] Dickmeis, NJW 1992, 537 (539)
[239] Siehe oben: A.III.2.c)cc)

(2) Androhung oder Verhängung der Zwangshaft zur Durchsetzung des Umgangsrechts

(a) Entscheidungsmaßstab in Rechtsprechung und Literatur

Zur Vollstreckung des Umgangsrechts kommt die Verhängung der Zwangshaft nach dem Wortlaut des § 33 I 2 FGG theoretisch nur in Betracht, wenn eine explizite Herausgabeentscheidung aufgrund des Umgangsrechts gemäß § 1684 III 1 BGB ergangen ist. Nicht ausreichend ist eine gerichtliche Umgangsregelung, die lediglich Angaben über Art und Umfang des Umgangsrechts, z.B. das Bringen oder das Abholen des Kindes, enthält.[240]

Es wird vertreten, unter Beachtung des Verhältnismäßigkeitsgrundsatzes komme die Androhung von Zwangshaft nicht als erste Stufe zur Durchsetzung des Umgangsrechts in Betracht, es sei denn, die Androhung von Zwangsgeld verfehle ihre Wirkung von vornherein und es handele sich um gröbste Verstöße.[241]
Nach anderer Auffassung wird vertreten, daß das Zwangsmittel der Zwangshaft zur Vollstreckung von Herausgabeentscheidungen aufgrund des Umgangsrechts wegen der gesetzgeberischen Intention nicht in Betracht komme.[242] Die Vorschrift sei nämlich im Hinblick auf die Vollstreckung von Sorgerechtsstreitigkeiten mit Auslandsbezug auf die Personenherausgabe erweitert worden, folglich sei eine Vollstreckung mittels Zwangshaft zur Durchsetzung eines umgangsrechtlichen Herausgabeanspruchs nicht möglich.[243]
Fälle, in denen in der Praxis zur Vollstreckung eines umgangsrechtlichen Herausgabeanspruches die Zwangshaft verhängt wurde, sind nicht bekannt und auch nach Auffassung des Gesetzgebers rechtlich nicht denkbar. Denn wenn die Umgangsvereitelung zu einer so schweren Kindeswohlgefährdung führe, daß auch die Verhängung von Zwangshaft verhältnismäßig wäre, sei einer anderweitigen Sorgerechtsregelung der Vorzug zu geben, welche jedoch nur in ganz außergewöhnlichen Fällen in Betracht zu ziehen sei, wenn dadurch ein Aufenthaltswechsel des Kindes notwendig sei.[244]

(b) Stellungnahme

Die letztgenannte Auffassung verdient zunächst wegen der Intention des Gesetzgebers bei der Änderung des § 33 I 2 FGG[245] Zustimmung. Es sollte durch

[240] Zwangshaft wird bei der Herausgabevollstreckung aufgrund Umgang als Zwangsmittel angeführt: BT/Drucks 13/4899, S. 32
[241] Staudinger[13]/ Rauscher, § 1684 BGB, Rdnr. 235, Rdnr. 108 unter Hinweis auf OLG Karlsruhe FamRZ 1998, 637 (638)
[242] Kuckuck, ZAP Fach 11, S. 172
[243] Kuckuck, ZAP Fach 11, S. 172
[244] BT/Drucks 13/4899, S. 47
[245] Siehe Gesetz vom 5.4.1990 (BGBl. I S. 701)

die Erweiterung der Anwendungsfälle des § 33 I 2 FGG auf die Herausgabe von Personen ein wirksames Instrument geschaffen werden, um Kindesentführungen durch den anderen Elternteil entgegenzuwirken.[246] Zweck der Regelung sollte es nicht sein, den Sorgeberechtigten zu inhaftieren, um das Umgangsrecht ausüben zu können.

Darüberhinaus muß nach dem oben Gesagten[247] die Vollstreckung gerade im Hinblick auf das Vollstreckungsmittel dem Kindeswohl dienlich sein.
Daran bestehen jedoch im Falle der Verhängung der Zwangshaft zur Durchsetzung des Umgangsrechts ebenfalls Zweifel.

Bereits wegen des Sinns und Zwecks der Regelung des § 33 I 2 FGG ist die Verhängung der Zwangshaft zur Durchsetzung des Umgangsrechts aber unzulässig.
Dies gilt für den Fall des Vorliegens einer Kindesweigerung ohnehin, da insoweit das oben Gesagte übertragbar ist.[248]

c) Dauer und Art und Weise der Vollziehung der Zwangshaft

Die Art und Weise der Vollstreckung der Zwangshaft ergibt sich aus § 33 III 5 FGG, worin auf die ZPO verwiesen wird. Das Gericht hat demnach gemäß § 901 ZPO einen Haftbefehl zu erlassen, wobei die Verhaftung gemäß § 909 I ZPO durch den Gerichtsvollzieher erfolgt, welcher gemäß § 758 III ZPO die Hilfe der polizeilichen Vollzugsorgane in Anspruch nehmen kann.
Die Höchstdauer der Haft beträgt gemäß § 913 ZPO 6 Monate. Die mehrfache Anordnung der Zwangshaft zur Erfüllung derselben Verpflichtung darf insgesamt nur bis zur Höhe von 6 Monaten erfolgen.[249]
Die Androhung der Zwangshaft muß hinsichtlich der Haftdauer hinreichend konkret sein. Hier gilt das oben zur Androhung des Zwangsgeldes gesagte entsprechend.[250]

4. Anordnung der Gewaltanwendung gemäß § 33 II 1 FGG

Die Anordnung der Gewaltanwendung wird in Literatur und Rechtsprechung zur Durchsetzung des sorgerechtlichen oder umgangsrechtlichen Herausgabeanspruchs, eines Rückführungsanspruchs nach HKÜ oder ESÜ sowie zur Durchsetzung einer gerichtlichen Umgangsregelung, die keinen Herausgabeanspruch tituliert, diskutiert.

[246] BT/Drucks 11/3622
[247] Siehe oben: A.III. 1. a)
[248] Siehe oben: A.III. 2. c)
[249] Bassenge/Herbst, § 33 FGG, Rdnr. 25
[250] Siehe oben: A.III.2.a)bb)(3), b)cc)

Obwohl sich die Vollziehung von Herausgabe- und Umgangsrechtsentscheidungen nie gegen das Kind, sondern nur gegen den Herausgabepflichtigen oder in seinem Auftrag handelnde Personen richtet,[251] ist das Kind von der Anordnung der Gewaltanwendung gemäß § 33 II 1 FGG unmittelbar betroffen. Die Anwendung der Gewalt soll nämlich anders als bei den Beugemitteln des Zwangsgeldes und der Zwangshaft sofort und mit der selben Handlung zur Herausgabe des Kindes führen.

a) Formelle Voraussetzungen

aa) Besondere Verfügung

Die Anordnung der Gewaltanwendung muß gemäß § 33 II 1 FGG durch das Gericht in einer besonderen Verfügung angeordnet werden.

Dem Wortlaut nach ist es insoweit eindeutig, daß das Gericht die Gewaltanwendung anordnet. Dennoch wurde früher vertreten, auch der Rechtspfleger könne die Gewaltanwendung anordnen.[252]

Sinn und Zweck der besonderen Verfügung ist es, zu verdeutlichen, daß die Anordnung der Gewaltanwendung nicht eine zwangsläufige Folge einer Herausgabe- oder sonstigen Umgangsentscheidung ist, sondern daß eine angemessene Auswahl des Vollstreckungsmittels erfolgt ist.[253] Auch soll ein ausreichendes Maß an Rechtssicherheit bei der Durchführung der Vollstreckung gewährleistet werden.

Diese besondere Verfügung soll einen Auftrag an den zuständigen Gerichtsvollzieher beinhalten, dem Herausgabepflichtigen oder einer in seinem Autrag handelnden dritten Person,[254] das Kind wegzunehmen und dem Herausgabeberechtigten zuzuführen. Der Gerichtsvollzieher ist gleichzeitig zu ermächtigen, zur Durchsetzung dieser Anordnung Gewalt zu gebrauchen, insbesondere den Widerstand des Herausgabepflichtigen zu überwinden und seine Wohnung zu durchsuchen sowie die Unterstützung der polizeilichen Vollzugsorgane in Anspruch zu nehmen.[255] Letzteres ist nicht unbedingt notwendig.[256]

Die ausdrückliche Ermächtigung zur Durchsuchung der Wohnung wird gefordert, da das Betreten der Wohnung durch den Gerichtsvollzieher und Vollstre-

[251] RGRK, Wenz, § 1632 BGB, Rdnr. 47
[252] OLG Neustadt/W. FamRZ 1964, 575
[253] OLG Düsseldorf FamRZ 1994, 1541 (1542)
[254] Die Person, gegen die sich die Maßnahme richtet, muß genau bezeichnet werden: RGRK, Wenz, § 1632 BGB, Rdnr. 47
[255] AG Hamburg Streit 1994, 83 (ST)
[256] Keidel/ Zimmermann, § 33 FGG, Rdnr. 40; Bassenge/Herbst, § 33 FGG, Rdnr. 31

ckungsbeamte, um dort dem Inhaber der Wohnung ein Kind wegzunehmen, das dieser von sich aus nicht herausgeben will, eine Wohnungsdurchsuchung im Sinne des Art. 13 II GG darstelle, die nur durch den Richter angeordnet werden könne.[257] Dahingegen wird vertreten, eine besondere Ermächtigung zur Wohnungsdurchsuchung sei nicht erforderlich, da nicht die Gewährleistung des Wohnrechts in Frage stehe, sondern die Wohnung im Falle der Herausgabevollstreckung nur den Durchgang zu dem wegzunehmenden Kind ermöglichen soll.[258]
Der erstgenannten Auffassung ist zu folgen. Denn staatliche Organe durchsuchen ziel- und zweckgerichtet in der Wohnung nach einer Person, die der Inhaber der Wohnung von sich aus nicht herausgeben will. Die Vollstreckung der Herausgabe eines Kindes ist auch außerhalb der Wohnung denkbar. [259]

Die etwaige Ermächtigung, bei der Vollziehung der Herausgabe des Kindes gegenüber dem sich weigernden Kind Gewalt anzuwenden, muß ausdrücklich in der besonderen Verfügung enthalten sein, wenn dies überhaupt zulässig ist.[260]

Die besondere Verfügung muß in einem von der Grundentscheidung selbständigen Verfahren ergangen sein.[261]
Es kommt aber in Betracht, die Grundentscheidung zusammen mit der besonderen Verfügung zu erlassen.[262] Die besondere Verfügung zur Ermächtigung der Gewaltanwendung darf nur dann zusammen mit der Grundentscheidung ergehen, wenn von einer Androhung abgesehen werden kann und sichergestellt ist, daß mit der Vollstreckung erst begonnen wird, nachdem die Herausgabeanordnung wirksam geworden ist.[263] Unter diesen Voraussetzungen soll auch die gemeinsame Verhandlung und Anhörung zusammen mit der Verhandlung und Anhörung zur Grundentscheidung erfolgen können.[264]
Dagegen werden Bedenken geäußert, da der Wortlaut des Gesetzes gegen diese Handhabung spricht.[265]
Die Bedenken müssen zwar grundsätzlich geteilt werden. Aus Gründen der Verfahrensökonomie ist es aber ausnahmsweise sinnvoll, nur im Falle des Vorliegens der bezeichneten Voraussetzungen die besondere Verfügung zusammen

[257] BVerfG FamRZ 2000, 411; siehe dahingegen aber § 213a Nr. 2 der Dienstanweisungen für Gerichtsvollzieher in Hessen (GVGA), wonach die besondere Verfügung jene Ermächtigung nicht enthalten muß
[258] AG Leverkusen DGVZ 1984, 95; Geißler, DGVZ 1997, 145 (148)
[259] Ebenso: BVerfG FamRZ 2000, 411 (412) Danach ist es auch fragwürdig, ob § 33 II FGG eine den Anforderungen des Art. 13 II GG genügende gesetzliche Grundlage für die Durchsuchung der Wohnung ist.
[260] AG München DGVZ 1982, 12 (13); Keidel/ Zimmermann, § 33 FGG, Rdnr. 37
[261] Staudinger[12]/ Salgo, § 1632 BGB, Rdnr. 37
[262] Schüler, ZfJ 1981, 173 (176)
[263] BayObLG FPR 1996, 95 (96); BayObLG FamRZ 1985, 520 (521)
[264] BayObLG FamRZ 1985, 520 (521)
[265] Geißler, DGVZ 1997, 145 (147)

mit der Grundentscheidung zu erlassen. Dabei kann auch innerhalb einer Verhandlung zur Grundentscheidung und zur Vollstreckungsentscheidung verhandelt und eine Anhörung durchgeführt werden. Dies gilt jedoch unter der Bedingung, daß in der Verhandlung selbst beide Verfahrensgegenstände getrennt von einander behandelt werden und auch die Anhörung hinsichtlich der Grundentscheidung und der Vollstreckungsentscheidung ausdrücklich erfolgt. In der Regel hat aber eine gesonderte Verhandlung sowie eine gesonderte Anhörung stattzufinden und eine gesonderte Verfügung erlassen zu werden. Dies gilt entsprechend für das Zwangsgeld- und Zwangshaftverfahren.

bb) Anhörungen

Hinsichtlich der Anhörungspflichten gilt grundsätzlich das oben unter A.III.2.a) aa) Gesagte entsprechend.
Bevor die Anwendung von Gewalt im Sinne des § 33 II 1 FGG angeordnet wird, müssen Eltern und Kind also grundsätzlich gemäß §§ 50a, 50b FGG persönlich angehört werden.[266]
Auch die Anhörung des Jugendamts wird vor der Anordnung der Gewaltanwendung ausdrücklich für notwendig erachtet.[267] Im Hinblick auf die Intensität des Zwangsmittels der Gewaltanwendung soll die Anhörung des betroffenen Elternteils und des Jugendamtes unverzichtbar sein.[268]
Es wird darauf hingewiesen, daß die Durchführung der erneuten Anhörungen eine Möglichkeit bieten kann, mit den Beteiligten eine Lösung zu finden, die ohne die Anwendung von Zwang auskomme.[269] Ebenso können nur so etwa vorliegende veränderte Umstände offenbar werden.[270]

[266] BGHZ 67, 255 (262) (Kindesanhörung, wenn die nötige Reife gegeben ist); BayObLG FamRZ 1985, 520; s.a. Schmidt, Rdnr. 124
[267] BGHZ 67, 255 (262); Keidel/ Zimmermann, § 33 FGG, Rdnr. 42; Staudinger[12]/ Salgo, § 1632 BGB, Rdnr. 37
[268] OLG Düsseldorf FamRZ 1994, 1541 (1542)
[269] Staudinger[12]/ Salgo, § 1632 BGB, Rdnr. 37
[270] Staudinger[12]/ Salgo, § 1632 BGB, Rdnr. 37

cc) Rechtliches Gehör

Es gilt das oben unter A.III.2.a)aa)(2) Gesagte entsprechend.

dd) Verfahrenspflegschaft

Es gilt das oben unter A.III.2.a)aa)(3) Gesagte entsprechend.
Die Bestellung eines Verfahrenspflegers gemäß § 50 FGG soll erforderlich sein, wenn bei der Frage nach der Anwendung von Gewalt gemäß § 33 II FGG Minderjährige betroffen sind.[271]

ee) Hinwirken auf Einvernehmen

Es gilt das oben unter A.III.2.a)aa)(4) Gesagte entsprechend.

ff) Androhung

Die Anwendung von Gewalt soll gemäß § 33 III 6 FGG in der Regel angedroht werden.[272]
Von der Androhung soll abgesehen werden können, wenn dadurch der Vollstreckungszweck vereitelt würde[273] oder sich im Laufe der vorangegangenen Gerichtsverhandlungen gezeigt hat, daß der Herausgabepflichtige sich von einer Androhung nicht zur Herausgabe des Kindes bewegen läßt[274] oder Eilbedürftigkeit vorliegt.[275]

gg) Erteilung des Vollstreckungsauftrages durch das Gericht oder durch die Parteien

Es ist streitig, wer im Falle der Anwendung unmittelbaren Zwangs den Vollstreckungsauftrag erteilt.
Es wird vertreten, den Vollstreckungsauftrag erteile das Gericht[276] in der Regel auf die Anregung der Parteien hin.[277] Die Beauftragung, Leitung und Überwachung des Gerichtsvollziehers sei Sache des Gerichts. Dieses sei aufgrund seiner Sachkunde eher in der Lage als die Parteien, zu beurteilen, wie die Vollstre-

[271] Siehe Salgo, Der Anwalt des Kindes, S. 478 und Carl, in: Vom Umgang der Justiz mit Minderjährigen, S. 252
[272] Ausdrücklich: BayObLG FamRZ 1985, 520 (521); OLG Nürnberg Beschl. v. 23.7.1981; Az.: 11 WF 932/81; Staudinger[12]/ Salgo, § 1632 BGB, Rdnr. 37
[273] Bumiller/Winkler, § 33 FGG, Rdnr. 15; Bassenge/Herbst, § 33 FGG, Rdnr. 29
[274] OLG Hamburg FamRZ 1994, 1128
[275] Bassenge/Herbst, § 33 FGG, Rdnr. 29
[276] Siehe § 213a Nr. 1 der Dienstanweisung für den Gerichtsvollzieher in Hessen (GVGA); Bassenge/Herbst, § 33 FGG, Rdnr. 29; OLG Frankfurt FamRZ 1980, 1038; KG DGVZ 1992, 89; Kropp, DRiZ 1979, 118
[277] Keidel/ Zimmermann, § 33 FGG, Rdnr. 48; Schüler, DGVZ 1977, 133 (136)

ckung durchzuführen sei.[278] Außerdem sei der Herausgabeberechtigte bei der Vollstreckung mittels unmittelbarem Zwang anwesend, was sicherstelle, daß der Eingriff nicht ohne Zustimmung des herausgabeberechtigten Elternteils erfolgen könne.[279]
Nach anderer Auffassung erteile die Partei selbst den Vollstreckungsauftrag.[280] Denn wenn die Grundentscheidung nur auf Antrag ergehe, müsse dies auch für die Durchführung der Vollstreckung gelten. Die Rechtsfürsorge des Staates sei insoweit durch das Elternrecht gemäß Art. 6 GG begrenzt.[281]
Es entspricht der gesamten Vollstreckungssystematik des § 33 FGG, wenn das Gericht von Amts wegen den Vollstreckungsauftrag an den Gerichtsvollzieher erteilt. Die Entscheidung über die Vollstreckung als solche ergeht nach oben gesagtem nach Anregung der Parteien und konkretem Anlaß zur Vollstreckung auch von Amts wegen,[282] daher muß das Gericht bis zur Beendigung der Vollstreckung weiterhin die Verfahrensherrschaft behalten.
Auch der Wortlaut des § 33 II FGG spricht für die Erteilung des Vollstreckungsauftrages von Amts wegen. Ein Antragserfordernis für die Beauftragung des Gerichtsvollziehers geht daraus nicht hervor.

b) Materielle Voraussetzungen

Denkbare Grundlage für den Erlaß einer besonderen Verfügung im Sinne des § 33 II 1 FGG können sowohl eine Herausgabeentscheidung aufgrund des Sorge- oder Umgangsrechts als auch eine allgemeine Umgangsregelung oder eine Rückführungsentscheidung nach HKÜ oder ESÜ sein, soweit die Durchsetzung letzterer beiden nicht ohne Gewalt möglich ist.
Dem Wortlaut nach kann die besondere Verfügung gemäß § 33 II 1 FGG unabhängig vom Erlaß der Zwangsmittel des § 33 I FGG erlassen werden.
Eine schuldhafte Zuwiderhandlung wie im Falle des Zwangsgeldes oder der Zwangshaft wird nicht für erforderlich gehalten.[283]

aa) Definition des Begriffs der Gewalt im Sinne von § 33 II 1 FGG, insbesondere des Begriffs der Gewalt gegen ein Kind im Sinne von § 33 II 2 FGG

Eine Definition des Begriffs der Gewalt im Sinne von § 33 II 1 FGG ist innerhalb der veröffentlichten Rechtsprechung zu § 33 FGG nicht zu finden.[284]

[278] OLG Frankfurt FamRZ 1980, 1038 (1041); OLG Hamburg FamRZ 1994, 1128
[279] KG DGVZ 1992, 89
[280] MüKo, Hinz, § 1632 BGB, Rdnr. 32; s. auch OLG Neustadt/W. FamRZ 1964, 575 (576)
[281] AG Wangen FamRZ 1989, 527 (528)
[282] Siehe oben: A.III.1.b)
[283] Bassenge/Herbst, § 33 FGG, Rdnr. 29
[284] Siehe aber Groß, KindPrax 2001, 148f., hier wird erstmals ein Versuch unternommen, den Gewaltbegriff i.S.d. § 33 II FGG zu definieren.

Gewalt im juristischen Sinne wird weit definiert als jedes Mittel, mit dem auf den Willen oder das Verhalten eines anderen durch ein gegenwärtiges empfindliches Übel eine Zwangswirkung ausgeübt wird.[285] Gewalt gegen Personen erfordert eine zumindest mittelbar gegen den Körper der Person gerichtete Einwirkung.[286]

(1) Gewalt im weiteren Sinne

Der Wortlaut des § 33 II 1 FGG spricht lediglich von Gewalt. Daher ist es auch denkbar, daß eine weitergehende Gewalteinwirkung im Sinne obiger Definition vom Gewaltbegriff des § 33 II 1 FGG erfaßt ist.
Die einschlägige Rechtsprechung verwendet den Begriff der Gewalt in Bezug auf § 33 II 1 FGG auch ohne Zuweisung zu einem Gewaltopfer. Diesbezüglich werden Maßstäbe für die Gewaltanwendung ohne nähere Eingrenzung der betroffenen Personen oder Sachen der Gewaltanwendung gemacht.[287]
Hinsichtlich des Mittels der Gewalt wird keine genaue Aussage darüber getroffen, ob eine körperliche Kraftentfaltung auf seiten des Vollstreckenden und eine unmittelbare körperliche Einwirkung auf das Opfer zu erfolgen hat.[288] Es finden sich allerdings Begriffe wie „unmittelbarer Zwang",[289] „zwangsweises Wegnehmen",[290] „Gewalt, die sich unmittelbar gegen die Person des Kindes richtet"[291] oder „körperlicher Zwang",[292] mit denen die Gewaltanwendung im Sinne des § 33 II FGG umschrieben wird.

Dies deutet darauf hin, daß nicht jede Gewaltmaßnahme im Sinne der oben genannten weiten Gewaltdefinition von § 33 II FGG erfaßt sein soll.

Dafür spricht auch § 33 I FGG. Die Regelung der Voraussetzungen für die Verhängung des Zwangsgeldes und der Zwangshaft weist nämlich daraufhin, daß Zwangswirkungen, die auf nicht unmittelbaren bzw. körperlichen Einwirkungen beruhen, im Rahmen der Zwangsvollstreckung nach dem Willen des Gesetzgebers eine gesonderte gesetzliche Ausformung erfahren. Denn Zwangsgeld und Zwangshaft führen nicht unmittelbar die Herausgabe des Kindes oder die Einhaltung der Umgangsverpflichtung herbei. Die gesetzliche Regelung des Zwangsgeldes und der Zwangshaft wäre jedoch überflüssig, wenn der Gewalt-

[285] Schönke/Schröder, Eser, Vorbem. zu §§ 234 ff. StGB, Rdnr. 6
[286] Schönke/Schröder, Eser, § 249 StGB, Rdnr. 4
[287] So zum Beispiel: BGHZ 67, 255 (262); BGH FamRZ 1983, 1008; BayObLG FamRZ 1985, 520
[288] Dies entspräche dem engeren Gewaltbegriff, s. dazu z.B.: BVerfGE 92, 1 (15)
[289] OLG Bamberg FamRZ 1991, 1341; OLG Neustadt FamRZ 1964, 575
[290] OLG Hamm DAVorm 1974, 1341
[291] BayObLG FamRZ 1984, 1259 (1262)
[292] AG München DGVZ 1982, 12

begriff des § 33 II 1 FGG jene Mittel zur Ausübung eines Zwanges bereits umfaßte.

Dies deutet auf ein Erfordernis nach einer über die Zwangswirkung, nämlich der unfreiwilligen Herausgabe des Kindes bzw. der Befolgung der Umgangsverpflichtung, hinausgehenden Gewaltbetätigung sowie nach einer unmittelbaren körperlichen Einwirkung auf die betreffende Person hin. Dies steht auch mit den Anforderungen an den Bestimmtheitsgrundsatz gemäß Art. 103 II GG im Einklang, denn auch der Begriff der Gewalt im Rahmen einer gesetzlichen Eingriffsermächtigung zur Zwangsvollstreckung muß diesen Anforderungen genügen.[293]

(2) Gewalt gegen Personen

Der Gesetzeswortlaut des § 33 II FGG gibt jedenfalls Aufschluß darüber, daß die Gewaltanwendung gegen Personen per definitionem von § 33 II 1 FGG erfaßt ist. Dies ergibt sich aus dem Umkehrschluß zu § 33 II 2 FGG, der die Gewaltanwendung gegen das Kind zum Zwecke der Durchsetzung des Umgangsrechts ausschließt. Insofern ist es denkbar, daß die Gewaltanwendung gegen andere Personen sowie die Gewaltanwendung gegen das Kind als Person zur Durchsetzung des Sorgerechts im weitesten Sinne erfaßt sein könnten.
Denkbar betroffene Personen sind insofern der Herausgabepflichtige oder Personen, die in seinem Willen handeln, und das Kind.
Dies ergibt sich so auch aus der einschlägigen Rechtsprechung, die davon spricht, gewaltsam gegen die Herausgabe geleistete Widerstände von Herausgabepflichtigen,[294] von Dritten[295] oder von Kindern zu brechen.[296]

Die lediglich mittelbar wirkende Gewalt auf den Herausgabepflichtigen oder das Kind ist deshalb begrifflich nicht von § 33 II FGG erfaßt. Die Gewaltanwendung muß unmittelbar wirken. Lediglich psychische Zwangswirkungen etwa durch die Präsens der Polizei oder des Gerichtsvollziehers werden somit nicht erfasst.
Da § 33 II 2 FGG von „Gewalt gegen ein Kind" d.h. Gewalt gegen eine Person spricht, muß danach und nach oben genannter Definition ein durch unmittelba-

[293] Daher insoweit übertragbar: BVerfGE 91, 1 (14 f.)
[294] So zum Beispiel OLG Hamburg FamRZ 1994, 1128; OLG Oldenburg DGVZ 1983, 75; OLG Düsseldorf FamRZ 1994, 1541
[295] AG Emden DGVZ 1972, 78 f.
[296] BGHZ 64, 19 (29); BayObLG FamRZ 1984, 1259 (1262); OLG Neustadt FamRZ 1964, 575; KG Berlin FamRZ 1966, 155; OLG Düsseldorf FamRZ 1994, 1541; OLG Bamberg FamRZ 1991, 1341; OLG Hamm DAVorm 1974, 153; AG München DGVZ 1982, 12; AG Emden DGVZ 1972, 78 f.; AG Bln. Tempelhof/Kreuzberg DGVZ 1974, 13; AG Springe NJW 1978, 834

res physisches Einwirken körperlich empfundener Zwang seitens des Kindes gemeint sein.

Teilweise wird die Fähigkeit des Kindes, ein Gewaltopfer in diesem Sinne zu sein, von seiner „Willensäußerungsfähigkeit" abhängig gemacht.[297] Kleinere Kinder hätten diese Fähigkeit noch nicht, daher liege keine Gewaltanwendung im Sinne des § 33 II FGG vor, wenn Kinder unter vier Jahren „schreien und wehrig sind".[298]

Mittelbare Auswirkungen gegenüber dem Kind werden trotzdem gesehen.[299] So wird z.B. vertreten, wenn es um die Herausgabe kleinerer Kinder geht, könne eine Gewaltanwendung gegen den Herausgabepflichtigen nicht von einer Gewaltanwendung gegen das Kind getrennt werden.[300] Es wird auch vertreten, daß es aus der Sicht des Kindes tatsächlich so gut wie keine Rolle spiele, ob sich die staatliche Gewalt gegen die Betreuungsperson oder das Kind selbst richte oder lediglich staatliche Gewalt präsentiert, nicht aber ausgeübt werde. So ist es etwa bei der Herausnahme des Kindes durch den Gerichtsvollzieher oder die Polizei ohne körperlichen Einsatz der Fall.[301]

bb) Entscheidungsmaßstab für die Anordnung der Gewaltanwendung

Nach dem Wortlaut des § 33 II 1 FGG („kann") steht die Anordnung der Gewaltanwendung im Ermessen des Gerichts. Die Anordnung der Gewaltanwendung bedarf einer gesonderten Prüfung.[302]
Bei der Entscheidung über die Durchführung der Vollstreckung und der Frage des anzuwendenen Zwangsmittels ist der Verhältnismäßigkeitsgrundsatz zu beachten.[303]
Die Anordnung der Gewaltanwendung wird weithin als das schärfste Mittel zur Durchsetzung einer Herausgabeentscheidung und des Umgangsrechts angesehen. Die Gewaltanwendung soll grundsätzlich nur als äußerstes Mittel,[304] für

[297] So Kropp, DRiZ 1979, 118 (119); Soergel, Strätz, § 1632 BGB, Rdnr. 22
[298] Kropp, DRiZ 1979, 118 (119)
[299] Staudinger[12]/ Salgo, § 1632 BGB, Rdnr. 38
[300] OLG Celle FamRZ 1994, 1129
[301] Jopt, ZfJ 1991, 93 (93, 100)
[302] BGH FamRZ 1983, 1008 (1012, 1013); Die nachfolgend dargestellten Grundsätze wurden hauptsächlich im Hinblick auf die Vollstreckung nach § 1632 BGB entwickelt
[303] Allgemeine Meinung, siehe z.B.: Keidel/ Zimmermann, § 33 FGG, Rdnr. 42; s. auch OLG Nürnberg, Beschl. v. 23.7.1981, Az.: 11 WF 932/81; Bumiller/Winkler, § 33 FGG, Rdnr. 15; Bassenge/Herbst, § 33 FGG, Rdnr. 10; Palandt, Diederichsen, § 1632 BGB, Rdnr. 16; Schüler, ZfJ 1981, 173 (176)
[304] Staudinger[12]/ Salgo, § 1632 BGB, Rdnr. 37

den äußersten Notfall[305] zulässig sein, wenn alle anderen Mittel keinen Erfolg versprechen oder ein alsbaldiges Einschreiten unbedingt geboten ist.[306]
Daher kommt es in Betracht, vor der Anordnung der Gewaltanwendung auf die Eltern und, bei gegebener Reife, auf das Kind im Rahmen der Anhörung ermahnend einzuwirken.[307]
Das Gericht kann die Hilfe des Jugendamtes zum Zwecke des Versuchs einer Vermittlung in Anspruch nehmen.[308]

Vor der Anordnung der Gewaltanwendung durch einen Gerichtsvollzieher sei mit Androhung und Verhängung von Zwangsgeldern vorzugehen,[309] wenn nicht sofortiges Einschreiten geboten sei oder andere Mittel keinen Erfolg versprechen.[310]
Die Gewaltanwendung kann auch unabhängig von der vorherigen Zwangsgeldverhängung angeordnet werden, wenn die Belange des Kindes es erfordern.[311]

Teilweise wird vertreten, der Herausgabepflichtige sei zunächst zu verhaften, erst wenn dies nicht auf der Stelle dazu führe, daß das Kind herausgegeben werde, könne man Gewalt anwenden.[312]
Dagegen läßt sich einwenden, daß zur Verhaftung des Herausgabe- oder Umgangspflichtigen auch staatliche Gewalt angewendet wird, die das Kind miterlebt, wobei die Inhaftierung im Gegensatz zur unmittelbaren Gewaltanwendung fortwirkt. Ob die Vollstreckung mittels der Verhaftung des Herausgabepflichtigen im Gegensatz zur Gewaltanwendung wirklich ein milderes Mittel darstellt, erscheint daher fraglich und bedarf jedenfalls im Hinblick auf das Kindeswohl einer eigenen Untersuchung. Eine eindeutige Aussage kann ohnehin nur für den Einzelfall getroffen werden, so daß es der angemessenen Abwägung aller Um-

[305] Christian, DAVorm 1983, 417 (423 f.)
[306] BGHZ 67, 255 (262); BGH FamRZ 1983, 1008 (1013); zwar wurde diese Aussage vor 1990 getroffen, der BGH hat seine Auffassung jedoch auch nach der Änderung des § 33 II 1 FGG durch das Gesetz vom 5.4.1990 (BGBl. I S. 701), mit der klargestellt wurde, daß § 33 II 1 FGG unabhängig vom Zwangsgeld oder der Zwangshaft verhängt werden kann, nicht widerrufen; BayObLG FamRZ 1985, 520 (521); BayObLG 1984, 1259 (1262); OLG Hamburg FamRZ 1994, 1128; OLG Oldenburg DGVZ 1983, 75; OLG Düsseldorf FamRZ 1994, 1541; Keidel/ Zimmermann, § 33 FGG, Rdnr. 43; Bumiller/Winkler, § 33 FGG, Rdnr. 15; Palandt, Diederichsen, § 1632 BGB, Rdnr. 16; Geißler, DGVZ 1997, 145 (147)
[307] BGHZ 67, 255 (262); RGRK, Wenz, § 1632 BGB, Rdnr. 48
[308] BGHZ 67, 255 (262); OLG Düsseldorf FamRZ 1994, 1541 (1542); RGRK, Wenz, § 1632 BGB, Rdnr. 48
[309] BGHZ 64, 19 (29); BGH FamRZ 1983, 1008 (1013); BayObLG 1985, 520 (521); OLG Oldenburg DGVZ 1983, 75; Keidel/ Zimmermann, § 33 FGG, Rdnr. 43; RGRK, Wenz, § 1632 BGB, Rdnr. 48; in jedem Fall sei vorher ein Zwangsgeld zu verhängen: Staudinger[12]/ Salgo, § 1632 BGB, Rdnr. 37; Geißler, DGVZ 1997, 145 (147)
[310] Bassenge/Herbst, § 33 FGG, Rdnr. 10
[311] Bereits vor 1990: BayObLGZ 1963, 191 (197)
[312] OLG Hamburg FamRZ 1994, 1128

stände im Einzelfall überlassen bleiben muß, welches das mildere Mittel unter den gegebenen Umständen ist.

(1) Berücksichtigung der Belange des Kindes bei der Anordnung der Gewaltanwendung gegen Sachen oder andere Personen als das Kind

Hinsichtlich der Berücksichtigung der Belange des Kindes bei der Anordnung der Gewaltanwendung gegen Sachen oder andere Personen als das Kind gilt das oben unter III.1.a) Gesagte. Die Anordnung der Gewaltanwendung muß dem Kindeswohl dienlich sein.

Unabhängig von einer Aussage darüber, gegen was oder wen die (physische) Gewaltanwendung erfolgt, werden bestimmte allgemeine Entscheidungsmaßstäbe bezüglich der Berücksichtigung der Belange des Kindes aufgestellt.[313]
Es wird angenommen, daß es zum Wohle des Kindes erforderlich sein kann, unter Anwendung von Gewalt gegen andere Personen dessen Herausgabe herbeizuführen.[314]
Wird Gewalt gegen die Obhutsperson angewendet, soll überprüft werden, inwieweit dies eine psychische Schädigung des Kindes nach sich ziehen kann,[315] mittelbare Auswirkungen auf das Kind sollen mitzubedenken sein.[316]

Hinsichtlich der Vollziehung des Umgangsrechts mit Gewalt gegen den sich hartnäckig weigernden Sorgeberechtigten wird darauf hingewiesen, daß dies schwerlich mit dem Kindeswohl in Einklang zu bringen sei, so daß die Gewaltanwendung nur in Ausnahmesituationen in Betracht kommen kann.[317] Dies könne z.B. dann der Fall sein, wenn sich der Sorgeberechtigte weigert, das Kind entsprechend einer Umgangsregelung für eine längere Ferienreise herauszugeben[318] oder wenn eine dauerhafte, hartnäckige Boykottierung des Umgangsrechts durch den sorgeberechtigten Elternteil stattfindet.[319] Darüberhinaus findet die Gewaltanwendung allgemein zur Durchsetzung des Umgangsrechts keine Erwähnung.[320]

Die Herausgabe des Kindes kann mittels Gewaltanwendung gegen den Herausgabepflichtigen nicht erzwungen werden, wenn eine Kindesweigerung vorliegt.

[313] Die nachfolgend dargestellten Grundsätze wurden hauptsächlich im Hinblick auf die Vollstreckung nach § 1632 BGB entwickelt
[314] OLG Stuttgart DAVorm 1982, 20
[315] RGRK, Wenz, § 1632 BGB, Rdnr. 49; Gernhuber § 57 V., Nr.4
[316] Staudinger[12]/ Salgo, § 1632 BGB, Rdnr. 38; s. auch Raak, FPR 1996, 54 (55)
[317] Kuckuck, ZAP Fach 11, 73 (168); Schüler, ZfJ 1981, 173 (177); Palandt, Diederichsen, § 1684 BGB, Rdnr. 67
[318] Schüler, ZfJ 1981, 173 (177)
[319] BGH NJW-RR 1986, 1254 (1255)
[320] Siehe zum Beispiel MüKo, Hinz, § 1634 BGB a. F., Rdnr. 49, 49a. wo nur das Zwangsgeld Erwähnung findet

Dies ergibt sich zum einen daraus, daß die Gewaltanwendung zur Herausgabe des Kindes im Sinne des § 33 II 1 1.Alt. FGG nicht am Widerstand des Herausgabepflichtigen scheitert, sondern am Widerstand des Kindes. Daher ist diesbezüglich die Zulässigkeit der Gewaltanwendung gegen das Kind zu prüfen. Zum anderen ergibt sich dies für die Fälle in denen keine Herausgabeanordnung vorliegt, sondern eine sonstige Anordnung gemäß § 33 II 1 2. Alt., § 33 I FGG gegeben ist (allgemeine Umgangsregelung ohne Herausgabetitulierung) aus dem oben unter A.III.2.c)cc) Gesagten entsprechend.

Ob darüberhinaus die Gewaltanwendung gegen Sachen oder andere Personen als dem Kind dem Kindeswohl tatsächlich dienlich ist, wenn keine Kindesweigerung vorliegt, bedarf einer gesonderten Untersuchung.[321]

(2) Gewaltanwendung gegen das Kind

Es ist umstritten, ob nach § 33 II 1 FGG eine Gewaltanwendung gegen ein Kind zulässig ist. Nach dem Wortlaut des § 33 II 1, 2 FGG ist dies jedenfalls zur Vollziehung anderer als Umgangsrechte im Wortlautumkehrschluß denkbar.[322] Eine uneingeschränkte Gewaltanwendung gegen das Kind ist unzulässig. Dies ergibt sich aus dem zu beachtenden Verhältnismäßigkeitsgrundsatz.[323]

(a) Gewaltanwendung gegen das Kind zur Durchsetzung des Umgangsrechts

Nach früher z.T. vertretener Auffassung konnte Gewalt gemäß § 33 II 1 FGG gegenüber einem jüngeren, sich weigernden Kind, der Umgangsregelung Folge zu leisten zugelassen werden.[324] Die Gewaltanwendung gegen ein Kind wurde jedoch bereits vor der Gesetzesänderung für bedenklich gehalten und teilweise für unzulässig erklärt.[325]

Diese Frage hat der Gesetzgeber eindeutig im Sinne des Kindes beantwortet, so daß nach dem Wortlaut des Gesetzes gemäß § 33 II 2 FGG eine Gewaltanwendung gegenüber dem Kind zur Vollstreckung des Umgangsrechts ohne Zweifel nicht mehr möglich ist.[326]

[321] Siehe unten: A.V.3.c)

[322] Staudinger[12]/ Coester, § 1666 BGB, Rdnr. 226; Hinz, FPR 1996, 62 (66)

[323] Insoweit daher mißverständlich: Diercks, FamRZ 1994, 1226 (1227)

[324] LG Mannheim NJW 1972, 930 (931); LG Köln DGVZ 1974, 43

[325] Siehe zum Beispiel: BT/Drucks 13/4899, S. 46; Staudinger[12]/ Peschel-Gutzeit, § 1634 BGB a. F., Rdnr. 316, 438 f.; Coester, JZ 1992, 808 (815)

[326] Die Gesetzesänderung erfolgte 1997 im Zuge der Kindschaftsrechtsreform, siehe Art. 8 Nr. 1 KindRG vom 16.12.1997 (BGBl. I, S. 2942, in Kraft seit 1.7.1998

(b) Gewaltanwendung gegen das Kind zur Durchsetzung eines sorgerechtlichen Herausgabeanspruchs

(aa) Zulässigkeit der Gewaltanwendung gegen Kinder

Teilweise wird eine Befugnis zur Anordnung der Gewaltanwendung gegen Kinder, auch wenn sie bereits älter sind, befürwortet.

Dazu legitimiere nach teilweise vertretener Auffassung § 33 II FGG direkt.[327]

Nach anderer Auffassung wird §§ 1631 I, 1631 III BGB alleine oder in Verbindung mit § 33 II FGG zur Begründung der Gewaltbefugnis herangezogen.

Es wird vertreten, die Befugnis zur Gewaltanwendung folge aus dem Sorgerecht. Das Gericht unterstütze die Eltern bei ihrer Ausübung des Sorgerechts nach § 1631 III BGB. Die gerichtliche Anordnung der Gewaltanwendung durch den Gerichtsvollzieher resultiere aus § 1631 III BGB in Verbindung mit § 33 II FGG, da die Anordnung der Gewaltanwendung eine Unterstützung des Gerichts zur Ausübung der elterlichen Sorge darstelle.[328]

Es wird auch vertreten, daß die Eltern ermächtigt durch ihr Sorgerecht, den Gerichtsvollzieher über § 1631 III BGB gerichtlich mit der gewaltsamen Vollstreckung beauftragen lassen können. Die Beauftragung des Gerichtsvollziehers mit der Gewaltanwendung gegenüber dem Kind sei insoweit zweckmäßig.[329]

Die Zulässigkeit der staatlichen Gewaltanwendung unabhängig von der gesetzlichen Grundlage wird zum Teil damit begründet, daß die Vollstreckung der Durchsetzung materiellen Rechts zu dienen habe.[330] Die Gerichte haben zur Rechtsverwirklichung den staatlichen Vollzug bereitzuhalten.[331]
Es wird auch vertreten, nach einer Gesamtabwägung aller Umstände könne die gewaltsame Rückführung des Kindes zu dessen Wohl dienlicher sein als sein Verbleib in der bisherigen Umgebung.[332]
Die Anwendung der Gewalt soll unzulässig sein, wenn sie das Wohl des Kindes gefährden würde.[333] Dabei habe man aber zu beachten, daß auch das Grundrecht

[327] OLG Bamberg FamRZ 1991, 1341 (1342) gewaltsame Rückführung gegen den Willen eines 15jährigen; Geißler, DGVZ 1997, 145 (149 f.)
[328] OLG Celle FamRZ 1994, 1129; OLG Hamm DAVorm 1974, 156 (167); KG FamRZ 1966, 155 (157); Palandt, Diederichsen, § 1632 BGB, Rdnr. 16; Wieser, FamRZ 1990, 693 (694); Knöpfel, FamRZ 1985, 1211 (1215)
[329] OLG Hamm DAVorm 1974, 156 (159)
[330] Knöpfel, FamRZ 1985, 1211 ff.
[331] BT/Drucks 8/2788, S. 35 f.
[332] OLG Bamberg FamRZ 1991, 1341 (1342)
[333] Knöpfel, FamRZ 1985, 1211 (1216)

der Eltern aus Art. 6 GG zu gewährleisten ist und der Grundrechtsschutz des Kindes nicht zu einer Aushöhlung des Elterngrundrechts führen darf. Das Alter des Kindes wird insoweit für unerheblich gehalten.[334] Eine „Überbetonung des kindlichen Willens“ sei „für den Bereich bewältigter Elternschaft und für die Erfüllung der Aufgaben der Familie abträglich“.[335]
Dies sei aber nicht einer Art. 2 I, 1 I GG zuwiderlaufenden lediglich dressierenden Erziehung gleichzusetzen.[336] Insoweit wurde nach § 1631 II a.F. BGB zur Begründung herangezogen, daß nicht jeder Zwang zu unterbleiben hatte, sondern nur entwürdigende Erziehungsmaßnahmen unzulässig waren.[337]
Es wird angeführt, daß die Annahme einer „Grundrechtsmündigkeit“, die dazu führt, daß bereits vor Eintritt des Volljährigkeitsalters der Elternwille nicht durchsetzbar ist, abzulehnen ist.[338] Die Grundrechte eines Kindes werden nach dieser Auffassung bis zum Eintritt des Volljährigkeitsalters von den Eltern des Kindes ausgeübt. Teilmündigkeiten führten zu einer unzulässigen Aushöhlung des Elterngrundrechts.[339] Die Annahme einer Grundrechtsmündigkeit ziehe höchst unglückliche Ergebnisse nach sich, da dies den Kindern ermögliche, sich ihrer Erziehung zu entziehen.[340]
Um Erziehung überhaupt zu ermöglichen, müsse es unabdingbar sein, den Eltern die Kompetenz zur Beurteilung des Reifegrades ihres Kindes einzuräumen und die Gesamtverantwortung für die Erziehung bis zum Eintritt der Volljährigkeit alleine zu tragen. Kinder hätten insoweit die Pflicht, sich erziehen zu lassen.[341]

Daher wird vertreten, die mögliche Weigerung von einem 7 bzw. 9jährigen Kind sei auf jeden Fall auf die Beeinflussung des Herausgabepflichtigen zurückzuführen. Eine gewaltsame Überwindung dieses Willens sei verhältnismäßig im Hinblick auf die dem Wohl des Kindes entsprechend getroffene Grundentscheidung.[342]
Es wird auch vertreten, ein 11jähriges Kind sei trotz angemessener erzieherischer Einwirkung und anhaltender Weigerung, zum sorgeberechtigten Elternteil zurückzukehren, unter Gewaltanwendung zum Mitgehen zu zwingen.[343]
Es wird vertreten, dass die zwangsweise Überwindung des kindlichen Willens möglich sein soll, soweit das Kind sich nicht dem Kindeswohl zuwiderlaufenden

[334] Erman, Michalski, § 1632 BGB, Rdnr. 18; Knöpfel, FamRZ 1985, 1211 (1213)
[335] Schütz, FamRZ 1987, 438 (439)
[336] Schütz, FamRZ 1987, 438 (439)
[337] Erman, Michalski, § 1632 BGB, Rdnr. 18 (9. Auflage)
[338] Knöpfel, FamRZ 1985, 1211 (1212); Schütz, FamRZ 1986, 528 (530)
[339] Knöpfel, FamRZ 1985, 1211 (1212); nach Ansicht Knöpfels a.a.O. und Schütz, FamRZ 1987, 438 (439) besteht auch keine Kollision mit dem Kindesgrundrecht, da das Kindesgrundrecht im Elterngrundrecht enthalten sei und die Eltern die Rechte für die Kinder ausüben.
[340] Schütz, FamRZ 1986, 528 (530)
[341] Knöpfel, FamRZ 1985, 1211 (1214)
[342] OLG Celle FamRZ 1994, 1129
[343] Erman, Michalski, § 1632 BGB, Rdnr. 18 unter Bezugnahme auf AG Springe NJW 1978, 834

elterlichen Anforderungen widersetze. Dies habe auch nach der Vollendung des 13. Lebensjahres noch zu gelten.[344]
Im Interesse des staatlichen Wächteramtes gemäß Art. 6 II GG zur Erfüllung des Kindeswohls gehe es nicht an, daß ein 15 Jahre altes Kind das Verbleiben in einer Umgebung ertrotzt, was mit Wahrscheinlichkeit die Erreichung des Erziehungsziels verhindern würde.[345] Insoweit könne dem Kind kein materielles Recht eingeräumt werden, das materielle Recht zu mißachten.[346]

Im Hinblick auf § 1631 III BGB wird einschränkend vertreten, es könne auch bei einer Anordnung nach § 1631 III BGB die Gewaltanwendung gegenüber dem Kind nur äußerstes Mittel sein.[347] Zu prüfen sei auch hier, ob die Befugnis zur Gewaltanwendung, den persönlichen Belangen des Kindes, seine eigene Entscheidung zu treffen, entgegenstehe. Der Wille des Kindes dürfe solange nicht mit Gewalt gebrochen werden, als Belange des Kindeswohls nicht gefährdet sind, da Maßnahmen nach § 1631 III BGB dem Kindeswohl dienlich sein müssen und nicht erst die Eingriffsschwelle des § 1666 BGB zu berücksichtigen sei.[348]

(bb) Keine Verpflichtung zur grundsätzlich zulässigen Gewaltanwendung gegen das Kind

Es auch wird auch vertreten, daß die Gewaltanwendung gegen ein Kind auf der Grundlage von § 33 II 1 FGG grundsätzlich möglich ist. Eine derartige Befugnis verpflichte die Vollstreckungsbeamten aber nicht, Gewalt gegen ein sich weigerndes Kind anzuwenden, da das Kind durch die Vollstreckung physisch oder psychisch nicht geschädigt werden dürfe.[349] Es sei insoweit auch nicht Sache der Vollstreckungsorgane festzustellen, inwieweit die Haltung des Kindes beeinflußt ist.
Die Frage nach der Gewaltanwendung sei danach vom Gerichtsvollzieher vor Ort zu beantworten.
Die Gewaltanwendung gegenüber Kindern müsse jedenfalls mit äußerster Vorsicht und Rücksicht erfolgen, da sonst die Gefahr eines nicht wiedergutzumachenden Schadens bestehe.[350]
Es wird teilweise darauf hingewiesen, wenn nicht auch der Versuch einer nachhaltigen erzieherischen Einwirkung auf das Kind gemacht worden sei, scheide eine Gewaltanwendung gegen das Kind aus.[351]

[344] Schütz, FamRZ 1987, 438 (439)
[345] OLG Bamberg FamRZ 1991, 1341 (1342); ähnlich auch Geißler, DGVZ 1997, 145 (149 f.)
[346] Knöpfel, FamRZ 1985, 1211 (1215)
[347] RGRK, Wenz, § 1632 BGB, Rdnr. 50
[348] RGRK, Wenz, § 1632 BGB, Rdnr. 50
[349] AG München DGVZ 1982, 12 (Kind: 8 Jahre)
[350] AG München DGVZ 1982, 12

In diesen Fällen kam es nicht zu einer Gewaltanwendung gegen das Kind.

(cc) Zulässigkeit der Gewaltanwendung gegen das Kind in Abhängigkeit zum Alter

Teilweise wird im Ergebnis dieselbe Aussage in Abhängigkeit zum Alter des Kindes getroffen.[352] Grundsätzlich wird zwar die Möglichkeit zur Gewaltanwendung bejaht, da der Staat den staatlichen Vollzug zur Verwirklichung des Rechts der Eltern auf Aufenthaltsbestimmung bereit zu halten habe.[353]
Den Willen des Kindes mit Gewalt zu brechen, könne aber im Hinblick auf das Kindeswohl im Widerspruch zu seinem Recht auf Achtung der Menschenwürde und auf freie Entfaltung der Persönlichkeit stehen.[354] Die Vollziehung soll insbesondere, wenn es sich nicht um ein Kleinkind handelt,[355] auf die Belange bzw. das Wohl des Kindes und dessen Persönlichkeitsrecht Rücksicht nehmen, und es soll behutsam vorgegangen werden.[356] Je nach Alter habe das Kind das Recht, sein aus Art. 2 I GG resultierendes allgemeines Persönlichkeitsrecht auszuüben, wobei die Grundrechte der Eltern aus Art. 6 I – III GG entgegenstehen könnten.[357]

Dabei wird teilweise der Eintritt der wachsenden Selbständigkeit des Kindes bzw. der sich daraus herleitenden Grundrechtsmündigkeit für entscheidend erachtet.[358]
Wenn der Vollzug der Herausgabe aus Gründen der Kindesweigerung scheitere, so müsse die sorgerechtliche Lage an die Fakten angepaßt werden.[359]

[351] OLG Nürnberg, Beschl. v. 23.7.1981, Az.: 11 WF 932/81
[352] Nach BayObLG FamRZ 1984, 260 (262) und BayObLG FamRZ 1974, 534 (536) soll Gewaltanwendung gegen ein Kind grundsätzlich zulässig sein, soweit nicht ab einem gewissen Alter die Grundrechte eine Gewaltanwendung verbieten; nach Soergel, Strätz, § 1632 BGB, Rdnr. 22 soll es unzulässig sein, den gefestigten Willen eines Kindes zu brechen. Wann ein gefestigter Wille vorliege hänge vom Alter ab, sei aber nicht nach starren Altersgrenzen zu entscheiden
[353] BayObLG FamRZ 1974, 534 (535)
[354] BGHZ 64, 19 (29); BayObLG FamRZ 1974, 534 (536); AG Springe NJW 1978, 834 (Kind: 11 Jahre); Bassenge/Herbst, § 33 FGG, Rdnr. 29
[355] Hier auch: Außer bei einem Kleinkind, z.B. RGRK, Wenz, § 1632 BGB, Rdnr. 48
[356] BGHZ 67, 255 (262); BGH FamRZ 1983, 1008 (1013); Keidel/ Zimmermann, § 33 FGG, Rdnr. 42; RGRK, Wenz, § 1632 BGB, Rdnr. 48
[357] Keidel/ Zimmermann, § 33 FGG, Rdnr. 42; nach Knöpfel, FamRZ 1985, 1211 ff. üben die Eltern diese Grundrechte innerhalb ihrer Erziehung für das Kind aus.
[358] BayObLG FamRZ 1985, 737 (739); BayObLG FamRZ 1984, 1259 (1262); BayObLG FamRZ 1974, 534 (536); Das Grundrecht der Eltern aus Art. 6 II 1 GG werde so nicht verletzt, da es zurückzutreten habe: BayObLG FamRZ 1985, 737 (739); BayObLG FamRZ 1984, 1259 (1262); Teilweise wird vertreten, bei dem Grundrecht der Eltern aus Art. 6 II 1 GG handele es sich ohnehin um ein pflichtgebundenes und fremdnütziges Recht, das nicht in Gegensatz zu objektiv erkennbaren, schwerwiegenden Kindesinteressen wie der wachsenden Selbständigkeit treten kann: Staudinger[12]/ Coester, § 1666 BGB, Rdnr. 227

Es werden verschiedene Altersstufen für die Unzulässigkeit der Gewaltanwendung für entscheidend erachtet. Grundsätzlich soll die Anordnung von Gewaltanwendung bei einem Kind ab 14 Jahren zur Vollstreckung einer Herausgabeentscheidung aufgrund Sorgerecht i.w.S. bedenklich sein.[360]
Es wird auch vertreten, bereits ab 10, spätestens jedoch ab 14 Jahren, [361]konkret gegen ein 11jähriges Kind[362], gegen ein 15jähriges Kind[363] sei die Gewaltanwendung unzulässig.
Nach teilweise vertretener Auffassung wird zwar die gewaltsame Überwindung des Kindeswillens für generell unzulässig erklärt, jedoch sollen Kinder unter 4 Jahren noch nicht in der Lage sein, einen eigenen Willen zu äußern, so daß die Mitnahme eines unter 4 Jahre alten Kindes trotz dessen Widerstand keinen Fall des § 33 II FGG darstelle und legitim ist.[364] Diese Auffassung führt im Ergebnis zur Legitimation der selben Handlung.
Es wird hierzu vertreten, eine starre Altersgrenze gebe es nicht, spätestens ab 14 Jahren sei aber davon auszugehen, daß ein gefestigter Wille gegeben sei, den man mit Gewalt nicht mehr brechen dürfe.[365]

(dd) Grundsätzliche Unzulässigkeit der Gewaltanwendung gegen Kinder

Teilweise wird vertreten, unabhängig vom Alter des Kindes sei eine Gewaltanwendung gegen das Kind grundsätzlich ausgeschlossen.[366] Die Gewalt dürfe nur gegenüber demjenigen angewendet werden, bei dem sich das Kind befinde.[367]

[359] Staudinger[12]/ Coester, § 1666 BGB, Rdnr. 228
[360] BGHZ 64, 19 (29); BayObLG DAVorm 1983, 78 (82); Palandt, Diederichsen, § 1632 BGB, Rdnr. 16
[361] Staudinger[12]/ Coester, § 1666 BGB, Rdnr. 227
[362] AG Springe NJW 1978, 834
[363] BayObLG FamRZ 1985, 737 (739), danach verstößt es gegen die unantastbare Menschenwürde, wenn ein 15jähriges Kind zwangsweise einer psychiatrischen Behandlung unterzogen werden solle, die allein den Zweck habe, den Willen des Kindes zwecks Durchsetzung einer Herausgabeanordnung zu brechen; BayObLG FamRZ 1984, 1259 (1262); nach Auffassung von Wieser, FamRZ 1990, 693 (698) ist die gewaltsame Herausgabe zurecht abgelehnt worden
[364] Kropp, DRiZ 1979, 118 (119)
[365] Soergel, Strätz, § 1632 BGB, Rdnr. 22; Kropp, DRiZ 1979, 118 (119)
[366]AG Bln. Tempelh.-Kreuzbg. DGVZ 1974, 13 (Kind: 12 Jahre); AG Emden DGVZ 1972, 78 (Kind: 12 Jahre); AG Kiel DGVZ 1966, 57; Bumiller/Winkler, § 33 FGG, Rdnr. 15; Münder, ZfJ 1988, 10 (13); Diercks, FamRZ 1994, 1226 (1230); Gernhuber § 57 V., Nr.4; Groß, KindPrax 2001, 148 (151); Jopt, ZfJ 1991, 93; Vogel, FPR 1996, 51 (54); MüKo, Hinz, § 1632 BGB, Rdnr. 32a; wohl auch Dickmeis NJW 1992, 537 (540);
gegen eine Gewaltbefugnis weil § 883 ZPO Entscheidungsgrundlage war und dieser keine Gewaltanwendung gegen ein Kind vorsieht: OLG Karlsruhe NJW 1979, 988; OLG Hamm FamRZ 1979, 317 (318); KG DGVZ 1966, 57;
„in der Regel" Unzulässigkeit der Gewaltanwendung gegen Kinder: Staudinger[12]/ Salgo, § 1632 BGB, Rdnr. 38;

Im Falle der Kindesweigerung sei der Herausgabepflicht genügt, wenn die Abholung des Kindes ermöglicht werde.[368]

Zur Begründung des generellen Ausschlusses der Gewaltanwendung gegen Kinder zur Vollstreckung einer Herausgabeanordnung werden verschiedene Argumente angeführt.

Es wird vertreten, eine Auslegung des § 33 II FGG gebe eine Zulässigkeit der Gewaltanwendung gegen Kinder nicht her.[369] Die Norm bestimme außer der allgemeinen Formulierung der Gewaltzulässigkeit nicht konkret, ob Gewalt gegen ein Kind zulässig sei.[370]

Die Unzulässigkeit der Gewaltanwendung gegenüber von Kindern unabhängig vom Alter wird auch damit begründet, daß vollstreckungsrechtliche Grundsätze es verbieten, gegen jemand anderen als den Vollstreckungsgegner zu vollstrecken.[371]

Auch nach Sinn und Zweck der Vorschrift des § 33 II FGG sei die Gewaltanwendung gegen ein Kind ausgeschlossen. Etwas anderes ergebe sich auch nicht unter dem Gesichtspunkt, daß Entscheidungen auch durchsetzbar sein müssen. Insoweit müsse differenziert werden zwischen der materiellen Entscheidung und der Durchsetzung derselben. Es sei denkbar, daß die Durchsetzung einer materiell zum Wohle des Kindes getroffenen Entscheidung gegen das Kindeswohl verstoßen könne. Dann soll eine Überprüfung der Grundentscheidung vorgenommen werden.[372]

Außerdem erfahre die Gewaltanwendung von Eltern gegenüber ihren Kindern zu Erziehungszwecken wachsende Ablehnung.[373] Diesbezüglich besteht die Forderung nach einer umfassend „gewaltfreien (Rechts-) Kultur".[374]

Heute sei auch die verfassungsrechtliche Stellung der Kinder stärker anerkannt als früher. Dies zeige Rückwirkungen auf das materielle Recht und das Verfahrensrecht.[375]

[367] AG Bln. Tempelh.-Kreuzbg. DGVZ 1974, 13; AG Emden DGVZ 1972, 78; Bumiller/Winkler, § 33 FGG, Rdnr. 15; MüKo, Hinz, § 1632 BGB, Rdnr. 32a; Gernhuber § 57 V., Nr.4; Vogel, FPR 1996, 51 (54)
[368] RGRK, Wenz, § 1632 BGB, Rdnr.47
[369] Diercks, FamRZ 1994, 1226 (1227 ff.)
[370] Diercks, FamRZ 1994, 1226 (1227)
[371] Münder, ZfJ 1988, 10 (13)
[372] Diercks, FamRZ 1994, 1226 (1228)
[373] So Staudinger[12]/ Salgo, § 1632 BGB, Rdnr. 38; siehe zur Diskussion um den Wortlaut des § 1631 II BGB n. F. auch Balz, ZfJ 2000, 210
[374] Jopt, ZfJ 1991, 93 (102)
[375] Staudinger[12]/ Salgo, § 1632 BGB, Rdnr. 38

Es wird zudem darauf hingewiesen, daß Kinder und Jugendliche im Falle des Vorliegens von Krisensituationen im Sinne von § 1666 BGB immer gemäß § 43 KJHG bei Gefahr im Verzug untergebracht werden dürfen.
Nach teilweise vertretener Auffassung gelte dies unabhängig davon, ob sich das Kind bei einem Personensorgeberechtigten oder sich mit oder ohne Zustimmung des Personensorgeberechtigten bei Dritten z.B. dem umgangsberechtigten Elternteil aufhält.[376]
Dahingegen wird vertreten § 43 KJHG sei nur für die Fälle anwendbar, in denen sich das Kind mit Zustimmung des Personensorgeberechtigten bei Dritten aufhält.[377] Auch § 42 KJHG legitimiere nicht zur Wegnahme des Kindes vom Personensorgeberechtigten.[378] Danach ist eine Wegnahme von den Eltern oder von Dritten, bei denen sich das Kind ohne Zustimmung des/der Personensorgeberechtigten aufhält, bevor das Jugendamt eine gerichtliche Übertragung des Aufenthaltsbestimmungsrechts erwirken konnte, nur als Gefahrenabwehrmaßnahme über bspw. § 11 HSOG denkbar.[379]
Diese Krisensituationen stellten zugleich die einzigen denkbaren Fälle dar, in denen unter Beachtung des Verhältnismäßigkeitsgrundsatzes die Anwendung der Gewalt als äußerstem Mittel überhaupt in Betracht zu ziehen sind.[380]
Diese Maßnahmen sollen Vorrang vor Maßnahmen nach § 33 II FGG haben.[381]
Von Vorteil sei hier die Fachkundigkeit der Tätigen des Jugendamts im Gegensatz zu Gerichtsvollzieher und Polizei.[382]
Es könne nicht die Konsequenz sein, daß in Normalfällen ein ungeschulter Gerichtsvollzieher unter Gewaltanwendung gegen das Kind tätig werden könne, wohingegen in Krisenfällen Fachkräfte tätig werden müßten.[383]

(ee) Stellungnahme

Letztgenannter Auffassung ist zu folgen. Die Gewaltanwendung gegen ein Kind gemäß § 33 II 1 FGG ist generell unzulässig.

[376] Staudinger[12]/ Salgo, § 1632 BGB, Rdnr. 39; siehe aber auch Hinz FPR 1996, 62 (65) und wo eine Anwendbarkeit des § 43 KJHG für die Fälle, wo eine Zustimmung der Eltern nicht vorliegt mit dem Argument a minore ad maius begründet wird.
[377] MüKo, Hinz, § 1632 BGB, Rdnr. 32a, danach nur mit Zustimmung von § 43 KJHG erfasst; Ollmann, FamRZ 2000, 261 (264); Raak, FPR 1996, 54 (55); Wiesner/Mörsberger/Oberloskamp/Struck, Wiesner, § 43 KJHG, Rdnr. 2, 3, wonach eine Ausdehnung des Anwendungsbereichs des § 43 KJHG in diesem Sinne für wünschenswert erklärt wird.
[378] Ollmann, FamRZ 2000, 261 (264); Raak, FPR 1996, 54 (55); Wiesner/Mörsberger/Oberloskamp/Struck, Wiesner, § 43 KJHG, Rdnr. 3
[379] Ollmann, FamRZ 2000, 261 (264); Raak, FPR 1996, 54 (55)
[380] Hinz, FPR 1996, 62 (64,65)
[381] AG Kamen DAVorm 1994, 501 f.; Staudinger[12]/ Salgo, § 1632 BGB, Rdnr. 39; MüKo, Hinz, § 1632 BGB, Rdnr. 32a
[382] MüKo, Hinz, § 1632 BGB, Rdnr. 32a
[383] Hinz, FPR 1996, 62 (65)

Ausgangspunkt ist, daß die Vollstreckung dem Kindeswohl dienlich sein muß.[384] Daher verdienen die Aussagen, die Anwendung der Gewalt sei unzulässig, wenn sie das Wohl des Kindes gefährden würde[385] oder das Kind dürfe durch die Vollstreckung physisch und psychisch nicht geschädigt werden[386] zwar grundsätzlich Zustimmung.
Es ist aber zu beachten, daß der Entscheidungsmaßstab der Vollstreckung darüber noch hinaus geht. Welche Maßnahmen letztlich dem Kindeswohl dienlich sind, muß aber einer gesonderten Untersuchung überlassen werden.

Bereits aus anderen Gründen ist die Gewaltanwendung gegen ein Kind gemäß § 33 II 1 FGG jedoch unzulässig.

(aaa) Wortlaut des § 33 II FGG

Gegen das Wortlautargument, § 33 II 1 FGG gebe die Zulässigkeit der Gewaltanwendung nicht her, läßt sich zwar nunmehr der Wortlaut des § 33 II 2 FGG einwenden, der im Umkehrschluß zu der Annahme führen muß, daß die Gewaltanwendung gegen ein Kind jedenfalls vom Wortlaut des § 33 II 1 FGG miterfaßt ist. Jedoch kommen Ausstrahlungswirkungen durch die Änderung des § 33 II 2 FGG im Hinblick auf den Ausschluß der Gewaltanwendung gegen das Kind zur Vollziehung des Umgangsrechts in Betracht.[387] Insoweit hat der Gesetzgeber klargestellt, was ohnehin nach dem Grundsatz der Verhältnismäßigkeit galt.[388] Eine entsprechende Auslegung des § 33 II 1 FGG im Hinblick auf § 1632 I, III BGB entspricht daher der gesetzgeberischen Tendenz.[389]

(bbb) Systematik des Vollstreckungsrechts

Der Kritik im Hinblick auf die Systematik des Vollstreckungsrechts ist zuzustimmen.[390]
Systematisch betrachtet ergibt sich nämlich keine Zulässigkeit der Gewaltanwendung gegen ein Kind, da weder § 33 I, III FGG noch das gesamte Vollstreckungsrecht überhaupt es vorsehen, daß neben dem Vollstreckungsgegner Dritte Opfer der Vollstreckung werden. Etwas anderes kann sich auch nicht aus § 758

[384] Siehe oben: A.III.1.a)
[385] Knöpfel, FamRZ 1985, 1211 (1216)
[386] AG München DGVZ 1982, 12
[387] Ähnlich: Staudinger[12]/ Salgo, § 1632 BGB, Rdnr. 38
[388] BT/Drucks 13/4899, S. 128
[389] Siehe auch Staudinger[13]/ Rauscher, § 1684 BGB, Rdnr. 240, die neue Regelung drücke aus, daß Gewalt generell dem Kindeswohl schade
[390] Siehe auch oben A.III.2.c)cc)(2)

III ZPO ergeben, denn die Regelung ist nicht übertragbar.[391] Das Kind ist kein sich gegen die Vollstreckung weigernder Dritter im Sinne des § 758 III ZPO.[392] Die Vorschriften des FGG sollen den Besonderheiten einzelner Rechtsgebiete Rechnung tragen, weswegen ZPO Vorschriften nicht ohne weiteres übernommen werden können.[393]

(ccc) Sinn und Zweck des § 33 II FGG

Auch im Hinblick auf Sinn und Zweck des § 33 II FGG ist der an letzter Stelle dargestellten Auffassung zuzustimmen.[394]
Der Grundsatz, daß der Staat durch die Gerichte die Vollstreckung zu gewährleisten habe,[395] kann nicht zur Begründung der Zulässigkeit der Gewaltanwendung herangezogen werden. Denn die Vollstreckbarkeit von Gerichtsentscheidungen kann nicht um jeden Preis garantiert werden.
Das Auseinanderfallen von Grundentscheidung und Vollstreckungsentscheidung im Hinblick auf das Kindeswohl ist nach dem oben Gesagten möglich.[396]
Zum einen sind hinsichtlich des Erlasses der Grundentscheidung und der Vollstreckungsentscheidung verschiedene Zeitpunkte denkbar, so daß allein wegen veränderter Umstände eine andere Beurteilung notwendig sein kann und die Grundentscheidung erneut überprüft werden muß. Zudem kann durch die Anwendung des Vollstreckungsmittels eine Belastung hinzutreten, die von der Grundentscheidung unabhängig ist und dem Kindeswohl nicht mehr dienlich ist. Mängel der Grundentscheidung können sich in der Vollstreckung offenbaren, womit die Entscheidungsfindung bei der Vollstreckung als Korrektiv dienen kann.

(ddd) Grundsatz der gewaltfreien Erziehung

Die Forderung nach einer gewaltfreien Rechtskultur zeigt sich heute ausdrücklich in der Änderung des § 1631 II BGB verwirklicht, worin konsequent die gewaltfreie Erziehung Einzug ins materielle Recht findet.[397] Es macht daher auch wenig Sinn, unzulässige Gewaltanwendungen seitens der Eltern gegenüber ihren Kindern auf der anderen Seite durch die Anwendung der Gewalt durch den Gerichtsvollzieher zu erlauben.[398] Denn die Durchsetzung eines Herausgabean-

[391] Baumbach, Hartmann, § 758 ZPO, 3.C; im Rahmen der Vollstreckung nach § 758 ZPO darf Gewalt gegenüber Dritten angewendet werden, soweit diese die Vollstreckung gegen den Schuldner dulden müßten.
[392] Ebenso: Hinz, FPR 1996, 62 (63)
[393] Ebenso: Diercks, FamRZ 1994, 1226 (1227)
[394] Siehe auch oben: A.III.2.c)cc)(1) und A.III.1.a)
[395] BT/Drucks 8/2788, S. 35 f.
[396] Siehe oben: A.III.1.a)
[397] Siehe BGBl. I vom 7.11.2000, S. 1479; zur vorangegangenen Diskussion um den Wortlaut des § 1631 II BGB n. F. siehe Balz, ZfJ 2000, 210 ff.
[398] Schon vor der Änderung des § 1631 BGB: Hinz, FPR 1996, 62 (65)

spruchs gemäß § 1632 I, III BGB soll das Kind wieder dem Sorgeberechtigten zuführen, welcher das Kind zu erziehen hat.
Es stellt mithin einen eklatanten Widerspruch dar, einerseits die Gewaltanwendung zum Zwecke der Erziehung zu verbieten und andererseits die Gewaltanwendung zum Zwecke der Ermöglichung der Erziehung zu erlauben.

Ein Rückgriff auf § 1631 III BGB hilft deshalb hier auch nicht weiter.[399] Bereits vor der jüngsten Änderung des § 1631 II BGB[400] wurde vorgebracht, das Gericht dürfe zum einen auch mittels seiner Unterstützungshandlungen über diese Vorschrift nicht den Willen des Kindes mit Gewalt brechen.[401] Maßnahmen zur Unterstützung des Sorgeberechtigten können den Grundsatz der Gewaltfreiheit in der Erziehung nicht übergehen.
Darüberhinaus erscheint es systematisch zweifelhaft, daß zur Durchsetzung einer Herausgabeentscheidung nach § 1632 I, III BGB, was eindeutig dem Vollstreckungsverfahren unterfällt, ein Erkenntnisverfahren zur Erwirkung einer Entscheidung nach § 1631 III BGB eingeleitet werden soll. Hier entstünde eine systematisch unzulässige Vermischung beider Verfahren.
Zum anderen ist es unter den verfassungsrechtlichen Gesichtspunkten des Bestimmtheitsgebots und des Gesetzesvorbehalts fragwürdig, ob § 33 FGG wiederum umgekehrt für Maßnahmen nach § 1631 III BGB herangezogen werden kann.[402]
Daher ist auch die Frage nach einer Eingriffsschwelle im Rahmen des § 1631 III BGB hinfällig.

Gegen eine Beauftragung des Gerichtsvollziehers mit der gewaltsamen Vollstreckung durch den Herausgabeberechtigten über § 1631 III BGB spricht weiterhin, daß eine Delegation der aus dem Sorgerecht resultierenden ohnehin nicht bestehenden Gewaltbefugnis der Eltern auf den Gerichtsvollzieher nicht möglich wäre.[403] Der Gerichtsvollzieher erhält hier seine Befugnisse aus dem materiellen Recht, was systematisch dem Wesen der Zwangsvollstreckung widerspricht. Außerdem handelt es sich bei dem Erziehungsrecht um ein höchstpersönliches Recht der Eltern, welches zur Gewaltanwendung allein nicht treuhänderisch auf

[399] So aber: OLG Celle FamRZ 1994, 1129; OLG Hamm DAVorm 1974, 156 (167); KG FamRZ 1966, 155 (157); Palandt, Diederichsen, § 1632 BGB, Rdnr. 16; Wieser, FamRZ 1990, 693 (694); Knöpfel, FamRZ 1985, 1211 (1215)
[400] Siehe BGBl. I vom 7.11.2000, S. 1479; zur vorangegangenen Diskussion um den Wortlaut des § 1631 II BGB n. F. siehe Balz, ZfJ 2000, 210 ff.
[401] Diercks, FamRZ 1994, 1226 (1229, 1230); bei älteren Kindern stelle Gewaltanwendung durch VormG Verstoß gegen Menschenwürde dar: Gernhuber, § 57 VIII., Nr.3
[402] So auch Soergel, Strätz, § 1632 BGB, Rdnr. 22
[403] Deshalb Gewaltanwendung nur durch Eltern bejaht: Vogel, FPR 1996, 51 (54); es bestand nach alter Rechtslage ohnehin nur ganz eingeschränkte Gewaltbefugnis, die nicht übertragen werden konnte: Staudinger[12]/ Salgo, § 1632 BGB, Rdnr. 38; MüKo, Hinz, § 1632 BGB, Rdnr. 32a; Hinz, FPR 1996, 62 (63)

Dritte übertragen werden könnte.[404] Das Erziehungsrecht kann nur als ganzes auf Dritte übertragen werden, ein „Recht zum Zwang" ist aber nicht isoliert übertragbar.[405]

Die Unzulässigkeit der Gewaltanwendung bei der Herausgabevollstreckung steht auch nicht im Gegensatz zum Erziehungsgedanken, da Erziehung nicht Fremdbestimmung ist, sondern eine Wechselbeziehung zwischen Kind und Eltern darstellt. Ohne emotionale Bindung kann diese Beziehung nicht wirksam werden. Eine durch Gewalt ermöglichte Erziehung gegen den ausdrücklichen Willen des Kindes ist deshalb nicht möglich.[406]
Die gewaltsame Überwindung des Kindeswillens kann daher keine Maßnahme zur Ermöglichung der Erziehung sein, sondern stellt vielmehr eine Maßnahme zur Verhinderung der Erziehung dar.[407]

(eee) Grundrecht des Kindes aus Art. 2 I, 1 I GG

Eine gewaltsame Wegnahme gegen den eigenständig gebildeten Willen des Kindes verstößt daher auch gegen Art. 2 I und 1 I GG.[408] Das muß unabhängig vom Alter und von der wachsenden Selbständigkeit des Kindes gelten.[409]

Es verstößt unabhängig vom Alter des Kindes gegen sein Recht auf Achtung der Menschenwürde und sein Persönlichkeitsrecht gemäß Art. 1 I, 2 I GG, es wie eine Sache zu behandeln. Das Kind ist nicht bloß Objekt des Verfahrens.[410] Die Zulässigkeit der Gewaltanwendung bei jüngeren Kindern würde jedoch gerade dazu führen, das Kind einer Sache gleichzusetzen, wenn man sich unter Anwendung physischer Gewalt über seine Willensbekundungen hinwegsetzte.
Es ist diesbezüglich nicht einzusehen, warum Kinder unter 4 Jahren noch keinen eigenen Willen äußern können sollen.[411] Gerade das unterscheidet den Menschen von einer Sache. Für die Frage der Zulässigkeit der Gewaltanwendung im Rahmen der Vollstreckung kann es keine Rolle spielen, ab wann der Kindeswille im Hinblick auf die Grundentscheidung ausschlaggebend berücksichtigt

[404] Diercks, FamRZ 1994, 1226 (1229)
[405] Gernhuber, § 57 VIII., Nr.3. Daraus ergab sich nach alter Rechtslage, daß eine Gewaltanwendung nur durch den Sorgeberechtigten erfolgen durfte: Vogel, FPR 1996, 51 (54)
[406] So Lempp, FamRZ 1986, 1061 (1062); zustimmend: MüKo, Hinz, § 1632 BGB, Rdnr. 32a; Hinz, FPR 1996, 62 (65)
[407] So auch Hinz, FPR 1996, 62 (65)
[408] MüKo, Hinz, § 1632 BGB, Rdnr. 32a; das Kind ist Träger des Grundrechts aus Art. 2 I, 1 I GG: BVerfGE 24, 119 (124), hier wird insoweit auch nicht nach dem Alter unterschieden
[409] Anders daher: BayObLG FamRZ 1984, 269 (262); BayObLG FamRZ 1974, 534 (536); Soergel, Strätz, § 1632 BGB, Rdnr. 22
[410] Ebenso: AG Springe NJW 1978, 834
[411] So aber: Kropp, DRiZ 1979, 118 (119)

werden muß. Denn bei einer Grundentscheidung gegen den Kindeswillen muß an legitime Maßnahmen zur Überzeugung des Kindes gedacht worden sein.[412]

Das Leitbild des § 1631 II BGB stellt insoweit auch keine altersmäßige Begrenzung im Hinblick auf die Unzulässigkeit der Gewalt in der Erziehung auf.
Der altersbedingten Ablehnung der Zulässigkeit der Gewaltanwendung in Abhängigkeit zur Beachtlichkeit des Kindeswillens kann insoweit nicht gefolgt werden.
Auch insoweit kann es dahinstehen, ob und gegebenenfalls ab welchem Alter der Kindeswille grundsätzlich Vorrang vor dem Elternwillen hat. Jedenfalls darf der Kindeswille nicht seitens des Staates gewaltsam gebrochen werden, wenn der Staat gleichzeitig die Gewalt aus der Erziehung verbannen will.

So ist auch keine Aushöhlung des Elterngrundrechts zu befürchten. Denn ob Ausgangspunkt der Betrachtung eine Kollision des Elterngrundrechts mit dem Grundrecht des Kindes aus Art. 2 I, 1 I GG ist[413] oder vertreten wird, das Elterngrundrecht bestehe nur soweit, als die Rechte des Kindes aus Art. 2 I, 1 I GG beachtet werden, da es fremdnützig und pflichtgebunden ist,[414] muß man zum selben Ergebnis kommen.
Das aus Art. 2 I, 1 I GG resultierende Recht des Kindes auf gewaltfreie Erziehung[415] besteht von Geburt an. Die Frage einer Grundrechtsmündigkeit stellt sich daher nicht.
Nach erster Auffassung hätte das Elterngrundrecht wegen des Rechts des Kindes auf gewaltfreie Erziehung zurückzutreten. Nach letzterer Auffassung wird das Elterngrundrecht insoweit hinsichtlich seiner Pflichtgebundenheit konkretisiert und begrenzt[416] und beinhaltet deshalb schon keine Gewaltbefugnis.

(fff) Maßnahmen nach §§ 43, 42 KJHG als Alternative

Soweit davon ausgegangen wird, daß in Krisensituationen nach § 1666 BGB bei Gefahr im Verzug nach § 43 KJHG das Jugendamt zur Herausnahme des Kindes ermächtigt sei, kann dies allerdings nicht wirklich als Argument gegen die Zulässigkeit der Gewaltanwendung gegen ein Kind nach § 33 II 1 FGG herangezogen werden.[417] Daher kann es auch zunächst dahinstehen, ob nach dem Verhält-

[412] Siehe oben A.III.2.c)cc)(1)
[413] So z.B. BayObLG FamRZ 1985, 737 (738)
[414] Siehe dazu z.B. Heilmann, ZfJ 2000, 41 (43); Gernhuber, § 7 I., Nr.3; Staudinger[12]/ Coester, § 1666 BGB, Rdnr. 227
[415] Schönke/Schröder, Eser, § 223 StGB a. F., Rdnr. 20; Züchtigungsrecht verstößt gegen Art. 2 I, 1 I GG; ähnlich: Staudinger[12]/ Salgo, § 1631 BGB, Rdnr. 70, bereits vor der jüngsten Gesetzesänderung m.w.N.
[416] So auch schon vor der jüngsten Änderung des § 1631 II BGB: Staudinger[12]/ Salgo, § 1631 BGB, Rdnr. 68
[417] Siehe oben: A.III.4. b)bb)(2)(b)(dd)

nismäßigkeitsprinzip einzig in Fällen des § 1666 BGB eine Gewaltanwendung gegen ein Kind überhaupt denkbar ist.[418]
Zustimmung verdient jedenfalls die Auffassung, die davon ausgeht, § 43 KJHG gelte sowohl für den Fall, daß sich das Kind mit Zustimmung des Personensorgeberechtigten bei Dritten, also auch dem Umgangsberechtigten,[419] aufhält, als auch für den Fall, daß sich das Kind ohne dessen Zustimmung bei einem Dritten aufhält.[420] Denn wenn § 43 KJHG zum Schutz des Kindes sogar dann eine Eingriffsermächtigung für das Jugendamt bietet, wenn sich das Kind mit Zustimmung des Sorgeberechtigten bei Dritten aufhält, muß dies erst recht gelten, wenn sich das Kind ohne Zustimmung des Sorgeberechigten bei Dritten aufhält. Der Eingriff in den Rechts- und Pflichtenkreis der Eltern ist im Falle letzterer Alternative wesentlich geringer.[421] Ein Rückgriff auf § 42 KJHG bzw. § 11 HSOG ist daher nicht notwendig und muß nicht diskutiert werden.
Beim Vorrang der Maßnahmen nach § 43 KJHG vor solchen nach §§ 1632 I, III BGB, 33 FGG liegt der erste Zugriff beim Jugendamt und zwar ohne Vorangehen eines Gerichtsverfahrens, da jenes nachgeschaltet ist.[422] Im Gegensatz dazu läge der erste Zugriff bei der Einleitung eines Herausgabeverfahrens nach § 1632 I, III BGB durch den Sorgeberechtigten beim Gericht bzw. dem Gerichtsvollzieher. Insoweit könnte die Fachkompetenz des Jugendamtes im Gegensatz zu Gericht und Gerichtsvollzieher in der Tat dem Kindeswohl dienlich sein.
Es darf jedoch nicht übersehen werden, daß sich auch im Falle des Eingreifens des Jugendamtes die Frage nach der Anwendbarkeit unmittelbaren Zwangs stellen kann.[423] Das Jugendamt ist zur Anwendung unmittelbaren Zwangs nicht berechtigt.[424] Hierzu sind die Polizeivollzugsbeamten nach den landesrechtlichen Polizeigesetzen zur Unterstützung heranzuziehen.[425] Jugendamt und Polizei haben hier im Sinne einer Krisenintervention zusammenzuarbeiten.[426] Nach anderer Auffassung soll in diesen Fällen dann das Gericht nach §§ 1632 I, III BGB, 33 FGG angerufen werden, weil dann richterliche Hilfe geboten sei.[427]

[418] So Hinz, FPR 1996, 62 (64, 65); über die Frage der Zulässigkeit der Gewaltanwendung gegenüber dem Kind hinaus, kann die Anwendung von Zwangsmitteln aber im Falle des Vorliegens der Voraussetzungen des § 1666 BGB anders zu beurteilen sein, da dann nicht mehr lediglich im Elternstreit zu entscheiden ist.
[419] Durch die Vorschrift des § 43 KJHG sind alle möglichen Personen erfaßt: Wiesner/Mörsberger/Oberloskamp/Struck, Wiesner, § 43 KJHG, Rdnr. 6
[420] Staudinger[12]/ Salgo, § 1632 BGB, Rdnr. 39; Hinz, FPR 1996, 62 (65)
[421] So auch Hinz, FPR 1996, 62 (65); Wiesner/Mörsberger/Oberloskamp/Struck, Wiesner, § 43 KJHG, Rdnr. 7
[422] Vorrang der Maßnahmen nach § 43 KJHG: AG Kamen DAVorm 1994, 501 f.; Staudinger[12]/ Salgo, § 1632 BGB, Rdnr. 39; MüKo, Hinz, 3 1632 BGB, Rdnr. 32a
[423] So auch: Staudinger[12]/ Salgo, § 1632 BGB, Rdnr. 39
[424] Wiesner/Mörsberger/Oberloskamp/Struck, Wiesner, § 43 KJHG, Rdnr. 12
[425] Staudinger[12]/ Salgo, § 1632 BGB, Rdnr. 39; Raak FPR 1996, 54 (55); Wiesner/Mörsberger/Oberloskamp/Struck, Wiesner, § 43 KJHG, Rdnr. 12
[426] Raak, FPR 1996, 54 (55); Wiesner/Mörsberger/Oberloskamp/Struck, Wiesner, § 43 KJHG, Rdnr. 13
[427] Hinz, FPR 1996, 62 (66)

Dem ist nicht zuzustimmen, da gerade die Durchführung eines Gerichtsverfahrens im Falle der Herausnahme nach § 43 KJHG nachgeschaltet sein soll und ein schneller (vorläufiger) Kindesschutz gewährleistet werden soll.

Gerade für den Fall also, für den die Frage nach der Zulässigkeit der Gewaltanwendung nach § 33 II 1 FGG bei der Durchsetzung einer Herausgabeentscheidung nach § 1632 I, III BGB im Elternstreit wegen der Weigerung des Kindes, zum Sorgeberechtigten zu gehen, beantwortet werden müßte, stellte sich die Frage nach der Zulässigkeit der Gewaltanwendung beim ersten Zugriff durch das Jugendamt gleichermaßen. Insoweit wird das „Krisenkind" nicht besser behandelt als das „normale" Kind.[428]
Die Möglichkeit des ersten Zugriffs durch das Jugendamt nach § 43 KJHG kann daher nicht als Argument für die Unzulässigkeit der Gewaltanwendung gegen das Kind nach § 33 II 1 FGG herangezogen werden.
Es soll aber keine Aussage darüber getroffen werden, ob die Frage der Gewaltanwendung im Falle des gleichzeitigen Vorliegens der Voraussetzungen des § 1666 BGB grundsätzlich anders zu beurteilen ist.

(c) Gewaltanwendung gegen ein Kind zum Zwecke der Vollstreckung einer Rückführungsentscheidung nach HKÜ, ESÜ

Es wird hinsichtlich der Vollstreckung von Rückführungsentscheidungen nach dem HKÜ oder ESÜ zwar auf § 33 FGG verwiesen, jedoch werden keine eigenen Aussagen hinsichtlich der Zulässigkeit der Gewaltanwendung gegenüber dem Kind getroffen.[429]
Da letztendlich ebenfalls eine Sorgerechts- oder Aufenthaltsbestimmungsrechtsentscheidung bzw. eine Umgangsrechtsentscheidung zugrunde liegen muß, da sonst dem Rückführungsbegehren nicht stattgegeben wird, soll das Vorangegangene entsprechend gelten. Auch zum Zwecke der Durchsetzung der Rückführung eines Kindes darf daher keine Gewalt gegen dieses angewendet werden.

(3) Person des Vollstreckenden

Die Person des Vollstreckenden bestimmt § 33 II 1, 3 FGG. Zur Gewaltanwendung befugt ist danach der Vollstreckungsbeamte, d.h. der Gerichtsvollzieher, welcher sich der Hilfe der Vollzugsorgane, d.h. der Polizei bedienen darf.[430] Zur Durchführung der Vollstreckung kann also nur der Gerichtsvollzieher ermächtigt werden.[431]

[428] So aber im Ergebnis Hinz, FPR 1996, 62 (65)
[429] Siehe nur MüKo, Siehr, Art. 19 EGBGB Anh. II, Rdnr. 38
[430] Bassenge/Herbst, § 33 FGG, Rdnr. 31
[431] Keidel/ Zimmermann, § 33 FGG, Rdnr. 37

Die Sorgeberechtigten sollen zur Übernahme des Kindes bereit sein und vom Gerichtsvollzieher informiert werden.[432]

Zur Durchführung der Vollstreckung soll auch das Jugendamt gemäß § 50 I 1 KJHG ermächtigt werden können, da dies zweckmäßig sei,[433] wobei dieses sich der Hilfe des Gerichtsvollziehers und der Polizei bemächtigen können soll.[434] Das Jugendamt soll dann den unmittelbaren Zwang ausüben.[435]
Ebenso soll der Gerichtsvollzieher nach Besprechung mit dem Gericht das Jugendamt zu Hilfe ziehen können, ggf. zur Überwindung eines kindlichen Widerstandes.[436]

Es werden Bedenken geäußert, ob das Jugendamt überhaupt gemäß § 50 KJHG im Rahmen der Vollstreckung herangezogen werden kann.[437] Teilweise wird vertreten, das Jugendamt könne nur mit seinem Einverständnis herangezogen werden.[438]
Diese Bedenken müssen geteilt werden, da im Rahmen des § 50 KJHG das Jugendamt keinen gerichtlichen Weisungen unterliegt[439] und daher nicht bindend vom Gericht mit der Vollstreckung beauftragt werden kann.[440] Davon ist die Unterstützungspflicht gemäß § 50 I 1 KJHG sowie die Mitwirkungspflicht des Jugendamtes gemäß § 50 I 2 KJHG in Verfahren, die in den §§ 49, 49a FGG aufgezählt sind, zu unterscheiden.
Das Jugendamt hat zwar die Pflicht zur Mitwirkung hinsichtlich der Grundentscheidung.[441] Von den Verfahren, die in den §§ 49, 49a FGG aufgezählt sind, ist aber das Vollstreckungsverfahren gerade nicht erfaßt, da der Wortlaut der §§ 49, 49a FGG insoweit eng gefaßt ist.[442]
Da nach dem oben Gesagten auch die Durchsetzung einer Herausgabeentscheidung bzw. einer Umgangs- oder Rückführungsentscheidung die Personensorge

[432] § 213a GVGA
[433] OLG Oldenburg DGVZ 1983, 75, die rechtliche Grundlage zur Ermächtigung des Jugendamtes wurde in § 48c JWG gesehen; Keidel/ Zimmermann, § 33 FGG, Rdnr. 40; Bumiller/Winkler, § 33 FGG, Rdnr. 15; Schüler, DGVZ 1977, 133 (136), die rechtliche Grundlage zur Ermächtigung des Jugendamtes wurde in § 48c JWG gesehen
[434] Keidel/ Zimmermann, § 33 FGG, Rdnr. 37; als Amtshilfe: Schüler, DGVZ 1977, 133 (136)
[435] auch gegen das Kind: Keidel/ Zimmermann, § 33 FGG, Rdnr. 40
[436] Siehe § 213a Nr. 5 GVGA; Geißler, DGVZ 1997, 145 (148)
[437] Raak, FPR 1996, 54 (55)
[438] Soergel, Strätz, § 1632 BGB, Rdnr. 22
[439] Münder, § 50 KJHG, Rdnr. 4
[440] Nach der ursprünglichen Regelung des § 48c JWG konnte das Jugendamt jedenfalls hinsichtlich des Umgangsrechts bindend in die Ausführung der Regelungen miteinbezogen werden, im übrigen war dies auch nur mit Einverständnis des Jugendamtes möglich, siehe dazu: Jans/Happe, Jugendwohlfahrtsgesetz, § 48c, Nr. 3 und Nr. 5
[441] Siehe auch oben: A.III.2.a) aa)(1)
[442] Siehe oben: A.III.2.a)aa)(1)

für das Kind betrifft,[443] besteht jedoch gemäß § 50 I 1 KJHG eine Unterstützungspflicht des Jugendamtes hinsichtlich der gerichtlichen Maßnahmen. Davon können begrifflich auch Unterstützungsmaßnahmen bei Vollstreckungsmaßnahmen erfaßt sein.
Über die Art und Weise der Unterstützung oder Mitwirkung hat jedoch nicht das Gericht zu entscheiden.[444]
Auf Anregung des Gerichts hin kann das Jugendamt sich danach aber bereit erklären, bei der Vollstreckung in der vom Gericht vorgesehenen Weise mitzuwirken.

[443] Siehe oben: A.III.2.a)aa)(1)
[444] Münder, § 50 KJHG, Rdnr. 7

IV. Untersuchung der nichtveröffentlichten Rechtsprechung der Amtsgerichte Frankfurt am Main, Darmstadt und Offenbach

Im Folgenden werden 62 Verfahren der Amtsgerichte – Familiengerichte-Frankfurt am Main,[445] Darmstadt und Offenbach untersucht, die in den Jahren 1990 bis 1998 zum Abschluß gekommen sind und die Herausgabe eines Kindes zum Gegenstand hatten.[446]

1. Wissenschaftliche Rechtfertigung der Untersuchung

Eine realistische Auseinandersetzung mit der Situation des Kindes bei der Durchsetzung des Sorge- und Umgangsrechts kann nicht ohne die Untersuchung der erstinstanzlichen nichtveröffentlichten Rechtsprechung auskommen.
Dies ist einerseits damit zu begründen, daß die Durchsetzung der Kindesherausgabe in den meisten Fällen zum Zwecke der Wiederherstellung der für das Kind gewohnten Lebensumstände schnell durchgeführt wird, so daß die erstinstanzliche Vollstreckungsentscheidung für das Kind unmittelbar spürbar und daher sehr bedeutsam ist. Gerade die Grundentscheidung zum Umgangsrecht betrifft oft einen bestimmten Zeitpunkt, z.B. einen bestimmten Feiertag oder die Schulferien. Die Durchsetzung dieser Entscheidung ist daher auch ausschließlich vor diesem Zeitpunkt vorzunehmen, ansonsten ein Umgangskontakt nicht durchgeführt werden kann.
Die Überprüfung der Vollstreckungsentscheidungen in der höheren Instanz kann daher gerade in Eilfällen nicht immer abgewartet werden.

Vollstreckungsentscheidungen im Rahmen erstinstanzlicher Herausgabeverfahren erfolgen nicht zuletzt wegen der Arbeitsbelastung des einzelnen Richters unter viel größerem Zeitdruck als im Rahmen von Verfahren höherer Instanzen. Das Kind ist jedoch von der Entscheidung gleichermaßen betroffen.
Zudem zeigen die veröffentlichten Entscheidungen keinen Querschnitt der Verfahren zur Durchsetzung der Kindesherausgabe- bzw. des Umgangsrechts. Die

[445] Ohne Abteilung Frankfurt a. M./Höchst

[446] Es sind nur diejenigen Verfahren erfaßt, deren Verfahrensakten anhand der statistischen Werte des Hessischen statistischen Landesamtes seitens der Mitarbeiter der Geschäftsstellen der einzelnen Familiengerichte aufgefunden werden konnten.
An dieser Stelle möchte ich Herrn Lutsch vom Hessischen Statistischen Landesamt, Frau Grünert vom Hessischen Ministerium der Justiz und für Europaangelegenheiten danken, dafür daß sie mir die formellen Voraussetzungen für die Durchführung dieses Teils der Arbeit geschaffen haben. Besonderer Dank gilt Frau Rechtspflegerin Schwarz sowie Herrn Präsidenten am Amtsgericht Uhl, Amtsgericht Offenbach, ohne deren Bereitschaft zum Auffinden einer Lösung zur praktischen Umsetzung der formellen Voraussetzungen, die Durchführung der Akteneinsicht an keinem der Gerichte möglich gewesen wäre. Ich danke weiterhin Herrn weiteren aufsichtsführenden Richter Höhler und besonders Herrn Rechtspfleger Schmitt, Amtsgericht Frankfurt a. M., welcher meinem Vorhaben seine Freizeit opferte, außerdem danke ich Herrn Rechtspfleger Wolf vom Amtsgericht Darmstadt.

Auswahl und Einsendung von Entscheidungen zur Veröffentlichung obliegt dem einzelnen Richter, bzw. dem einzelnen Senat.
Wie die vorangegangene Untersuchung der veröffentlichten Rechtsprechung zeigt, befassen sich die gerichtlichen Entscheidungen oft nur am Rande mit der Vollstreckungsproblematik. Dies geschieht häufig nur kurz.

Die vorliegende Untersuchung soll daher die erstinstanzliche gerichtliche Praxis anhand eines kleinen Ausschnittes nichtveröffentlichter Rechtsprechung erhellen, ohne jedoch einen umfassenden empirischen Einblick in die erstinstanzliche Gerichtspraxis betreffend die Durchsetzung der Kindesherausgabe bzw. des Umgangsrechts geben zu können.

Aus datenschutzrechtlichen Gründen war es nicht möglich, Informationen zum Fortgang der Geschehnisse nach Abschluß des Herausgabeverfahrens oder der Situation des Kindes nach Durchführung einer Vollstreckung des Sorge- oder Umgangsrechts zu erlangen. Die Einbeziehung von längerfristigen Erfahrungen hinsichtlich der Entwicklung des Kindes mußte daher unterbleiben.

2. Durchführung der Untersuchung

a) Erläuterung des Untersuchungsgegenstandes

Die untersuchten 62 Verfahren stellen alle Verfahren der Amtsgerichte Frankfurt a. M. (Abteilung Innenstadt) – Familiengericht, Darmstadt – Familiengericht und Offenbach – Familiengericht dar, die vom Hessischen Statistischen Landesamt unter dem Stichwort „Herausgabe des Kindes“ in den Jahren 1990 bis 1998 erfaßt worden sind. Die Erfassung erfolgte jeweils nach Einsendung der Zählkarten seitens der Gerichte und erhält nur diejenigen Verfahren, die die Gerichte ihrerseits unter „Herausgabe des Kindes“ registriert haben.

Erfaßt sind alle Herausgabeverfahren gemäß § 1632 I, III BGB überwiegend im Elternstreit, Verfahren zur Rückführung des Kindes nach HKÜ oder ESÜ sowie ausländischer Herausgabeentscheidungen, und zwar jeweils sowohl als Eil- als auch als Hauptsacheverfahren. Weiterhin sind Eil- und Hauptsacheverfahren zur Herausgabe des Kindes zum Zwecke der Ausübung des Umgangs erfaßt. Es konnte nicht herausgefunden werden, ob es sich dabei gleichzeitig um alle Umgangsverfahren handelt, die in den Jahren 1990 – 1998 zum Abschluß kamen, weil seitens des Hessischen Statistischen Landesamts keine Erfassung der Umgangsverfahren unter der Rubrik „Umgang“ erfolgt.[447] Bis zum 1.7.1998 war das Familiengericht nicht zuständig für Herausgabestreitigkeiten gemäß § 1632 I, III

[447] Vermutlich finden sich weitere Verfahren zum Umgangsrecht in Sorgerechtsverfahren

BGB der Eltern gegenüber Dritten.[448] Solche Verfahren sind daher frühestens seit dem 1.7.1998 erfaßt.

b) Art und Weise der Auswertung

Die Informationen wurden durch von zuständiger Behörde datenschutzrechtlich genehmigte Einsichtnahme in anonymisierte Abschriften von Auszügen der entsprechenden Verfahrensakten des Amtsgerichts Frankfurt a. M. (Abteilung Innenstadt) – Familiengericht, des Amtsgerichts Darmstadt – Familiengericht und des Amtsgerichts Offenbach gewonnen.

Die Informationen werden zunächst nach bestimmten Kriterien sortiert und aufgelistet. Die Aufstellung eines Kriteriums erfolgt sowohl wegen der sich aus der Untersuchung der veröffentlichten Rechtsprechung[449] ergebenden Relevanz für die Thematik, sowie wegen der Auffälligkeit im Bereich der nichtveröffentlichten Verfahren.
Entsprechend ihrer Relevanz für die Thematik der Arbeit werden die Informationen zahlenmäßig ausgewertet und nachfolgend in Textform sowie z.T. zum Zwecke der Übersichtlichkeit in einfachen Diagrammen dargestellt.

Hierbei werden die einzelnen Kriterien im Verhältnis zur Gesamtheit aller untersuchter Verfahren bzw. zur Gesamtheit aller unter ein übergeordnetes Kriterium erfaßbarer Verfahren dargestellt. Nennenswerte unterschiedliche Ergebnisse der einzelnen Gerichte untereinander werden nur dargestellt, sofern sie etwa wegen einer unterschiedlichen Verfahrensweise zustandegekommen sind.
Es erfolgt daneben eine Bewertung der Untersuchungsergebnisse unter Berücksichtigung der Untersuchung der veröffentlichten Rechtsprechung.[450]

3. Darstellung der Untersuchungsergebnisse

a) Allgemeines

Allen der 62 untersuchten Verfahren lag ein Elternstreit zugrunde.

Von 62 untersuchten Verfahren, die eine Herausgabe des Kindes zum Gegenstand hatten, waren 26 Verfahren, d.h. 41,9 %, am Amtsgericht Darmstadt –Familiengericht- anhängig,[451] 23 Verfahren, d.h. 37,1 %, am Amtsgericht Frankfurt

[448] Siehe § 1632 I, III BGB a. F.: für diese Streitigkeiten war das Vormundschaftsgericht zuständig; Gesetzesänderung erfolgte durch Kindschaftsrechtsreformgesetz vom 16.12.1997 (BGBl. I S. 2942)
[449] Siehe oben: A.III.
[450] Siehe oben: A.II. und III.
[451] 54 F 1099/93; 57 F 1073/93 und 1070/93 in der Auswertung zusammengefaßt; 52 F 461/95 und 51 F 456/95 in der Auswertung zusammengefaßt; 51 F 326/91; 51 F 1074/90; 54

a. M. –Familiengericht-[452] und 13 Verfahren, d.h. 21%, am Amtsgericht Offenbach –Familiengericht- anhängig.[453]

b) Kriterien in Bezug auf die betroffenen Kinder

Innerhalb der 62 Verfahren waren 81 Kinder vom Herausgabegesuch betroffen.

Das Alter des Kindes stellt ein gewichtiges Kriterium für die Beurteilung seiner Lebenssituation dar[454] und muß daher bei einer Vollstreckungsentscheidung gemäß § 33 FGG, welche nach oben gesagtem dem Wohl des Kindes dienlich sein muß (siehe oben A.III. 1. a)), berücksichtigt werden.
Die Kinder waren im Durchschnitt im Zeitpunkt des Verfahrensabschlusses 7 Jahre alt.[455]

Die zahlenmäßig größte von einem Herausgabegesuch betroffene Gruppe machen die Kinder im Alter von 0 bis 5 Jahren aus. In dieser Altersgruppe waren 32 Kinder von einem Herausgabegesuch betroffen. D.h. 39,5 % von allen Kindern waren zwischen 0 und 5 Jahren alt.
In der Altersgruppe von 6 bis 10 Jahren waren 22 Kinder von einem Herausgabegesuch betroffen. D.h. 27,2 % von allen Kindern waren zwischen 6 und 10 Jahren alt.
Aber auch erstaunlich viele Kinder im Alter zwischen 11 und 18 Jahren waren von einem Herausgabegesuch betroffen. In dieser Altersgruppe waren 23 Kinder von einem Herausgabegesuch betroffen. D.h. 28,4 % von allen Kindern waren zwischen 11 und 18 Jahren alt.
Dies ist deshalb bemerkenswert, da ältere Kinder und Jugendliche überwiegend eigene Vorstellungen hinsichtlich ihres Aufenthalts und Kontakts zum anderen Elternteil haben.
Die Problematik der Herausgabe stellt sich daher auch noch in einem Kindesalter, in dem die persönliche Reife des Kindes hinsichtlich der Entscheidung über

F 105/93; 53 F 932/93; 52 F 1057/95; 56 F 382/94; 57 F 696/98; 53 F 1061/96; 57 F 1477/92; 54 F 1370/95; 51 F 802/92; 51 F 122/88; 51 F 1545/91; 54 F 1070/96; 53 F 1348/90; 55 F 1164/93; 54 F 600/98; 54 F 9131/93; 52 F 1264/89; 51 F 1268/90; 54 F 1212/95; 51 F 1528/93; 53 F 925/93

[452] 35 F 11051/95; 35 F 1178/93; 35 F 36/95; 35 F 8308/84; 35 F 5035/96; 35 F 6034/98; 35 F 2106/89; 35 F 5228/90; 35 F 8194/93; 35 F 1162/98-52; 35 F 1110/90; 35 F 11077/91; 35 F 101/90; 35 F 5272/90; 35 F 7122/92; 35 F 9128/92; 35 F 2038/96; 35 F 2264/97-53; 35 F 8123/95; 35 F 2208/97; 35 F 9193/93; 35 F 2038/97; 35 F 9002/97

[453] 311 F 355/94; 317 F 377/97; 313 F 936/93; 314 F 1159/90; 315 F 810/90; 313 F 1191/96; 314 F 1001/97; 315 F 414/93; 311 F 892/90; 317 F 947/89; 311 F 297/92; 313 F 233/97; 314 F 480/96

[454] Siehe zum Beispiel: MüKo, Hinz, § 1671 BGB, Rdnr. 44

[455] Dieser Durchschnittswert ist aus allen bekannten Altersangaben ermittelt worden, die Kinder unbekannten Alters blieben dabei unberücksichtigt

den Aufenthaltsort oder den Kontakt zu einem Elternteil bereits weit entwickelt ist.

Bei vier Kindern ist deren Altern unbekannt. Dies sind 4,9 % aller Kinder.

c) Materielle Grundlage der Verfahren

aa) Anträge auf Herausgabe eines Kindes zur Durchsetzung des Umgangsrechts

Insgesamt 7 Verfahren hatten einen Antrag auf Herausgabe des Kindes zum Zwecke der Ausübung des Umgangsrechts zum Gegenstand, das entspricht 11,3 % aller untersuchter Verfahren.

Davon entfielen 6 Verfahren auf das Amtsgericht Darmstadt[456], das entspricht 9,7 % aller untersuchter Verfahren insgesamt. Ein Verfahren entfiel auf das Amtsgericht Frankfurt a. M., das entspricht 1,6 % aller untersuchter Verfahren insgesamt. Kein Verfahren entfiel auf das Amtsgericht Offenbach, das entspricht 0 % aller untersuchter Verfahren insgesamt.
An dieser Stelle ist darauf hinzuweisen, daß offensichtlich nicht alle Umgangsverfahren als Kindesherausgabeverfahren registriert wurden. Diese Angaben sind daher nicht repräsentativ.

bb) Anträge auf Rückführung eines Kindes nach HKÜ[457]

Insgesamt 8 Verfahren hatten die Rückführung eines Kindes nach HKÜ zum Gegenstand, das entspricht 12,9 % aller untersuchter Verfahren.

Davon entfiel ein Verfahren auf das Amtsgericht Darmstadt, dies entspricht 1,6 % aller untersuchter Verfahren insgesamt. 6 Verfahren entfielen auf das Amtsgericht Frankfurt a. M., das entspricht 9,7 % aller untersuchter Verfahren insgesamt. Ein Verfahren entfiel auf das Amtsgericht Offenbach, dies entspricht 1,6 % aller untersuchter Verfahren insgesamt.

Da die Bedeutung der Rückführungsverfahren nach HKÜ in der vorliegenden Untersuchung verhältnismäßig gering ausfällt, wird im Rahmen der vorliegenden Untersuchung nicht auf die Besonderheiten einer Kindesrückführung nach HKÜ eingegangen. Die Rückführungsentscheidung nach HKÜ wird im übrigen

[456] Ist im Folgenden von den Amtsgerichten Darmstadt, Offenbach und Frankfurt a. M. die Rede, so sind stets die Familiengerichte gemeint

[457] Rückführungsanträge nach ESÜ waren nicht vorhanden, ein Antrag auf Vollstreckung einer ausländischen Entscheidung wurde gestellt, dies ist nicht gesondert berücksichtigt worden, sondern taucht unter den Anträgen zur Herausgabe nach § 1632 I, III BGB aufgrund bereits ergangener Sorgerechtsentscheidungen auf

behandelt wie eine Herausgabeentscheidung nach § 1632 I, III BGB bzw. wie eine Umgangsentscheidung.

cc) Anträge auf Herausgabe eines Kindes auf der Grundlage des § 1632 I, III BGB

Insgesamt 47 Verfahren hatten einen Antrag auf Herausgabe des Kindes gemäß § 1632 I, III BGB zum Gegenstand, das entspricht 75,8 % aller untersuchter Verfahren.
Jene Verfahren stellten somit den Schwerpunkt der untersuchten Verfahren dar.

Davon entfielen 19 auf das Amtsgericht Darmstadt, das entspricht 30,6 % aller untersuchter Verfahren insgesamt. 16 Verfahren entfielen auf das Amtsgericht Frankfurt a. M., das entspricht 25,8 % aller untersuchter Verfahren insgesamt. 12 Verfahren entfielen auf das Amtsgericht Offenbach, das entspricht 19,4 % aller untersuchter Verfahren insgesamt.

Von diesen 47 Verfahren zur Herausgabe eines Kindes gemäß § 1632 I, III BGB lag in 34 Verfahren, d.h. 72,3 %, eine gerichtliche Sorgerechtsregelung zugrunde. Von diesen 34 Verfahren lag in drei Fällen, d.h. 6,4 %, eine gerichtliche Regelung zur gemeinsamen elterlichen Sorge vor. Von diesen drei Verfahren des gemeinsamen Sorgerechts wurde in einem Fall, d.h. 2,1 %, gleichzeitig mit dem Herausgabeantrag ein Antrag auf Abänderung des gemeinsamen Sorgerechts und Übertragung der alleinigen elterlichen Sorge gestellt.
Von 47 Verfahren zur Herausgabe eines Kindes gemäß § 1632 I, III BGB wurden 4 Verfahren auf eine gerichtliche Regelung des Aufenthaltsbestimmungsrechts gestützt, das entspricht 8,5 % .
In 10 dieser 47 Verfahren, d.h. 21,3 %, war noch keine gerichtliche Sorgerechts- oder Aufenthaltsbestimmungsrechtsregelung getroffen worden, sondern zusammen mit dem Herausgabeantrag ein Antrag auf Übertragung des Aufenthaltsbestimmungs- bzw. Sorgerechts gestellt worden.

d) Verfahrensausgang

aa) Erledigte Verfahren

Von allen 62 untersuchten Verfahren haben sich 26 Verfahren, d.h. 41,9 %, erledigt.[458]

[458] Der Begriff „erledigte Verfahren“ meint die Verfahren, in denen der Antrag zurückgenommen wurde, sich die Eltern geeinigt haben oder das Gericht die Erledigung festgestellt hat, weil eine gegenteilige Regelung zum Aufenthaltsbestimmungs- bzw. Sorgerecht getroffen wurde, die dem Herausgabegesuch widersprach

Davon entfallen 20 Verfahren auf das Amtsgericht Darmstadt, das entspricht 76,9 % aller untersuchter erledigter Verfahren insgesamt und 32,3 % aller untersuchter Verfahren insgesamt.
Davon entfallen 4 Verfahren auf das Amtsgericht Frankfurt a. M., das entspricht 15,4 % aller untersuchter erledigter Verfahren insgesamt und 6,5 % aller untersuchter Verfahren insgesamt.
Davon entfallen zwei Verfahren auf das Amtsgericht Offenbach, das entspricht 7,7 % aller untersuchter erledigter Verfahren und 3,2 % aller untersuchter Verfahren insgesamt.
Hierbei ist auffällig, daß die überaus meisten erledigten Verfahren am Amtsgericht Darmstadt anhängig waren.

(1) Materielle Grundlage der erledigten Verfahren

Von allen erledigten Verfahren betrafen 5 Verfahren, d.h. 19,2 % aller erledigter Verfahren, das Umgangsrecht, das entspricht 8,1 % aller untersuchter Verfahren insgesamt.
21 Verfahren, d.h. 80,8 % aller erledigter Verfahren hatten einen Herausgabeantrag nach § 1632 I, III BGB zum Gegenstand, das entspricht 33.9 % aller untersuchter Verfahren insgesamt.
Kein Verfahren hatte einen Rückführungsantrag nach HKÜ zum Gegenstand. Das entspricht 0 % aller untersuchter Verfahren.

(2) Erledigte Verfahren bei Mitwirkung des Jugendamtes

Von der Gesamtheit der erledigten Verfahren war in 12 Verfahren das Jugendamt eingeschaltet. Das entspricht 46,2 % aller erledigter Verfahren und 19,4 % aller untersuchter Verfahren insgesamt.
Davon entfielen 10 Verfahren auf das Amtsgericht Darmstadt. Das sind 83,3 % aller Verfahren, die sich mit Einschaltung des Jugendamtes erledigt haben und 38,5 % aller erledigter Verfahren insgesamt.
Zwei Verfahren entfielen auf das Amtsgericht Frankfurt a. M. Das sind 16,7 % aller Verfahren, die sich mit Einschaltung des Jugendamtes erledigt haben und 7,7 % aller erledigter Verfahren insgesamt.
Kein Verfahren entfiel auf das Amtsgericht Offenbach. Das sind 0 % aller Verfahren.

In 8 Fällen dieser 12 Fälle hat sich das Verfahren wegen der Einigung der Eltern bzw. der freiwilligen Rückgabe des Kindes mit Mitwirkung des Jugendamtes erledigt.
Davon entfallen alle 8 Fälle auf das Amtsgericht Darmstadt. Das entspricht 100 % aller Verfahren, die sich wegen der Einigung der Eltern oder der freiwilligen Rückgabe des Kindes mit Mitwirkung des Jugendamtes erledigt haben und 30,8 % aller erledigter Fälle überhaupt. In Frankfurt a. M. und Offenbach hat sich

kein Verfahren wegen der Einigung der Eltern mit Mitwirkung des Jugendamtes erledigt. Das entspricht 0 %.

(3) Erledigte Verfahren ohne Mitwirkung des Jugendamtes wegen Einigung der Eltern oder freiwilliger Rückgabe des Kindes

9 Verfahren haben sich ohne die Mitwirkung des Jugendamtes wegen der Einigung der Eltern oder der freiwilligen Rückgabe des Kindes erledigt. Das sind 34,6 % aller erledigter Verfahren und 14,5 % aller Verfahren insgesamt.
Davon entfielen 5 Verfahren auf das Amtsgericht Darmstadt. Das entspricht 19,2 % aller erledigter Verfahren und 8,1 % aller untersuchter Verfahren insgesamt.
Davon entfielen zwei Verfahren auf das Amtsgericht Frankfurt a. M. Das entspricht 7,7 % aller erledigter Verfahren und 3,2 % aller untersuchter Verfahren insgesamt.
Davon entfielen zwei Verfahren auf das Amtsgericht Offenbach. Das entspricht 7,7 % aller erledigter Verfahren und 3,2 % aller untersuchter Verfahren insgesamt.

(4) Erledigte Verfahren wegen der Abänderung der zugrundeliegenden Sorge- oder Umgangsrechtsentscheidung

Drei Verfahren haben sich wegen der Abänderung der zugrundeliegenden Sorge- oder Umgangsrechtsentscheidung erledigt. Das sind 11,5 % aller erledigter Verfahren und 4,8 % aller untersuchter Verfahren insgesamt.

bb) Zurückgewiesene Anträge auf Herausgabe eines Kindes

Von 62 Verfahren wurde in 12 Verfahren der Herausgabeantrag zurückgewiesen, das entspricht 19,4 % aller untersuchter Fälle.

Davon entfielen drei Verfahren auf das Amtsgericht Darmstadt, das entspricht 25 % aller untersuchter Verfahren, in denen der Herausgabeantrag zurückgewiesen wurde und 4,8 % aller untersuchter Verfahren insgesamt.
Davon entfielen 4 Verfahren auf das Amtsgericht Frankfurt a. M., das entspricht 33,3 % aller untersuchter Verfahren, in denen der Herausgabeantrag zurückgewiesen wurde und 6,5 % der untersuchten Verfahren insgesamt.
Davon entfielen 5 Verfahren auf das Amtsgericht Offenbach, das entspricht 41,7 % aller untersuchter Verfahren, in denen der Herausgabeantrag zurückgewiesen wurde und 8,1 % aller untersuchter Verfahren insgesamt.

cc) Gerichtliche Anordnung der Herausgabe

Von 62 Verfahren wurde in 25 Verfahren eine Herausgabeanordnung getroffen, das entspricht 40,3 % aller untersuchter Verfahren.

Davon entfielen drei Verfahren auf das Amtsgericht Darmstadt. Das entspricht 12 % aller untersuchter Verfahren, in denen eine Herausgabeanordnung erlassen wurde und 4,8 % aller untersuchter Verfahren insgesamt.
Davon entfielen 14 Verfahren auf das Amtsgericht Frankfurt a. M.. Das entspricht 56 % aller untersuchter Verfahren, in denen eine Herausgabeanordnung erlassen wurde und 22,6 % aller untersuchter Verfahren insgesamt.
Davon entfielen 8 Verfahren auf das Amtsgericht Offenbach. Das entspricht 32 % aller untersuchter Verfahren, in denen eine Herausgabeanordnung erlassen wurde und 12,9 % aller untersuchter Verfahren insgesamt.

Insgesamt wurden 18 der 25 Herausgabeanordnungen im Wege der einstweiligen Anordnung erlassen. Das entspricht 72 % aller untersuchter Verfahren, in denen eine Herausgabeanordnung erlassen wurde und 29 % aller untersuchter Verfahren insgesamt.
In einem Verfahren wurde die Aussetzung der Vollziehung der Herausgabeentscheidung angeordnet. Das entspricht 4 % aller Verfahren, in denen die Herausgabe angeordnet wurde und 1,6 % aller Verfahren insgesamt.
Insgesamt 7 der 25 Herausgabeanordnungen wurden in der 2. Instanz überprüft. Das entspricht 28 % aller untersuchter Verfahren, in denen eine Herausgabeanordnung erlassen wurde und 11,3 % aller untersuchter Verfahren insgesamt.

dd) Bewertung der gerichtlichen Praxis

Es ist offensichtlich, daß sich Herausgabe- und Umgangsverfahren erledigen können, ohne daß eine streitige Entscheidung ergehen muß. Dies gilt nicht nur für den Bereich des Umgangsrechts. Diesbezüglich zeigen sich besonders die Einwirkungsmöglichkeiten des Gerichts. Die Tätigkeit des Jugendamtes erweist insoweit einen der Einigung der Parteien förderlichen Einfluß. In den Fällen, in denen das Jugendamt eingeschaltet war, haben sich zwei Drittel der Verfahren gerade wegen der Mitwirkung erledigt.[459] Außerdem hat sich die größte Summe der Verfahren überhaupt bei Beteiligung des Jugendamtes erledigt.[460] Die Einschaltung des Jugendamtes erweist sich zur Vermeidung einer streitigen Entscheidung und damit einer Durchsetzung mittels Zwang also als sinnvoll. Hierbei ist es interessant, daß die unterschiedliche Beteiligungspraxis des Jugendamtes unter den einzelnen Gerichten sich auch auf die Beilegung des Elternstreits unterschiedlich auswirkt. Das Amtsgericht Darmstadt hat die höchste

[459] Siehe oben: A.IV.3.d)(3)
[460] Siehe oben: A.IV. 3.d) (2): 46 % aller Verfahren

Zahl an erledigten Verfahren und gleichzeitig die höchste Beteiligungsrate des Jugendamtes vorzuweisen.[461] Auch bei Erledigung der Verfahren durch Elterneinigung ohne die Mitwirkung des Jugendamtes ist Darmstadt Vorreiter.[462] Diesbezüglich erlangt die in § 52 FGG normierte gerichtliche Pflicht zur Hinwirkung auf ein Einvernehmen besondere Bedeutung.
Fraglich ist allerdings, ob mit der Einigung der Eltern stets eine funktionsfähige Elternvereinbarung für die Zukunft getroffen wurde. Hierüber ist nichts bekannt. Festzustellen ist aber, daß eine Elterneinigung dann dem Kindeswohl abträglich ist, wenn sie nicht auch dauerhaft zu einer Verbesserung der Situation für das Kind führt. Anderenfalls werden die Gerichte erneut angegangen werden müssen, was für das Kind wiederum eine erhöhte Belastung durch das Verfahren bedeutete.
Der kleinste Teil der erledigten Verfahren lag darin begründet, daß eine Abänderung der zugrundeliegenden Sorgerechtsentscheidung bzw. Aufenthaltsbestimmungsrechtsentscheidung getroffen werden mußte.
Grundsätzlich kann die Einigung der Eltern für das Kindeswohl förderlich sein, daher sollte stets auf die Mitwirkung des Jugendamtes geachtet werden und auf ein Einvernehmen zwischen den Beteiligten hingewirkt werden.

Die erledigten Verfahren machen mit 46,2 % die größte Summe aller Verfahren aus, mit 40,3 % weniger häufig wurde eine Herausgabeanordnung getroffen. Daraus kann der Schluß gezogen werden, daß nur in hartnäckigen Konfliktfällen überhaupt eine vollstreckungsfähige Grundentscheidung gegeben ist, mithin eine Vollstreckung nur in hartnäckigen Konfliktfällen anstehen kann. Dies sind auch zum Teil die Verfahren, in denen die Bemühungen des Gerichts auf ein Einvernehmen der Parteien bzw. die Mitwirkung des Jugendamtes versagt haben.
Bedenklich ist der Umstand, daß 72 % aller Herausgabeanordnungen im Eilverfahren zustandegekommen sind, da es sich hierbei um ein summarisches Verfahren handelt, sich der Natur der Sache nach das Verfahren jedoch bereits erledigt. Hierdurch wird das Regel-Ausnahme-Verhältnis ins Gegenteil verkehrt.

e) Formelle Grundlagen der Verfahren

aa) Durchführung eines Hauptsacheverfahrens

Insgesamt wurden 43 Hauptsacheverfahren zur Herausgabe eines Kindes durchgeführt.[463] Teilweise wurde nur ein Hauptsacheverfahren ohne vorherige Durchführung eines Verfahrens zum Erlaß einer einstweiligen Anordnung durchge-

461 Siehe oben: A.IV.3.d)(1) und (2)
462 Siehe oben: A.IV.3.d)(3)
463 „Hauptsacheverfahren" meint alle die Verfahren, in denen kein Eilverfahren durchgeführt wurde oder zwar ein Eilverfahren durchgeführt wurde und nebenher ordnungsgemäß ein Hauptsacheverfahren zur Herausgabe durchgeführt wurde

führt, teilweise kam es vorher zum Erlaß einer einstweiligen Anordnung. Das sind 69,4 % aller untersuchter Verfahren insgesamt.

Ein Hauptsacheverfahren dauerte im Durchschnitt 15,6 Wochen.

bb) Mündliche Verhandlung

In 25 Verfahren wurde eine mündliche Verhandlung mit den Parteien durchgeführt, in der auch der Antragsgegner die Gelegenheit zur Äußerung hatte. Seitens des Antragsgegners wurde diese Möglichkeit ganz überwiegend wahrgenommen.
Dies entspricht nur 40,3 % aller untersuchter Verfahren insgesamt. Dies bedeutet, daß Grundlage einer Vollstreckung gemäß § 33 FGG auch Verfahren sein konnten, in denen keine mündliche Verhandlung stattgefunden hat.

cc) Durchführung eines Eilverfahrens

Insgesamt wurden 44 Eilverfahren durchgeführt. Teilweise wurde nebenher ein Hauptsacheverfahren durchgeführt, teilweise ist über die Durchführung eines Hauptsacheverfahrens nichts bekannt.
Das bedeutet, daß in 71 % aller untersuchter Verfahren insgesamt ein Eilverfahren durchgeführt wurde.

In 14 aller 44 Eilverfahren wurde eine mündliche Verhandlung mit den Parteien des Verfahrens durchgeführt. Dies entspricht 31,8 % aller durchgeführter Eilverfahren.
Die durchschnittliche Dauer eines Eilverfahrens betrug 4,3 Wochen.

dd) Kindesanhörung

Die Ermittlung des Kindeswillens durch eine Anhörung ist von zentraler Bedeutung für die Vollstreckungsentscheidung. Die Willensäußerung des Kindes kann für die Frage der Vollstreckung entscheidend sein, nicht zuletzt da ein Zwangsmittel gemäß § 33 FGG im Falle des Vorliegens einer Kindesweigerung, der Herausgabeentscheidung Folge zu leisten, nicht verhängt werden darf.[464]

(1) Formelle Durchführung einer Kindesanhörung

Insgesamt wurden in 14 Herausgabeverfahren eine oder mehrere Kindesanhörungen durchgeführt.[465] Das sind 22,6 % aller untersuchter Verfahren insgesamt.

[464] Siehe oben: A.III. 2.c); A.III. 3.b); A.III.4.b)bb)(2)
[465] Teilweise wurden in einem Verfahren mehrere Kinder angehört

Keine Kindesanhörung fand im Rahmen eines gesonderten Vollstreckungsverfahrens statt. Eine Begründung der Nichtanhörung ist überwiegend unterblieben.

(2) Willensbekundung der Kinder

Insgesamt haben 16 Kinder ihren Willen hinsichtlich des Herausgabegesuchs im Rahmen einer Anhörung bekundet. Unklar ist teilweise, ob es sich dabei um eine persönliche Anhörung des Kindes gehandelt hat. Wurde das Kind angehört, so hat es jedoch stets einen Willen hinsichtlich seines Verbleibs bekundet.
Das sind 19,7 % aller von den Verfahren betroffenen Kinder.

In der Altersgruppe der 0 bis 5jährigen hat kein Kind seinen Willen bekundet. Das sind 0 % aller Kinder.
In der Altersgruppe der 6 bis 10jährigen haben 6 Kinder ihren Willen bekundet. Das sind 7,4 % aller Kinder insgesamt.
In der Altersgruppe der 11 bis 18jährigen haben 10 Kinder ihren Willen bekundet. Das sind 12,3 % aller Kinder insgesamt.
Der weitaus überwiegende Teil der von dem Herausgabegesuch betroffenen Kinder ist demnach nicht angehört worden und hat einen eigenen Willen hinsichtlich des Verbleibs oder des Kontaktes mit dem Umgangsberechtigten nicht bekundet.

Es ist zudem nicht ersichtlich, daß ein Kind konkret zur Frage der Durchsetzung des Herausgabegesuchs angehört wurde.

(3) Berücksichtigung des Kindeswillens bei der Grundentscheidung

Von den 16 Willensbekundungen wurden 5 Willensbekundungen so berücksichtigt, daß bereits eine Grundentscheidung entsprechend dem Kindeswillen getroffen wurde, d.h. in 31,3 % der Verfahren, in denen eine Willensbekundung vorlag, wurde eine dem Kindeswillen entsprechende Grundentscheidung getroffen.
5 Willensbekundungen wurden nicht berücksichtigt. Das bedeutet, daß in 31,3 % der Verfahren, in denen eine Willensbekundung vorlag, eine Grundentscheidung entgegen dem geäußerten Kindeswillen getroffen wurde. Gerade hier blieb die Frage der Durchsetzung der Grundentscheidung unberücksichtigt.
In 4 Fällen wurde die Willensbekundung erst im Verfahren der zweiten Instanz berücksichtigt. Das sind 26,7 % aller Willensbekundungen.
Über die Verwertung der übrigen Willensbekundungen existieren keine gesicherten Erkenntnisse.

Die Gründe des Kindes für seine Haltung sind weitgehend vernachlässigt worden. Etwa entstehende Widersprüche zwischen der Nichtberücksichtigung des Kindeswillens gerade hinsichtlich des Vortrags eines Kindes, vor der Gewalttätigkeit des anderen Elternteils Angst zu haben, und der zwangsweisen Durchsetzung der Grundentscheidung wurden nicht gesehen.

ee) Anhörung des Jugendamts

In 22 Verfahren wurde das Jugendamt angehört. Dies entspricht 35,5 % aller untersuchter Verfahren.

Davon entfielen 13 Verfahren auf das Amtsgericht Darmstadt. Das sind 59,1 % aller Verfahren, in denen das Jugendamt angehört wurde und 21 % aller untersuchter Verfahren insgesamt.
7 Verfahren entfielen auf das Amtsgericht Frankfurt a. M.. Das sind 31,8 % aller Verfahren, in denen das Jugendamt angehört wurde und 11,3 % aller Verfahren insgesamt.
Die weiteren zwei Verfahren entfielen auf das Amtsgericht Offenbach. Das sind 9,1 % aller Verfahren, in denen das Jugendamt angehört wurde und 3,2 % aller untersuchter Verfahren insgesamt.

ff) Bewertung der gerichtlichen Praxis

(1) Verfahrensdauer

Angesichts der Tatsache, daß die Herausgabeentscheidung für das Kind von sehr großer Bedeutung ist, sei es im Hinblick auf die Veränderung des Lebensmittelpunktes, sei es im Hinblick auf die Erhaltung des Kontakts mit dem anderen Elternteil, stellt die durchschnittliche Dauer eines Hauptsacheverfahrens zum Erlaß einer Herausgabeanordnung mit knapp vier Monaten einen sehr langen Zeitraum dar. Das Durchschnittsalter der Kinder beträgt nach oben Gesagtem 7 Jahre. Gerade wegen des niedrigen Durchschnittsalters der von den Herausgabeanträgen betroffenen Kinder ist dieser Zustand hinsichtlich des besonderen kindlichen Zeitempfindens verbesserungsbedürftig.[466] Dabei ist insbesondere zu berücksichtigen, daß die stärkste Gruppe die zwischen 0 und 5jährigen mit 39,5 % ausmachen. Auch die Dauer der Eilverfahren mit durchschnittlich 4,3 Wochen ist hinsichtlich des Sinns- und Zwecks eines Eilverfahrens als vorläufiger Absicherung einer konfliktbeladenen Situation zu lang. Gerade bei jüngeren Kindern ist bereits dieser Zeitraum geeignet, tiefgreifende Veränderungen zu bewirken.

(2) Bedeutung des Eilverfahrens im Herausgabeverfahren

Die hohe Zahl durchgeführter Eilverfahren (71%) deutet darauf hin, daß zwar jeweils eine zügige Entscheidung im Sinne des Kindes ergangen sein kann und

[466] Siehe zum kindlichen Zeitempfinden grundlegend: Heilmann, Kindliches Zeitempfinden und Verfahrensrecht, S. 15 ff.

damit die Belastungen für das Kind, die durch die Durchführung eines Gerichtsverfahrens entstehen, gering gehalten werden konnten. Dies kann für Rückführungsverfahren nach dem HKÜ grundsätzlich günstig sein. Diese machen jedoch nur einen geringen Teil der untersuchten Verfahren aus.
Für das Kindeswohl nachteilig kann es aber darüberhinaus sein, daß lediglich im summarischen Verfahren bzw. in mehr als zwei Dritteln aller Eilverfahren ohne Durchführung einer mündlichen Verhandlung entschieden worden ist. Dieser Zustand verdient Kritik, denn der persönliche Eindruck des Richters von den Verfahrensbeteiligten ist zur Konfliktbeilegung bzw. zum Treffen einer kindgerechten Entscheidung unerlässlich.
Für die Qualität der im Eilverfahren ergangenen Grundentscheidungen als Vollstreckungsgrundlage ist dieser Zustand bedenklich.

Als Grundlage für die Vollstreckung birgt die Eilentscheidung zu § 1632 I, III BGB bzw. zum Umgangsrecht zudem immer das Risiko der Aufhebung im Hauptsacheverfahren. Für das betroffene Kind stellt dies eine höchst unsichere Situation dar, weil dieses eventuell erneut seinen Aufenthaltsort wechseln muß, bzw. der Kontakt zum anderen Elternteil wieder aufgenommen werden soll, sich der Kontakt zum anderen Elternteil wieder verändert oder ganz endet. Insoweit ist der Umstand bedeutsam, daß immerhin in 21,3 % aller Verfahren gleichzeitig mit der Herausgabe eine Sorgerechtsabänderung begehrt wurde und in 8,5 % der Verfahren dem Herausgabeantrag lediglich eine Regelung des Aufenthaltsbestimmungsrechts zugrundelag. In diesen Verfahren erhöht sich der Unsicherheitsfaktor für das Kind, da nicht einmal die der Vollstreckung zugrundeliegende Grundentscheidung endgültig ist. Dies bedeutet im Hinblick auf die Vollstreckungssituation, daß eine Herausgabevollstreckung gegebenenfalls erneut stattzufinden hat, wenn die Eilentscheidung bzw. die Regelung zum Aufenthaltsbestimmungsrecht oder vorläufigen Sorgerecht widerrufen wurde und bereits vollstreckt war.
Insgesamt stellt dies für das Kindeswohl einen bedenklichen Zustand dar.

(3) Beteiligung des Kindes am Herausgabeverfahren

Die voranstehenden Erhebungen zur Beteiligung des Kindes am Herausgabeverfahren zeigen, daß die Gerichte die Vorgaben des § 50b FGG nicht im Sinne des Gesetzes befolgen. Das Gesetz sieht die Kindesanhörung als Regelfall vor. Gemäß § 50b II FGG darf von einer Kindesanhörung bei einem Kind unter 14 Jahren nur abgesehen werden, wenn der Wille und die Neigungen des Kindes für die Entscheidung nicht von Bedeutung sind. Die voranstehenden Erhebungen jedoch zeigen, daß die Kindesanhörung mit 22,6 % aller Verfahren, bzw. 19,7 % aller betroffenen Kinder die Ausnahme darstellt.

Für den Erlaß der Grundentscheidung sind die Neigungen, Bindungen oder der Wille des Kindes zudem immer von Bedeutung.[467] Die Kindesanhörung hat auch im Eilverfahren grundsätzlich zu erfolgen[468] oder ist gemäß § 50b III 2 FGG unverzüglich nachzuholen, wenn sie wegen Gefahr im Verzug unterblieben ist.
Auch das Durchführen einer einzigen Anhörung des Kindes für das Grundverfahren und das Vollstreckungsverfahren zugleich, soll nach oben Gesagtem lediglich ausnahmsweise und auch nur dann ausreichen können, wenn auf die Möglichkeit der zwangsweisen Durchsetzung der Grundentscheidung eingegangen worden war und im Zeitpunkt der Vollstreckungsentscheidung keine entscheidungserheblichen Gesichtspunkte mehr zu Tage gebracht werden können.[469] Eine Kindesanhörung im gesonderten Vollstreckungsverfahren hat jedoch in keinem der untersuchten Verfahren stattgefunden. Die durchgeführten Kindesanhörungen erfassen außerdem in keinem der untersuchten Verfahren zum Erlaß der Grundentscheidung die Frage der Durchsetzung. Im übrigen wird der Verzicht auf die Durchführung einer Kindesanhörung nicht begründet.
Dies ist gerade im Hinblick auf die Tatsache, daß Grundentscheidungen entgegen dem Kindeswillen getroffen werden und gleichzeitig eine Erörterung der Durchsetzbarkeit jener Grundentscheidung unterbleibt, unvereinbar mit den oben unter A.II. und A.III. dargelegten Grundsätzen. Nach dem oben Gesagten muß aber bereits bei Erlaß der Grundentscheidung die Durchsetzbarkeit der Entscheidung berücksichtigt werden.[470]

Wegen der hohen Zahl der durchgeführten Eilverfahren, vor allem solcher ohne mündliche Verhandlung, und der damit verbundenen Veränderung des Lebensmittelpunktes für das Kind bzw. des Kontakts zu einem Elternteil im Falle der Durchsetzung der Entscheidung, ist das Unterbleiben einer Kindesanhörung sehr bedenklich und wird dem Kindeswohl nicht dienen. Diese Handhabung verkennt die Bedeutung des persönlichen Eindrucks des entscheidenden Richters von der Situation, in der sich das Kind befindet. Es muß aber zur Ermittlung des Kindeswohls grundsätzlich auch im Eilverfahren ein persönlicher Eindruck von den Verfahrensbeteiligten und dem Kind gewonnen werden. Es ist daher auch hier grundsätzlich nicht einzusehen, wie eine Gefahr im Verzug für das Kindeswohl beurteilt werden soll, die eine vorläufige Regelung erfordert, wenn vom Kind kein persönlicher Eindruck gewonnen wird. Dies gilt erst recht für die Fälle, in denen der Herausgabeentscheidung selbst eine vorläufige Sorgerechtsentscheidung bzw. eine Aufenthaltsbestimmungsrechtsentscheidung zugrundeliegt oder eine solche gleichzeitig ergeht.

Insgesamt zeigt sich hier, daß das Regel- Ausnahmeverhältnis im Hinblick auf das Unterbleiben einer mündlichen Verhandlung oder einer Anhörung des Kin-

[467] Siehe oben: A.II.1.a)aa) und A.II.1.b)bb)
[468] Siehe oben: A.III.2.a)aa)(1)
[469] Siehe oben: A.III.2.a)aa)(1)
[470] Siehe oben: A.II. 1.b)aa) und A.III.2.c)cc)(2)

des wegen besonderer Eilbedürftigkeit der Sache in der Praxis zu Lasten des Kindes umgekehrt wird.
Soweit eine Anhörung durchgeführt wird, müßten die Gründe für eine bestimmte Kindeshaltung überprüft werden, um eventuelle Widersprüche, die mit der Durchsetzung der Grundentscheidung durch Zwang entstehen könnten, aufzulösen.

(4) Beteiligung des Jugendamtes am Herausgabeverfahren

Hinsichtlich der Beteiligung des Jugendamtes ist auffällig, daß insoweit große Unterschiede bei den einzelnen Gerichten untereinander bestehen. So wurden die meisten Anhörungen des Jugendamtes mit 59,1 % aller durchgeführter Anhörungen des Jugendamtes seitens des Amtsgerichts Darmstadt durchgeführt, wobei das Amtsgericht Darmstadt lediglich 41,9 % der insgesamt untersuchten Verfahren bearbeitete und auch bei der Zahl der Eilfälle (34,1 % aller untersuchter Eilverfahren) keine auffällig niedrige Zahl aufweisen.

Bezüglich der Anhörung des Jugendamtes ist die Kritik zur Kindesanhörung weitgehend übertragbar. § 49a I Nr. 6 FGG und § 49a I Nr. 7 FGG sehen zwingend die Durchführung einer Anhörung des Jugendamtes vor, von der zwar in Eilfällen gemäß § 49a II FGG in Verbindung mit §§ 49 IV FGG, 620a III 2 ZPO bei Gefahr im Verzuge abgesehen werden kann. Die Anhörung ist aber dann umgehend nachzuholen. Unterbleibt aber in 40 Verfahren die Beteiligung des Jugendamtes ganz, so können die Vorgaben des Gesetzes nicht befolgt worden sein. Das Jugendamt kann seine Fachkompetenz nicht zum Einsatz bringen, wenn es nicht am Verfahren beteiligt wird. Gerade im Hinblick auf die Durchsetzbarkeit des Verfahrens wurde das Jugendamt in den überwiegenden Fällen nicht angehört.
Dieser Mangel wiegt umso schwerer als teilweise die Entscheidung über die Herausgabe selbst noch auf eine lediglich vorläufige Regelung des Sorgerechts oder des Aufenthaltsbestimmungsrechts, welche oft gleichzeitig mit der Vollstreckungsanordnung getroffen wird, gestützt wird.

f) Anordnung der Vollstreckung

aa) Allgemeines

Von 25 Verfahren, in denen eine Herausgabeanordnung getroffen wurde, wurden in 19 Verfahren eine oder mehrere Vollstreckungsanordnungen getroffen. Dies entspricht 76 % aller untersuchter Verfahren, in denen zunächst eine Herausgabeanordnung getroffen worden war.[471]

[471] Teilweise wurde später die Herausgabeentscheidung nebst Vollstreckungsanordnung wieder aufgehoben oder hat sich erledigt wegen der Versöhnung der Parteien, dies bleibt hier

Insgesamt wurden folglich in 30,6 % aller 62 untersuchter Verfahren eine oder mehrere Vollstreckungsanordnungen getroffen.
Insgesamt wurden 24 verschiedene Vollstreckungsanordnungen getroffen.
Es kommt also in knapp einem Drittel aller Verfahren zu einer Vollstreckungsentscheidung. Nach oben Gesagtem ist wegen der dokumentierten Einigungsbemühungen davon auszugehen, daß es sich hierbei um hartnäckige Konfliktfälle handelt.

bb) Einzelne Vollstreckungsmittel

(1) Zwangsgeld

(a) Androhung und Bewertung der gerichtlichen Praxis

Es wurde insgesamt 7 mal die Verhängung eines Zwangsgeldes angedroht. Das entspricht 11,3 % von allen untersuchten Verfahren insgesamt und 28 % von allen Verfahren, in denen eine Herausgabeanordnung getroffen worden war.

Davon wurden zwei Verfahren (beide vom Amtsgericht Frankfurt a. M.), in denen jeweils ein Zwangsgeld angedroht worden war, in der zweiten Instanz überprüft. Dies stellen 28,6 % aller Verfahren, in denen ein Zwangsgeld angedroht worden war, und 3,2 % aller untersuchten Verfahren insgesamt dar.
Kein Verfahren, in dem ein Zwangsgeld verhängt wurde, stellte ein gesondertes Zwangsgeldverfahren dar, vielmehr fand die Androhung des Zwangsgeldes immer gleichzeitig mit der Anordnung der Herausgabe statt. In keinem der Verfahren zum Erlaß der Herausgabeanordnung wurde jedoch die Durchsetzung der Herausgabeanordnung diskutiert. Dies ist jedoch notwendig, wenn auf die gesonderte Durchführung eines Vollstreckungsverfahrens verzichtet werden sollte.
6 mal wurde ein Zwangsgeld im Verfahren zum Erlaß einer Einstweiligen Anordnung angedroht. Das entspricht 85,7 % aller Verfahren, in denen ein Zwangsgeld angedroht wurde und 9,7 % aller Verfahren insgesamt.
Auch hier liegt der Schwerpunkt bei den Eilverfahren. Dieser Zustand verdient Kritik, da insoweit die Kindesinteressen Gefahr laufen, nicht ausführlich genug berücksichtigt zu werden.

4 mal wurde die Androhung des Zwangsgeldes zusammen mit anderen Vollstreckungsanordnungen getroffen. Das sind 57,1 % aller Verfahren, in denen ein Zwangsgeld angedroht wurde und 6,5 % aller untersuchter Verfahren insgesamt. Die überwiegende Anzahl der Zwangsgeldandrohungen wurde also zusammen mit anderen Vollstreckungsanordnungen getroffen.

unberücksichtigt. Teilweise wurde keine Vollstreckungsentscheidung getroffen, teilweise ist unbekannt, ob eine Vollstreckungsentscheidung getroffen worden war.

Einmal wurde ein Zwangsgeld zur Durchsetzung des Umgangsrechts angedroht. Dies entspricht 1,6 % aller untersuchter Verfahren insgesamt und 14,3 % aller Verfahren, in denen ein Zwangsgeld angedroht wurde.
4 mal wurde ein Zwangsgeld zur Durchsetzung eines Anspruchs gemäß § 1632 I, III BGB angedroht. Dies entspricht 6,5 % aller untersuchter Verfahren insgesamt und 57,1 % aller Verfahren, in denen ein Zwangsgeld angedroht wurde.
Zweimal wurde ein Zwangsgeld zur Durchsetzung einer Rückführungsentscheidung nach HKÜ angedroht. Das entspricht 3,2 % aller untersuchter Verfahren insgesamt und 28,6 % aller Verfahren, in denen ein Zwangsgeld angedroht wurde.
Das Zwangsgeld findet also breite Anwendung auf alle möglichen Fallgruppen, und zwar anders als die veröffentlichte Rechtsprechung glauben macht, nicht nur im Bereich der Durchsetzung des Umgangsrechts.

4 mal wurde ein Zwangsgeld in konkreter Höhe angedroht. Das entspricht 57,1 % aller Fälle, in denen ein Zwangsgeld angedroht wurde und 6,5 % aller untersuchter Verfahren insgesamt.
Einmal wurde ein Zwangsgeld bis zu einer bestimmten Höhe angedroht. Das entspricht 14,3 % aller Fälle, in denen ein Zwangsgeld angedroht wurde und 1,6 % aller untersuchter Verfahren insgesamt.
Die konkrete Höhe, bzw. der Grenzwert nach oben waren in zwei Verfahren 500, 00 DM und in zwei Verfahren 1.000 DM.
Zweimal wurde ein Zwangsgeld in unbestimmter Höhe angedroht. Das entspricht 28,6 % der Fälle, in denen ein Zwangsgeld angedroht wurde und 3,2 % aller untersuchter Verfahren insgesamt. Diese Vorgehensweise ist nach oben Gesagtem rechtlich nicht korrekt. Vielmehr muß das Zwangsgeld in konkreter Höhe bzw. bis zu einer bestimmten Höhe angedroht werden.[472]
Es zeigt sich, daß der gesetzlich vorgesehene Zwangsgeldrahmen von bis zu 50.000 DM der Höhe nach nicht ausgeschöpft wird.

In keinem der Verfahren wurde eine Begründung hinsichtlich der Androhung des Zwangsgeldes vorgenommen.
In keinem der Verfahren, in denen ein Zwangsgeld angedroht worden war, waren das Familieneinkommen und die möglichen Auswirkungen der Androhung eines Zwangsgeldes auf das Kind berücksichtigt worden.

Diese Vorgehensweise verdient wegen oben dargestellter Grundsätze Kritik.[473]
Die erforderliche Kindeswohldienlichkeit kann nicht begründet werden, wenn nicht auch die Auswirkungen der Zwangsgeldandrohung auf das Kind berücksichtigt worden sind. Eine Begründung der Androhung des Zwangsgeldes darf daher nicht unterbleiben, da nur anhand der Begründung nachprüfbar ist, ob die

[472] Siehe oben: A.III.2.b)cc)
[473] Siehe oben: A.III.2.b)aa)

Vollstreckungsentscheidung durch eine korrekte Ermessensausübung zustandegekommen ist.
In keinem Verfahren fand eine Anhörung der Beteiligten gezielt auf die mögliche Durchsetzung der Herausgabeentscheidung statt.
In dem der Grundentscheidung vorausgegangenen Verfahren der Androhung eines Zwangsgeldes fand in drei Verfahren eine mündliche Verhandlung statt. Das entspricht 42,9 % aller Verfahren, in denen ein Zwangsgeld angedroht worden war.
Kein einziges mal fand eine Kindesanhörung statt. Das entspricht 0 %.
Zweimal war das Jugendamt am Verfahren beteiligt. Das entspricht 28,6 % aller Verfahren, in denen ein Zwangsgeld angedroht worden war und 3,2 % aller untersuchter Verfahren insgesamt.

Auch diese Vorgehensweise verdient nach Kritik. Die gleichzeitige Durchführung des Vollstreckungsverfahrens und des Erkenntnisverfahrens darf ausnahmsweise erfolgen, wenn die Durchsetzungsfrage Erörterung findet und eine klare Trennung der Verfahrensgegenstände gegeben ist.[474] Denn grundsätzlich ist das Vollstreckungsverfahren ein selbständiges Verfahren.[475] Ohne die Erörterung der Frage der Durchsetzung der Herausgabeanordnung kann auch ein Einlenken der Parteien nicht herbeigeführt werden. Auch könnten die Kindesinteressen nicht herausgefunden werden. Die Beteiligung des Jugendamtes wäre überdies wünschenswert im Hinblick auf die Vollstreckungsfrage, da nach vorangegangener Dokumentation die Chancen des Zustandekommens einer einvernehmlichen Lösung gesteigert werden und der Konflikt so geschlichtet werden kann.

(b) Verhängung

Es wurde in keinem der Verfahren ein Zwangsgeld verhängt. Das sind 0 %.

(2) Zwangshaft

(a) Androhung und Bewertung der gerichtlichen Praxis

In zwei Verfahren wurde die Zwangshaft angedroht. Das entspricht 3,2 % aller untersuchter Verfahren und 8 % aller Verfahren, in denen eine Herausgabeanordnung getroffen worden war.
Die Praxisrelevanz ist also, wie nach Auswertung der veröffentlichten Rechtsprechung zu erwarten, gering.
Davon wurde ein Verfahren in der 2. Instanz überprüft und bestätigt. Dies sind 50 % aller Verfahren, in denen die Zwangshaft angedroht wurde und 1,6 % aller

[474] Siehe oben: A.III.4.a)aa)
[475] Siehe oben: A.III.2.

untersuchter Verfahren insgesamt.
Zur Androhung der Zwangshaft wurde in keinem Fall ein gesondertes Verfahren durchgeführt, vielmehr wurde die Zwangshaft immer zusammen mit der Herausgabeanordnung angedroht. Dies sind 100 % aller Verfahren, in denen die Zwangshaft angedroht wurde und 3,2 % aller untersuchter Verfahren insgesamt.
In beiden Fällen wurde die Zwangshaft in einem Verfahren zur einstweiligen Anordnung der Herausgabe angedroht. Dies sind 100 % aller Verfahren, in denen die Zwangshaft angedroht wurde und 3,2 % aller untersuchter Verfahren insgesamt.
Insoweit gilt die vorangehend zum Zwangsgeld angeführte Kritik entsprechend.

In beiden Fällen der Androhung der Zwangshaft war die Anordnung mit anderen Zwangsmitteln verbunden. Das sind 100 % aller Verfahren, in denen die Zwangshaft angedroht wurde und 3,2 % aller untersuchter Verfahren insgesamt.
Gegen die Verbindung der Androhung der Zwangsmittel des Zwangsgeldes und der Zwangshaft miteinander, muß eingewendet werden, daß die ihm Rahmen der Ermessensentscheidung vorzunehmende Verhältnismäßigkeitsprüfung faktisch nie ergeben kann, daß beide Zwangsmittel gleichermaßen verhältnismäßig sind. Die Androhung von „ersatzweiser“ Zwangshaft ist daher unzulässig.[476]

Zur Durchsetzung des Umgangsrechts wurde die Zwangshaft in keinem Fall angedroht. Das sind 0 %.
Zur Durchsetzung einer Herausgabeanordnung gemäß § 1632 I, III BGB wurde einmal die Zwangshaft angedroht. Dies entspricht 50 % aller Verfahren, in denen die Zwangshaft angedroht wurde und 1,6 % aller untersuchter Verfahren insgesamt.
Zur Durchsetzung einer Rückführungsanordnung nach HKÜ wurde die Zwangshaft einmal angedroht. Dies entspricht 50 % aller Verfahren, in denen die Zwangshaft angedroht wurde und 1,6 % aller untersuchter Verfahren insgesamt.

Bei der Androhung wurden keine Angaben zur Haftdauer gemacht. Dies sind 0 %. Diese Vorgehensweise ist nach dem oben Gesagten unzulässig, da für die Androhung der Zwangshaft grundsätzlich dasselbe gilt wie für die Androhung des Zwangsgeldes. Zumindest eine Höchstdauer der Zwangshaft muß in der Androhung formuliert werden.[477]

In keinem der beiden Fälle wurde die Androhung der Zwangshaft besonders begründet. Dies sind 0 %. Das Unterbleiben einer Begründung ist jedoch im Hinblick auf die Überprüfung der Ermessensentscheidung, insbesondere der Beachtung der Kindeswohldienlichkeit, unzulässig. Insoweit gilt das zum Zwangsgeld vorangehend Gesagte entsprechend.

[476] Siehe oben: A.III.3.a)dd)
[477] Siehe oben: A.III.3.c)

Es wurden in keinem der beiden Fälle die möglichen Auswirkungen der Inhaftierung auf das Kind berücksichtigt. Dies sind 0 %. Dies ist unzulässig, da die Vollstreckung dem Kindeswohl dienlich sein muß.[478] Die Auswirkungen der Inhaftierung auf das Kind können nur festgestellt werden, wenn die Kindesinteressen überhaupt Berücksichtigung finden.
In keinem der Fälle wurde eine Anhörung konkret zur Androhung der Zwangshaft durchgeführt.
In einem Verfahren fand eine mündliche Verhandlung statt. Das entspricht 50 % aller Verfahren, in denen die Zwangshaft angedroht wurde und 1,6, % aller untersuchter Verfahren insgesamt.
In keinem Verfahren fand eine Kindesanhörung statt. Das sind 0 %.
In einem Verfahren fand eine Mitwirkung des Jugendamtes statt. Das entspricht 50 % aller Verfahren, in denen ein Zwangsgeld angedroht wurde und 1,6 % aller untersuchter Verfahren insgesamt.
Insoweit gilt die voranstehend zum Zwangsgeld vorgebrachte Kritik entsprechend.

(b)Verhängung

Es wurde in keinem der untersuchten Verfahren die Zwangshaft verhängt. Dies sind 0 %.

(3) Anordnung gemäß § 33 II 1 FGG

(a) Androhung der Anordnung gemäß § 33 II 1 FGG

Eine Anordnung nach § 33 II 1 FGG wurde in keinem Verfahren der ersten Instanz angedroht. Das sind 0 %. Eine Anordnung nach § 33 II 1 FGG wurde nach Abänderung in der 2. Instanz angedroht. Das sind 1,6 % aller untersuchter Verfahren insgesamt und 4 % aller Herausgabeanordnungen.
Nach obigen Ausführungen hat eine Androhung aber in der Regel stattzufinden, ausnahmsweise kann im Fall der Eilbedürftigkeit die Androhung unterbleiben.[479]

(b) Anordnung gemäß § 33 II 1 FGG

(aa) Allgemeine Angaben und Bewertung der gerichtlichen Praxis

Es wurden insgesamt 15 Anordnungen gemäß § 33 II 1 FGG getroffen. Dies stellen 52 % aller Herausgabeanordnungen und 24,2 % aller untersuchter Verfahren insgesamt dar.

[478] Siehe oben: A.III.1.a)
[479] Siehe oben: A.III.4.a)ff)

Davon wurden 5 Anordnungen in der 2. Instanz überprüft. Das sind 33,3 % aller Anordnungen gemäß § 33 II 1 FGG und 8,1 % aller untersuchter Verfahren insgesamt.
Zwei der Anordnungen nach § 33 II 1 FGG wurden in der 2. Instanz aufgehoben, das sind 13,3 % aller getroffener Anordnungen gemäß § 33 II 1 FGG und 3,2 % der untersuchten Verfahren insgesamt.
Zwei der Anordnungen wurden in der 2. Instanz bestätigt, das sind 13,3 % aller getroffener Anordnungen gemäß § 33 II 1 FGG und 3,2 % der untersuchten Verfahren insgesamt.
Eine Anordnung wurde in eine Androhung umgeändert (s.o.). Das sind 6,7 % aller getroffener Anordnungen gemäß § 33 II 1 FGG und 1,6 % der untersuchten Verfahren insgesamt.

In keinem der Fälle fand ein gesondertes Verfahren zur Anordnung gemäß § 33 II 1 FGG statt. Dies entspricht 0 %. In 13 Fällen wurde die Anordnung gemäß § 33 II 1 FGG zusammen mit der Grundentscheidung in einem erlassen. Dies sind 86,7 % von allen Anordnungen nach § 33 II 1 FGG und 21 % aller untersuchter Verfahren insgesamt.
Dieses Vorgehen ist nur dann nicht zu beanstanden, wenn die Durchsetzung der Herausgabeanordnung nach § 33 II 1 FGG im Verfahren zur Herausgabeanordnung gerade im Hinblick auf Anhörungen gesondert diskutiert wird, von einer Androhung abgesehen werden kann und die Verfahrensgegenstände getrennt behandelt werden.[480] Die Verbindung soll aber die Ausnahme darstellen, praktisch stellt sie jedoch die Regel dar.

In zwei Fällen wurde eine von der Grundentscheidung gesonderte Anordnung nach § 33 II 1 FGG erlassen. Dies entspricht 13,3 % von allen Anordnungen nach § 33 II 1 FGG und 3,2 % aller untersuchter Verfahren insgesamt.

Dreimal wurde die Anordnung gemäß § 33 II 1 FGG mit anderen Zwangsmitteln verbunden, das sind 20 % aller Anordnungen nach § 33 II 1 FGG und 4,8 % aller untersuchter Verfahren insgesamt. Dies ist nach dem Wortlaut des § 33 II 1 FGG nicht zu beanstanden.

In 14 Fällen wurde die Anordnung gemäß § 33 II 1 FGG innerhalb eines Verfahrens zum Erlaß einer Einstweiligen Anordnung zur Herausgabe getroffen. Dies entspricht 93,3 % aller Anordnungen nach § 33 II 1 FGG und 22,6 % aller untersuchter Verfahren insgesamt.
Dieser Zustand ist sehr bedenklich. Die Anordnung gemäß § 33 II 1 FGG kann nämlich nach ihrer Ausführung nicht mehr rückgängig gemacht werden. Etwaige Schädigungen des Kindes, die durch die Durchführung einer Anordnung nach § 33 II 1 FGG entstanden sind, können nicht wiedergutgemacht werden, wenn

[480] Siehe oben: A.III.4.a)aa)

sich im Hauptsacheverfahren herausstellt, daß die Herausgabeentscheidung bzw. die dieser zugrundeliegende Sorgerechts-, Aufenthaltsbestimmungsrechts- oder Umgangsrechtsentscheidung nicht aufrechterhalten werden kann.
Zweimal lag der Anordnung gemäß § 33 II 1 FGG eine Herausgabeanordnung zur Durchsetzung des Umgangsrechts zugrunde. Dies entspricht 13,3 % aller Anordnungen nach § 33 II 1 FGG und 3,2 % aller untersuchter Verfahren insgesamt. Im Hinblick auf die Beachtung des Verhältnismäßigkeitsgrundsatzes ist die Anordnung gemäß § 33 II 1 FGG bedenklich.[481]
10 mal lag der Anordnung gemäß § 33 II 1 FGG eine Herausgabeanordnung gemäß § 1632 I, III BGB zugrunde. Dies sind 66,7 % aller Anordnungen nach § 33 II 1 FGG und 16,1 % aller untersuchter Verfahren insgesamt. 5 mal lag der Anordnung gemäß § 33 II 1 FGG eine Rückführungsanordnung nach HKÜ zugrunde. Dies entspricht 33,3 % aller Anordnungen nach § 33 II 1 FGG und 8,1 % aller untersuchter Verfahren insgesamt.
Die Herausgabeanordnungen gemäß § 1632 I, III BGB stellen demnach den Schwerpunkt dar.

In 4 Fällen wurde die Anordnung nach § 33 II 1 FGG begründet, dies geschah jedoch in keinem der Fälle über einen Satz hinaus. Dies entspricht 26,7 % von allen Anordnungen nach § 33 II 1 FGG und 6,5% aller untersuchter Verfahren insgesamt.
In einem der Fälle wurden die Auswirkungen der Anordnung nach § 33 II 1 FGG im konkreten Fall auf das Kind berücksichtigt. Dies geschah in zweiter Instanz. Das entspricht 6,7 % aller Anordnungen nach § 33 II 1 FGG und 1,6 % aller untersuchter Verfahren insgesamt.
Insoweit kann die voranstehende Kritik zum Zwangsgeld und zur Zwangshaft übertragen werden. Allein anhand der Begründung der Anordnung kann überprüft werden, ob die Ermessensausübung korrekt war. Die Kindesinteressen müssen aber in jedem Fall berücksichtigt werden, da nur mittels der Kindesinteressen die Kindeswohldienlichkeit der Vollstreckung begründet werden kann.

In keinem Fall wurde eine gesonderte Anhörung zur Anordnung gemäß § 33 II 1 FGG durchgeführt. Dies sind 0 %.
Zweimal wurde im Grundverfahren eine mündliche Verhandlung durchgeführt. Dies sind 13,3 % aller Anordnungen nach § 33 II 1 FGG und 3,2 % aller untersuchter Verfahren insgesamt.
Dreimal fand eine Kindesanhörung statt. Dies sind 20 % aller Anordnungen nach § 33 II 1 FGG und 4,8 % aller untersuchter Verfahren insgesamt.
5 mal war das Jugendamt beteiligt. Dies sind 33,3 % aller Anordnungen nach § 33 II 1 FGG und 8,1 % aller untersuchter Verfahren insgesamt.
Zwar haben hier wenigstens ein paar Anhörungen stattgefunden, nach oben Gesagtem müssen jedoch zwingend Anhörungen durchgeführt werden. Gerade im

[481] Siehe oben: A.III.4.b)bb)

Hinblick auf die Anordnung gemäß § 33 II 1 FGG, insbesondere der Auswirkungen einer Gewaltanwendung, sind der Wille und die Neigungen des Kindes von Bedeutung. Auch kann durch die Mitwirkung des Jugendamtes die Durchsetzung der Herausgabeanordnung mittels Gewalt unter Umständen abgewendet werden.[482]

(bb) Inhalt der Anordnung gemäß § 33 II 1 FGG und Bewertung der gerichtlichen Praxis

11 mal wurde die Durchführung der Herausgabevollstreckung dem Gerichtsvollzieher erlaubt. Dies entspricht 73,3 % aller Anordnungen nach § 33 II 1 FGG und 17,7 % aller untersuchter Verfahren insgesamt.
Dreimal wurde die Durchführung der Herausgabevollstreckung dem Antragssteller erlaubt. Dies entspricht 20 % aller Anordnungen nach § 33 II 1 FGG und 4,8 % aller untersuchter Verfahren insgesamt.
10 mal wurde die Erlaubnis erteilt, bei der Durchführung der Herausgabevollstreckung die Hilfe der Polizei in Anspruch zu nehmen. Dies entspricht 66,7 % aller Anordnungen nach § 33 II 1 FGG und 16,1 % aller untersuchter Verfahren insgesamt.

12 mal wurde ausdrücklich die Anwendung von Gewalt bei der Durchführung der Herausgabevollstreckung erlaubt. Dies entspricht 80 % aller Anordnungen nach § 33 II 1 FGG und 19,4 % aller untersuchter Verfahren insgesamt.
Davon wurde dreimal ausdrücklich die Gewaltanwendung gegen den Antragsgegner erlaubt. Dies entspricht 20 % aller Anordnungen nach § 33 II 1 FGG und 4,8 % aller untersuchter Verfahren insgesamt.
In keinem der Fälle wurde ausdrücklich die Gewaltanwendung gegen ein Kind erlaubt. Das entspricht 0 %.
In den übrigen 9 Fällen wurde die Gewaltbefugnis nicht näher auf bestimmte Personen konkretisiert. Dies entspricht 60 % aller Anordnungen nach § 33 II 1 FGG und 14,5 % aller untersuchter Verfahren insgesamt.
Zweimal wurde ausdrücklich die Durchsuchung der Wohnung des Antragsgegners erlaubt. Dies entspricht 13,3 % aller Anordnungen nach § 33 II 1 FGG und 3,2 % aller untersuchter Verfahren insgesamt.

Es ist in diesem Rahmen festzustellen, daß die formellen Anforderungen nicht befolgt werden.[483] Die pauschale Gewaltanwendungsbefugnis ist unzureichend. Die Konkretisierung der Person, die zur Gewaltanwendung ermächtigt werden soll ist notwendig. Der Antragsteller kann nach § 33 II 1 FGG nicht ermächtigt werden, Gewalt anzuwenden, wohingegen eine Ermächtigung zur Gewaltan-

[482] Aus Fallstudie 3 ist jedoch ersichtlich, daß die Anregungen des Jugendamtes entgegen dem Kindeswohl nicht immer befolgt werden, siehe oben: A.I.3.
[483] Siehe zu den formellen Anforderungen an den Inhalt der Anordnung gemäß § 33 II 1 FGG: III.4.a)aa)

wendung stets an den Gerichtsvollzieher adressiert zu erfolgen hat. Ebenfalls ist es notwendig, zu konkretisieren, gegen wen die Gewalt angewendet werden darf. Die Gewaltanwendung gegenüber einem Kind ist nach oben Gesagtem unzulässig.[484] Insoweit sind die Formulierungen nicht zu beanstanden.
Mit 19,4 % aller untersuchter Herausgabeverfahren, in denen eine Gewaltanwendungsbefugnis ausgesprochen wurde, zeigt das Thema der Gewalt im Vollstreckungsverfahren beachtliche Relevanz. Bei der Anordnung der Gewaltanwendung kann also nicht von Einzelfällen gesprochen werden. Dies bedeutet, daß die Anforderungen an ein kindgerechtes Verfahren zur Durchsetzung der Kindesherausgabe und des Umgangsrechts erhöht sind.

(cc) Durchführung der Vollstreckung und Bewertung der Vollstreckungspraxis

In 6 Fällen ist die Durchführung der Vollstreckung bekannt. Dies entspricht 40 % aller Anordnungen nach § 33 II 1 FGG und 9,7 % aller untersuchter Verfahren insgesamt. Die nachfolgenden Zahlen sind nicht repräsentativ, da nicht in allen betreffenden Verfahren ein Gerichtsvollzieherprotokoll vorhanden war.

In einem Verfahren wurde die Herausgabevollstreckung durch den Gerichtsvollzieher ohne Vorliegen einer Anordnung nach § 33 II 1 FGG durchgeführt. Dies sind 6,7 % aller Anordnungen nach § 33 II 1 FGG und 1,6 % aller untersuchter Verfahren insgesamt. Dies entspricht nicht den gesetzlichen Vorgaben. Eine Vollstreckungsanordnung hat in jedem Fall zu erfolgen.

Dreimal wurde die Vollstreckung abgebrochen. Dies entspricht 50 % aller Fälle, in denen die Durchführung der Vollstreckung bekannt ist und 4,8 % aller untersuchter Verfahren insgesamt.
6 mal wurde bei der Vollstreckung der Herausgabeanordnung der Gerichtsvollzieher tätig. Dies entspricht 100 % aller Fälle, in denen die Durchführung der Vollstreckung bekannt ist und 9,7 % aller untersuchter Verfahren insgesamt.
5 mal wurde bei der Vollstreckung der Herausgabeanordnung zusätzlich die Polizei tätig. Dies entspricht 83,3 % aller Fälle, in denen die Durchführung der Vollstreckung bekannt ist und 8,1 % aller untersuchter Verfahren insgesamt.
Sonstige Personen wurden nicht tätig. Dies entspricht 0 %. Insbesondere wurde das Jugendamt nicht unterstützend tätig.

Zweimal wurde bei der Vollstreckung der Herausgabeanordnung körperliche Gewalt gegen Kinder angewendet. Dies entspricht 33,3 % aller Fälle, in denen die Durchführung der Vollstreckung bekannt ist und 3,2 % aller untersuchter Verfahren insgesamt. Dies ist nach oben Gesagtem absolut unzulässig[485] und

[484] Siehe oben: A.III.4.b)bb)(2)
[485] Siehe oben: A.III.4.b)bb)(2)

stellt einen unhaltbaren Zustand im Hinblick auf das Erfordernis der Kindeswohldienlichkeit der Vollstreckung dar.
Zweimal wurde bei der Vollstreckung der Herausgabeanordnung körperliche Gewalt gegen sonstige Anwesende angewendet. Dies entspricht 33,3 % aller Fälle, in denen die Durchführung der Vollstreckung bekannt ist und 3,2 % aller untersuchter Verfahren insgesamt. Bereits diese Tatsache ist gerade wegen der Begründungs- und Anhörungsmängel und der überwiegenden Durchführung von Eilverfahren im Hinblick auf das Wohl des Kindes bedenklich.

(4) Übertragung der Verfügungsgewalt über die Pässe des Kindes und Bewertung der gerichtlichen Praxis

4 mal wurde die Übertragung der Verfügungsgewalt über die Pässe des Kindes angeordnet. Dies entspricht 16 % aller Herausgabeanordnungen und 6,5 % aller untersuchter Verfahren insgesamt. Diese Anordnung wurde immer zusammen mit der Anordnung anderer Zwangsmittel getroffen. Die Übertragung der Verfügungsgewalt über die Pässe ist nicht gesetzesmäßig und darf daher nicht erfolgen.[486]

(5) Abgabe einer eidestattlichen Versicherung über den Verbleib des Kindes und Bewertung der gerichtlichen Praxis

Zweimal wurde für den Fall des Nichtauffindens des Kindes im Falle der Vollstreckung nach § 33 II 1 FGG die Abgabe einer eidestattlichen Versicherung über den Verbleib des Kindes angeordnet. Dies entspricht 8 % aller Herausgabeanordnungen und 3,2 % aller untersuchter Verfahren insgesamt. Die Abgabe einer eidesstattlichen Versicherung über den Verbleib des Kindes ist mithin im Gegensatz zu den anderen Zwangsmitteln nicht praxisrelevant.

g) Abschließende Bewertung der gerichtlichen Praxis

Abschließend ist festzustellen, daß die gerichtliche Praxis in vielen Bereichen den gesetzlichen Vorgaben nicht folgt. Weitestgehend betrifft dies Anforderungen, die gerade zur Berücksichtigung der Kindesinteressen unerläßlich sind.

Kindesanhörungen finden nicht in ausreichendem Maße statt, diese müssen aber grundsätzlich vor der Vollstreckungsentscheidung durchgeführt werden oder aber bei Vorliegen von Gefahr im Verzuge unverzüglich nachgeholt werden.
Die Beteiligung des Jugendamtes findet nicht in ausreichendem Maße statt.

[486] Siehe oben: A.VI.2.g)

Die Kindesinteressen finden bei der Auswahl der Zwangsmittel keine ausreichende Berücksichtigung. Die Vollstreckungsanordnungen bleiben ohne Begründung.

Für das Kind besteht wegen der Vollstreckung überwiegend aufgrund von Eilentscheidungen ein erhöhter Unsicherheitsfaktor, der noch gesteigert wird, wenn die der Herausgabeentscheidung zugrundeliegende Entscheidung ihrerseits vorläufigen Charakters ist.

Grundsätzlich findet kein gesondertes Vollstreckungsverfahren statt, weswegen bei Anhörungen oder sonstigen Verfahrensbeteiligungen im Grundverfahren besonders wegen der großen Anzahl von Eilverfahren die Erörterung der Anwendung möglicher Zwangsmittel unzulässigerweise unterbleibt.

Die Gewaltanwendung zeigt bei der Herausgabevollstreckung erhebliche Relevanz. Es wird insbesondere gegenüber Kindern bei der Vollstreckung Gewalt angewendet, obwohl dies unzulässig ist.[487]

[487] Siehe oben: A.III.4.b)bb)(2)

V. Die Kindeswohldienlichkeit der Anwendung von Zwangsmitteln gemäß § 33 FGG

Nach dem oben Gesagten muß die Anwendung der Zwangsmittel gemäß § 33 FGG dem Kindeswohl dienlich sein.[488] Die Kindeswohldienlichkeit der Vollstreckung eines Herausgabeanspruchs bzw. des Umgangsrechts mit den Mitteln des § 33 FGG muß folglich hinsichtlich der Entscheidung, ob überhaupt vollstreckt werden soll und mit welchen Mitteln vollstreckt werden soll, dem Kindeswohl dienlich sein.
Die Entscheidung hinsichtlich der Kindeswohldienlichkeit hat der einzelne Familienrichter im Rahmen der Ausübung pflichtgemäßen Ermessens unter Abwägung aller Belange, insbesondere unter Berücksichtigung des Verhältnismäßigkeitsgrundsatzes zu treffen.
Von ausschlaggebender Bedeutung sind insoweit die Belange des Kindes. Um diese richtig zu erfassen, ist es notwendig, sich die Situation des Kindes zum Zeitpunkt der Vollstreckung und die Auswirkungen der einzelnen Zwangsmittel auf das Kind zu verdeutlichen.

Da es sich vorliegend um eine juristische Arbeit handelt, können themenbezogene pädagogische, psychologische und sonstige sozialwissenschaftliche Kenntnisse nur angerissen werden.
Darüberhinaus existiert praktisch keine pädagogische, psychologische und sonstige sozialwissenschaftliche Literatur, die sich mit den Auswirkungen der Vollstreckung von Herausgabe- und Umgangsentscheidungen auf das Kind befaßt.
Die nachfolgenden Ausführungen zeigen, daß die vorliegend untersuchte Vollstreckungsproblematik nicht ohne die Einbeziehung pädagogischer, psychologischer und sonstiger sozialwissenschaftlicher Kenntnisse erfolgen kann. Zu einer intensiven Auseinandersetzung mit der Vollstreckungsproblematik in jenen außerjuristischen Bereichen wird daher Anstoß gegeben.

1. Situation des Kindes im Zeitpunkt der Vollstreckung

Der Vollstreckung geht in allen hier untersuchten Fällen ein Elternstreit voraus. Insoweit sind verschiedene Fallkonstellationen denkbar. Verwiesen sei zunächst auf die Fallstudien.[489]
In Betracht kommt, daß die Eltern des Kindes zusammenlebten und sich gerade getrennt haben und in dieser Situation ein Streit um die Herausgabe des Kindes oder den Umgang mit dem Kind entstanden ist.[490] Weiterhin kommt in Betracht,

[488] Siehe oben: A.III.1.a)
[489] Siehe oben: A.I.
[490] Dafür sprechen die oben (A.IV.) gewonnen Ergebnisse. In 21,3 % aller Herausgabeverfahren auf der Grundlage des § 1632 I, III BGB wurde gleichzeitig ein Antrag auf Regelung des Sorgerechts gestellt, siehe oben: A.IV.3.c)cc); zu den materiellen Grundlagen der Herausgabeanträge insgesamt siehe oben A.IV.3.c)

daß die Eltern sich bereits getrennt haben, aber die Scheidung noch nicht ausgesprochen ist und auf der Grundlage einer vorläufigen Sorgerechts- oder Aufenthaltsbestimmungsrechtsregelung ein Streit um das Kind entstanden ist.[491] Ebenfalls möglich ist die Konstellation, daß sich die Eltern bereits haben scheiden lassen bzw. nie zusammengelebt haben und eine vorerst endgültige Sorgerechts- und Umgangsregelung vorliegt, diese aber nicht funktioniert.[492]

Die Situation des Kindes spiegelt folglich alle Stadien der Trennung, Scheidung bzw. des endgültigen Getrenntlebens der Familie im Falle der Nichtheirat der Kindeseltern wider. Außerdem ist das Kind bei der Frage um die Herausgabe oder Übergabe der Mittelpunkt des elterlichen Streits.

a) Situation der Trennung und Scheidung

Es ist hinreichend anerkannt, daß die Trennung der Eltern vom Kind zunächst als irritierend und verwirrend empfunden wird und infolgedessen Angst und Hilflosigkeit und möglicherweise auch längerfristige Schädigungen hervorrufen kann.[493]
Anhaltende Spannungen zwischen den Eltern in der Trennungsphase können bei Kindern Anpassungsschwierigkeiten und eine Reihe verschiedener unspezifischer psychischer Störungen hervorrufen, wie etwa emotionale und soziale Auffälligkeiten.[494]
Je jünger das Kind im Zeitpunkt der Trennung ist, desto weniger ist es in der Lage, die Situation zu erfassen und zu begreifen, daß es keine Schuld daran trägt.[495] Schuldgefühle und Loyalitätskonflikte prägen die Trennungssituation.[496]
In der Zeit nach der Trennung hat das Kind verstärkt das Bedürfnis nach Unterstützung sowie nach verläßlicher täglicher Routine, um sich den von Grund auf veränderten Lebensumständen anpassen zu können.[497] In Wahrnehmung der

[491] Dafür sprechen die oben (A.IV.) gewonnenen Ergebnisse. In 8,5 % aller Herausgabeverfahren auf der Grundlage des § 1632 I, III BGB lag lediglich eine vorläufige Sorgerechtsregelung oder vorläufige Regelung des Aufenthaltsbestimmungsrechts zugrunde, siehe oben: A.IV.3.c)cc); zu den materiellen Grundlagen der Herausgabeanträge insgesamt siehe oben A.IV.3.c)
[492] Dafür sprechen die oben (A.IV.) gewonnenen Ergebnisse. In 72,3 % aller Herausgabeverfahren auf der Grundlage des § 1632 I, III BGB lag eine vorerst entgültige Sorgerechtsregelung, davon in 6,4 % der Fälle eine gemeinsame Sorgerechtsregelung zugrunde, siehe oben: A.IV.3.c)cc); zu den materiellen Grundlagen der Herausgabeanträge insgesamt siehe oben A.IV.3.c)
[493] Siehe Dickmeis, NJW 1983, 2062; Jopt, ZfJ 1990, 285 (289) (spricht von lebenslangen Schäden); zu den Langzeitauswirkungen von Trennung und Scheidung vgl.: Wallerstein/Blakeslee, Gewinner und Verlierer, (1992); Wallerstein/Lewis, FamRZ 2001, 65 ff.; Furstenberg/Cherlin, Geteilte Familien (1993)
[494] Walter, ZfJ 1996, 270 (272)
[495] Furstenberg/Cherlin, S. 104 f.
[496] Wallerstein/Blakeslee, S. 212
[497] Furstenberg/Cherlin, S. 106

staatlichen Verpflichtungen, welche aus Art. 6 I, II Satz 2 GG resultieren, hat auch der Staat diese Unterstützung zu leisten.

Wie die Trennungs- und Scheidungsfolgen sich letztlich auf die Entwicklung des Kindes auswirken, hängt einerseits von der Persönlichkeit des Kindes ab. Andererseits aber spielt der Umgang der Eltern mit den Konflikten eine wichtige Rolle.
Gelingt es den Eltern weitgehend, die Konflikte nicht vor dem Kind auszutragen und das Kind nicht in die Konflikte einzubeziehen, so können Langzeitschäden vermieden werden.[498] Kinder sind in der Lage, sich vom Trennungstrauma zu erholen.[499] Ziehen sich die Streitigkeiten der Eltern jedoch durch die gesamte Kindheit,[500] so verringert sich diese Chance des Kindes.[501]

b) Situation der Herausgabe oder Übergabe des Kindes

Findet nun vor diesem Hintergrund ein Herausgabestreit der Eltern oder ein Streit über das Umgangsrecht, der sich letztlich auch bei der Übergabe des Kindes entscheidet, statt, so kann dies gerade in Übergabesituationen zu Ängsten und Gegenreaktionen führen.[502] Das Kind befindet sich ja in dem Zeitpunkt, in dem sich die Vollstreckungsfrage stellt, nicht bei Fremden, sondern bei einem Elternteil, also einer Bezugsperson. Die Durchsetzung der Herausgabe, gleich zu welchem Zweck, bedeutet also immer gleichzeitig auch eine (vorübergehende) Trennung von einer Bezugsperson.[503] Besonders wenn zu dieser Bezugsperson auch Bindungen vorhanden sind, birgt die Trennung von der Bezugsperson Risiken für das Kind. Die Trennung kann dann akute psychische Folgen wie auch langfristige Beeinträchtigungen der Persönlichkeitsentwicklung bewirken.[504] Das Risiko des Eintritts dieser Störungen wird durch belastende Umweltbedingungen, wie es die anhaltende nacheheliche Streitkultur bedeutet, wesentlich erhöht.[505] Kindliche Bindungen sind gerade im jungen Alter sehr verletzlich.[506] Kinder jüngeren Alters sind oft von einem Herausgabestreit betroffen.[507]

Darüberhinaus ist der Herausgabestreit bzw. der Umgangsstreit der Eltern um das Kind bereits gerichtlich anhängig gemacht worden und die Eltern schrecken

498 Wallerstein/Blakeslee, S. 217 f.
499 Furstenberg/Cherlin, S. 149; dieser Schluß läßt sich auch aus den Ausführungen von Wallerstein/Blakeslee, S. 212 f. ziehen
500 So zum Beispiel in Fallstudie 1, siehe oben: A.I.1.
501 Wallerstein/Blakeslee, S. 218 f.
502 Walter, ZfJ 1996, 270 (272)
503 Vergleiche Dettenborn, FPR 1996, 76
504 Vergleiche im Einzelnen zu den konkreten Störungen Dettenborn, FPR 1996, 76 (77, 80)
505 Ähnlich Dettenborn, FPR 1996, 76 (80)
506 Lempp, Kann die Familie weiterhin das Recht des Kindes gewährleisten?, Zeitschrift für Kinder- und Jugendpsychatrie, 1985, 43 (54); Dettenborn, FPR 1996, 76 (78)
507 Siehe oben: A.IV.3.b)

nicht davor zurück, Zwangsmaßnahmen gegeneinander verhängen zu lassen, wollen ihr Kind also um jeden Preis wieder zu sich holen. Dadurch werden die negativen Gefühle der Eltern zueinander offen zum Ausdruck gebracht.

Hierin konkretisiert sich die Gefahr, daß die Eltern nicht mehr in der Lage sind, das Kindeswohl selbst zu schützen und dem Kind als schwächsten Familienmitglied zur Durchsetzung seiner Interessen bzw. seines Rechts zu verhelfen. Die Familie verfügt beim Auseinanderbrechen nicht mehr über genügend innere Stärke, Stabilität und Kontrollmöglichkeit, um auch dem Kind aus seiner Krise zu helfen.[508]

c) Zwischenergebnis

Das Kindeswohl befindet sich also im Zeitpunkt der Vollstreckungsfrage in dreifacher Hinsicht in Gefahr, und es bestehen Risiken für die persönliche Entwicklung des Kindes.
Zum einen bedeutet die Trennungs- oder Scheidungsituation mit ihren anhaltenden offen ausgetragenen Konflikten eine große psychische Belastung. Zum anderen beinhaltet die Herausgabe- oder Übergabesituation wegen der damit einhergehenden Trennung von Bezugspersonen eine psychische Belastung. Darüberhinaus bringen die Eltern den Konflikt um das Kind offen zum Ausdruck, indem sie ihre „Ansprüche" gerichtlich notfalls auch unter Anwendung von Zwang gegeneinander geltend machen.
Das Kind braucht in dieser Situation in erhöhtem Maße Unterstützung.
Beratung und Vermittlung können in dieser Situation eine wichtige Rolle spielen, um die Langzeitschäden des Kindes möglichst gering zu halten.[509] Aber auch die gerichtliche Anhörung des Kindes dient dazu, das Ausmaß der Belastungen des Kindes überhaupt erst festzustellen.

2. Dient die Vollstreckung mit den Mitteln des § 33 FGG überhaupt dem Kindeswohl ?

Das Kind muß juristisch gesehen von der Vollstreckung unberührt bleiben, da es nicht Vollstreckungsgegner ist. Es ist gleichzeitig aber Mittelpunkt des Vorganges. Trotz dieses tatsächlichen Widerspruchs muß die Vollstreckung dem Kindeswohl dienlich sein.
Dies kann der Staat nach vorangegangener Schilderung der Situation des Kindes eigentlich nicht gewährleisten, wenn er den streitenden Elternparteien seine Unterstützung im Wege der Vollstreckung des Herausgabeanspruchs oder des Umgangsrechts anbietet, da bereits die der Vollstreckung zugrundeliegende Situation für das Kindeswohl schädlich ist.

[508] Lempp, Kann die Familie weiterhin das Recht des Kindes gewährleisten?, Zeitschrift für Kinder- und Jugendpsychatrie, 1985, 43 (47)
[509] Furstenberg/Cherlin, S. 74

a) Vollstreckung als am wenigsten schädliche Alternative für das Kind

Dies bedeutet praktisch, daß die Entscheidung für die Vollstreckung letztlich nur die für das Kind am wenigsten schädliche Alternative sein kann.[510] So muß im Zeitpunkt der Vollstreckungsfrage geklärt werden, ob die Herausgabe des Kindes bzw. die Übergabe des Kindes zum Zwecke der Ausübung des Umgangsrechts herbeigeführt durch Zwang das geringere Schadensrisiko im Gegensatz zum Verbleib des Kindes bei der Bezugsperson darstellt.[511]

Um die Schadensrisiken einer möglichen Vollstreckung richtig beurteilen zu können, müssen die konkreten Belastungen, denen das Kind bereits ausgesetzt ist, im Wege der Kindesanhörung erforscht werden. Die richtige Einschätzung der Belastungssituation durch die Vollstreckung ist Voraussetzung für die Beurteilung der Frage der Kindeswohldienlichkeit der Androhung und Verhängung eines Zwangsmittels nach § 33 FGG.
Bereits hierbei stellt sich schon die Frage, ob der Familienrichter ohne die nötigen Fachkenntnisse überhaupt in der Lage ist, im Wege der Kindesanhörung diese Belastungen zu erkennen. Eine Zusatzausbildung erscheint unbedingt notwendig.[512] Denn wegen der Verzögerungsgefahr des Verfahrens durch die Einholung eines Sachverständigengutachtens zur Einschätzung dieser Frage[513] und der großen Zahl von Eilverfahren,[514] kann auf diese Möglichkeit nicht ausgewichen werden.

Unabhängig vom Ausmaß der Kindesbelastung ist mit Zwangsmitteln vorsichtig umzugehen, weil sie die konfliktbeladene Situation selten entlasten, dagegen oft weiteres Konfliktpotential schaffen.[515]
Der Forderung, die elterlichen Konflikte zum Wohle des Kindes möglichst verdeckt auszutragen, läuft die Situation der Vollstreckung nämlich gerade zuwider. Offener und für das Kind intensiver spürbar können die Konflikte kaum ausgetragen werden als im Zeitpunkt der Herausgabe- oder Übergabevollstreckung. Mit der zwangsweisen Durchsetzung der Kindesherausgabe bzw. des Umgangsrechts können sich Schuldgefühle und Loyalitätskonflikte beim Kind verstärken. Das Kind bekommt von der staatlichen Zwangsanwendung, gleich

[510] Vergleiche grundlegend Goldstein/Freud/Solnit, Jenseits des Kindeswohls, Frankfurt a. M. 1991
[511] Vergleiche Dettenborn, FPR 1996, 76 (77)
[512] Siehe auch Eschweiler, Die Mitwirkung von Kindern im familiengerichtlichen Verfahren, in: Vom Umgang der Justiz mit Minderjährigen, S. 238
[513] Siehe zu den einzelnen Verzögerungsgründen in kindschaftsrechtlichen Verfahren: Heilmann, Kindliches Zeitempfinden und Verfahrensrecht, S. 211 ff.
[514] In 69,4 % aller Herausgabeverfahren wird ein Eilverfahren durchgeführt, s.o. IV.3.e)cc)
[515] BRDrucks 180/96, S. 33; Weisbrodt, KindPrax 2000, 9 (16)

welcher Art, immer etwas mit. Das ausgewählte Vollstreckungsmittel trifft nämlich nie allein den anderen, sondern immer auch das Kind.[516]

b) Positives Kindesverhalten im Hinblick auf die Herausgabe oder den Umgangskontakt

Liegt keine kindliche Weigerungshaltung vor, so kann es letztlich für die Beurteilung der am wenigsten schädlichen Alternative für das Kind nur darauf ankommen, daß die Vollstreckung der Herausgabe- oder Umgangsentscheidung vom Kind als Unterstützung empfunden wird.
Davon ist jedenfalls dann auszugehen, wenn das Kind sich hinsichtlich der Durchsetzung der Herausgabe- oder Umgangsentscheidung eindeutig und ausdrücklich positiv verhält, das heißt zum anderen Elternteil will, wenn nicht aus anderen Gründen des Kindeswohls die Herausgabe oder der Umgangskontakt ausscheiden muß. Dies ist bei Erlaß der Grundentscheidung zu prüfen.[517] Die Einstellung des Kindes kann nur im Wege der Anhörung des Kindes ermittelt werden.
In diesen Fällen kommt es darauf an, zu überprüfen, ob nicht vom einzelnen Zwangsmittel als solchem eine schädliche Belastung für das Kind ausgeht.

c) Kein eindeutig und ausdrücklich positives Kindesverhalten hinsichtlich der Herausgabe oder des Umgangskontakts

Zu berücksichtigen ist in allen Fällen, in denen sich das Kind nicht eindeutig positiv zur Herausgabe oder zum Umgangskontakt verhält, daß die Vollstreckung mit Zwangsmitteln gegen den verpflichteten Elternteil nicht als mittelbare Sanktion vom Kind empfunden werden darf. Dies muß bei der Ermessensausübung seitens des Gerichtes berücksichtigt werden.

Bei der Durchsetzung des Umgangsrechts stellt sich deshalb bei der Weigerung eines Elternteils hinsichtlich des Umgangs mit dem anderen Elternteil die Zwangsmittelanwendung bereits als äußerst schädliche Alternative dar. Ein so erzwungener Umgang würde den Konflikt unabhängig von den Gründen, die der Sorgeberechtigte für seine Weigerungshaltung anführt, insgesamt verschärfen. Dies wäre für das Kind nach den voranstehenden Ausführungen belastend und auch für den umgangsberechtigten Elternteil unbefriedigend.[518] Äußert sich das Kind nämlich nicht eindeutig und ausdrücklich positiv im Hinblick auf den Umgangskontakt, kann gerade darin der Loyalitätskonflikt zum Ausdruck kommen,

[516] Walter, ZfJ 1996, 270 (273)
[517] Siehe oben A.II.1.a) und b)
[518] Daher grundsätzlich gegen die Anwendung von Zwang zur Durchsetzung des Umgangsrechts: Baer, ZfJ 1977, 516 (517); Simitis 1974, S. 109 ff. in Das „Kindeswohl" – neu betrachtet. In: Goldstein/Freud/Solnit, Jenseits des Kindeswohls

wenn andere Gründe, aus denen das Kind den Umgang nicht ausdrücklich wollen könnte, nicht ersichtlich sind.
Die Interessen des Kindes müssen den Interessen des Nichtsorgeberechtigten dann vorangehen.[519]

d) Vorliegen einer Kindesweigerung im Hinblick auf die Herausgabe oder den Umgangskontakt

Nach dem oben Gesagten kann im Falle des Vorliegens einer Kindesweigerung aus rechtlichen Gründen keine Vollstreckung erfolgen.[520] Es erscheint auch unwahrscheinlich, daß die Vollstreckung gegen den Willen des Kindes, unabhängig vom einzelnen Zwangsmittel, im Einzelfall überhaupt die am wenigsten schädliche Alternative darstellen kann. Denn nach dem voranstehend Gesagten kommt in der Kindesweigerung, der Herausgabe- oder Umgangsanordnung Folge zu leisten, die Überlastung des Kindes innerhalb des Trennungs- und Herausgabestreits der Eltern zum Ausdruck. Diese Situation würde aber durch die Vollstreckung noch verschärft werden. Insoweit muß vorrangig eine Erforschung der Weigerungsgründe im Wege der Kindesanhörung erfolgen. Eine Entspannung oder Auflösung des Konflikts hat ohne Zwang zu erfolgen.
Die Durchsetzung des Sorge- und Umgangsrechts nach strikten gerichtlichen Vereinbarungen wird nämlich vom Kind als Zwang empfunden und kann längerfristig auch für das Verhältnis des Kindes zum betreffenden Elternteil nicht förderlich sein, sondern ist eher schädlich. Vielmehr leiden die Kinder mit zunehmendem Alter unter dem Zwang der Regulierung des Kontaktes von außen, der dann als freiheitsberaubend empfunden wird.[521]

e) Zwischenergebnis

Abschließend ist festzustellen, daß die Entscheidung über die Durchführung einer Vollstreckung im Ergebnis der ausführlichen Abwägung aller Belange des Kindes bedarf. Für die Vollstreckung darf sich nur dann entschieden werden, wenn die Vollstreckung die für das Kind am wenigsten schädliche Alternative darstellt. Die Notwendigkeit der Erforschung des Belastungsstandes beim Kind besteht auch im Falle der Eilbedürftigkeit der Entscheidung. Die Anhörung des Kindes ist unerläßlich und muß immer durchgeführt werden.
Es ist zu beachten, daß bereits die Androhung eines Zwangsmittels die geschilderten Belastungen für das Kind bewirken kann..

[519] Ähnlich Goldstein, Freud & Solnit 1974, S. 38
[520] Siehe oben: A.III.2.c)cc)(1),(3); 3.b)bb)(1)(b); 4.b)bb)(1) und (2)
[521] Dies ist ein Ergebnis der Langzeitstudie über Scheidungsfolgen bei Kindern von Wallerstein/Lewis, FamRZ 2001, 65 ff. Daraus geht u.a. hervor, daß kein Kind zu dem Elternteil, zu dem es durch strikte gerichtliche Anordnungen gezwungen war, Kontakt zu haben, im Erwachsenenalter noch eine gute Beziehung unterhielt.

Da nach voranstehenden Ausführungen die Eltern die Bedürfnisse des Kindes in der Krisensituation nur unzureichend wahrzunehmen vermögen, ist die Bestellung eines Verfahrenspflegers in allen Vollstreckungsverfahren gemäß § 50 FGG notwendig.[522]

3. Spezifische Auswirkungen der einzelnen Zwangsmittel auf das Kind

a) Zwangsgeld

Mit der Androhung oder Verhängung eines Zwangsgeldes soll der Wille des Herausgabe- oder Umgangsverpflichteten dahingehend gebeugt werden, daß er der Herausgabe- oder Umgangsanordnung wegen des finanziellen Drucks Folge leistet.[523] Der „wirkungsvolle" Einsatz dieses Zwangsmittels hängt folglich von der finanziellen Beeindruckbarkeit des Verpflichteten ab.

Bei der Zwangsgeldverhängung besteht über das voranstehend Gesagte hinaus die Gefahr, daß das Kind den finanziellen Druck des Elternteils zu spüren bekommt.
Dies ist besonders dann zu befürchten, wenn das Kind bei dem Elternteil, welches mit dem Zwangsgeld belastet ist, lebt und von ihm unmittelbar finanziell abhängig ist.[524]

Gerade im Zeitpunkt der Vollstreckungsfrage ist die finanzielle Situation des Teils der Familie, bei dem das Kind normalerweise lebt, also beim zunächst aufenthaltsbestimmungsberechtigten oder sorgereberechtigten Elternteil, bedingt durch die zugrundeliegende Situation der Trennung und Scheidung sehr angespannt.[525] Der Lebensstandard sinkt normalerweise zunächst ab.[526] Kommt es in dieser ohnehin finanziell sehr angespannten Phase zu einer Zwangsgeldbelegung, wirkt dieses zwar empfindlich auf den Verpflichteten,[527] dadurch aber auch umso empfindlicher auf das Kind.

Aber auch, wenn der Elternteil, bei dem das Kind normalerweise nicht lebt, mit einem Zwangsgeld belastet ist, kann dies für das Kind spürbar sein. Meistens sind dies nämlich die sowohl umgangsberechtigten Personen als auch die unter-

[522] So auch Salgo, Anwalt des Kindes, S. 478 und Carl, in: Vom Umgang der Justiz mit Minderjährigen, wenn sich die Frage nach der Gewaltanwendung gemäß § 33 II FGG stellt
[523] Siehe oben A.III.2.
[524] Die Problematik des Einsatzes von Zwangsgeld zeigt auch bei der Durchsetzung des Sorgerechts Relevanz (s.o. IV.3.f)bb)(1), anders als die veröffentlichte Rechtsprechung glauben macht (s.o. III.2.c))
[525] Furstenberg/Cherlin, S. 76 ff.; die Studie befaßt sich mit us- amerikanischen Verhältnissen, siehe insbesondere S. 86 ff. hinsichtlich der Auswirkungen des Absinkens des Lebensstandards nach der Trennung für das Kind
[526] Siehe das Fallbeispiel bei Furstenberg/Cherlin, S. 81 ff.
[527] Vergleiche Keidel/ Zimmermann, § 33 FGG, Rdnr. 20a; BT/Drucks 11/3622, S. 4

haltspflichtigen Personen.[528] Die Leistungsfähigkeit der unterhaltspflichtigen Person wird durch die Zahlung eines Zwangsgeldes vermindert und in der Folge kann es zu Versäumnissen hinsichtlich der Zahlung des Unterhaltes für das Kind kommen.

Bei einkommensschwächeren Familien kann die finanzielle Belastung eines Elternteils daher starke Auswirkungen auf das tägliche Leben des Kindes haben,[529] wenn nicht ohnehin bereits die Pfändungsgrenze erreicht ist. Der Einsatz des Zwangsgeldes zur Durchsetzung der Kindesherausgabe oder des Umgangsrechts stellte in diesen Fällen eine für das Kind schädliche Alternative dar.
Eine mittelbare Zwangswirkung für das Kind kann folglich nur dann ausgeschlossen werden, wenn sichergestellt ist, daß der Familienunterhalt trotzdem gesichert ist und der Kindesalltag keine spürbaren Veränderungen erfährt.[530] Ein Zwangsgeld kann daher nur in Betracht kommen, wenn die Bedürfnisse des Kindes nach wie vor unverändert Deckung erfahren.

Gerade dann, wenn die Zahlung des Zwangsgeldes keine spürbaren Auswirkungen auf den Familienunterhalt hat und nicht zu schädlichen Belastungen des Kindes führt, ist die Beeindruckbarkeit durch das Zwangsmittel gering. Es kann kaum eine Beugewirkung erzielt werden.

Hinsichtlich der Androhung des Zwangsgeldes gilt das voranstehend Gesagte entsprechend. Denn bereits durch die Androhung des Zwangsgeldes wird ein konkreter finanzieller Druck erzielt, der sich auf das Kind übertragen und schädlich auswirken kann.

Stellt die Rechtsprechung hinsichtlich der Entscheidung über die Höhe des anzudrohenden oder zu verhängenden Zwangsgeldes über die wirtschaftlichen Verhältnisse hinaus auf die Stärke des auf die Mißachtung gerichteten Willens, das Maß des Verschuldens oder die Intensität der Zuwiderhandlung ab, so ist dies unzulässig.[531]
Schlägt sich in der Höhe des Zwangsgeldes die Sanktion eines bestimmten elterlichen Verhaltens nieder, so widerspricht dies dem Zweck des Zwangsgeldes. Das Zwangsgeld soll reinen Beugecharakter haben.[532] Überdies entsteht die Gefahr, daß die wirtschaftlichen Verhältnisse im Hinblick auf die Belange des Kindes als nebensächlich behandelt werden. Das Kindeswohl muß stets im Vordergrund stehen, nicht aber die Sanktion der Eltern.

[528] Siehe dazu auch oben A.IV.3.f)bb)(1) und A.III.2.c), wobei bei den empirischen Erhebungen zu beachten ist, daß die Zahlen betreffend das Umgangsrecht wohl nicht repräsentativ sind, dazu A.IV.3.c)
[529] Ähnlich BT/Drucks 13/4899 S. 47
[530] Ähnlich BT/Drucks 13/4899 S. 47
[531] Siehe oben A.III.2.a)bb)(3)
[532] Keidel[11]/Keidel, § 33 FGG, Rdnr. 8

Die Sanktionswirkung verursachte auch zusätzliche Risiken für das Kind. Denn nach dem voranstehend Gesagten kann das Kind in der Situation an Schuldgefühlen leiden. Daher besteht die Gefahr, daß das Kind gerade wegen der Einbeziehung jener Umstände auf der Zumessungsebene sich verstärkt selbst bestraft fühlt.

Es bleibt also festzuhalten, daß die Androhung oder Verhängung von Zwangsgeld für das Kind schädlich sein kann, wenn es sich um einkommensschwächere Familien handelt. Bei einkommensstarken Familien hingegen sind solche Auswirkungen weniger zu befürchten. Die Androhung und Verhängung des Zwangsgeldes entbehrt jedoch ihres Beugecharakters, wenn sich die Parteien nicht vom Zwangsgeld beeindrucken lassen.

Es obliegt dem Familienrichter im Einzelfall, das schädliche Ausmaß einer Androhung oder Verhängung von Zwangsgeld für das Kind zu ermitteln und im Rahmen der Ermessensausübung zu entscheiden, ob die Androhung oder Verhängung des Zwangsgeldes sich als die am wenigsten schädliche Alternative für das Kind darstellt.[533] Dazu muß der Antragsgegner unbedingt angehört werden, um die finanziellen Verhältnisse richtig zu erfassen. Die Belange des Kindes müssen unbedingt Berücksichtigung finden. Insoweit ist die gerichtliche Praxis im Hinblick auf die große Zahl der Eilverfahren, in denen hinsichtlich des Zwangsgeldes ohne mündliche Verhandlung und ohne Berücksichtigung der Kindeswohlbelange entschieden wird, unzureichend.[534]

b) Zwangshaft

Die Androhung und Verhängung von Zwangshaft wirkt schärfer als ein Zwangsgeld, da ein Zwangsgeld ohnehin nicht vollstreckt werden kann, wenn die Pfändungsgrenze erreicht ist und die Einbuße der persönlichen Freiheit insoweit den schärferen Eingriff im Gegensatz zur Beschneidung des Vermögens darstellt.[535]
Die Beugewirkung durch die Inhaftierung ist wohl eher als hoch einzustufen, da anzunehmen ist, daß kein Elternteil gerne wiederholt ins Gefängnis geht und sein Kind verlässt. Dennoch führt die Inhaftierung eines Elternteils nicht unmittelbar zur Beachtung der Sorge- oder Umgangsrechtsentscheidung. Fragwürdig ist es auch, ob der Eingriff in die Freiheit der Person ein adäquates Mittel zur Regelung von familiären Problemen sein kann, oder ob die staatliche Einmischung im privatrechtlichen Bereich nicht wesentlich zu weit geht.

[533] Die Androhung und Verhängung des Zwangsgeldes stehen im Ermessen des Gerichts (A.III.2.a)bb)(2)), dies bezieht sich auch auf die Höhe (A.III.2.a)bb)(3))
[534] Siehe oben: A.III.2.a)bb)(3); A.IV.3.e)bb), f)bb)(1)
[535] Staudinger[13]/ Rauscher, § 1684 BGB, Rdnr. 108

Die Frage nach der Androhung und der Verhängung der Zwangshaft muß nach der umfassenden Abwägung im Einzelfall unter Berücksichtigung der Belange des Kindes im Sinne oben aufgestellter Maßstäbe[536] entschieden werden. Die möglichen Auswirkungen der Androhung und Verhängung der Zwangshaft auf das Kind müssen unbedingt berücksichtigt werden.[537]

Insoweit erscheint es offensichtlich, daß das Kind mittelbar geschädigt werden kann, wenn der Elternteil, der es herauszugeben hat, zu diesem Zwecke inhaftiert wird.[538]
Denn einerseits läßt es sich vor dem Kind nicht verbergen, daß ein Elternteil den anderen hat Inhaftieren lassen. Dieser Einschnitt ist gravierend für das Kind. Die schädliche Wirkung ist besonders groß. Das Kind erfährt seelische Gewalt durch die Gewissheit, daß ein Elternteil den anderen Elternteil für ein Verhalten, welches in irgendeiner Art und Weise mit ihm zu tun hat, ins Gefängnis gebracht hat. Schuldgefühlen und Loyalitätskonflikten kann hier kaum noch entgegen gewirkt werden.
Andererseits wird dem Kind für die Dauer der Inhaftierung zumindest ein Elternteil entzogen. Dies ist stets der Elternteil, bei dem sich das Kind zuletzt befunden hat, gleich ob dieser Elternteil sorge- oder umgangsberechtigt ist.

Soll mit der Zwangshaft die Herausgabe zum Zwecke des Umgangsrechts erzwungen werden, was bereits aus rechtlichen Gründen unzulässig ist,[539] so wird dem Kind der sorgeberechtigte Elternteil für die Haftdauer entzogen. Dies wäre nur dann weniger problematisch, wenn die Haftdauer in die Zeit der Umgangsausübung fiele. Geht die Dauer der Haft jedoch über die Dauer der Umgangsausübung hinaus, steht das Kind entweder ohne den sorgeberechtigten Elternteil da oder muß sich mit dem Elternteil in die Haft begeben, wenn die betreffende Justizhaftanstalt diese Möglichkeit überhaupt anbietet, bzw. einer dritten Obhutsperson übergeben werden.
Die Durchsetzung der Herausgabe zum Zwecke des Umgangsrechts mit dem Mittel der Zwangshaft kann daher dem Kindeswohl nie dienlich sein.

Zur Vollstreckung eines Herausgabeanspruchs gemäß § 1632 I, III BGB bzw. des Sorgerechts im weiteren Sinne[540] stellt sich die Zwangshaft ebenfalls als dem Kindeswohl äußerst schädliche Alternative dar.
Dies gilt erst Recht, wenn dem Herausgabeanspruch nach § 1632 I, III BGB noch keine entgültige Sorgerechtsentscheidung zugrunde liegt.[541]

[536] A.III. 1. a); V.1. und 2.
[537] Jedenfalls nach der gerichtlichen Praxis zur Androhung der Zwangshaft unterbleibt die Berücksichtigung der Kindesbelange, siehe oben: A.IV.3.f)bb)(2)
[538] Diese Gefahr fürs Kindeswohl sieht auch: Staudinger[13]/ Rauscher, § 1684 BGB, Rdnr. 108
[539] Siehe oben: A.III.3.b)aa)(2)
[540] Zum Beispiel mittels Rückführungsentscheidungen nach HKÜ; siehe oben: A.II.3.

Solange das Kind nach Ausnutzung aller anderen zur Verfügung stehenden Mittel, den nicht sorgeberechtigten Elternteil zur Herausgabe des Kindes zu bewegen, nicht bei der Aufenthaltsperson verbleiben kann, könnte wohl die Anwendung von Gewalt gegenüber dem Herausgabepflichtigen als milderes Mittel in Betracht gezogen werden.[542]

Zur Verhaftung eines Elternteils ist nämlich die Präsenz staatlicher Vollstreckungsorgane auch notwendig und gegebenenfalls wäre auch Gewalt gegen die zu verhaftende Person anzuwenden, wenn diese sich weigerte, sich freiwillig in die Haft zu begeben. Hiernach ginge die Verhaftung in der Intensität des Zwangs über die Gewaltanwendung hinaus.

Die Zwangshaft kann nur in Betracht kommen, wenn sich das Kind nicht bei der herausgabepflichtigen Person befindet, der Aufenthaltsort des Kindes unbekannt ist und die konkrete Gefahr einer weiteren Entführung, vornehmlich ins Ausland, droht bzw. diese bereits stattgefunden hat. Ist der Aufenthaltsort des Kindes bekannt, so kann vorbeugend die Zwangshaft nicht verhängt werden.[543]
Wird das Kind nicht vorgefunden, kommt als milderes Mittel ohnehin immer die Verpflichtung zur Abgabe einer eidesstattlichen Versicherung gemäß § 33 II 5 FGG bzw. die Androhung oder Verhängung von Zwangsgeld in Betracht.

Abschließend bleibt festzuhalten, daß die Androhung und Verhängung von Zwangshaft zur Durchsetzung der Herausgabe zum Zwecke der Durchführung des Umgangsrechts nie dem Kindeswohl dienlich sein kann.
Zur Durchsetzung des Sorgerechts kann die Androhung und Verhängung von Zwangshaft nur in Betracht kommen, wenn alle anderen zur Verfügung stehenden Mittel nicht zur Herausgabe des Kindes verhelfen können, der Aufenthaltsort des Kindes nicht bekannt ist und eine konkrete weitere Entführungsgefahr droht oder die Entführung bereits stattgefunden hat.
Besondere Vorsicht ist geboten, wenn keine endgültige Sorgerechtsentscheidung vorliegt. Insoweit ist die gerichtliche Praxis wegen der großen Zahl der Eilverfahren und der mangelnden Berücksichtigung der Kindeswohlbelange unzureichend.[544]

[541] Dies ist immerhin in 29,8 % aller untersuchter Herausgabeverfahren der Fall, siehe A.IV.3.c)cc)
[542] Im Zusammenhang mit einer Kindeswohlgefährdung im Sinne von § 1666 BGB oder einer Inobhutnahme bzw. Herausnahme nach §§ 42, 43 KJHG stehen sich unter Berücksichtigung des Verhältnismäßigkeitsgrundsatzes im Rahmen der Güterabwägung andere Rechtsgüter gegenüber als im Falle des Herausgabestreits oder des Streits um das Umgangsrecht. Siehe dazu auch A.III.4.b)bb)(2)(b)(ee)(fff)
[543] Siehe dazu auch: A.III.3.b)bb)(1)(a)
[544] Siehe oben: A.IV.3.f)bb)(2)

c) Anordnung gemäß § 33 II 1 FGG

Die Anordnung der Herausgabe unter Gewaltanwendung durch den Gerichtsvollzieher unter Zuhilfenahme der Polizei gemäß § 33 II 1 FGG führt unmittelbar zur Herausgabe bzw. Übergabe des Kindes. Daher stellt die Anordnung der gewaltsamen Herausgabe ein effektives Mittel zur Durchsetzung des Herausgabeanspruchs bzw. des Umgangskontakts dar.

Die Gewaltanwendung darf aber bereits aus rechtlichen Gründen nicht gegenüber dem Kind erfolgen.[545]

Die Gewaltanwendung stellt unabhängig von der Person oder der Sachen, gegen die sie zur Anwendung gebracht wird, eine dem Kindeswohl schädliche Alternative zur Durchsetzung der Kindesherausgabe oder des Umgangsrechts dar.

Es ist zu befürchten, daß das Kind durch die Vollstreckungssituation traumatisiert wird.[546] Dies gilt, wenn Gewalt gegen Sachen angewendet wird, z.B. zum Verschaffen des Eintritts durch eine verschlossene Tür, oder wenn Gewalt gegen Personen angewendet wird, z.B. beim Festhalten oder Wegziehen des Herausgabe- oder Übergabepflichtigen gegen dessen Widerstand, um ihn am Festhalten des Kindes zu hindern[547] und letztlich natürlich, wenn gegen das Kind selbst unter Überwindung seines Widerstandes körperliche Gewalt angewendet wird gleichermaßen. Dies gilt stets vor dem Hintergrund, daß ein Elternteil gegen den anderen die Herausgabe oder Übergabe des Kindes durchsetzt. Aus der Sicht des Kindes spielt es keine große Rolle, ob die Gewalt ihm selbst, der Herausgabe- oder Übergabepflichtigen Person oder Sachen gegenüber angewendet wird.[548] Die ausgelösten Reaktionen sind die selben und unterscheiden sich höchstens in ihrer Intensität, wobei die stärksten Reaktionen bei der Gewaltanwendung gegen das Kind selbst zu befürchten sind.

Mangels Möglichkeiten der Zurwehrsetzung gegen die Anwendung staatlicher Gewalt, können sich Gefühle wie Hilflosigkeit, Verzweiflung und Angst beim Kind einstellen.[549] Dies gilt auch, wenn das Kind sich ansonsten zur Herausgabe oder Übergabe positiv verhält. Die beschriebene gefühlsmäßige Reaktion kann psychische Schädigungen nach sich ziehen.[550] Hierbei sind Langzeitschäden zu erwarten, wenn nicht sogar eine erhöhte Gewaltbereitschaft im Erwachsenenalter die Folge ist.

545 Siehe oben: A.III.4.b)bb)(2)
546 Siehe Walter, ZfJ 1996, 270 (272)
547 Siehe hierzu zum Beispiel Fallstudie 2, A.I.2.
548 Ähnlich: Jopt, ZfJ 1991, 93, wobei dieser in seinen Schlüssen, z.B. „lebenslang anhaltende Persönlichkeitsdeformationen" sehr extrem folgert
549 Jopt, ZfJ 1991, 93
550 So auch Jopt, ZfJ 1991, 93 (94); AG München DGVZ 1982, 12

Das Zeugnis von Gewalt oder das Erleben von Gewalt am eigenen Körper im Zusammenhang mit der Trennung oder Scheidung der Eltern kann die Überwindung der Trennungs- und Scheidungssituation für das Kind erschweren. Dies gilt auch dann, wenn nicht unmittelbar von einem Elternteil gegen den anderen Gewalt verübt wird, sondern diese Gewaltausübung mittelbar über Träger staatlicher Gewalt geschieht. Das Kind ist sich auch dann darüber bewußt, von wem die Gewaltbereitschaft herrührt. Kinder, die Zeugen von Gewalt in der Zeit der Trennung waren, behalten lebhafte und schmerzliche Erinnerungen an diese Phase ihres Lebens. Die Trennung und Scheidung ihrer Eltern behält somit nachhaltigen Einfluß auf ihr Leben. Dahingegen vergessen Kinder, die nicht Zeugen von Gewalt im Zusammenhang mit Trennung oder Scheidung der Eltern waren längerfristig die gerichtliche Auseinandersetzung ihrer Eltern eher.[551] Außerdem identifizieren sich Kinder leicht mit dem vermeintlich mächtigen Elternteil.[552] Dies ist dann derjenige, der bis zum Äußersten den elterlichen Streit ausgetragen hat, eine Gewaltanwendung nicht scheute[553] und ihn am Ende durch die gewaltsame Herausnahme des Kindes gewann. Die Gewaltanwendung wird als legitimes Mittel zur Lösung von Konflikten erfahren. Es besteht insoweit einerseits die erhöhte Gefahr, daß die Kinder selbst im Erwachsenenalter leichter an zu Gewalttätigkeiten neigende Menschen geraten oder aber selbst eine niedrige Hemmschwelle zur Gewalttätigkeit haben.[554]
Dieses Risiko erhöht sich, wenn in der Familie ohnehin Konflikte mit Gewalt ausgetragen wurden oder die Gewalttätigkeit eines Elternteils vielleicht sogar als Grund für die Verweigerung der Kindesherausgabe oder –übergabe angeführt wird. In diesen Fällen ist daher das Kind besonders gefährdet.

Der Staat übt als Gewalttäter hierbei eine negative Vorbildfunktion aus.
Selbst wenn es zu einer Gewaltanwendung gegen Personen oder Sachen nicht kommt, sondern sich lediglich der Gerichtsvollzieher mit der Polizei am Aufenthaltsort des Kindes einfindet, um dieses mitzunehmen, können die Auswirkungen dieser Aktion langzeitlich dem Kind schaden. Denn in der Präsenz von Trägern staatlicher Gewalt manifestiert sich bereits eine Drohung mit Gewalt. Aus der Präsenz Träger staatlicher Gewalt resultiert ein Zwang, der seinerseits gegenüber dem Kind bereits Gewaltwirkungen hat. Diese Drohung bzw. Zwangswirkung kann schon zu den oben beschriebenen emotionalen Reaktionen führen.

[551] Siehe dazu Wallerstein/Lewis, FamRZ 2001, 65 ff.; die Ergebnisse der Katamnese bezüglich der Gewaltauswirkungen von Eltern untereinander auf Kinder scheinen übertragbar, da bei der Herausgabevollstreckung mittels Gewalt die Gewalt mittelbar auch vom anderen Elternteil ausgeht und das Kind dies spürt

[552] Wallerstein/Blakeslee, S. 149

[553] Siehe zum Beispiel Fallstudie 3, A.I.3.

[554] Dies zeigen Langzeitstudien mit Scheidungskindern aus einem gewalttätigen familiären Umfeld: siehe Wallerstein/Blakeslee S. 146 ff.

Dies läßt sich im Falle des Gewaltverzichts möglicherweise dadurch auffangen, daß nicht Träger staatlicher Gewalt den Herausgabeauftrag ausführen, sondern vielmehr Fachkräfte, die mit derartigen Konflikten vertraut sind, tätig werden. Als solche kommen Sozialpädagogen und Psychologen in Betracht.

Im Falle der Kindesweigerung verbietet sich ohnehin jeder Zwang.[555] Nach voranstehenden Ausführungen erscheint es insoweit ausgeschlossen, daß eine Anordnung gemäß § 33 II 1 FGG im Zusammenhang mit der Vollstreckung von Herausgabeansprüchen gemäß § 1632 I, III BGB oder des Umgangsrechts dem Kindeswohl dienlich ist, auch wenn sich die Gewaltanwendung nicht unmittelbar gegen die Person des Kindes richtet.[556] Erst Recht verbietet sich jegliche Form direkter Gewaltanwendung gegen das Kind und gegen andere Personen oder Sachen im Falle der Kindesweigerung und indirekter Gewaltanwendung durch die bloße Präsenz von Trägern staatlicher Gewalt.[557]

Wenn sich das Kind nicht weigert, der Herausgabeanordnung oder der Umgangsregelung Folge zu leisten oder wenn es sich eindeutig und ausdrücklich positiv im Hinblick auf die Herausgabeanordnung oder die Umgangsregelung verhält, so stellt sich die Anwendung von Gewalt im Sinne von § 33 II 1 FGG wegen der davon ausgehenden dargestellten Risiken und Gefahren für das Kindeswohl als äußerst schädliche Alternative dar.
Unter Berücksichtigung des Verhältnismäßigkeitsgrundsatzes muß nach Abwägung aller Umstände des Einzelfalles die Anwendung von Gewalt gegen andere Personen als das Kind oder gegen Sachen bzw. die bloße Präsens staatlicher Vollzugsorgane für das Kind im Vergleich zum vorläufigen Verbleib die am wenigsten schädliche Alternative sein. Sie muß für das Kind Unterstützungsfunktion haben.
Dies erscheint für den Fall der Vollstreckung des Umgangsrechts ausgeschlossen.

Die Androhung oder Verhängung eines Zwangsgeldes kommt als milderes Mittel in Betracht.

[555] Siehe oben A.III.2.c), 4.b)bb)(2), V.2.d)
[556] Davon unberührt bleibt die Vollstreckung der Herausgabe im Zusammenhang mit einer Kindeswohlgefährdung im Sinne von § 1666 BGB oder einer Inobhutnahme bzw. Herausnahme nach §§ 42, 43 KJHG. Hierbei stehen sich unter Berücksichtigung des Verhältnismäßigkeitsgrundsatzes im Rahmen der Güterabwägung andere Rechtsgüter gegenüber als im Falle des Herausgabestreits oder des Streits um das Umgangsrecht. Da das Kind in dieser Situation nicht nur gemäß § 1666 BGB der Person zu entziehen ist, bei der es sich befindet, sondern das Kind sich zudem weigert, zur anderen Person zu gehen, wäre eine Übergabe des Kindes an diese Person ohnehin nicht ratsam.§ 1666a BGB ist zu beachten, welcher eine spezielle Ausprägung des Verhältnismäßigkeitsgrundsatzes darstellt. Siehe dazu auch A.III.4.b)bb)(2)(b)(ee)(fff)
[557] zu den Begrifflichkeiten siehe oben: A.III.4.b)aa)

Sollte zur Vollstreckung des Sorgerechts die Anwendung von Gewalt bzw. die Präsens staatlicher Vollzugsorgane unvermeidbar sein, so sollte stets das Jugendamt um Mithilfe gebeten werden.[558]

Die gerichtliche Praxis ist insoweit unzureichend, da beim Treffen der Anordnung gemäß § 33 II 1 FGG und bei deren Durchführung die Belange des Kindes nicht ausreichend berücksichtigt werden. Vielmehr wird sogar mittelbar und unmittelbar Gewalt gegen Kinder angewendet.[559]

[558] siehe oben: A.III.4.b)bb)(3)

[559] siehe dazu oben: A.I.2. und 3., Fallstudien 2 und 3; A.IV.3.f)bb)(3)

VI. Alternativen zu den Zwangsmitteln des § 33 FGG

Nach den obigen Ergebnissen stellt sich die Anwendung von Zwangsmitteln gemäß § 33 FGG insgesamt als dem Kindeswohl eher schädlich dar.[560] Es ist daher notwendig, weniger schädliche Alternativen für das Kind zur Durchsetzung der Kindesherausgabe bzw. des Umgangsrechts ausfindig zu machen. Insoweit kommen Maßnahmen betreffend das Sorgerecht (1.), Maßnahmen betreffend das Umgangsrecht (2.), sowie vermittelnde, therapeutische oder erziehungsberatende Maßnahmen (3.) oder strafrechtliche Maßnahmen (4.) in Betracht.

1. Abänderung des Sorgerechts

a) Abänderung des Sorgerechts wegen Verhinderung des Umgangsrechts durch den Sorgeberechtigten

Zur Verhinderung der Boykottierung des Umgangsrechts durch den Sorgeberechtigten wird die Abänderung der elterlichen Sorge gemäß § 1696 BGB diskutiert.[561]

Ein Verstoß gegen die Umgangsloyalität (§ 1684 II BGB) durch den Sorgeberechtigten kann Anlaß zur Überprüfung der Sorgerechtsentscheidung bieten, wenn dieser Verstoß ein beachtliches Ausmaß erreicht hat, d.h. der sorgeberechtigte Elternteil ständig gegen die Umgangsloyalität und damit das Kindeswohl verstößt.[562]
Insoweit soll das Belassen des Kindes beim Sorgeberechtigten, mit der Folge, daß das Kind wohl ohne den anderen Elternteil aufwachsen wird, gegen die Übertragung der elterlichen Sorge und den damit verbundenen Folgen für das Kind abgewogen werden.[563]

In diesem Zusammenhang stellt sich die Frage nach der Gewichtung der Umgangsvereitelung.[564]

Es wird für möglich erachtet, daß die Gefahren für das Kindeswohl im Falle des Verbleibs beim sorgeberechtigten Elternteil größer sein können, als die mit der

[560] Siehe oben A.V.
[561] Siehe den Wortlaut des § 52a III, V FGG
[562] BT/Drucks 8/2788, S. 54; OLG Köln FamRZ 1998, 1463; OLG München FamRZ 1997, 45; OLG Frankfurt/M ZfJ 1998, 343 (344); OLG Hamm FamRZ 1996, 1098; OLG Hamm ZfJ 1999, 226; OLG Zweibrücken DAVorm 1999, 139 (140); Palandt, Diederichsen, § 1684 BGB, Rdnr. 12; Staudinger[12]/ Peschel-Gutzeit, § 1634 BGB a. F., Rdnr. 307
[563] BGH NJW-RR 1986, 1264 (1266)
[564] Staudinger[13]/ Rauscher, § 1684 BGB, Rdnr. 111

Veränderung des Lebensmittelpunktes im Falle der Übertragung des Sorgerechts auf den Umgangsberechtigten verbundenen Gefahren.[565]

Teilweise wird so vertreten, die grundlose Verhinderung der Umgangskontakte durch den sorgeberechtigten Elternteil könne grundsätzlich eine Gefahr für das Kindeswohl darstellen, aufgrund derer in (Teil-)Bereiche der elterlichen Sorge eingegriffen werden müsse.[566] Der den Umgang boykottierende Elternteil zeige dadurch Mängel in seiner Erziehungseignung.[567] Die Änderung der Sorgerechtsentscheidung sei daher jedenfalls anzudrohen, wenn auch zum Teil wegen der Bindung des Kindes an den Sorgeberechtigten und dem Grundsatz der Erziehungskontinutität eine Abänderung abzulehnen sei.[568]

Hinsichtlich der Abänderung der Sorgerechtsentscheidung wegen der Verhinderung des Umgangs wird kritisch zu Bedenken gegeben, daß es nicht unbedingt im Interesse des Kindes sein muß, die Sorgerechtsentscheidung zu ändern, maßgebend soll die Kindeswohlprüfung im Einzelfall sein.[569]
Teilweise wird ausdrücklich darauf hingewiesen, daß die Abänderung des Sorgerechts nur dann in Betracht komme, wenn der Umgangsberechtigte bereit ist, den Kontakt mit dem sorgeberechtigten Elternteil zu fördern[570] und der Nichtsorgeberechtigte sorgegeeignet ist und eine tragfähige Bindung mit dem Kind besteht und die starke Bindung zum Sorgeberechtigten nicht entgegenstehe.[571]
Alleine wegen der Hintertreibung des Umgangsrechts sei eine Sorgerechtsänderung nicht gerechtfertigt.[572] Die Vereitelung des Umgangsrechts könne lediglich ein Kriterium bei der Entscheidung über die Sorgerechtsänderung sein, wobei

[565] OLG Celle FamRZ 1998, 1045; Kuckuck, ZAP Fach 11, S. 161 (S. 164); siehe auch Staudinger[13]/ Rauscher, § 1684 BGB, Rdnr. 111, m.w.N.
[566] Siehe BGH NJW-RR 1986, 1265; OLG Köln FamRZ 1998, 1463; mit jeweils Eingriffen in Teilbereiche des Sorgerechts; im Ergebnis auch: Soergel, Strätz, § 1696 BGB, Rdnr. 12
[567] BGH NJW-RR 1986, 1264 (1265); OLG München FamRZ 1997, 45; OLG Bamberg FamRZ 1985, 1175 (1176); Staudinger[13]/ Rauscher, § 1684 BGB, Rdnr. 111
[568] Staudinger[13]/ Rauscher, § 1684 BGB, Rdnr. 111, hier wird das Absehen von der Änderung der elterlichen Sorge als „Kapitulation" bezeichnet Äußerst bedenklich ist die Verwendung des Wortes „Kapitulation" in diesem Zusammenhang, da dieses Wort militärisch geprägt ist und durch seine Verwendung die Kriegssituation mit der Situation des Umgangskonflikts gleichgesetzt wird.
[569] MüKo, Hinz, § 1634 BGB a. F., Rdnr. 19
[570] BGH NJW-RR 1986, 1264 (1266); die Bereitschaft, den Umgang mit dem nichtsorgeberechtigten Elternteil zu fördern, wird generell bei der Frage der Zuteilung der elterlichen Sorge berücksichtigt: OLG Celle FamRZ 1994, 924 (925)
[571] Staudinger[12]/ Coester, § 1696 BGB, Rdnr. 53: die Belastungen für das Kind, die mit der Veränderung des Lebensmittelspunktes verbunden sind, könnten daher längerfristig aufgewogen werden. Eine Sorgerechtsänderung könne vergleichsweise selten vorgenommen werden, weil sie ausscheide, wenn zum Nichtsorgeberechtigten nicht die selben Bindungen vorhanden sind, wie zum Sorgeberechtigten: Staudinger[12]/ Peschel-Gutzeit, § 1634 BGB a. F., Rdnr. 305
[572] MüKo, Hinz, § 1634 BGB a. F., Rdnr. 19

die Gründe für die Gewichtung der Verweigerung berücksichtigt werden müssen.[573]

Diese Bedenken müssen geteilt werden.
Die Sorgerechtsänderung kann nämlich keine routinemäßige Reaktion sein.[574] Ansonsten wird das Kind „zum Objekt staatlicher Rechtsdurchsetzung und zum eigentlich Bestraften für die elterliche Pflichtverletzung".[575] Die Sorgerechtsänderung kann insoweit noch schädlicher sein, als die Umgangsvereitelung.[576] Daher sind auch Androhungen der Sorgerechtsänderung bedenklich.[577]
Vorrangig sind daher die Maßnahmen zu treffen, mit denen das Kind beim Sorgeberechtigten verbleiben kann.[578] Dies muß auch dann gelten, wenn das Verhalten des Sorgeberechtigten im Ergebnis sanktionslos bleibt,[579] maßgeblich ist nicht die Vermeidung von Belohnungen oder Sanktionslosigkeiten, sondern allein das Kindeswohl.
Überwiegen nach Abwägung vorgenannter Kriterien im Sinne der für das Kind am wenigsten schädlichen Alternative die Gründe für eine Sorgerechtsänderung nicht, so scheidet eine Sorgerechtsänderung aus.

Es wird im Einzelnen vertreten, eine Sorgerechtsänderung wegen der Verhinderung des Umgangsrechts komme erst dann in Betracht, wenn der sorgeberechtigte Elternteil auch durch die Verhängung von Zwangsgeldern nicht zur Gewährung des Umgangsrechts zu veranlassen war oder eine Inanspruchnahme jugendhilferechtlicher Hilfsangebote erfolglos war.[580]

[573] Staudinger[12]/ Coester, § 1696 BGB, Rdnr. 51; Gernhuber, § 65 VI., Nr.3.
[574] Ebenso Staudinger[12]/ Coester, § 1696 BGB, Rdnr.51
[575] So Staudinger[12]/ Coester, § 1696 BGB, Rdnr. 51; ähnlich auch: Staudinger[12]/ Peschel-Gutzeit, § 1634 BGB a. F., Rdnr. 305; wenn das Kind nicht die selbe Bindung zum Umgangsberechtigten hat so auch: BVerfGE 64, 180; BGH NJW 1985, 1702; Lempp ZfJ 1977, 507 (511), Staudinger[13]/ Rauscher, § 1684 BGB, Rdnr. 101
[576] Siehe RGRK, Wenz, § 1634 BGB a. F., Rdnr. 15
[577] Ebenso Staudinger[12]/ Coester, § 1696 BGB, Rdnr. 51; siehe dahingegen Staudinger[13]/ Rauscher, § 1684 BGB, Rdnr. 101 (unter Hinweis auf OLG Köln NJW-RR 1998, 1302), welcher darauf hinweist, daß bei Unterlassung der Sorgerechtsänderung wegen Kontinuitätsgründen darauf hinzuweisen sei, daß im Falle der Fortsetzung des schädlichen Verhaltens mit einer Änderung der Sorgerechtsentscheidung gerechnet werden müsse
[578] Staudinger[12]/ Coester, § 1696 BGB, Rdnr. 51, zum Beispiel Zwangsgeldverhängung und betreuter Umgang
[579] Siehe dazu Staudinger[13]/ Rauscher, § 1684 BGB, Rdnr. 101, dieser kritisiert den der Ablehnung der Sorgerechtsänderung notwendig folgenden faktischen Umgangsausschluß als „absurde" Folge der Boykottierung des Umgangs, da somit der Sorgeberechtigte belohnt werde. Der Umgangskonflikt ist allein kindgerecht zu lösen, sonstige Wirkungen wie eine etwaige „Belohnung" sind hierbei gänzlich irrelevant.
[580] So OLG Hamm FamRZ 1992, 466 f.; Zwangsgeldverhängung als vorrangige Maßnahme: Staudinger[12]/ Coester, § 1696 BGB, Rdnr. 51

Es wird auch vertreten, der Entzug des Sorgerechts komme nur als letztes Mittel in Betracht, wenn alle anderen Maßnahmen erfolglos erscheinen.[581] Die Abänderung der Sorgerechsentscheidung wegen der Umgangsvereitelung soll nur in Extremfällen in Betracht kommen.[582]
Insoweit soll nach teilweise vertretener Auffassung auch notfalls die Anwendung von Gewalt gemäß § 33 II FGG vorgehen und erfolgen, wenn dies nicht im Interesse des Kindeswohls ausscheide.[583]

Grundsätzlich gilt, daß jede Maßnahme, die zur Durchsetzung des Umgangsrechts dem Kindeswohl dienlich ist, zur Anwendung gebracht werden kann.
Die Sorgerechtsänderung ist aber nach vorangegangenen Ausführungen nicht als Durchsetzungsmittel für den Umgangskontakt anzusehen, wenngleich eine Sorgerechtsänderung die Problematik erfassen kann. Liegen die Voraussetzungen für eine Sorgerechtsänderung vor, so ist dies nach dem oben Gesagten nämlich nicht allein deshalb der Fall, weil eine Umgangsvereitelung vorliegt. Vielmehr sind noch andere Kriterien maßgeblich.
Die Abänderung der Sorgerechtsentscheidung tritt daher auch nicht im Sinne eines Stufenverhältnisses in Konkurrenz zu den Zwangsmitteln des § 33 FGG. Wenn die Sorgerechtsentscheidung abgeändert werden muß, stellt sich die Frage nach der Anwendung von Zwangsmitteln nach § 33 FGG vielmehr überhaupt nicht.

Die Abänderung der Sorgerechtsentscheidung ist daher nicht als brauchbare Alternative zu den Zwangsmitteln des § 33 FGG anzusehen.

b) Abänderung des Sorgerechts wegen der durch den/die Sorgeberechtigte(n) beeinflußten Umgangsboykottierung des Kindes

Auch bei Vorliegen der Weigerung eines Kindes, der Umgangsregelung Folge zu leisten, wird eine Sorgerechtsänderung erwogen, soweit die Weigerungshaltung durch den Sorgeberechtigten beeinflußt ist.[584]
Diesbezüglich wird wie oben unter a) argumentiert, durch die Beeinflussung des Kindes zur Verweigerung des Kontaktes mit dem anderen Elternteil disqualifiziere sich der Sorgeberechtigte als Sorgeberechtigter.[585]

[581] So OLG Köln FamRZ 1998, 1463; das Gericht entschied hier eine Entziehung des Aufenthaltsbestimmungsrechts für die Zeit des Umgangs und die Bestellung eines Umgangspflegers; ebenso Staudinger[13]/ Rauscher, §1684 BGB, Rdnr. 109; Palandt, Diederichsen, § 1684 BGB, Rdnr. 12
[582] RGRK, Adelmann, § 1696 BGB, Rdnr. 15
[583] BGH NJW-RR 1986, 1264 (1265), Zwangsanwendung gegen Sorgeberechtigten im Falle hartnäckiger Weigerung zulässig
[584] Siehe SchlHOLG SchlHA 1979, 20
[585] So SchlHOLG SchlHA 1979, 20 obwohl gleichzeitig festgestellt wird, die Durchsetzung des Umgangsrechts gegen den Willen der Kinder diene nicht ihrem Wohl,

Nach anderer Auffassung muß das Verhalten des Sorgeberechtigten sanktionslos bleiben, wenn er das Kind so stark beeinflußt hat, daß das Kind deshalb den Umgang verweigert. Eine Änderung der Sorgerechtsentscheidung komme insoweit nicht in Betracht.[586]

Letztere Auffassung verdient auf den ersten Blick Zustimmung. Es erscheint im Falle der Kindesweigerung zweifelhaft, daß die Bindung des Kindes an den Umgangsberechtigten stärker ist, als die Bindung an den Sorgeberechtigten.
Die Änderung der Sorgerechtsentscheidung allein wegen der Beeinflussung des Sorgeberechtigten vorzunehmen, würde dann vornehmlich das Kind bestrafen, so daß die Situation im Interesse des Kindes hingenommen werden muß.[587]
Es muß jedoch trotzdem stets überprüft werden, ob der Wille des Kindes insoweit mit seinem Wohl übereinstimmt.[588] Das vorher Gesagte gilt jedoch entsprechend. Die Obstruierung des Umgangs kann nicht allein für die Sorgerechtsänderung entscheidend sein.

c) Bestellung eines Umgangspflegers

Wegen der Boykottierung des Umgangsrechts durch den Sorgeberechtigten sowie des Vorliegens einer Kindesweigerung, der Umgangsregelung bei Versagen einer erzieherischen Einflußnahme durch den Sorgeberechtigten Folge zu leisten, wird, mit der selben Begründung wie zum gänzlichen Entzug der elterlichen Sorge, der teilweise Entzug des von der elterlichen Sorge umfaßten Aufenthaltbestimmungsrechts für die Umgangszeit mit der Bestellung eines Umgangspflegers für diese Zeit erwogen und vorgenommen.[589]

Dies stelle im Gegensatz zum vollständigen Sorgerechtsentzug ein milderes Mittel dar.[590]

Der Umgangspfleger soll dafür Sorge tragen, daß das Kind zum Zwecke des Umgangs dem Umgangsberechtigten zugeführt wird.[591] Er hat jedoch nicht die Funktion, den Umgang zu überwachen und zu betreuen oder über die Sicher-

[586] MüKo, Hinz, § 1634 BGB a. F., Rdnr. 19
[587] So auch Staudinger[12]/ Coester, § 1696 BGB, Rdnr. 53
[588] Siehe dazu grundlegend: Zitelmann, Kindeswohl und Kindeswille
[589] Siehe OLG Frankfurt/M NJW 2000, 368; OLG Köln FamRZ 1998, 1463; OLG Bamberg FamRZ 1985, 1175; BezG Erfurt FamRZ 1994, 921; AG Aalen FamRZ 1991, 361 f., hier weigerte sich das Kind mit dem Umgangsberechtigten Umgang zu haben; AG Rosenheim DAVorm 1987, 144 (146), auch hier weigerte sich das Kind, mit dem Umgangsberechtigten Umgang zu haben; MüKo, Hinz, § 1634 BGB a. F., Rdnr. 19; Palandt, Diederichsen, § 1684 BGB, Rdnr. 12
[590] OLG Bamberg FamRZ 1985, 1175 (1178)
[591] BGH NJW-RR 1986, 1264 (1265)

stellung, daß die Umgangskontakte stattfinden hinaus, das Aufenthaltsbestimmungsrecht über das Kind wahrzunehmen.[592]
Auch wird der Bestellung eines Umgangspflegers unter zeitlicher Zuweisung des Aufenthaltsbestimmungsrechts eine Warnungsfunktion für den Sorgeberechtigten zugesprochen, bevor es zum endgültigen Entzug der elterlichen Sorge komme.[593]

Dagegen wird vorgebracht, daß der Umgangspfleger in einem solchen Falle auch keine anderen Beugemittel zur Verfügung hat, als das Gericht,[594] deswegen sei diese Maßnahme unbrauchbar.[595]
Gerade im Falle der Kindesweigerung werde das Problem durch die Bestellung eines Umgangspflegers nicht gelöst.[596]

Letzterem ist grundsätzlich zuzustimmen. Wenn die Fronten zwischen den Eltern derart verhärtet sind, daß es zu einer Boykottierung des Umgangsrechts kommt, ist zu erwarten, daß der Sorgeberechtigte auch dem Umgangspfleger freiwillig das Kind nicht herausgibt, damit dieses dem Umgangsberechtigten zugeführt wird.
Der Umgangspfleger wird daher zur Durchsetzung seines zweckgebundenen Aufenthaltsbestimmungsrechts auf zur Verfügung stehende Zwangsmittel zurückgreifen müssen.
Deshalb stellt die Entziehung des Aufenthaltsbestimmungsrechts unter gleichzeitiger Bestellung eines Umgangspflegers für die Zeit des Umgangs keine befriedigende Alternative zu den Zwangsmitteln des § 33 FGG dar.

Im Falle des Vorliegens einer Kindesweigerung muß darüberhinaus auf das oben unter A.III.2.c)cc)(2), V. Gesagte verwiesen werden. Das Vollstreckungsrecht kennt nicht die Vollstreckung einer Verpflichtung zur Handlung des Vollstreckungsgegners gegen andere Personen als ihn selbst.[597] Zudem wäre die An-

[592] BGH NJW-RR 1986, 1264 (1265); BezG Erfurt FamRZ 1994, 921; insoweit kommt es zu einer funktionalen Vermischung zwischen dem betreuten Umgang im Sinne des § 1684 IV 2 und der Bestellung des Umgangspflegers mit der Übertragung des Aufenthaltsbestimmungsrechts bei Staudinger[13]/Rauscher, § 1684 BGB, Rdnr. 110
[593] Staudinger[13]/ Rauscher, § 1684 BGB, Rdnr. 110
[594] BGH NJW-RR 1986, 1264 (1265)
[595] So BGH NJW-RR 1986, 1264 (1265); Staudinger[12]/ Coester, § 1696 BGB, Rdnr. 52, wenn der Sorgeberechtigte bereits vom Umgangspfleger unterstützte Abholungsversuche vereitelt habe; fraglich, ob Bestellung eines Umgangspflegers mit Kindeswohl vereinbar: Staudinger[12]/ Peschel-Gutzeit, § 1634 BGB a. F., Rdnr. 305; Staudinger[13]/ Rauscher, § 1684 BGB, Rdnr. 110, 239, 437, hiernach komme es mit der Bestellung des Umgangspflegers zu einer bloßen Verlagerung des Problems auf den Umgangspfleger, zumeist also das Jugendamt
[596] Staudinger[12]/ Coester, § 1696 BGB, Rdnr. 52
[597] Anders bei der Sachpfändung, für die § 758 III ZPO anzuwenden ist; siehe Baumbach, Hartmann, § 758 ZPO, 3.C

wendung eines Zwangsmittels in diesem Fall nicht dem Kindeswohl dienlich.[598] Auch aus diesem Grund würde die Bestellung eines Umgangspflegers hier nicht weiterhelfen.[599]

d) Abänderung des Sorgerechts wegen der Weigerung des Kindes, der Herausgabeanordnung gemäß § 1632 BGB Folge zu leisten

Weigert sich ein Kind, einer Herausgabeanordnung gemäß § 1632 I, III BGB Folge zu leisten, so kann dies ebenso aufgrund des Vorliegens veränderter Umstände Anlaß bieten, die der Herausgabeanordnung zugrundeliegende Sorge- oder Aufenthaltsbestimmungsrechtsentscheidung zu überprüfen. Die Änderung des Sorgerechts bzw. des Aufenthaltsbestimmungsrechts wird insoweit in der Rechtsprechung erwogen oder praktiziert.[600] Kann die Herausgabeanordnung gemäß § 1632 I, III BGB nicht durchgesetzt werden, da die Durchsetzung unabhängig vom angewendeten Zwangsmittel im Gegensatz zum Verbleib des Kindes die für das Kind schädlichere Alternative darstellt, so muß die Abänderung des Sorge- bzw. Aufenthaltsbestimmungsrechts die logische und notwendige Konsequenz sein.
Bei dieser Maßnahme handelt es sich jedoch nicht mehr um eine Maßnahme, die letztlich der Durchsetzung des Sorge- oder Umgangsrechts dient.

2. Gerichtliche Maßnahmen zum Umgangsrecht

Entsteht ein Streit der Eltern um das Umgangsrecht des Nichtsorgeberechtigten mit dem Kind, so kann das Gericht auch andere Maßnahmen als solche nach § 33 FGG in Betracht ziehen.
Solche sind die gerichtliche Regelung oder ausdrückliche Nichtregelung des Umgangsrechts gemäß § 1684 III BGB, die Änderung einer bereits getroffenen Umgangsregelung gemäß § 1696 BGB, die Anordnung des betreuten Umgangs gemäß § 1684 IV 3 und 4 BGB und letztlich die Aussetzung der Vollziehung und die Einschränkung oder der Ausschluß des Umgangsrechts gemäß § 1684 IV 1 BGB.

a) Gerichtliche Regelung des Umgangsrechts

Entsteht ein Streit um das Umgangsrecht des Nichtsorgeberechtigten wegen des Umgangs mit dem Kind, kann dieser Streit durch die Regelung des Umgangsrechts durch das Gericht gemäß § 1684 III BGB beigelegt werden.
Eine gerichtliche Regelung des Umgangsrechts, die hinreichend auf die Bedürfnisse des Kindes und seiner Eltern eingeht, kann für die Zukunft Klarheit schaf-

[598] Siehe oben A.V.1.
[599] Ähnlich wie hier: Staudinger[12]/ Peschel-Gutzeit, § 1634 BGB a. F., Rdnr. 437
[600] Siehe beispielsweise: OLG Düsseldorf FamRZ 1981, 601; OLG Hamm FamRZ 1967, 296; OLG Hamburg FamRZ 1994, 1128

fen und Streit vermeiden helfen. Der Regelung kann daher für die Durchsetzung des Umgangsrechts große Bedeutung zugesprochen werden. Oftmals gelingt es den Parteien nämlich im Trennungsprozeß nicht, verbindliche Absprachen zu treffen, die im Interesse des Kindes durchführbar sind.
Die Umgangsregelung kann die Häufigkeit und Dauer, den Ort und Zeitpunkt der Ausübung des Umgangsrechts sowie Modalitäten zur Abholung, Ablieferung und dem Zurückbringen des Kindes bestimmen.[601]
Hinsichtlich der Ausgestaltung der Regelung muß der Wille des Kindes, insbesondere die wachsende Verselbständigung des Tagesablaufes des Kindes, berücksichtigt werden.[602]

Die erstmalige Regelung des Umgangsrechts kann sich daher auch ohne die Anordnung von Zwangsmitteln als hilfreich zur Durchsetzung des Umgangsrechts darstellen und sollte auch immer zunächst ohne die Anordnung von Zwangsmitteln erfolgen.[603]

b) Nichtregelung des Umgangsrechts

Teilweise wird von der Vornahme einer konkreten gerichtlichen Umgangsregelung abgesehen und/oder das Umgangsrecht nur generell ausgesprochen[604] bzw. der Antrag auf gerichtliche Regelung des Umgangsrechts zurückgewiesen, ohne daß gleichzeitig eine Entscheidung hinsichtlich der Einschränkung oder des Ausschlusses des Umgangsrechts gemäß § 1684 IV BGB ergeht.[605]

Die Kompetenz des Gerichtes, von der Vornahme einer konkreten Regelung oder einer Entscheidung über den Ausschluß, die Einschränkung oder die Aussetzung der Vollziehung des Umgangs abzusehen, ergebe sich aus dem Wortlaut des § 1684 III BGB („kann"), was darauf hindeute, daß das Gericht nicht die eine oder die andere Regelung treffen muß, sondern dies in seinem Ermessen steht.[606]
Die bloße Zurückweisung des Antrages soll für den Nichtsorgeberechtigten die schonendere Alternative sein, wenn ein Umgangsrecht nicht dem Kindeswohl entspricht[607] bzw. das Kind sich weigert, mit dem Nichtsorgeberechtigten Kon-

[601] So Staudinger[13]/ Rauscher, § 1684 BGB, Rdnr. 171; siehe auch oben II.1.b)
[602] Insoweit herrscht Einigkeit: siehe Staudinger[13]/ Rauscher, § 1684 BGB, Rdnr. 178
[603] Siehe dazu auch oben A.III.2.b)bb)(2)
[604] OLG Hamm FamRZ 1997, 307
[605] OLG Hamburg FamRZ 1988, 1316; OLG Frankfurt/M FamRZ 1995, 1431; OLG Rostock ZfJ 1999, 399; AG Rotenburg/W. DAVorm 1993, 593
[606] Siehe OLG Hamburg FamRZ 1988, 1316 (1317)
[607] OLG Frankfurt/M FamRZ 1995, 1431; Walter, ZfJ 1996, 270 (274)

takt zu haben[608] oder dem Kind Gelegenheit geben, seine (beeinflußte) Weigerungshaltung zu überdenken, ohne daß Zwang angewendet wird.[609]
Der Ausspruch, daß das Umgangsrecht generell besteht, ohne eine konkrete Regelung vorzunehmen, soll den Eltern das Aufeinanderzugehen erleichtern und ermöglichen.[610]
Auch spreche der psychologische Effekt einer Stigmatisierung des Nichtsorgeberechtigten im Falle des Umgangsausschlusses für die bloße Nichtregelung des Umgangs.[611]

Hiergegen wird eingewendet, daß durch die bloße Nichtregelung des Umgangs eine Rechtsunsicherheit entstehe, da keiner der Beteiligten noch sicher sein könne, ob und wie der Umgang stattzufinden habe; dies stelle für die Eltern und das Kind eine unerträgliche Situation dar.[612] Insbesondere sei der Nichtsorgeberechtigte betroffen, da er auf die willkürliche Gewährung des Umgangsrechts durch den Sorgeberechtigten angewiesen sei. Auch das Kind wisse nicht, wie es sich im fortlaufenden Streit der Eltern verhalten solle.[613]

Dagegen läßt sich einwenden, daß der Nichtsorgeberechtigte im Falle der Einschränkung, des Ausschlusses und der Aussetzung der Vollziehung nicht einmal mehr auf die Möglichkeit der freiwilligen Umgangsgewährung hoffen kann. Die Frustration des Nichtsorgeberechtigten kann sich insoweit in Grenzen halten, was zu künftiger Konfliktvermeidung im Interesse des Kindes beitragen kann. Denn auch das Absehen von einer Umgangsregelung oder die bloße Zurückweisung der Regelung muß dem Kindeswohl dienlich sein. Vielmehr bleibt im Falle der bloßen Nichtregelung des Umgangs noch Raum für die Beteiligten, eine einverständliche Lösung ohne staatliche Einmischung zu finden. Die Beteiligten werden insoweit auf ihre Verantwortlichkeit zurückgeführt. Die bestehende Rechtsunsicherheit ist daher auch zu vernachlässigen, da aufgezeigt wird, daß

[608] Siehe auch OLG Hamburg FamRZ 1988, 1316, hier lag auch eine Kindesweigerung vor, die Nichtregelung des Umgangsrechts wurde darauf gestützt, daß der Vater keine Anstalten mache, das Umgangsrecht durchzusetzen; siehe OLG Rostock ZfJ 1999, 399, wo die Regelung des Umgangsrechts mit dem Hinweis auf die Nichtdurchsetzbarkeit mittels Zwang gegen den Willen des Kindes unterblieben ist; AG Rotenburg DAVorm 1993, 593, Zurückweisung des Antrages auf Umgangsregelung wegen der Weigerung des Kindes
[609] OLG Karlsruhe FamRZ 1990, 655 (656); ähnlich OLG Hamm FamRZ 1997, 307
[610] OLG Karlsruhe FamRZ 1990, 655 (656)
[611] Walter, ZfJ 1996, 270 (274)
[612] Daher ablehnend: KG FamRZ 1985, 639; OLG Düsseldorf FamRZ 1994, 1276 (1277); OLG Düsseldorf 1994, 1460 (1461); OLG Celle FamRZ 1458, das OLG Celle legt die bloße Zurückweisung des Umgangsrechts in der ersten Instanz als Ausschluß aus; BGH NJW 1994, 312, Ausnahme: der Antragssteller nimmt seinen Antrag zurück oder es stehen sich Anträge nach § 1684 III und VI als Aktion und Reaktion gegenüber; siehe dazu auch OLG Thüringen FamRZ 1996, 359; zustimmend Staudinger[13]/ Rauscher, § 1684 BGB, Rdnr. 166
[613] BGH NJW 1994, 312 (313)

das Recht nicht jeden Bereich regeln muß und damit den Parteien die Eigenverantwortung abnimmt.
Gerade im Falle der Kindesweigerung verbleibt dem Kind so die Möglichkeit, seine Meinung zu ändern.

Mithin ist der ersten Auffassung zu folgen. Muß zum Schutze des Kindes nicht der Ausschluß oder die Einschränkung des Umgangsrechts entschieden werden und existiert noch keine aussetzbare Regelung, so kommt als im Interesse des Kindes weniger schädliche Alternative die bloße Zurückweisung oder Nichtregelung im Falle der erstmaligen Antragstellung auf Regelung des Umgangsrechts in Betracht, wenn absehbar ist, daß aufgrund des Vorliegens einer kindlichen Weigerungshaltung die Durchsetzung des Umgangsrechts nicht mit den Zwangsmitteln des § 33 FGG verfügt werden kann (siehe oben: A.III., V.).

c) Änderung der Umgangsregelung

Hinsichtlich des Boykotts des Sorgeberechtigten und/oder der Weigerung des Kindes, der Umgangsregelung Folge zu leisten, kommt die Abänderung der Umgangsregelung gemäß § 1696 BGB in Betracht, wenn dafür triftige, das Kindeswohl nachhaltig berührende, Gründe sprechen. Die Abänderung der Umgangsregelung greift generell nicht so schwerwiegend in die Entwicklung des Kindes ein, daher liegt die Eingriffsschwelle deutlich niedriger als im Falle der Sorgerechtsänderung.[614]

Der Fall des Vorliegens einer kindlichen Weigerungshaltung, der Umgangsregelung Folge zu leisten, hat nach oben unter A.III.2.c)cc)(3) Gesagtem ohnehin immer zur Folge, daß die Umgangsregelung im Hinblick auf eine mögliche Änderung überprüft werden muß.[615]

Hierbei sind maßgeblich die Gründe für die Boykottierung oder Weigerungshaltung zu berücksichtigen. Insoweit kann es in Betracht kommen, daß die Boykottierung oder Weigerungshaltung sich gar nicht generell auf die Ablehnung des Kontakts bezieht, sondern daß vielmehr die getroffene Regelung sich in ihrer Durchführung als unsachgemäß erweist. Dies kann besonders im Hinblick auf die wachsende Verselbständigung des kindlichen Tagesablaufes der Fall sein. [616]

Hier erscheint es sinnvoll, die Umgangsregelung den tatsächlichen Begebenheiten anzupassen. Auch kann eine Umgangsreglung, die den Eltern wegen deren

[614] MüKo, Hinz, § 1696 BGB, Rdnr. 7; Staudinger[12]/ Coester, § 1696 BGB, Rdnr. 27 f.
[615] Siehe dazu auch SchlHOLG SchlHA 1979, 20; Staudinger[12]/ Peschel-Gutzeit, § 1634 BGB a. F., Rdnr. 186
[616] Ebenso Staudinger[12]/ Peschel-Gutzeit, § 1634 BGB a. F., Rdnr. 186

Freizeitbelange besser liegt, für das Kind von Vorteil sein, wenn sich dadurch Konflikte oder Boykotte vermeiden lassen.[617]

Die Änderung der Umgangsentscheidung muß daher in geeigneten Fällen vor der Anwendung von Zwangsmitteln nach § 33 FGG immer in Betracht gezogen werden und kann eine weniger schädliche Alternative für das Kindeswohl darstellen.

d) Einschränkung und Aussetzung der Vollziehung

Gemäß § 1684 IV 1 BGB kann das Gericht den Vollzug der Umgangsrechtsentscheidung einschränken oder ausschließen, wenn dies zum Wohl des Kindes erforderlich ist. Für die Einschränkung oder Ausschließung des Vollzuges für längere Zeit bedarf es gemäß § 1684 IV 2 BGB einer Gefährdung des Kindeswohls.

Im Falle des Vorliegens einer Kindesweigerung kann mit den Vollstreckungsmitteln des § 33 FGG die Herausgabe des Kindes bzw. die Befolgung der Umgangsregelung nicht erreicht werden.[618]

Würde eine Abänderung der Umgangsregelung nach § 1696 BGB nicht weiterhelfen und liegt bereits eine gerichtliche Regelung des Umgangsrechts vor, so daß eine bloße Nichtregelung des Umgangsrechts nicht in Betracht kommt, oder die bloße Nichtregelung angesichts der Umstände nicht förderlich erscheint, kann zumindest der Ausschluß der Vollziehung des Umgangsrechts für die Zeitdauer der kindlichen Weigerungshaltung, gerade auch für den Fall, daß die Haltung des Kindes auf der Beeinflussung des Sorgeberechtigten beruht, neben der Versagung der staatlichen Vollstreckung ausgesprochen werden.[619]

Verfestigt und verselbständigt sich die Weigerungshaltung mit der Zeit muß zumindest an den gerichtlichen Ausspruch des dauerhaften Ausschlusses der Vollziehung gedacht werden, weil eine Kindeswohlgefährdung in Betracht zu ziehen ist.

[617] Die Elterninteressen werden berücksichtigt, dadurch trete positive „Fernwirkung" für das Kindeswohl ein: Staudinger[13]/ Rauscher, § 1684 BGB, Rdnr. 162; kritisch zu beurteilen ist allerdings die Feststellung, die Umgangsregelung sei generell abzuändern, wenn der umgangsberechtigte Elternteil unangemessen beeinträchtigt werde (so z.B. MüKo, Hinz, § 1696 BGB, Rdnr. 7), die Abänderung des Umgangsrechts muß vorrangig Kindesinteressen befriedigen. Ähnlich: Staudinger[12]/ Peschel-Gutzeit, § 1634 BGB a.F., Rdnr. 187

[618] Siehe jeweils oben unter A.III.2.c)cc), 4.b)bb)(1) und (2)

[619] Siehe dazu Staudinger[13]/ Rauscher, § 1684 BGB, Rdnr. 302, welcher die Möglichkeit der Einschränkung und des Ausschlusses der Vollziehung auch dann annehmen will, wenn die Umgangsregelung gleichzeitig getroffen würde

Zwar kann ohnehin nur dann nach § 33 FGG vollstreckt werden, wenn die Vollstreckung dem Kindeswohl dienlich ist, die Versagung der staatlichen Unterstützung bei der Vollstreckung des Umgangsrechts hat daher im Falle des Vorliegens der Kindesweigerung ohnehin zu erfolgen.
Beim Ausspruch der dauerhaften Nichtvollziehung des Umgangsrechts kommt aber nicht eine elterliche Unterstützung des Staates gegenüber dem etwa das Umgangsrecht boykottierenden Sorgeberechtigten zum Ausdruck, vielmehr manifestiert sich darin die Schutzpflicht des Staates gegenüber dem Kind.

Der Widerspruch zwischen der Versagung der staatlichen Hilfe zur Vollstreckung des Umgangsrechts und der theoretisch denkbaren gleichzeitigen Versagung des dauerhaften Ausschlusses der Vollziehung des Umgangsrechts wegen Nichtvorliegens einer Kindeswohlgefährdung ist daher gerade wegen der Doppelfunktion des Staates in Form von Unterstützung der Eltern auf der einen Seite und Schutz des Kindes auf der anderen Seite nur ein scheinbarer.
Dafür spricht auch, daß § 1684 IV 1 und 2 BGB nicht nur den Fall der Kindesweigerung erfassen will. Vielmehr wird auch der Fall erfaßt, daß die Eltern des Kindes ohne die Inanspruchnahme staatlicher Hilfe zur Vollstreckung ihrer Rechte zwar selbst in der Lage sind, diese Rechte miteinander zu koordinieren, dies aber gleichzeitig eine Gefährdung des Kindeswohls darstellt.
Hierbei ist auch zu berücksichtigen, daß die Möglichkeit der Einschränkung oder der Aussetzung der Vollziehung im Zuge der jüngsten Kindschaftsrechtsreform eingefügt wurde, um nicht notwendig das Umgangsrecht als solches der Einschränkung oder dem Ausschluß unterwerfen zu müssen.[620] Gleichzeitig wurde für die Situation des Auseinanderfallens von Grundentscheidung und Vollziehung derselben im Sinne des Kindes eine gerichtliche Maßnahme zur Verfügung gestellt.[621]

Auch für den Fall, daß keine kindliche Weigerungshaltung vorliegt, kommt die Einschränkung oder der Ausschluß der Vollziehung in Betracht, wenn von dem Mittel zur Vollziehung des Umgangsrechts Wirkungen ausgehen, die dem Kindeswohl nicht dienlich oder gar Kindeswohl gefährdend sind. Insoweit liegt es nach dem Wortlaut des § 1684 IV 1 und 2 BGB („kann") im Ermessen des Gerichts, ob es die Versagung der Vollstreckungsmittel des § 33 FGG für ausreichend erachtet oder zur Wahrnehmung der staatlichen Schutzfunktion den Ausspruch der Einschränkung oder des Ausschlusses der Vollziehung für nötig hält.[622]

[620] Siehe BT/Drucks 13/4899, S. 106; siehe auch FamRefKom, Rogner, § 1684 BGB, Rdnr. 19
[621] Siehe BT/Drucks 13/4899, S. 106
[622] Wendet man ein, dies entspreche anscheinend so nicht der gesetzgeberischen Intention: BT/Drucks 13/4899, S. 106, da sich der Gesetzgeber darüber im Klaren war, daß er eine verfahrensrechtliche Regelung ins materielle Recht einfügt und somit in Ausschluß und Einschränkung der Vollstreckung und der Versagung der Vollstreckung ein und dieselbe Maß-

Durch den Ausspruch der Einschränkung oder des Ausschlusses des Vollzuges kann erreicht werden, daß den streitenden Elternparteien verdeutlicht wird, daß zwar ein Umgangsrecht grundsätzlich im Sinne des Kindes ist, insoweit wird die Frustration des Umgangsberechtigten niedriger sein, als im Falle der Einschränkung oder des Ausschlusses des Umgangsrechts als solchem, auch wenn dies letztlich zum selben Ergebnis führt. Der Sorgeberechtigte läuft außerdem im Falle der Abwehrhaltung gegen das Umgangsrecht des anderen Elternteils nicht Gefahr, zu übersehen, daß der Umgang dem Kindeswohl dienlich sein kann.[623] Es kann aber gerade im Falle des Vorliegens einer kindlichen Weigerungshaltung dem Kind eine Unterstützung seiner Haltung verdeutlicht werden, die im Falle der bloßen Versagung der Vollstreckungsmittel nicht gegeben wäre, ihm aber gleichzeitig der „Rückweg“ zum Umgang mit dem anderen Elternteil offen gehalten werden. Dadurch wird das Kind in seiner Position gestärkt.[624] Die Möglichkeit der Einschränkung oder des Ausschlusses der Vollziehung des Umgangsrechts kann daher gerade im Falle der Kindesweigerung, die auf einem Fehlverhalten des Sorgeberechtigten beruht, zur Verbesserung der Situation für das Kind beitragen.[625]
Dies gilt auch für den Fall, daß das Kind zwar grundsätzlich den Umgang wünscht, die Art und Weise der Vollstreckung jedoch nicht dem Kindeswohl dient, die Belastung des Kindes also vom Umgangsberechtigten ausgeht.

Die Möglichkeit der Einschränkung und Aussetzung der Vollziehung gemäß § 1684 IV 1 und 2 BGB erscheint daher als sinnvolle Alternative, wenn die Vollstreckung nicht dem Kindeswohl dienlich wäre, das Kindeswohl jedoch noch nicht die Beschränkung oder den Ausschluss des Umgangsrechts als solches erfordert.

e) Einschränkung und Ausschluß des Umgangsrechts

Letztendlich kann die Einschränkung oder der Ausschluß des Umgangsrechts gemäß § 1684 IV 1 und 2 BGB in Betracht kommen, wenn die Umgangsregelung nicht zu vollstrecken ist, da die Vollstreckung dem Kindeswohl nicht dien-

nahme gesehen haben muß, so ist dies nicht nachvollziehbar. Denn ansonsten hätte der Gesetzgeber gleichzeitig mit der Änderung des § 33 II FGG die Regelungen zur Vollstreckung des Umgangsrechts insgesamt ins BGB ziehen können. In der äußerlichen Beibehaltung der Trennung von Vollstreckungs- und Erkenntnisverfahren zeigt sich aber gerade auch die Beibehaltung der Möglichkeit der Versagung der Vollstreckung auf der einen Seite und der zusätzlichen Unterstützung durch den Ausspruch der Nichtvollziehung des Umgangsrechts auf der anderen Seite

623 Siehe auch FamRefKom, Rogner, § 1684 BGB, Rdnr. 19; ähnlich auch Staudinger[13]/ Rauscher, § 1684 BGB, Rdnr. 304, 306; kritisch zu dieser gerichtlichen Maßnahme aber derselbe in FamRZ 1998, 341

624 Ähnlich auch Staudinger[13]/ Rauscher, § 1684 BGB, Rdnr. 304: dem Kind wird der Druck genommen

625 So auch die Intention des Gesetzgebers: BT/Drucks 13/4899, S. 106

lich ist, weil auch die Grundentscheidung diesem Maßstab nicht (mehr) entspricht. Es gelten darüberhinaus dieselben Eingriffsvoraussetzungen wie im Falle der Einschränkung und Aussetzung der Vollziehung des Umgangsrechts.

Die Einschränkung oder der Ausschluß des Umgangsrechts kommt in erster Linie dann in Betracht, wenn vom Umgangsberechtigten Belastungen für das Kind zu befürchten sind.[626]
Aber auch dann, wenn die Belastungen durch eine Boykottierung des Sorgeberechtigten hervorgerufen werden und/oder eine kindliche Weigerungshaltung gegeben ist, muß die Einschränkung oder der Ausschluß des Umgangsrechts in Betracht gezogen werden.[627] Dies gebietet schon die Tatsache, daß Grundentscheidung und Vollstreckungsentscheidung nicht immer voneinander zu trennen sind und das daraus resultierende Bedürfnis, die Problematik der Kindesweigerung nicht der Ebene der Vollstreckung alleine zu überlassen.
Im letzteren Fall ist jedoch im Rahmen einer umfassenden Abwägung aller Umstände des Einzelfalls zunächst auch nach der Intention des Gesetzgebers der mildere Eingriff der Einschränkung oder Aussetzung der Vollziehung zu erwägen.[628]

Wohl auch in Ermangelung einer dem § 1684 IV BGB n. F. entsprechenden Regelung wurden im Falle des Vorliegens einer gegebenenfalls auf der Beeinflussung des Sorgeberechtigten beruhenden Kindesweigerung der Ausschluß des Umgangsrechts kontra der Durchsetzung des Umgangsrechts unter Anwendung von Zwangsmitteln diskutiert.[629]
Insoweit wurde teilweise der Ausschluß des Umgangsrechts trotz Vorliegens einer Kindesweigerung abgelehnt, gleichzeitig aber darauf hingewiesen, daß eine Erzwingung des Umgangs nicht möglich sei.[630] Hieran zeigt sich eindeutig,

[626] Staudinger[13]/ Rauscher, § 1684 BGB, Rdnr. 306
[627] Daher auch nach der jüngsten Kindschaftsrechtsreform für Ausschluß des Umgangsrechts wegen Kindesweigerung: OLG Hamm EzFamR aktuell 1998, 327-329; OLG Hamm FamRZ 2000, 45 f., hier beruhte die Weigerungshaltung auf der Angst vor Gewalttätigkeiten durch den Umgangsberechtigten; OLG Schleswig FamRZ 2000, 48 f.; gegen einen Ausschluß trotz Vorliegens einer Kindesweigerung ohne Eingehen auf die Frage der Durchsetzung des Umgangsrechts: OLG Bamberg FamRZ 2000, 46 f.
[628] Siehe oben: A.VI.3.d)
[629] Diesen Schluß zieht der Gesetzgeber: BT/Drucks 13/4899, S. 106; dies wird besonders deutlich in Entscheidungen wie KG FamRZ 1985, 639 ff., wo zwar der Ausschluß des Umgangsrechts trotz der Kindesweigerung abgelehnt wurde, gleichwohl aber darauf hingewiesen wurde, daß das Umgangsrecht angesichts des Alters der Kinder (über 14 Jahre) nicht mit Zwangsmitteln durchgesetzt werden kann. Siehe auch BGH FamRZ 1980, 131 ff., wo ein Umgangsausschluß unter Hinweis auf die Unanwendbarkeit von Zwang zur Durchsetzung des Umgangsrechts entschieden wurde. Ebenso: OLG Celle FamRZ 1998, 1458 ff.
[630] KG FamRZ 1985, 639 ff.; OLG Hamm FamRZ 1997, 307, Folge der Ablehnung des Umgangsausschlusses war das Unterlassen einer konkreten Regelung des zugesprochenen Umgangsrechts. Siehe auch OLG Karlsruhe FamRZ 1990, 901, die Einräumung des Umgangsrechts sei materiell von seiner Durchsetzung zu unterscheiden, nur weil hinsichtlich der

daß die Frage der Vollstreckbarkeit des Umgangsrechts nicht notwendig mit seinem Bestehen oder Ausschluß gleichermaßen beantwortet werden muß.
Teilweise führte die Kindesweigerung zum Ausschluß des Umgangsrechts,[631] teilweise wurde die Kindesweigerung hinsichtlich des Ausschlusses des Umgangsrechts für unbeachtlich erklärt.[632]
Hierbei waren auch die Eingriffsvoraussetzungen für die Einschränkung oder den Ausschluß des Umgangsrechts streitig. Teilweise wurde insoweit vertreten, eine Gefährdung des Kindeswohls müsse vorliegen,[633] nach anderer Auffassung sollten triftige das Kindeswohl berührende Gründe ausreichen.[634]

An der Widersprüchlichkeit dieser Aussagen zeigte sich deutlich die Schwierigkeit, den Anspruch des Gesetzes, für jede Situation eine geeignete Unterstützungs- und Schutzmaßnahme zur Verfügung zu stellen, erfüllen zu können.

Der gänzliche Ausschluß kann und muß zum Teil im Falle des Vorliegens der Voraussetzungen des § 1684 IV BGB auch in seiner neuen Fassung Folge der kindlichen Weigerungshaltung oder den Umgang boykottierenden Elternverhaltens sein.

Durchsetzung des Umgangsrechts Schwierigkeiten zu befürchten seien, könne das Umgangsrecht als solches nicht ausgeschlossen werden

[631] BGH FamRZ 1980, 131 ff., die sich weigernden Kinder waren 17, 16 und 13 Jahre alt; OLG Hamburg, FamRZ 1991, 471 f., das sich weigernde Kind war 9 Jahre alt; OLG Hamm FamRZ 1996, 361, Ausschluß trotz Beeinflussung durch den Sorgeberechtigten, das sich weigernde Kind war 4 Jahre alt; OLG Thüringen FamRZ 1996, 359 f., das sich weigernde Kind war 16 Jahre alt; OLG Bamberg ZfJ 1996, 194, das sich weigernde Kind war 14 Jahre alt; OLG Hamm EzFamR aktuell 1998, 327-329, das sich weigernde Kind war 14 Jahre alt, Ausschluß unter Hinweis der Nichterzwingbarkeit des Umgangsrechts; OLG Thüringen Streit 1998, 72-74, die sich weigernden Kinder waren 13 und 16 Jahre alt; OLG Celle FamRZ 1998, 1458 ff., das sich weigernde Kind war fast volljährig; OLG Düsseldorf FamRZ 1998, 1460 f., das sich weigernde Kind war 11 Jahre alt; OLG Bamberg FamRZ 1998, 969 f., das sich weigernde Kind war 11 Jahre alt; OLG Bamberg FamRZ 1998, 970 f., das sich weigernde Kind war 15 Jahre alt; OLG Celle FamRZ 1998, 971 f., die sich weigernden Kinder waren 10 und 8 Jahre alt, von einer starken Beeinflussung der Kinder durch die Sorgeberechtigte war auszugehen; KG FamRZ 1986, 503, das sich weigernde Kind war 10 Jahre alt; OLG Bamberg FamRZ 1994, 1276, die sich weigernden Kinder waren 12 und 14 Jahre alt

[632] OLG Celle DAVorm 1996, 278 f.; OLG Düsseldorf FamRZ 1994, 1277 f., die sich weigernden Kinder waren 12 und 15 Jahre alt, für die Weigerung haben die Kinder die Gewalttätigkeit des Vaters als Grund angegeben; OLG Hamm NJW-RR 1993, 1095, die sich weigernden Kinder waren 8 und 11 Jahre alt; KG FamRZ 1985, 639, die sich weigernden Kinder waren 15 und 17 Jahre alt, eine zwangsweise Durchsetzung des Umgangsrechts wurde aber für unmöglich gehalten; siehe grundlegend zur Problematik der Vereinbarkeit des Kindeswillens mit dem Kindeswohl: Zitelmann, Kindeswohl und Kindeswille

[633] Siehe oben: BVerfGE 31, 194 (209); BGH FamRZ 1984, 1084; MüKo, Hinz, § 1634 BGB a. F. Rdnr. 42

[634] Siehe zum früheren Meinungsstand mit nachvollziehbarer Begründung gegen das Erfordernis der Kindeswohlgefährdung: Staudinger[12]/ Peschel-Gutzeit, § 1634 BGB a. F., Rdnr. 261 ff., m.w.N.

Der dauerhafte Ausschluß des Umgangsrechts stellt aber ob seiner Ausschließlichkeit auf dem Weg zu einer weitgehend unbelasteten, dem Kindeswohl dienlichen Eltern –Kind -Beziehung keine befriedigende Alternative dar. Die Entscheidung zum Ausschluß des Umgangsrechts bringt vielmehr gleichzeitig das Scheitern der Eltern –Kind -Beziehung zum Ausdruck.
Letztlich dient der Ausschluß des Umgangsrechts daher nicht mehr der Durchsetzung des Umgangsrechts und kann nicht als Alternative zu den Zwangsmitteln des § 33 FGG angesehen werden.

f) Durchführung des Umgangs in Anwesenheit mitwirkungsbereiter Dritter

Im Rahmen der jüngsten Kindschaftsrechtsreformbestrebungen hat die Möglichkeit, den Umgang in Anwesenheit mitwirkungsbereiter Dritter durchzuführen, als § 1684 IV Satz 3 und 4 BGB Einzug in das Gesetz gefunden.[635] Das Gericht kann gemäß § 1684 IV 3 und 4 BGB anordnen, daß der Umgang in Anwesenheit eines mitwirkungsbereiten Dritten stattfinden muß.

Bereits vor der Gesetzesänderung durch das Kindschaftsrechtsreformgesetz wurde in der Rechtssprechung die Möglichkeit der Anordnung der Anwesenheit Dritter im Sinne einer Einschränkung des Umgangs gemäß § 1634 BGB a.F. für möglich gehalten, wenn dies gemäß § 1634 II 2 BGB a.F. zum Wohl des Kindes erforderlich war.[636]

Hinsichtlich der Eingriffsschwelle für die Anordnung der Anwesenheit mitwirkungsbereiter Dritter bei der Ausübung des Umgangs trifft § 1684 IV 3 und 4 BGB keine Aussage. Versteht man diese Anordnung jedoch weiterhin als Ein-

[635] KindRG vom 16.12.1997 (BGBl. I S. 2942); siehe zur neuen Rechtssprechung seit der Gesetzesänderung: KG ZfJ 1999, 395 ff.; OLG Hamm FamRZ 1999, 326; OLG Frankfurt/M. FamRZ 1999, 617; im konkreten Fall Anordnung des begleiteten Umgangs ablehnend: AG Kerpen FamRZ 2000, 50

[636] Hinsichtlich Eingriffsschwelle anderer Auffassung: OLG Hamm NJW 1967, 446, welches sich für die Voraussetzung der Kindeswohlgefährdung ausspricht. Siehe im übrigen zur früheren Rechtssprechung: OLG Celle NJW-RR 1990, 1290, Überwachung des Umgangs durch Umgangspfleger; OLG Celle ZfJ 1956, 137 (138), Überwachung des Verkehrsrechts durch Mitarbeiter einer Jugendbehörde; OLG München FamRZ 1998, 976, Überwachung des Umgangs durch Detektiv wegen Entführungsgefahr; Ausübung des Umgangsrechts in der Spielstube des Jugendamtes wegen Angst vor Ansteckung mit Aidserkrankung des Umgangsberechtigten: OLG Hamm NJW 1989, 2336; Anordnung der Anwesenheit der Sorgeberechtigten bei den Anbahnungsbesuchskontakten: OLG Celle DAVorm 1996, 278; Ablehnung der Überwachung trotz Verdachts des sexuellen Mißbrauchs: OLG Stuttgart FamRZ 1994, 718; Ablehnung der Überwachung als unzureichende Schutzmaßnahme bei bestehender Gefahr sexuellen Mißbrauchs sowie Ausschluß des Umgangsrechts: OLG Bamberg FamRZ 1994, 719; OLG Hamburg FamRZ 1996, 422 (423), Anordnung der Überwachung von Anbahnungskontakten bei Verdachts auf sexuellen Mißbrauch; siehe auch AG Kerpen FamRZ 1998, 254 bei Nichtbeibehaltbarkeit des Verdachts auf sexuellen Mißbrauch Anordnung des begleiteten Umgangs.

schränkung des Umgangsrechts, so müssen die Anforderungen des § 1684 IV 1 und 2 BGB gelten. Die Anordnung der Anwesenheit mitwirkungsbereiter Dritter kann daher erfolgen, wenn dies zum Wohle des Kindes erforderlich ist (§ 1684 IV 1 BGB) bzw. für längere Zeit, wenn anderenfalls das Kindeswohl gefährdet wäre (§ 1684 IV 2 BGB).[637]

Nach der Auffassung des Gesetzgebers soll diese Möglichkeit eine gegenüber dem Ausschluß des Umgangsrechts im Sinne des Verhältnismäßigkeitsgrundsatzes mildere Alternative darstellen, die bei bestimmten Fallkonstellationen eine adäquate Möglichkeit bietet, den Umgang durchzuführen, wenn er ansonsten scheitern würde.[638]
Hierbei wurde hauptsächlich an Gefahren aus der Sphäre des Umgangsberechtigten gedacht.[639] Es wird jedoch auch in Betracht gezogen, die Anwesenheit Dritter generell in Konfliktsituationen, in denen bislang an den Ausschluß des Umgangsrechts gedacht werden mußte, anzuordnen,[640] also auch in Situationen, in denen die Gefährdung des Umgangskontaktes vom Sorgeberechtigten ausgeht.[641]

[637] Siehe dazu auch Staudinger[13]/ Rauscher, § 1684 BGB, Rdnr. 309, welcher die Betonung auf das Erfordernis der Kindeswohlgefährdung legt.
[638] BT/Drucks 13/4899, S. 106; FamRefKom, Rogner, § 1684 BGB, Rdnr. 23; Richter/Kreuznacht, ZfJ 1999, 45 (47); ebenso Staudinger[13]/ Rauscher, § 1684 BGB, Rdnr. 310. Siehe auch Rdnr. 311 hinsichtlich der inhaltlichen Ausgestaltungsmöglichkeiten der Anwesenheit mitwirkungsbereiter Dritter. Siehe Rdnr. 313 bis 318 und Richter/Kreuznacht, ZfJ 1999, 45 (49) hinsichtlich der einzelnen Anwendungsfälle. Diese können im Einzelnen sein: Sexueller Mißbrauch (AG Kerpen FamRZ 1998, 254, bei Nichtbeibehaltbarkeit des Verdachts auf sexuellen Mißbrauch Anordnung des begleiteten Umgangs; OLG Hamburg FamRZ 1996, 422), Entführungsgefahr (OLG München FamRZ 1998, 976), frühere körperliche oder seelische Mißhandlung oder Bedrohung des Kindes, psychische Krankheiten oder Drogenabhängigkeit des Umgangsberechtigten, physische Krankheiten (OLG Hamm NJW 1989, 2336), extreme Konfliktsituation durch die Trennungskrise (OLG Hamm FamRZ 1999, 326), Anbahnung des Umgangs nach längerem Ausschluß (OLG Hamburg FamRZ 1996, 422 (423)). Siehe auch OLG Celle NJW-RR 1990, 1290, hier allerdings nicht allein Anordnung der Überwachung des Umgangs, sondern auch noch Entziehung des Aufenthaltsbestimmungsrechts für die Dauer des Umgangs und Übertragung auf Pfleger, siehe insoweit auch oben unter A.VI.1.c).
[639] Siehe dazu BT/Drucks 13/4899, S. 106; insbesondere werden die Gefahr des sexuellen Mißbrauchs durch den Umgangsberechtigten sowie die Gefahr der Verbringung des Kindes ins Ausland angesprochen.
[640] Dahingehend könne sich eine „Grundtendenz“ der Rechtssprechung bilden: Richter/Kreuznacht, ZfJ 1999, 45 (49)
[641] Darauf weist Staudinger (2001); Rauscher, § 1684 BGB, Rdnr. 309 hin. Nicht nachvollziehbar ist allerdings, daß die Möglichkeit, der Sorgeberechtigte könne sich mit dem Umgangsrecht des anderen leichter abfinden, wenn Dritte anwesend sind, nicht einschlägig sei. Insoweit kommt es auf jeden Fall in Betracht, daß die Anordnung des behüteten Umgangs zum Wohl des Kindes erforderlich ist, wenn damit die Obstruktion des Umgangsrechts durch den Sorgeberechtigten und der dadurch sich verstärkende Loyalitätskonflikt mit dem Kind vermieden werden kann.

Bereits der Hinweis auf die Möglichkeit der Anwesenheit Dritter zur Begleitung des Umgangs kann indes streitschlichtend wirken, so daß sich Umgangsstreitigkeiten möglicherweise abkürzen lassen.[642]
Seinem Sinn und Zweck nach soll die Anordnung der Anwesenheit mitwirkungsbereiter Dritter aber nicht bloß die Abholung und das Zurückbringen des Kindes sichern,[643] sondern vielmehr zum Schutz des Kindes eine Möglichkeit bieten, den Kontakt mit dem Umgangsberechtigten aufrechtzuerhalten[644] und darüberhinaus die Beteiligten zur Fähigkeit, einen unbegleiteten Kontakt zu halten und zu einer tragfähigen Beziehung, hinführen.[645]
In Betracht kommen insbesondere die betreute Umgangsanbahnung, wenn Erstkontakte oder Kontakte nach einer langen Unterbrechung stattfinden sollen, z.B. nach einer Umgangsvereitelung durch den Sorgeberechtigten, die betreute Übergabe des Kindes, womit Konflikte während der Übergabe des Kindes vermieden werden sollen und dadurch die Belastungen für das Kind gemindert werden sollen, betreuter Umgang und letztlich der ganz kontrollierte Umgang in Fällen, bei denen für das Kind eine Gefahr vom Umgangsberechtigten ausgeht.[646]

Die Anordnung der Anwesenheit mitwirkungsbereiter Dritter gemäß § 1684 IV 3 und 4 BGB soll jedoch wegen ihrer Einschränkungen keine Dauerlösung darstellen, da sie eine unnatürliche Umgangssituation darstellt.[647]
Eine Rückmeldung an das Gericht wird für sinnvoll gehalten.[648]

Der Dritte soll nur mit seinem Einverständnis zur Mitwirkung herangezogen werden.[649] Hinsichtlich der Mitwirkung des Jugendamtes korrespondiert dies

[642] Radke/Gewinner, FPR 1999, 235 (236)
[643] So eher die Idee der Bestellung eines Umgangspflegers, siehe oben A.IV.1.c); die Anordnung einer Begleitung kann aber im Einzelfall auch dies bedeuten, allerdings ohne die Entziehung des Aufenthaltsbestimmungsrechts: so Salzgeber, FamRZ 1999, 975 f. Zu den einzelnen möglichen Formen des begleiteten Umgangs siehe Walter, FPR 1999, 204 (207 f.)
[644] So auch: Staudinger[13]/ Rauscher, § 1684 BGB, Rdnr. 311
[645] Siehe dazu die Konzeption des Jugendamtes Siegburg, KindPrax 1999, 125 ff., hier wird explizit darauf hingewiesen, daß das Modell des begleiteten Umgangs nicht lediglich der Überwachung des Kontakts dient und Freiwilligkeit hinsichtlich des Kontakts erfordert; therapeutische Konzeption kann im Einzelfall in Betracht kommen: Salzgeber, FamRZ 1999, 975 (976), so auch Walter, FPR 1999, 204 (206), welcher sich für die Verknüpfung von begleitetem Umgang und Erziehungsberatung ausspricht
[646] Zu den einzelnen möglichen Formen des begleiteten Umgangs siehe Walter, FPR 1999, 204 (207f); Weisbrodt KindPrax, 2000, 9 (15)
[647] KG ZfJ 1999, 395 396); Staudinger[13]/ Rauscher, § 1684 BGB, Rdnr. 312; Mitrega, FPR 1999, 212 (214); Salzgeber, FamRZ 1999, 975 (976); s. Jugendamt Siegburg, Kind-Prax 1999, 125 (126), in der Konzeption des begleiteten Umgangs des Jugendamts Siegburg wird von einem Regelfall in Höhe von 20 Beratungseinheiten ausgegangen; auf die Belastung weist auch Weisbrodt, KindPrax 2000, 9 (15) hin
[648] Richter/Kreuznacht, ZfJ 1999, 45 (50, 51)

auch mit § 18 III 3 KJHG.[650] Nach § 18 III 3 KJHG soll das Jugendamt nämlich bei der Herstellung von Umgangskontakten und der Durchführung gerichtlicher Umgangsanordnungen vermittelnd und unterstützend tätig werden.[651] Kindern und Jugendlichen steht insoweit ein durchsetzbarer Rechtsanspruch gegen das Jugendamt zu.[652] Die Jugendhilfe wird sich daher verstärkt in diesem Bereich betätigen müssen.[653] Das Jugendamt kann aber vom Gericht nicht verbindlich zur Mitwirkung herangezogen werden.[654]
Mitarbeiter des Jugendamtes werden insoweit aufgrund ihrer Sachkunde für besonders geeignet gehalten, bei der Durchführung des Umgangs mitzuwirken.[655] Dies gilt insbesondere dann, wenn der Grund für die Anordnung der Überwachung des Umgangs in einer Problematik besteht, für die eine therapeutische Unterstützung angebracht wäre. Insoweit kommen als Begleitpersonen pädagogisch und psychologisch ausgebildete Dritte in Betracht,[656] die neutral sein sollen.[657]
Es kommen jedoch auch Privatpersonen, wie Freunde, Bekannte und Verwandte in Betracht, soweit diese Personen das Vertrauen des Kindes genießen.[658]

Es wird gefordert, die Möglichkeiten und Ausgestaltungen der Anordnung der Anwesenheit mitwirkungsbereiter Dritter konstruktiv zu klären.[659] Insoweit werden Versuche unternommen, Modelle zu konzipieren.[660]
Letztlich hängt die Konzeption des begleiteten Umgangs vom Einzelfall ab.[661] Jedoch erscheint es möglich, für bestimmte Fallgruppen ein einheitliches Angebot zu erstellen.

649 Hinsichtlich Eignung und Fähigkeiten der Person siehe ausführlich: Richter/Kreuznacht, ZfJ 1999, 45 ff., Jugendamt Siegburg, KindPrax 1999, 125 ff.

650 BT/Drucks 13/4899, S. 106; FamRefKom, Rogner, § 1684 BGB, Rdnr. 25

651 Damit ist auch die Hilfestellung im Rahmen eines begleiteten Umgangs gemeint sowie Vermittlung: FamRefKom, Sonnenfeld/Rogner, § 18 SGB VIII, Rdnr. 15

652 FamRefKom, Rogner, § 1684 BGB, Rdnr. 25; Sonnenfeld/Rogner, § 18 SGB VIII, Rdnr. 8 ff.

653 Ebenso Richter/Kreuznacht, ZfJ 1999, 45 (47)

654 Richter/Kreuznacht, ZfJ 1999, 45 (48); Walter, FPR 1999, 204; anders früher nach § 48c JWG

655 BT/Drucks 13/4899, S. 106; Richter/Kreuznacht, ZfJ 1999, 45 (48); siehe auch Konzeption des Jugendamts Siegburg, KindPrax 1999, 125 (126) mit einer Auflistung der möglichen Anbieter des begleiteten Umgangs

656 Staudinger[13]/ Rauscher, § 1684 BGB, Rdnr. 321;

657 Richter/Kreuznacht, ZfJ 1999, 45 (48)

658 Staudinger[13]/ Rauscher, § 1684 BGB, Rdnr. 320; Jugendamt Siegburg, KindPrax 1999, 125 (126); Richter/Kreuznacht, ZfJ 1999, 45 (48)

659 Richter/Kreuznacht, ZfJ 1999, 45 (47, 49); Salzgeber, FamRZ 1999, 975

660 Allgemein: Richter/Kreuznacht, ZfJ 1999, 45 (47ff); Salzgeber, FamRZ 1999, 975 f.; Walter, FPR 1999, 204 (205); konkret: Jugendamt Siegburg, KindPrax 1999, 125 ff.; Mitrega, FPR 1999, 212 ff. (Tätigkeitsbeschreibung und Konzeption der „Beratungsstelle Betreuter Umgang" in Berlin)

661 Salzgeber, FamRZ 1999, 975 f.

Muß die Frage entschieden werden, ob ein „begleiteter Umgang" auch gegen den Kindeswillen angeordnet werden kann, ist zu differenzieren, ob der Wille des Kindes sich nur gegen die Begleitung richtet, diese aber zu seinem Schutz erforderlich sein soll oder sich das Kind gegen den Umgangskontakt als solchen richtet, also jegliche Form des Umgangskontaktes ablehnt. Hier ist eine umfassende Abwägung aller Kindeswohlbelange vorzunehmen.[662] Dabei ist zu bedenken, daß der begleitete Umgang zwar grundsätzlich ein milderes Mittel im Verhältnis zum Ausschluß des Umgangs darstellt, aber doch eine Kontaktaufnahme gegen den Kindeswillen bedeuten würde. Im Falle der Weigerung des Kindes, überhaupt Kontakt mit dem anderen Elternteil zu haben, kann die Tatsache der Begleitung aus Kindessicht daher keinen Unterschied machen. Ein Kontakt kann nicht erzwungen werden.[663] Lehnt das Kind die Begleitperson ab, so muß auch darauf eingegangen werden.
Andererseits ist zu bedenken, daß im Falle der bloßen Ablehnung der Begleitung durch das Kind, Möglichkeiten geschaffen werden können, die Begleitung so unbelastend wie möglich zu gestalten und daß dahingehend ein Entgegenkommen möglich ist.[664]

Hinsichtlich der Finanzierung sieht es der Gesetzgeber vor, daß die Beteiligten zur Kostenübernahme herangezogen werden können,[665] als Maßnahme im Rahmen der Jugendhilfe kommt zunächst auch die Jugendhilfe als –Träger der Kosten in Betracht.[666]

Der betreute Umgang bietet nach alledem eine Möglichkeit, den Umgang mit dem Umgangsberechtigten durchführen zu können, wenn anderenfalls wegen Gefahren für das Kindeswohl der Ausschluß des Umgangs in Betracht gezogen werden müßte bzw. den Umgang wieder durchführen zu können, wenn anderenfalls eine weitere Obstruktion des Umgangs durch den Sorgeberechtigten in Gefahr steht, der Sorgeberechtigte sich aber mit der Durchführung des begleiteten Umgangs einverstanden erklärt. In jedem Fall bleibt dem Kind der Kontakt mit dem anderen Elternteil auf diese Weise erhalten.
Folglich stellt die Anordnung begleiteten Umgangs eine brauchbare Alternative zu den Zwangsmitteln des § 33 FGG dar, die aber keine Dauerlösung sein kann.

[662] Diesbezüglich stellt sich die Frage des Verhältnisses von Kindeswohl und Kindeswille zueinander, so Richter/Kreuznacht, ZfJ 1999, 45 (50); siehe zur Reflektion des Verhältnisses des Kindeswohls zum Kindeswillen in der Wissenschaft ausführlich: Zitelmann, Kindeswohl und Kindeswille, S. 59 ff.
[663] Siehe Walter FPR 1999, 204 (205) mit Hinweis darauf, daß der Begleiter keinesfalls den Kindeswillen brechen soll, ein weitgehendes Konzept zum begleiteten Umgang jedoch beim Abbau von Antihaltungen beim Kind helfen kann
[664] Zu diesen Maßnahmen siehe nochmals Staudinger[13]/ Rauscher, § 1684 BGB, Rdnr. 313-318
[665] BT/Drucks 13/4899, S. 106
[666] Richter/Kreuznacht, ZfJ 1999, 45 (50); zur Finanzierung ausführlich: Walter, FPR 1999, 204 (205)

g) Anordnung der Herausgabe von Reisepässen

Besteht die Gefahr der Entführung des Kindes ins Ausland während ein Umgangskontakt stattfindet, kommt als gegenüber der Anordnung des begleiteten Umgangs mildere Alternative die Einziehung und Hinterlegung der Reisepässe des Kindes und des Umgangsberechtigten in Betracht.[667]
Dagegen werden öffentlich-rechtliche Gründe vorgebracht.[668]
Für einen deutschen Staatsangehörigen verbietet sich die Herausgabe seines Reisepasses oder seines Personalausweises wegen der aus § 1 des Gesetzes über Personalausweise resultierenden Pflicht, sich immer ausweisen können zu müssen. Für einen ausländischen Staatsangehörigen verbietet sich die Herausgabe seines Personalausweises oder Reisepasses an eine deutsche Behörde bereits wegen der Paßhoheit des ausländischen Staates.[669] Dies ist jeweils auch auf das Kind übertragbar.[670] In Ermangelung einer gesetzlichen Grundlage, die die Herausgabe von Reise- oder Personalausweisen im Falle einer Entführungsgefahr ausdrücklich erlaubt, kann daher die Herausgabe oder Hinterlegung der Reisepässe auf der Grundlage des § 1684 IV BGB nicht verfügt werden.

i) Ersatzweiser Umgang

Für den Fall des Nichtzustandekommens des Umgangskontaktes aus Gründen, die in der Sphäre des Kindes nicht aber des Sorgeberechtigten oder des Umgangsberechtigten liegen, wird die Anordnung ersatzweisen Umgangs in Betracht gezogen.[671]
Bei zwingenden Gründen aus der Sphäre des Kindes, z.B. einer Erkrankung des Kindes, sonstiger Hinderungsgründe wie Freizeitveranstaltungen oder Zusammenfallen des Umgangstages mit einem hohen Festtag, soll das Umgangsrecht nachgeholt werden.[672]
Für derartige Situationen wird eine vorbeugende richterliche Anordnung für sinnvoll erachtet, mit dem Inhalt, den Umgangskontakt auf den nächstmöglichen

[667] So OLG Köln FamRZ 1972, 572; OLG München FamRZ 1998, 976; Palandt, Diederichsen, § 1684 BGB, Rdnr. 36
[668] OLG Karlsruhe FamRZ 1996, 425; Staudinger[12]/ Peschel-Gutzeit, § 1634 BGB a.F., Rdnr. 303
[669] Siehe dazu ausführlich OLG Karlsruhe FamRZ 1996, 425 und Staudinger[12]/ Peschel-Gutzeit, § 1634 BGB a. F., Rdnr. 303 m.w.N.; Staudinger[13]/ Rauscher, § 1684 BGB, Rdnr. 184
[670] Staudinger[13]/ Rauscher, § 1684 BGB, Rdnr. 184
[671] Staudinger[13]/ Rauscher, § 1684 BGB, Rdnr. 210 ff.; Staudinger[12]/ Peschel-Gutzeit, § 1634 BGB a.F., Rdnr. 230
[672] LG Heilbronn Justiz 1974, 126; AG Holzminden FamRZ 1997, 47 f.; MüKo, Hinz, § 1634 BGB a.F., Rdnr. 33; Staudinger[13]/ Rauscher, § 1684 BGB, Rdnr. 210; zur Nachholung von Ferienaufenthalten ablehnend: LG Karlsruhe DAVorm 1975, 243

Umgangstag zu verschieben, um der Gefahr der Umgehung des periodischen Besuchsrechts entgegenzuwirken.[673]
Die Nachholung des Umgangs soll aber nicht zu einer Belastung des Kindes führen.[674] Wenn Gründe des Kindeswohls nicht entgegenstehen, soll die Nachholung des Umgangs erfolgen können.[675] Die Nachholung des ausgefallenen Umgangs soll jedoch nicht zwingend sein.[676]

Die Nachholung des aus zwingenden, die Sphäre des Kindes betreffenden Gründen ausgefallenen Umgangs kann dem Kindeswohl dienlich sein. Dies muß im Einzelfall überprüft werden. Anderenfalls besteht die Gefahr, daß das Kind mit der Nachholung des Umgangs bestraft wird und lediglich die Interessen des Umgangsberechtigten wahrgenommen werden. Aus diesem Grunde ist die generelle Anordnung der Nachholung des Umgangs am nächstmöglichen Wochentag, der dem üblichen Umgangstag entspricht, nicht dem Kindeswohl dienlich.

Grundsätzlich kann die Nachholung des Umgangs jedoch dem Erhalt des Kontaktes zwischen Umgangsberechtigten förderlich sein. Als Regelinstrument zur „Entschädigung" des Umgangsberechtigten bzw. zur Durchsetzung seines Umgangsrechts kommt die Anordnung ersatzweisen Umgangs jedoch nicht in Betracht.

j) Schadenersatz bei Umgangsvereitelung durch den Sorgeberechtigten

Möglicherweise steht dem Umgangsberechtigten gegenüber dem Sorgeberechtigten für den Fall der Umgangsvereitelung ein Anspruch auf Schadenersatz wegen der schuldhaften Verletzung des Umgangsrechts gemäß § 823 I BGB zu. Insoweit kommt der Ersatz von Aufwendungen für einen nicht zustande gekommenen Umgangskontakt in Betracht.[677]
Das Umgangsrecht ist als absolutes Recht und somit als sonstiges Recht im Sinne von § 823 I BGB geschützt.[678] Das Umgangsrecht resultiert nämlich als eigenständiges Recht aus dem natürlichen Elternrecht, welches vom Schutzbereich des Art. 6 II 1 GG erfaßt ist.[679] Streitig ist allerdings, ob der Umgangsbe-

[673] LG Heilbronn Die Justiz 1974, 126; nicht aber, wenn der Umgang wöchentlich stattfindet: Staudinger[13]/ Rauscher, § 1684 BGB, Rdnr. 211
[674] Oelkers FamRZ 1995, 449 (455); im Ergebnis so auch LG Karlsruhe DAVorm 1975, 243
[675] Staudinger (2001) Rauscher, § 1684 BGB, Rdnr. 211
[676] Staudinger[12]/ Peschel-Gutzeit, § 1634 BGB a. F., Rdnr. 230
[677] So AG Gütersloh FamRZ 1998, 576; zustimmend Staudinger[13]/ Rauscher, § 1684 BGB, Rdnr. 26
[678] Statt aller: BGH FamRZ 1999, 651 (652)
[679] BVerfG FamRZ 1983, 872; BVerfG FamRZ 1999, 85; BGH FamRZ 1999, 651; Gernhuber, § 66 I., Nr.1.; anderer Auffassung früher (Umgangsrecht als Restbestandteil der elterlichen Sorge): BGHSt 10, 376 (378); Gernhuber, 3. Auflage, § 53 III., Nr.1. m.w.N.

rechtigte gegenüber dem Sorgeberechtigten gemäß § 823 I BGB Schadenersatz wegen der Vereitelung des Umgangsrechts geltend machen kann.[680]

Mit der Gewährleistung von Schadenersatzansprüchen könnte im Hinblick auf die Durchsetzung des Umgangsrechts zwar ein gewisser Druck gegenüber dem Sorgeberechtigten zum Zwecke der Vermeidung einer Umgangsvereitelung entstehen, was wiederum dazu führen könnte, daß sich der Sorgeberechtigte diesem Druck beugt. Im Hinblick auf dem Kindeswohl dienliche Durchsetzungsmechanismen für das Umgangsrecht ist ein finanzielles Druck- und Beugemittel jedoch bereits durch § 33 I FGG, dem Zwangsgeld, gegeben. Als finanzielle Maßnahme teilt die Begründung einer Schadenersatzpflicht jedoch die Mängel einer Androhung oder Verhängung des Zwangsgeldes im Hinblick auf das Kindeswohl.[681] Folglich kann eine denkbare Schadenersatzpflicht des Sorgeberechtigten gegenüber dem Umgangsberechtigten für die Suche nach Alternativen zu den Zwangsmitteln des § 33 FGG nicht nutzbar gemacht werden.

k) Verwirkung von Unterhaltsansprüchen

Die Verwirkung des Kindesunterhaltsanspruchs des minderjährigen Kindes wegen der Vereitelung des Umgangsrechts ist unabhängig davon, ob das Kind den Umgang verweigert oder lediglich der Sorgeberechtigte den Umgang boykottiert, gemäß § 1611 II BGB nicht denkbar.

In Betracht kommt allerdings die (teilweise) Verwirkung des Ehegattenanspruchs gemäß § 1579 Nr. 6 BGB wegen der Vereitelung des Umgangsrechts seitens des Sorgeberechtigten.[682] Gefordert wird hier eine fortgesetzte, schwerwiegende und schuldhafte Vereitelung des Umgangsrechts.[683] Lediglich vereinzelt wird bei der Reduzierung des Unterhalts dann auch berücksichtigt, daß sich das gesamte Familieneinkommen verringert[684] bzw. das Wohl des Kindes durch eine Reduzierung des Ehegattenunterhalts verringert werden kann.[685]

680 Dafür: Staudinger[13]/ Rauscher, § 1684 BGB, Rdnr. 26; AG Gütersloh FamRZ 1998, 576; dagegen: Staudinger[12]/ Peschel-Gutzeit, § 1634 BGB a. F., Rdnr. 32; Gernhuber, § 66 I., Nr.4, jeweils in Bezug zur faktischen Vereitelung des Umgangsrechts durch Auswanderung des Sorgeberechtigten

681 Siehe oben A.V.3.a)

682 Siehe dazu BGH NJW 1987, 893 (896), hier wegen Auswanderung des Sorgeberechtigten verneinend; OLG Celle FamRZ 1989, 1194 (1196); OLG München, FamRZ 1998, 750f; OLG München FamRZ 1997, 1160; OLG Nürnberg FamRZ 1994, 1393 f.; Staudinger[13]/ Rauscher, § 1684 BGB, Rdnr. 113

683 OLG Nürnberg FamRZ 1994, 1393 f.; OLG München FamRZ 1998, 750; OLG Celle FamRZ 1989, 1194 ff.

684 OLG München FamRZ 1998, 750 (751)

685 OLG Nürnberg FamRZ 1994, 1393 (1394)

Auch die (teilweise) Verwirkung des Ehegattenunterhalts könnte im Hinblick auf die Durchsetzung des Umgangsrechts als Druckmittel gegenüber dem Sorgeberechtigten zum Zwecke der Vermeidung einer Umgangsvereitelung eingesetzt werden. Auch dies könnte dazu führen, daß sich der Sorgeberechtigte dem Druck beugt. Wie bereits zum Schadenersatz bei Umgangsvereitelung (j)) festgestellt, ist ein finanzielles Druck- und Beugemittel zur Durchsetzung des Umgangsrecht jedoch bereits durch § 33 I FGG, dem Zwangsgeld, gegeben. Als finanzielle Maßnahme teilt die Maßnahme der Kürzung des Ehegattenunterhalts in Folge einer schwerwiegenden Umgangsvereitelung jedoch auch die Mängel des Vollstreckungsmittels der Androhung oder Verhängung des Zwangsgeldes.[686] Folglich kann die Verwirkung des Ehegattenunterhalts für die Suche nach Alternativen zu den Zwangsmitteln des § 33 FGG ebensowenig nutzbar gemacht werden.

3. Durchführung von therapeutischen oder erziehungsberatenden Maßnahmen zur Durchsetzung des Sorge- und Umgangsrechts

Zur Durchsetzung des Sorge- und Umgangsrechts im Elternstreit kommen auch therapeutische und beratende Maßnahmen in Betracht, die die Eltern befähigen können, ihre Elternverantwortung selbst wieder wahrzunehmen und eine einvernehmliche praktikable Lösung zu erarbeiten, um damit dem sorgerechtlichen Herausgabeanspruch und dem Umgangsrecht zur Durchsetzung und dem Kind zu seinem Recht auf beide Elternteile zu verhelfen, ohne daß die Anwendung staatlicher Zwangsmittel notwendig ist.[687]

a) Gerichtliche Anordnung der Durchführung von außergerichtlichen therapeutischen oder erziehungsberatenden Maßnahmen

Es kommt in Betracht, im Herausgabe- bzw. allgemeinen Umgangsverfahren die Durchführung einer Therapie eines Elternteils oder des Kindes, die Durchführung einer Mediation beider Elternteile oder die Teilnahme an Erziehungsberatungsgesprächen gerichtlich anzuordnen.[688]
Fraglich ist aber, ob das geltende Recht dafür eine Rechtsgrundlage zur Verfügung stellt.

Insoweit könnte zunächst § 33 FGG als Rechtsgrundlage herangezogen werden. Die Anordnung der therapeutischen bzw. beratenden Maßnahme auf der Grundlage des § 33 FGG käme hier als mildere Maßnahme im Gegensatz zu den

[686] Siehe oben A.V.3.a)
[687] So auch die Zielsetzung des Gesetzgebers im Rahmen der Kindschaftsrechtsreform, siehe BT/Drucks 13/4899, S. 75
[688] Wohl weniger im Rückführungsverfahren nach HKÜ oder ESÜ; diese Maßnahmen können aber nach erfolgter Rückführung im Heimatland des Kindes in Betracht gezogen werden, daher sind die Ausführungen übertragbar

Zwangsmitteln des § 33 FGG in Betracht, die im Wege des Erst –Recht - Schlusses in der Ermessensentscheidung des Gerichts berücksichtigt werden kann und im Rahmen einer Gesamtabwägung aller relevanten Umstände, vorrangig des Kindeswohls, unter Beachtung des Verhältnismäßigkeitsgrundsatzes angeordnet werden kann.
§ 33 FGG stellt Zwangsmittel zur Verfügung, die den Willen des Verpflichteten beugen, bzw. brechen (§ 33 II 1 FGG) sollen. Mittels therapeutischer oder beratender Maßnahmen soll der Wille der Verpflichteten jedoch gerade nicht gebeugt oder gebrochen werden, sondern es soll vielmehr ein selbständiger und zwangfreier Umgang mit der Konfliktsituation ermöglicht werden, weil davon die längere Haltbarkeit so entstandener Elternvereinbarungen erwartet werden kann.
Seinem Sinn und Zweck nach bietet § 33 FGG also keine rechtliche Grundlage für die Anordnung therapeutischer oder erziehungsberatender Maßnahmen.[689]
Auch aus der Systematik des Gesetzes ergibt sich nichts anderes. Therapeutische oder beratende Elemente und Möglichkeiten haben stets an anderer Stelle Einzug in das Gesetz gefunden, so z.B. in §§ 17, 18 KJHG, §§ 52 II, 52a FGG oder auch § 1684 IV 3 und 4 BGB (betreuter Umgang).

Auch kann die Anordnung einer sachverständigen Begutachtung nicht zum Zwecke der Durchführung therapeutischer Maßnahmen erfolgen, da der Sachverständige seinem Sinn und Zweck nach eben nur begutachten, nicht aber therapieren soll, wenngleich durch die Analyse der Situation möglicherweise gleichzeitig ein therapeutischer Effekt eintreten kann.[690]

Als Rechtsgrundlage für die Anordnung therapeutischer oder erziehungsberatender Maßnahmen im Rahmen eines Streits um das Umgangsrecht wird weiterhin § 1684 III 2 BGB in Betracht gezogen.[691] Hier kann das Gericht Anordnungen treffen, um die Eltern zum Wohlverhalten im Sinne des § 1684 II BGB anzuhalten.
Die Anordnung therapeutischer oder erziehungsberatender Maßnahmen gemäß § 1684 III 2 BGB erscheint aber nach dem Willen des Gesetzgebers nicht nachvollziehbar. Die Ausgestaltung der §§ 52, 52a FGG zeigt, daß der Gesetzgeber jene Möglichkeiten systematisch in die Regelungen des FGG einbetten wollte. Die zwangsweise Verpflichtung zur Teilnahme an einer Therapie, Mediation oder sonstiger Erziehungsberatung wollte der Gesetzgeber im Wege der jüngsten Kindschaftsrechtsreform aber gerade nicht ermöglichen.[692] Daraus muß im

[689] Im Ergebnis ebenso: OLG Bamberg FamRZ 1999, 173
[690] So auch BGH NJW 1994, 312 (313); OLG Hamm FamRZ 1996, 1098 (1099); BezG Erfurt FamRZ 1992, 1333 (1334)
[691] So Staudinger[13]/ Rauscher, § 1684 BGB, Rdnr. 107
[692] Nach Auffassung des Gesetzgebers widerspreche dies dem Grundgedanken autonomer Konfliktlösung: BT/Drucks 13/4899; gleichzeitig findet sich jedoch auch eine Darstellung unbestreitbar positiver Ergebnisse der in Auftrag gegebenen (obligatorischen) Beratungs- und

Hinblick auf § 1684 III 2 BGB der Schluß gezogen werden, daß Sinn und Zweck der Regelung nicht die Anordnung solcher Maßnahmen ist.
Folglich kann auch § 1684 III 2 BGB weder systematisch noch seinem Sinn und Zweck nach als Rechtsgrundlage für die gerichtliche Anordnung der Durchführung therapeutischer oder erziehungsberatender Maßnahmen herangezogen werden.

Im Ergebnis ist festzuhalten, daß keine gesetzliche Grundlage existiert, um die Durchführung therapeutischer oder erziehungsberatender Maßnahmen anzuordnen.

b) Gesetzliche Möglichkeiten zur Förderung der Durchführung außergerichtlicher therapeutischer oder erziehungsberatender Maßnahmen

Die Durchführung therapeutischer oder erziehungsberatender Maßnahmen, um sich verhärtende Elternkonflikte aufzulösen, wird indes einhellig für notwendig und wünschenswert erachtet und teilweise als letzte Möglichkeit überhaupt gesehen, weitere Kindeswohlschädigungen zu vermeiden.[693]

Das Gesetz greift diesen Bedarf zunächst durch die §§ 17, 18 KJHG auf.
Gemäß § 17 I Nr. 3 KJHG steht den Eltern im Falle der Trennung und Scheidung ein Anspruch auf außergerichtliche Beratung durch das Jugendamt zu. Dabei sollen Kinder und Jugendliche gemäß § 17 II KJG angemessen beteiligt werden. Die Anhängigkeit von Scheidungssachen hat das Gericht dem Jugendamt gemäß § 17 III KJHG mitzuteilen, damit dieses die Eltern über dieses Beratungsangebot informieren kann.
Gemäß § 18 KJHG steht Kindern, Eltern und sonstigen Umgangsberechtigten ein Anspruch auf Beratung und Unterstützung bei der Ausübung des Umgangsrechts zu.[694]

Mediationsprojekte im Hinblick auf das Zustandekommen einer einverständlichen Lösung im Elternstreit und der Hinweis auf die angebliche Nichtfinanzierbarkeit der obligatorischen Beratung oder Mediation, siehe BT/Drucks 13/4899, S. 51, S. 75; Gegen die zwangsweise Durchführung einer Therapie oder Mediation auch Walter, ZfJ 1996, 270 (271)

[693] BezG Erfurt FamRZ 1992, 1333 (1334), Therapie wäre im Interesse der Kinder wünschenswert; OLG Hamburg FamRZ 1996, 422 (424), Installation eines Beratungssystems wäre notwendig und wünschenswert, da ohne Hilfe Dritter nicht zu erwarten sei, daß Umgangskontakte entgegen der ablehnenden Haltung der Mutter stattfinden; OLG Hamm FamRZ 1994, 57, dringende Empfehlung therapeutischer Hilfestellung zum Wohl der Kinder, da entstandener Loyalitätskonflikt nur mit solcher Hilfe aufzulösen sei; Staudinger[13]/ Rauscher, § 1684 BGB, Rdnr. 107, grundsätzliche Therapiebedürftigkeit des illoyalen Elternteils, therapeutische Maßnahme unter (nach oben gesagtem A. IV.1. zweifelhafter) Androhung des Sorgerechtsentzugs sinnvoll

[694] Bei der Art und Weise der Beratung bzw. Unterstützung ist das Jugendamt frei, siehe zur Methodenvielfalt Wiesner/Mörsberger/Oberloskamp/Struck, Struck, § 17 KJHG, Rdnr. 29-33, § 18 KJHG, Rdnr. 17, 18, 32-34

Weiterhin öffnet die Regelung des § 52 FGG Wege zur Förderung der Durchführung therapeutischer oder erziehungsberatender Maßnahmen. Die Vorschrift des § 52 FGG soll die eigenverantwortliche Konfliktlösung der Eltern in Sorge- und Umgangsverfahren unterstützen.[695] Es wird diesbezüglich davon ausgegangen, daß die einvernehmliche Lösung von Sorge- und Umgangskonflikten von den streitenden Elternteilen besser angenommen wird und daher die Durchführung der Umgangs- oder Sorgerechtsregelungen leichter gelingt.[696]
Gemäß § 52 I FGG hat das Gericht die Pflicht, in jeder Lage des Verfahrens und zwar auch bereits im Frühstadium auf ein Einvernehmen der Beteiligten hinzuwirken, neben der schnellstmöglichen Durchführung der Anhörung aller Beteiligten muß auf die bestehenden Beratungsmöglichkeiten seitens der Jugendhilfe hingewiesen werden.[697] Dies gilt in Scheidungsverfahren gemäß § 613 I ZPO ohnehin. Gemäß § 52 II FGG soll das Gericht das Verfahren u.a. dann aussetzen, wenn die Beteiligten außergerichtliche Beratung in Anspruch nehmen wollen, soweit dies nicht zu einer für das Kind nachteiligen Verzögerung führt.

Mit der Durchführung therapeutischer oder erziehungsberatender Maßnahmen im Bereich des Elternstreits im Umfeld des Trennungs-, Scheidungs-, Herausgabe- oder Umgangsverfahren wurden bereits einschlägige Erfahrungen gesammelt.[698]
Diesbezüglich wurde mit der Durchführung von Mediation in streitigen Familiensachen die Erarbeitung einer einvernehmlichen Lösung der Eltern bezüglich des Sorge- oder Umgangsrechts gefördert.[699]
Es sind gerade die Erfahrungen interessant, die darauf hindeuten, daß auch bei der Inanspruchnahme von Erziehungsberatung unter ausdrücklichem und eingehendem Hinwirken zur Inanspruchnahme seitens der Anwälte oder des Gerichts, wodurch ein gewisser Druck zur Teilnahme an der Beratung entstehen konnte, positive Ergebnisse erzielt wurden.[700] Kontakte des Kindes zu beiden Elternteilen konnten verbessert werden.[701] Auch eine direkte Angliederung einer Erzie-

695 BT/Drucks 13/4899, S. 75; S. 133; Vorrang der Elternautonomie vor dem familiengerichtlichen Eingriff, s. Weisbrodt, KindPrax 2000, 9 (10)
696 BT/Drucks 13/4899, S. 75; S. 133
697 Siehe dazu auch BT/Drucks 13/4899, S. 75; S. 133
698 Siehe. BT/Drucks 13/4899, S. 51; Lossen, Vergho, FamRZ 1998, 1218 ff.; Spangenberg, ZfJ 1994, 458 ff., interessant hierbei besonders Schritte 1-3 zum Herstellen der Mediationsfähigkeit; siehe darüberhinaus Literaturnachweise bei Wiesner/Mörsberger/Oberloskamp/Struck, Struck, § 17 KJHG
699 BT/Drucks 13/4899, S. 51
700 Dies geschah zwar unter ausdrücklichem Hinweis auf die Freiwilligkeit der Beratung, jedoch stuften sich 12 % der Teilnehmer als eher unfreiwillige Teilnehmer der Beratung ein, siehe Lossen/Vergho, FamRZ 1998, 1218 (1219), auch Eltern, die wenig für die Beratung motiviert waren konnten Interesse entwickeln und von der Beratung profitieren; 82 % der Teilnehmer der Beratung waren dafür, daß der Gesetzgeber alle Scheidungsfamilien zu einer Beratung verpflichten soll
701 Lossen/Vergho, FamRZ 1998, 1218 (1220)

hungsberatungsstelle an das Gericht hat sich insoweit nicht nachteilig auf die Ergebnisse der Beratung ausgewirkt, vielmehr konnten auf diesem Weg eine größere Anzahl der Eltern zur Inanspruchnahme der Beratung motiviert werden.[702]

Ausgehend davon, daß die eigenverantwortlich konzipierte, einer Therapie oder Erziehungsberatung folgende, Sorge- oder Umgangsregelung im Hinblick auf ihre Durchsetzung keiner gerichtlichen Intervention mehr bedarf, sondern vielmehr den Beteiligten, vor allem aber der Entwicklung des Kindes förderlich ist,[703] bieten die aus § 52 FGG resultierenden Pflichten zumindest Alternativen zur Anwendung der Zwangsmittel des § 33 FGG an.

Durch diese Regelung des § 52 FGG hat der Gesetzgeber eigentlich klargestellt, daß therapeutische oder erziehungsberatende Maßnahmen von Fachkräften durchgeführt werden müssen und damit faktisch die außergerichtliche Wahrnehmung dieser Aufgaben unterstützt.[704] Dies erscheint auch im Hinblick auf die Fachkompetenz der Jugendhilfe im Gegensatz zu der von Familienrichtern ohne pädagogische oder psychologische Zusatzausbildung, was die Regel ist, sinnvoll. Daher gilt auch für das gerichtliche Hinwirken auf ein Einvernehmen im Sinne des § 52 I FGG nichts besonderes.[705] Angesichts der Zielsetzung des Gesetzgebers, des Vorrangs der Elternautonomie, muß allerdings gefordert werden, daß der einzelne Familienrichter generell beratend tätig wird und gerade bei der Durchführung von Anhörungen bereits durch das Herausarbeiten gegenseitiger Konfliktvorwürfe, ohne einen davon in den Vordergrund zu stellen, konfliktregulierend tätig wird.[706] Zur Anordnung der Inanspruchnahme von Therapiemöglichkeiten oder Beratung zum Zwecke des Hinwirkens auf eine Einigung ermächtigt § 52 FGG aber jedenfalls nicht.[707]

c) Durchführung eines Vermittlungsverfahrens nach § 52a FGG

Trotz der aus § 52 FGG erkennbaren Tendenz, Beratung und Therapie dem außergerichtlichen Bereich, vornehmlich der Jugendhilfe zu überlassen, ist gemäß § 52a FGG auf Antrag eines Elternteils ein gerichtliches Vermittlungsverfahren durchzuführen, wenn geltend gemacht wird, daß der andere Elternteil die Durch-

[702] Lossen/Vergho, FamRZ 1998, 1218 (1219)
[703] Insoweit ist die Durchführung einer Mediation immer kritisch zu beleuchten, da Sinn und Zweck der Mediation vordergründig der Ausgleich von Elterninteressen ist. Jedoch kann davon ausgegangen werden, daß Eltern die Kindesinteressen besser wahrnehmen können, wenn die eigenen Interessen nicht mehr ganz unbefriedigt sind
[704] Siehe auch BT/Drucks 13/4899, S. 75, S. 133
[705] FamRefKom, Mauer, § 52 FGG, Rdnr. 5
[706] Siehe im Einzelnen dazu: Weisbrodt, KindPrax 2000, 9 (10); dafür sprechen auch die Auswertungsergebnisse der nichtveröffentlichten Rechtsprechung, s. IV.3.d)(3)
[707] FamRefKom, Mauer, § 52 FGG, Rdnr. 4

führung einer bereits getroffenen gerichtlichen Anordnung über das Umgangsrecht nicht Folge leistet, ohne daß bereits widerstreitende Anträge gestellt worden sein müssen.[708] Daraus ergibt sich, daß bei erstmaliger Einleitung eines Umgangsverfahren die Vermittlung indes den außergerichtlichen Beratungsstellen, insbesondere der kostenlosen Beratung durch das Jugendamt vorbehalten bleiben soll.[709] Nachdem ein Antrag gemäß § 52a FGG gestellt wurde, soll das Gericht die Beteiligten daher nicht darauf verweisen dürfen, zunächst an einer außergerichtlichen Beratung teilnehmen zu müssen.[710]

Das Vermittlungsverfahren ist formell streng geregelt, was sich aus § 52a II, III, IV FGG ergibt.[711]

Auch die Durchführung des Vermittlungsverfahrens hat, wie bereits § 52 I FGG generell zum Ausdruck bringt, den Zweck, speziell für den Fall der Ausübung des Umgangsrechts ein Einvernehmen zwischen den Eltern zu erzielen.[712] Die allgemeine Pflicht des Gerichts, auf ein Einvernehmen der Eltern hinzuwirken (§ 52 I FGG), welche dem Gericht in ihrer Ausgestaltung Spielraum läßt, ist für den Fall der Ausübung des Umgangsrechts lediglich durch die Einbettung in ein formalisiertes Verfahren spezialisiert worden. Darüberhinaus resultiert aus § 52a III FGG die Pflicht des Gerichts, auf die zur Verfügung stehenden Rechtsfolgen der Nichtbefolgung der Umgangsregelung, nämlich der Verhängung von Zwangsmitteln nach § 33 FGG oder der Einschränkung oder des Entzugs der elterlichen Sorge gemäß §§ 1666, 1671, 1696 BGB, hinzuweisen.
Von der Antragssstellung an bis zum Abschluss des Vermittlungsverfahrens dürfen Zwangsmittel nicht angedroht oder verhängt werden, da dies dem Zweck des Vermittlungsverfahrens entgegenlaufen würde.[713]

Neben der Formalisierung des Hinwirkens auf ein Einvernehmen im Gegensatz zur Regelung des § 52 I FGG soll die Einigung der Eltern im Hinblick auf die Ausübung des Umgangs im Bewußtsein der Verfügbarkeit schärferer Maßnahmen zustande kommen.
Faktisch wird gerade durch derartige Drohungen Druck ausgeübt in einer Situation, die bereits emotional geladen ist.[714] Insoweit erscheint es fraglich, ob das

[708] Auf letzteres legt der Gesetzgeber besonderen Wert: BT/Drucks 13/4899, S. 173; dieses Argument hat keine grosse Aussagekraft, da ein Umgangsverfahren grundsätzlich bereits durch *einen* Antrag oder von Amts wegen eingeleitet werden kann
[709] So auch Staudinger[13]/ Rauscher, § 1684 BGB, Rdnr. 243
[710] OLG Hamm FamRZ 1998, 1803
[711] Kritik an der Durchführung eines formalisierten Vermittlungsverfahrens: Bundesratsstellungnahme in BT/Drucks 13/4899, S. 162
[712] BT/Drucks 13/4899, S. 75; FamRefKom, Mauer, § 52a FGG, Rdnr. 3
[713] So auch: OLG Zweibrücken, FamRZ 2000, 299f.; für den Vorrang des Vermittlungsverfahrens vor den Zwangsmitteln: OLG Naumburg, OLGR Naumburg 1998, 459
[714] Siehe oben A.V.1.

so ausgestaltete Vermittlungsverfahren die konfliktbeladene Situation zu entlasten vermag.[715]

Unverständlich ist hierbei die Argumentation des Gesetzgebers, der die gesetzliche Ausgestaltung einer Möglichkeit des Gerichts, zwangsweise durchzuführende, außergerichtliche therapeutische oder erziehungsberatende Maßnahmen anordnen zu können, unter Hinweis auf die Förderung autonomer Konfliktlösung seitens der Eltern unterläßt[716] und gleichzeitig die Vermittlung des Gerichts unter Ausübung von Druck durch Inaussichtstellung von Maßnahmen nach §§ 33 FGG, 1666, 1671, 1696 BGB gesetzlich legitimiert.[717] Dies stellt einen nicht auflösbaren Widerspruch des Regelungsinhalts des § 52 FGG auf der einen Seite und § 52a FGG auf der anderen Seite dar.[718] Darüberhinaus stellt sich die Frage nach der Qualität einer „einvernehmlichen" Umgangsregelung, die unter Beugung des Drucks zur Umgehung von Zwangsmaßnahmen entstanden ist.[719] Es muß davon ausgegangen werden, daß die Androhung von Zwangsmitteln oder einer Sorgerechtsänderung im Hinblick auf eine bereits bestehende, nicht gerade an praktischen Mängeln leidenden Umgangsregelung, den selben Effekt hat wie die Durchführung eines Vermittlungsverfahrens nach § 52a FGG.[720]

Die aus § 52a IV FGG resultierende Pflicht des Gerichts auf ein Einvernehmen der Beteiligten hinzuwirken, soll die Konfliktsituation ausreichend und unmittelbar erörtern.[721] Sie kann deshalb auch therapeutische, insbesondere mediative und/oder beratende Elemente erfassen.[722] Jedenfalls muß die Vermittlung aus

[715] So aber der Gesetzgeber: BT/Drucks 13/4899, S. 75, S. 133

[716] BT/Drucks 13/4899, S. 75, S. 133

[717] Kritisch dazu auch Deutscher Familiengerichtstag FamRZ 1997, 337 (342); BRAK-Mitt. 1997, 342, Nr. 29; a. A. Rauscher, FamRZ 1998, 341; Staudinger[13]/ Rauscher, § 1684 BGB, Rdnr. 244
In der Einleitung von Zwangsmaßnahmen wird eine für den Erfolg einer Vermittlung bedenkliche „Kontraindizenz" gesehen, siehe dazu OLG Zweibrücken DAVorm 1999, 783 (784), nicht aber in der Ausübung von Druck nach § 52a III FGG;

[718] Deutlich wird dies in der Entscheidung des OLG Zweibrücken, DAVorm 1999, 783 f., welches das Verfahren nach § 52a FGG als Zwangsmediation bezeichnet.

[719] Dies mißachtet Staudinger[13]/ Rauscher, § 1684 BGB, Rdnr. 244, wenn er davon spricht, ein sanktionsloser Richter könne nicht vermitteln

[720] Anders wohl OLG Zweibrücken DAVorm 1999, 783 f., Staudinger[13]/ Rauscher, § 1684 BGB, Rdnr. 245, wo die gleichzeitige Androhung von Zwangsgeld neben der Durchführung eines Vermittlungsverfahrens zwar formell zutreffend, allerdings mit Hinweis auf den mediativen, vertrauensbildenden Charakter des Vermittlungsverfahrens gemäß § 52a FGG untersagt wird.

[721] BT/Drucks 13/4899 S. 134

[722] So wird das Vermittlungsverfahren auch als gerichtliche Zwangsmediation bezeichnet: OLG Zweibrücken DAVorm 1999, 783 (784); zu den ausserjuristischen Vermittlungsmöglichkeiten eines Richters siehe Spangenberg, ZfJ 1994, 458 (460 f.); Spangenberg, FamRZ 1997, 1263 ff.

Gründen der Effizienz der Regelung Elemente erfassen, die § 52 FGG nicht bereits erfaßt.[723]
Das nicht allein auf Druckausübung setzende Hinwirken auf die Erarbeitung einer tragfähigen Umgangsregelung setzte allerdings voraus, daß der Familienrichter eine zusätzliche Ausbildung, die ihn in der entsprechenden Gesprächsführung und der spezifischen Konfliktauseinandersetzung und Streitbeilegung schult, durchlaufen hat. Der Richter muß nämlich von jenen, über die juristische Fachkompetenz hinausgehenden, Möglichkeiten der Konfliktvermittlung notwendigerweise Kenntnis erlangen. Anderenfalls vermag das in § 52a IV FGG geforderte Hinwirken auf ein Einvernehmen nicht über die ohnehin im Rahmen gewissenhafter richterlicher Tätigkeit erforderlichen richterlichen Bemühungen um eine einverständliche Regelung hinauszugehen.[724] Die ausdrückliche Festschreibung der Einwirkungspflicht des Familienrichters wäre ohne das Erfordernis einer fachqualifizierenden Zusatzausbildung gänzlich ohne zusätzlichen Wert.
Dies gilt trotz der Möglichkeit des Gerichts, gemäß § 52a II 3 FGG das Jugendamt um die Teilnahme am Vermittlungstermin zu bitten. Denn diese Möglichkeit besteht bereits ohnehin, und ein Rechtsanspruch auf die Teilnahme des Jugendamtes am Termin gewährt auch § 52a II 3 FGG nicht. Vielmehr ergeben sich die Pflichten des Jugendamtes insoweit aus § 50 KJHG.

Es muß daher nach allem festgestellt werden, daß die Vermittlung im Sinne des § 52a FGG, die ihren unterschiedlichen Charakter im Vergleich zu § 52 I FGG gerade im Hinblick auf die Vorschrift des § 52a III FGG und die formelle Regelung erhält, keine brauchbare Alternative zu den Zwangsmitteln des § 33 FGG darstellt.

4. Strafrechtliche Mittel zur Durchsetzung des Sorge- und Umgangsrechts

Gemäß § 235 StGB ist die Kindesentziehung nach den verschiedenen grundtatbestandlichen Voraussetzungen des § 235 I Nr. 1, Nr. 2, II Nr. 1 und Nr. 2 StGB strafbar.
Der Vorschrift des § 235 I Nr. 1 und II Nr. 1 und 2 StGB unterfällt auch die Kindesentziehung der Eltern untereinander und zwar sowohl des Sorgeberechtigten gegen den Umgangsberechtigten als auch des Umgangsberechtigten gegen

[723] Nach Auffassung des Bundesrates stehen bereits durch die Formulierung der aus § 52 FGG resultierenden richterlichen Pflicht zum Hinwirken auf ein Einvernehmen ausreichende Mittel zur Verfügung: BT/Drucks 13/4899; neue Elemente sollen zum Beispiel das Erwirken von „Verständnis" der Eltern für die getroffene Umgangsregelung sein: Staudinger[13]/ Rauscher, § 1684 BGB, Rdnr, 244
[724] Ebenso: Bundesrat in BT/Drucks 13/4899, S. 162

den Sorgeberechtigten. Dies ist mit der Änderung der Vorschrift durch das 6. StRG[725] durch den Gesetzgeber klargestellt worden.[726]
Im Verhältnis der Eltern untereinander bedarf es gemäß § 235 I Nr. 1 StGB des Entziehens oder Vorenthaltens einer Person unter 18 Jahren unter der Anwendung von Gewalt, Drohung mit einem empfindlichen Übel oder List, bzw. gemäß § 235 II Nr. 1 StGB des Entziehens einer Person unter 14 Jahren[727] in der Absicht, das Kind ins Ausland zu verbringen oder gemäß § 235 II Nr. 2 StGB des Vorenthaltens einer Person unter 14 Jahren nachdem sie ins Ausland verbracht worden ist oder sich selbst dort hinbegeben hat.[728]
Sind nicht die Qualifikationen des § 235 IV und V StGB erfüllt, so wird die Tat gemäß § 235 VII StGB nur auf Antrag bzw. bei Vorliegen eines besonderen öffentlichen Interesses auch von Amts wegen verfolgt.[729]
Als Rechtsfolge droht dem Täter eine Freiheitsstrafe bis zu 5 Jahren oder eine Geldstrafe.

Nicht mit Strafe bedroht ist folglich die Entziehung oder das Vorenthalten des Kindes oder Jugendlichen der Eltern gegenseitig untereinander, wenn dies ohne List, Drohung mit einem empfindlichen Übel oder Gewalt bzw. ohne den in Absatz II geforderten Auslandsbezug erfolgt. Der Gesetzgeber hätte zwar im Rahmen der Kindschaftsrechtsreform die Gelegenheit gehabt, auch dieses Verhalten mit Strafe zu belegen, hat dies aber ausdrücklich unterlassen.[730] Im Hinblick auf die Entwicklung des Kindes wurde dies als nicht förderlich angesehen, vielmehr wurde die Gefahr gesehen, durch einen Eingriff mit strafrechtlichen Mitteln die Beziehung des Kindes zu seinen Eltern erheblich zu belasten und damit dem Kind letztendlich zu schaden.[731]

Dem ist grundsätzlich zuzustimmen. Es ist insoweit nicht auszuschließen, daß das Kind durch die Durchführung eines Strafverfahrens mittelbar belastet

[725] Strafrechtsreformgesetz vom 26.1.1998 (BGBl. I, S. 164)
[726] BT/Drucks 13/8587, S. 38; hinsichtlich des Schutzes des Sorgerechts unstreitig, auch nach § 235 StGB a. F.; hinsichtlich des Schutzes des Umgangsrechts h. M.; ebenfalls für den Schutz des Umgangsrechts die herrschende Meinung, statt aller: BGH FPR 1999, 248 ff. m.w.N. zum Meinungsstand vor der Änderung des § 235 StGB, mit Anmerkung Peschel-Gutzeit, die sich nunmehr entgegen ihrer zu § 235 StGB a. F. vertretenen Auffassung (s. Staudinger[12]/ Peschel-Gutzeit, § 1634 BGB a. F., Rdnr. 34 ff.) für die Anwendung des § 235 StGB n. F. der h. M. anschließt
[727] „Kind" im Sinne des § 235 StGB ist eine Person unter 14 Jahren, s. SK, Horn, § 235 StGB, Rdnr. 13
[728] Siehe zur Definition des Entziehens Tröndle/Fischer, Tröndle, § 235 StGB, Rdnr. 6a; zur Definition des Vorenthaltens Tröndle/Fischer, Tröndle, § 235 StGB, Rdnr. 6b; zur Definition von Gewalt, List und Drohung Tröndle/Fischer, Tröndle, § 235 StGB, Rdnr. 7 und zu § 235 II Nr. 1 und Nr. 2 StGB Tröndle/Fischer, Tröndle, § 235 StGB, Rdnr. 9
[729] „relatives Antragsdelikt", vor der Gesetzesänderung durch das 6. StRG „absolutes Antragsdelikt", SK, Horn, § 235 StGB, Rdnr. 3; Tröndle/Fischer, Tröndle, § 235 StGB, Rdnr. 16
[730] BT/Drucks 13/8511, S. 68
[731] BT/Drucks 13/8511, S. 68

wird.[732] Dies gilt nicht erst im Hinblick auf die Rechtsfolgen, sondern bereits im Hinblick auf die Durchführung des Verfahrens bis zur Urteilsfindung an sich. Bei einer Ausweitung des Straftatbestandes des § 235 StGB könnte damit der Schutzzweck der Norm, welcher neben dem Elternrecht auch das Kind und den Jugendlichen selbst schützten will,[733] nicht mehr erreicht werden.

Im Gegensatz zur Verhängung von Zwangsmitteln gemäß § 33 FGG soll durch die Rechtsfolge des in § 235 StGB sanktionierten Verhaltens kein Beugezweck erfüllt werden, sondern schuldhaft begangenes Unrecht bestraft werden.[734] Mithin erfüllt die Rechtsfolge einen anderen Zweck, wenn sich auch die Mittel Zwangsgeld – Geldstrafe und Zwangshaft – Freiheitsstrafe gleichen. Auch unterscheiden sich die jeweiligen Rechtsfolgen in ihrem Zustandekommen durch ein Verfahren der freiwilligen Gerichtsbarkeit nach den Vorschriften des FGG bzw. durch ein strafrechtliches Verfahren, für das die Vorschriften der StPO Anwendung finden und die Ermittlungs- und Sicherungsmöglichkeiten der StPO (z.B. Erlaß eines Haftbefehls) zur Hand stehen, wodurch beispielsweise im Falle des Vorliegens einer Kindesentführung ein schnelleres Auffinden des Kindes und/oder des Entführers ermöglicht werden kann.

Die strafrechtlichen Möglichkeiten können daher nicht als dem Familienrichter zur Durchsetzung des Sorge- oder Umgangsrechts zur Verfügung stehende Alternativen angesehen werden, da dieser in seiner typischen Entscheidungssituation nicht über die Mittel des Strafrechts verfügt.

[732] Das unter V.1. und 2. Gesagte ist insoweit auf die Auswirkungen des Strafverfahrens übertragbar.
[733] Statt aller: Tröndle/Fischer, Tröndle, § 235 StGB, Rdnr. 2 zum geschützten Rechtsgut der Norm m.w.N.
[734] Siehe oben: A.II.2.

B. Die Vollstreckung der Kindesherausgabe und des Umgangsrechts im Elternstreit nach kanadischem Recht am Beispiel des Bundesstaates Ontario

I. Einführung

Nachfolgend soll die kanadische Rechtslage im Hinblick auf die Durchsetzung der Kindesherausgabe und das Umgangsrecht untersucht werden. Dabei sollen weitere Alternativen zu den herkömmlichen Vollstreckungsmitteln des § 33 FGG ausfindig gemacht werden, und es soll überprüft werden, inwieweit die Erfahrungen eines unterschiedlichen Rechtssystems für die Situation in der Bundesrepublik Deutschland nutzbar gemacht werden können.

Die Frage nach der Vollstreckung der Kindesherausgabe kann sich nach kanadischem Recht im Zusammenhang mit der Durchsetzung des Sorgerechts oder des Umgangsrechts stellen. Die nachfolgenden Ausführungen befassen sich daher mit den vollstreckungsrelevanten Grundlagen sowie den einzelnen Vollstreckungsmitteln im Überblick.

1. Das Umgangs- und Sorgerecht im allgemeinen Überblick

Der Bereich des Umgangs- und Sorgerechts ist in Kanada[735] weitgehend durch Gesetze („statutes"/„acts") geregelt.[736] Insoweit existieren sowohl Bundesgesetze als auch Provinzgesetze, die von Provinz zu Provinz unterschiedlich ausführlich ausgestaltet sind.[737] Existieren weniger ausführliche Gesetze innerhalb einer

[735] Kanada ist ein föderalistischer Bundesstaat mit einer Bundesregierung, 10 Provinzen mit jeweiligen Provinzregierungen sowie drei Territorien, deren Regierung zwar in den Zuständigkeitsbereich der Bundesregierung fällt, die jedoch teilweise mit eigenen, lokale Angelegenheiten betreffenden Gesetzgebungskompetenzen ausgestattet wurden. (Siehe Bailey, Bala, Mc Callum, Beaulne, Alexandrowicz, Canada – International Encyclopedia of Laws – Family and Succession Law, Rdnr. 25); die einzelnen Provinzen sind: British Columbia, Alberta, Saskatchewan, Manitoba, Ontario, Québec, New Brunswick, Prince Edward Island, Nova Scotia, Newfoundland, Northwest Territories, Yukon Territories, seit 1.4.1999 auch Nunavut (vorher: nordöstl. Teil der Northwest Territories) Das Staatssystem Kanadas stellt eine parlamentarische Demokratie dar. Die Basis des Rechtssystems bildet die Verfassung. (Siehe Talos, Liepner, Dickinson, Understanding the Law, S. 39; Constitution of 1867 und beinhaltete Charter of Rights)

[736] Bailey, Bala, Mc Callum, Beaulne, Alexandrowicz, Canada - International Ecyclopedia of Laws - Familiy and Succession Law , Rdnr. 32

[737] Folgende Gesetze regeln Sorge- und Umgangsrechtsangelegenheiten: Divorce Act, R.S. 1985, c. 3(2nd Supp.);

-Alberta: Domestic Relations Act, R.S.A. 1980, c.D-37, s.56 Provincial Court Amendment Act 1997,R.S.A. 1980, cP-20; Provincial Court Act, R.S.A. 1980,c.P-20;

-British Columbia: Family Relations Act, R.S.B.C. 1979, c.121

-Manitoba: Family Maintenance Act, R.S.M. 1987, c.F.20; Child Custody Enforcement Act, R.S.M. 1987, c.C360, Child Welfare Act, 1974 (Man.) c. 30;

Provinz, so ist zumeist „Case Law“ vorhanden, welches inhaltlich den Gesetzen der anderen Provinzen entsprechende grundsätzliche Regelungen trifft.[738]
Der Constitution Act of 1867, Sec. 91(26) weist dem Bund die ausschließliche Gesetzgebungskompetenz für den Bereich Ehe und Scheidung zu. Diese Gesetzgebungskompetenz hat der Bund durch die Verabschiedung des Divorce Act[739] wahrgenommen. Der Bund hat daher auch die ausschließliche Gesetzgebungskompetenz für den Bereich des Sorge- und Umgangsrechts, wenn Fragen dazu im Zusammenhang mit einer Scheidung entstehen.[740]
Gemäß Constitution Act of 1867, Sec. 92(13), haben die Provinzen und Territorien darüberhinaus die ausschließliche Gesetzgebungskompetenz über das Ver-

-New Brunswick: Child and Family Services and Family Relations Act, S.N.B. 1980, c.C-2.1; Divorce Court Act, R.S.N.B. 1973, c.D-12; Rules of Court (N.B.) 056, R.10;
-Newfoundland: Children's Law Act, R.S.N. 1990, c.C-13, as amended by S.N. 1995, c.27;
-Northwest Territories: Domestic Relations Act, R.S.N.W.T. 1988, c.D-8;
-Nova Scotia: Family Maintenance Act, R.S.N.S. 1989, c.160;
-Prince Edward Island: Custody Jurisdiction and Enforcement Act, R.S.P.E.I. 1988, c.C-33;
-Quebec: Civil Code of Quebec, S.Q. 1991, c.64;
-Saskatchewan: Children's Law Act, S.S. 1990, c.C-8.1;
-Yukon: Children's Act, R.S.Y. 1986, c.22;

[738] Das kanadische Rechtssystem ist im Gegensatz zum deutschen Rechtssystem ein Common Law System (Siehe Talos, Liepner, Dickinson, Understanding the Law, S. 45) Eine Ausnahme bildet die Provinz Quebec im Bereich des Zivilrechts, welche wie das deutsche Zivilrecht ein Bürgerliches Gesetzbuch und eine Zivilprozeßordnung hat und nicht den Regeln des Common Law Systems unterworfen ist. (Siehe Bailey, Bala, Mc Callum, Beaulne, Alexandrowicz, Canada – International Encyclopedia of Laws – Family and Succession Law, Rdnr. 24; Kinnear, The Legal System of Canada in: Modern Legal Systems Cyclopedia, § 1.9(B)5)
Das Recht wird daher weiterhin durch Gesetze („statutes“ oder „acts“) und Verordnungen („regulations“) auf Bundesebene oder auf der Ebene der Provinzen (Siehe Talos, Liepner, Dickinson, Understanding the Law, S. 39) sowie durch Gerichtsentscheidungen („case law“) (Siehe Talos, Liepner, Dickinson, Undestanding the Law, S. 40) bestimmt.
Dabei gehen die Gesetze den Verordnungen, die Gesetze und Verordnungen den Gerichtsentscheidungen vor. (Siehe Bailey, Bala, Mc Callum, Beaulne, Alexandrowicz, Canada – International Encyclopedia of Laws – Family and Succession Law, Rdnr. 36; Kinnear, The Legal System of Canada in: Modern Legal Systems Encyclopedia, § 1.9(C)(1)) Auf der Ebene der Gerichtsentscheidungen sind nach der Lehre der *„stare decisis“* die Entscheidungen eines höheren Gerichts gegenüber allen Gerichten niedrigeren Ranges im selben Zuständigkeitsgebiet, bei den Entscheidungen des *Supreme Court of Canada* daher im ganzen Land, bei den Entscheidungen der Provinzgerichte innerhalb der jeweiligen Provinz, bindend. (Siehe Maragh in Canadian Encyclopedic Digest: Courts, § 54 m.w.N.) Die Gerichte der einzelnen Provinzen sind zwar gegenseitig nicht an die Rechtsprechung der Gerichte der anderen Provinzen gebunden, sollten diese jedoch nicht mißachten und nur dann eine abweichende Entscheidung treffen, wenn sie davon überzeugt sind, daß die betreffende Entscheidung falsch ist. (Siehe Maragh in Canadian Encyclopedic Digest: Courts, § 62 m.w.N.)
[739] R.S., 1985, c.3 (2nd Supp.)
[740] Bailey, Bala, Mc Callum, Beaulne, Alexandrowicz, Canada - International Ecyclopedia of Laws - Familiy and Succession Law , Rdnr. 26

mögens- und Zivilrecht der Provinz.[741] Davon leitet sich die Gesetzgebungskompetenz für Umgangsrechts- und Sorgerechtsangelegenheiten der Provinzen ab, soweit sie nicht im Zusammenhang mit einer Scheidung anfallen und bereits durch ein Bundesgesetz geregelt worden sind.[742] Die Provinzen und Territorien haben ihre Gesetzgebungskompetenz insoweit wahrgenommen.[743] Die Provinz Ontario hat dahingehend 1982 den Children's Law Reform Act verabschiedet.[744] Sorge- und Umgangsrechtsentscheidungen müssen daher entweder unter Zugrundelegung der Regelungen des Divorce Act, wenn sie im Zusammenhang mit einer Scheidung getroffen werden, oder, wenn dies nicht der Fall ist, unter Zugrundelegung der Regelungen der jeweiligen Provinz oder des jeweiligen Case Law, falls keine gesetzliche Regelung vorhanden ist, vorgenommen werden.[745]

a) Divorce Act[746]

Nach Sec. 16.(1) Divorce Act kann das zuständige Gericht auf Antrag eines oder beider Eheleute oder einer anderen Person[747] eine Anordnung hinsichtlich des Sorge- oder Umgangsrechts („custody order" oder „access order") betreffend ein Kind oder alle Kinder einer Ehe treffen.[748]
Es steht gemäß Sec. 16.(4) Divorce Act im Ermessen des Gerichts, das Sorgerecht bzw. das Umgangsrecht einer oder mehreren der das Sorge- oder Umgangsrecht beantragenden Personen zuzusprechen . Es ist also sowohl die Anordnung des alleinigen Sorgerechts („sole custody") sowie die Anordnung des gemeinsamen Sorgerechts („joint custody") der Kinder einer Ehe denkbar. Darüberhinaus sind das wechselnde Sorgerecht („alternating custody"), bei dem wechselweise jeweils ein Elternteil das volle Sorgerecht für einen bestimmten Zeitraum innehat, sowie das aufgeteilte Sorgerecht („split custody"), bei dem

[741] Gesetzgebungskompetenz über „property and civil rights in the province", s. dazu Fodden, Family Law, S. 215

[742] Bailey, Bala, Mc Callum, Beaulne, Alexandrowicz, Canada - International Ecyclopedia of Laws - Familiy and Succession Law , Rdnr. 27

[743] Siehe oben

[744] R.S.O. 1990, c.C.12, s. auch Kronby, Canadian Family Law, S. 35

[745] Kommt es insoweit zu einem Konflikt, wenn beispielsweise zwei verschiedene Sorgerechtsentscheidungen existieren, dann geht die Entscheidung, die unter Zugrundelegung des Divorce Act getroffen wurde, vor. Dies ergibt sich aus der verfassungsrechtlichen „doctrine of paramountcy" (Bailey, Bala, Mc Callum, Beaulne, Alexandrowicz, Canada - International Ecyclopedia of Laws - Familiy and Succession Law , Rdnr. 30). Danach geht im Falle der Unvereinbarkeit eines Bundesgesetzes mit einem Provinzgesetz immer das Bundesgesetz vor (s. Constitution Act 1867, ss. 91,92)

[746] R.S. 1985 c.3 (2nd Supp.)

[747] Diese jedoch nur nach Zulassung durch das Gericht: Sec. 16.(3) Divorce Act

[748] Gemäß Sec. 16.(2) Divorce Act kann das zuständige Gericht nach Antragsstellung gemäß Sec. 16.(1) Divorce Act auf Antrag ebenfalls eine Eilanordnung treffen („interim order").

das Sorgerecht unter den Eltern so aufgeteilt wird, daß ein Elternteil die rechtliche Sorge trägt und alle Entscheidungen trifft und der andere Elternteil die tatsächliche Sorge innehat, denkbar.[749]
Eine Definition des Begriffs des Sorgerechts nimmt der Divorce Act nicht vor. In Sec. 16.(5) Divorce Act wird jedoch der Begriff des Umgangsrechts ausgeführt. Danach ist der Ehegatte, der ein Umgangsrecht innehat, berechtigt, Besuche mit dem Kind durchzuführen und Informationen zur Gesundheit und Ausbildung sowie des Wohlergehens des Kindes zu erhalten.
Durch Sec. 16.(6) Divorce Act wird dem Gericht hinsichtlich der zeitlichen Ausgestaltung des Umgangs- oder Sorgerechts, oder anderen das Sorge- oder Umgangsrecht ausgestaltenden Regelungen oder Bedingungen Ermessen eingeräumt.
Gemäß Sec. 16.(8) Divorce Act sollen für die Entscheidung des Gerichts hinsichtlich des Sorge- und Umgangsrechtes an erster Stelle die „child's best interests"[750] maßgeblich sein.[751]
Die Anordnung des Gerichts hinsichtlich des Sorgerechts oder des Umgangsrechts gemäß Sec. 16 Divorce Act hat gemäß Sec. 20.(2) Divorce Act in ganz Kanada rechtliche Wirkung.

b) Children's Law Reform Act[752]

In allen nicht das Sorge- oder Umgangsrecht im Zusammenhang mit einer Ehe oder einer Scheidung betreffenden Fragen des Sorge- oder Umgangsrechts, sind die provinziellen Gesetze anzuwenden. Dieser Bereich ist in Ontario durch den CLRA geregelt.
Gemäß Sec. 21 CLRA kann wie nach Sec. 16(1) Divorce Act ein Elternteil eines Kindes oder eine andere Person einen Antrag auf Regelung des Sorge- oder Umgangsrechts stellen. Das Gericht kann gemäß Sec. 28(a) CLRA das Sorgerecht oder das Umgangsrecht einer oder mehreren Personen zusprechen. Hinsichtlich der einzelnen unter dieser Legislatur denkbaren Formen des Sorgerechts wird auf das oben unter a) Gesagte verwiesen.
Darüberhinaus steht es dem Gericht gemäß Sec. 28(b) CLRA zu, über jegliche Angelegenheiten der Ausgestaltung des Sorge- oder Umgangsrechts nach seinem Ermessen zu entscheiden und gemäß Sec. 28(c) CLRA die erforderlichen zusätzlichen Anordnungen zu treffen. Dazu zählen insbesondere die Möglichkeiten, eine allgemeine Umgangsrechtsentscheidung („reasonable access") und

[749] Von den beiden letztgenannten Möglichkeiten wird jedoch selten Gebrauch gemacht Siehe dazu: Bailey, Bala, Mc Callum, Beaulne, Alexandrowicz, Canada - International Encyclopedia of Laws - Family and Succession Law, Rdnr.180 f.
[750] Wörtlich übersetzt: die besten Interessen des Kindes, entspricht etwa dem Kindeswohlbegriff
[751] Siehe auch Ebstein, Custody and Access, S. 4-7
[752] R.S.O. 1990 c.C.12, nachfolgend CLRA abgekürzt

eine zeitlich und örtlich genau den Umgang bestimmende Anordnung („specified access") zu treffen.[753]
Gemäß Sec. 24(1) CLRA hat das Gericht diese Entscheidungen auf der Grundlage der „child's best interests" zu treffen. Sec. 24(2) CLRA bestimmt, daß das Gericht alle Bedürfnisse und Lebensumstände („child's needs and circumstances") bei der Entscheidung auf der Grundlage der „child's best interests" zu berücksichtigen hat. Weiterhin führt Sec. 24(2) CLRA näher aus, welche Bedürfnisse und Lebensumstände des Kindes insbesondere zu berücksichtigen sind.[754]
Die Anordnung des Sorge- oder Umgangsrechts nach dem CLRA hat rechtliche Wirkung zunächst nur innerhalb der Provinz Ontarios. Hinsichtlich der Anerkennung der Anordnungen in anderen Provinzen Kanadas, sind die Regelungen der jeweiligen Provinz über die Anerkennung außerprovinzieller Anordnungen („recognition of extra-provincial orders") jeweils heranzuziehen. Für die Anerkennung außerprovinzieller Anordnungen bietet Sec. 41 CLRA eine Regelung an.

c) „Separation Agreement" nach dem Family Law Act[755] und andere elterliche Vereinbarungen

Darüberhinaus besteht die Möglichkeit, die Regelung des Sorge- und Umgangsrechts im Rahmen einer Trennungsvereinbarung („separation agreement"), einer Vereinbarung, die Lebenspartner, die unverheiratet zusammengelebt haben nach der Trennung treffen, rechtlich bindend außergerichtlich zu regeln.[756] Eine derartige Vereinbarung kann jedoch nicht der gerichtlichen Anordnung des Sorge- oder Umgangsrechts vorgehen. Eine elterliche Vereinbarung ist nicht bindend für ein Gericht, wenn die Regelung nach Ansicht des Gerichts den „child's best interests" zuwiderläuft.[757]
Im Rahmen eines Ehevertrages („marriage contract")[758] oder eines Vertrages betreffend das Zusammenleben ohne Eheschließung („cohabitation contract")[759] kann eine derartige Vereinbarung im Falle der Trennung für die Zeit nach der Trennung nicht geschlossen werden.[760]
Im Falle einer Scheidung legen Eltern oft eine elterliche Vereinbarung („parent agreement")[761] vor, im Rahmen derer alle das Sorge- und Umgangsrecht betreffenden Fragen einverständlich geklärt und geregelt werden. Wenn die getroffene

[753] Kronby, Canadian Family Law, S. 46
[754] Siehe Sec. 24(2)(a) bis (h) CLRA
[755] siehe Sec. 54 Family Law Act in Ontario, R.S.O.1986, c.C.4
[756] Currie, Canadian Encyclopedic Digest, Family Law, § 747; für Ontario siehe Sec. 54.(d) Family Law Act
[757] Currie, Canadian Encyclopedic Digest, Family Law, § 748; für Ontario siehe Sec. 56.(1) Family Law Act
[758] Siehe Sec. 51 Family Law Act
[759] Siehe Sec. 51 Family Law Act
[760] Nach Sec. 52.(c), 53.(1)(c) Family Law Act
[761] Siehe beispielsweise: Washingtoner Parent Agreement Form

Vereinbarung nicht den „child's best interests" zuwiderläuft, ist sie rechtlich bindend.

2. Legislatur zur Vollstreckung des Umgangs- und Sorgerechts

Die Vollstreckung von Sorge- und Umgangsrechtsentscheidungen richtet sich je nach dem der Entscheidung zugrundeliegenden Gesetz nach unterschiedlichen gesetzlichen Regelungen sowie nach „case law", da den Gerichten nach dem oben Gesagten hinsichtlich der Anordnung aller das Sorge- und Umgangsrecht betreffenden Fragen, zu denen auch die Vollstreckung gehört, ein Ermessensspielraum eingeräumt worden ist.

a) Divorce Act

Gemäß Sec. 20(2) Divorce Act hat eine unter Anwendung des Divorce Act getroffene Entscheidung rechtliche Wirkung in ganz Kanada. Gemäß Sec. 20(3) Divorce Act kann eine Entscheidung, die nach Sec. 20(2) Divorce Act rechtliche Wirkung in ganz Kanada hat, (a) bei jedem Gericht einer Provinz registriert werden und auf die Weise vollstreckt werden, wie eine Entscheidung jenes Gerichts vollstreckt werden würde oder (b) in einer Provinz auf die Weise vollstreckt werden, die die Gesetze der Provinz vorsehen, einschließlich der Bestimmungen über die Vollstreckung von Entscheidungen zwischen den einzelnen Provinzen untereinander oder die Vollstreckung ausländischer Entscheidungen.[762]
Die Vollstreckung richtet sich daher nach den Vorschriften der jeweiligen Provinz, in der vollstreckt werden soll.
Hinsichtlich der Vollstreckung von Sorge- und Umgangsrechtsvereinbarungen gilt, daß diese nur insoweit vollstreckbar sind, als sie auch rechtlich bindend sind.[763]
Insoweit kommen lediglich Trennungsvereinbarungen im Rahmen einer Scheidung sowie Trennungsvereinbarungen gemäß Sec. 54 Family Law Act in Betracht (s.o.).
Wenn eine gerichtliche Anordnung hinsichtlich des Sorge- oder Umgangsrechts nach den Vorschriften des Divorce Act getroffen wurde und hinsichtlich der Vollstreckung der Entscheidung Schwierigkeiten entstehen und alle anderen möglichen Hilfsmittel versagt haben[764], besteht in Ontario gemäß Rules 60.18(6) und 34.10(3) der Rules of Civil Procedure [765] die Möglichkeit der Vernehmung von Personen und der Anordnung der Vorlage von der Vollstreckungserleichterung dienenden Dokumenten seitens dieser Personen.

[762] Für Ontario siehe dazu Rule 69.25 der Rules of Civil Procedure, R.R.O., Reg. 194
[763] So Wilton, Myanchi, Enforcement of Family Law Orders and Agreements: Law and Practice, S. 2-1
[764] Ebstein, Custody and Access, S. 4-3
[765] R.R.O. 1990, Reg. 194

Wenn in Ontario eine Sorge- oder Umgangsrechtsentscheidung gemäß Sec. 16 Divorce Act getroffen wurde, dann wurde diese stets vor dem Superior Court of Justice getroffen (Sec. 20, Sec. 2.(1)(a) Divorce Act).
In Fällen der Mißachtung der Entscheidung des Gerichts besteht deshalb die Möglichkeit gemäß Rule 60.11(1) der Rules of Civil Procedure ein Verfahren wegen Mißachtung der Gerichtsentscheidung („contempt order") mit der Folge der Verurteilung zu einer Geld- oder Haftstrafe anzustrengen (siehe oben unter a)).
Zuständig ist danach der Richter, der die zu vollstreckende Entscheidung erlassen hat.

Im übrigen ist für die Vollstreckung einer nach dem Divorce Act getroffenen Entscheidung gemäß Sec.20(3),(1),2(1)(a) Divorce Act sowohl der Superior Court einer Provinz als auch das Gericht zuständig, welches durch den Governor in Council der Provinz als gemäß Sec. 20(1) für Angelegenheiten nach Sec. 20 Divorce Act bestimmt worden ist.[766]

b) CLRA

aa) geltende Regelung

Der CLRA sieht für die Vollstreckung von Sorge- und Umgangsrechtsentscheidungen verschiedene Möglichkeiten vor.[767] Sec. 19.(d) CLRA fixiert die Zielsetzung des CLRA, durch die Regelungen des Gesetzes für eine effektive Vollstreckung von Sorge- oder Umgangsrechtsentscheidungen sowie die für Anerkennung und Vollstreckung außerprovinzieller Sorge- und Umgangsrechtsentscheidungen sorgen zu wollen. Maßstab für die Vollstreckung sind die „child's best interests".[768]

Folgende Möglichkeiten zur Vollstreckung von gemäß Sec. 21, Sec. 28.(1) CLRA getroffenen Entscheidungen über das Sorge- und Umgangsrecht stehen nach den Regelungen des CLRA zur Verfügung:

Gemäß Sec. 34 CLRA kann das Gericht die „Supervision" der Ausübung des Sorgerechts oder des Umgangsrechts anordnen.
Gemäß Sec. 35 CLRA kann das Gericht auf Antrag gegenüber dem oder der Nichtsorgeberechtigten eine Fernbleibensanordnung („restraining order") treffen, um die Ausübung des Sorgerechts zu gewährleisten.
Gemäß Sec. 36 CLRA kann das Gericht auf Antrag im Falle des unrechtmäßigen Zurückbehaltens eines Kindes entgegen einer Sorge- oder Umgangsrechts-

[766] Siehe Wilton, Myanchi, Enforcement of Family Law Orders and Agreements: Law and Practice, S. 2-12
[767] Siehe Sec. 34 ff. CLRA
[768] Sec. 19 (a) CLRA

entscheidung eine Anordnung zur Ergreifung des Kindes u.U. mittels Hilfe der Polizei („apprehension order") treffen.
Gemäß Sec. 37(1) und (2) CLRA kann das Gericht auf Antrag Sicherungsmaßnahmen treffen, wenn es einer Person durch eine Gerichtsentscheidung oder einer Regelung innerhalb eines „separation agreement" verboten ist, das Kind aus der Provinz zu verbringen und diese Person das Kind aus der Provinz verbringen will (Sec. 37(1) CLRA), bzw. gemäß Sec. 37(2) CLRA eine Person, welche einen Umgangsrechtstitel innehat, das Kind aus der Provinz verbringen will und das Kind nicht zurückbringen will.
Dazu kann das Gericht gemäß Sec. 37(3) CLRA Eigentum auf einen Treuhänder übertragen (1.), es kann anordnen, die Unterhaltszahlungen für das Kind an einen Treuhänder zu übertragen (2.), es kann die Zahlung einer Sicherheitsleistung, zu zahlen an den Antragssteller, anordnen (3.), sowie die Hinterlegung der Pässe der Person oder des Kindes oder anderer Reisedokumente anordnen (4.).
Gemäß Sec. 39.(1)(b) CLRA kann das Gericht auf Antrag zum Zwecke der Durchführung der Vollstreckung einer Sorge- oder Umgangsrechtsentscheidung, die unter Anwendung des CLRA getroffen wurde, die Freigabe von Informationen über den Aufenthaltsort des Vollstreckungsgegners gegenüber Privatpersonen oder öffentlichen Stellen anordnen.
Zudem besteht auch für Verfahren nach dem CLRA nach Rule 60.18(6) und 34.10(3) Rules of Civil Procedure die Möglichkeit der Vernehmung von Personen und der Anordnung der Vorlage von der Vollstreckungserleichterung dienenden Dokumenten seitens dieser Personen (s.o. a)).

Gemäß Sec. 38 CLRA steht es im Ermessen des Ontario Court of Justice, im Falle der Mißachtung einer seiner Sorge- oder Umgangsrechtsentscheidungen („contempt of court") eine Geld- oder Haftstrafe zu verhängen.
Für die Mißachtung von durch den Superior Court of Justice getroffenen Entscheidungen („contempt of court") kann gemäß Rule 60.11(1) der Rules of Civil Procedure[769] dasselbe Gericht eine Geld- oder Haftstrafe verhängen.
Für die Mißachtung von durch den Unified Family Court getroffenen Sorge- oder Umgangsrechtentscheidungen gilt gemäß Rule 5 der Unified Family Court Rules ebenfalls Rule 60.11(1) der Rules of Civil Procedure.

bb) Gesetzesentwurf - Sec. 34a CLRA

Bereits 1990 wurde ein die Vollstreckungsvorschriften des CLRA ergänzender Gesetzesentwurf im Parlament eingebracht, welcher als Sec. 34a in den CLRA eingefügt werden sollte, jedoch bisher in Ontario nicht verabschiedet worden ist.[770]

[769] R.R.O. 1990, Reg. 194
[770] Siehe Amendments not in force - R.S.O. 1990, c.C.12, ss. 77 to 84

Dieser Gesetzesentwurf sah für den Fall der unrechtmäßigen Mißachtung eines „specified access orders“ verschiedene Abhilfemöglichkeiten, zum Beispiel die Anordnung ersatzweisen Umgangs (Sec. 34a(2)(a)), der „Supervision“ (b), des Ersatzes der durch die Verweigerung des Umgangs entstandenen Kosten (c) sowie unter Umständen der Mediation (d) vor.
Darüberhinaus enthielt Sec. 34a(3) einen Katalog darüber, wann die Verweigerung der Ausübung des Umgangsrechts gerade keine unrechtmäßige Mißachtung i.S. von Sec.34a(1) sein sollte.
Sec. 34a(5),(6) enthielt Regelungen für die Folgen der Nichtwahrnehmung des Umgangsrechts („failure to exercise right of access“) wie die „Supervision“, Mediation und den Ersatz der dem anderen Elternteil durch die Nichtwahrnehmung des Umgangsrechts entstandenen Kosten.

c) Vollstreckung außerprovinzieller Entscheidungen

Angesichts der Größe Kanadas und der ausschließlichen Gesetzgebungskompetenz der einzelnen Provinzen hinsichtlich der Vollstreckung von Sorge- und Umgangsrechtentscheidungen[771] muß zum einen die Vollstreckung von Sorge-

[771]Abgeleitet von ausschließlicher Gesetzgebungskompetenz über „Property and Civil Rights“, Sec. 92.13. Constitution of 1867; in den anderen Provinzen findet sich zur Vollstreckung von Sorge- und Umgangsrechtsentscheidungen innerhalb der Provinz folgende Legislatur:

-Alberta: Sec. 32.1(7) Provincial Court Amendment Act 1997, R.S.A. 1980, cP-20, „contempt of court“-Vorschrift betreffend das Umgangsrecht von Großeltern; Sec. 32(8) Provincial Court Act, R.S.A. 1980,cP-20, „contempt of court“-Vorschrift für Sorge- und Umgangsrechtsentscheidungen.

-British Columbia:Sec. 36 bis Sec. 41, Sec. 128(3) und (5)Family Relations Act, R.S.B.C. 1979, c.121, „apprehension“-Vorschrift, „restraining harrasment“-Vorschriften, „acces to information“-Vorschrift, „contempt of court“-Vorschrift für Sorge- und Umgangsrechtsentscheidungen

-Manitoba: Sec.11 The Family Maintenance Act, R.S.M. 1987, c.F.20; Sec. 9, Sec. 14(1) Child Custody Enforcement Act, R.S.M. 1987, c.C360, „apprehension“-Vorschriften, „contempt of court“-Vorschrift

-New Brunswick: Sec. 130.7(1)-(2), 132.1(1)-(5) The Child and Family Services and Family Relations Act, S.N.B. 1980, c.C-2.1, „contempt of court“-Vorschrift, „apprehension“-Vorschrift wie Sec. 36 und 38 CLRA

-Newfoundland: Sec. 41(2),(3),(4),(6), Children's Law Act, R.S.N. 1990, c.C-13, as amended by S.N. 1995, c.27, entsprechend der nicht verabschiedeten Sec. 34a CLRA, Sec. 43 „apprehension“-Vorschrift, Sec. 45 entsprechend Sec. 37 CLRA, Sec. 46 „contempt“-Vorschrift

-Northwest Territories: Sec. 30 (1), (2) Domestic Relations Act, R.S.N.W.T. 1988, c. D-8, entsprechend der nicht verabschiedeten Sec. 34a CLRA

-Nova Scotia: Sec. 421(c) Family Maintenance Act, R.S.N.S. 1989, c.160, „contempt of court“-Vorschrift

-Prince Edward Island: Sec. 20 Custody Jurisdiction and Enforcement Act, R.S.P.E.I. 1988, c.C-33, entsprechend Sec. 35 CLRA

-Quebec: Art. 49-54 Civil Code of Quebec, S.Q. 1991, c.64, „contempt of court“-Vorschrift

und Umgangsrechtsentscheidungen der einzelnen Provinzen untereinander, zum Beispiel die Vollstreckung von Sorge- oder Umgangsrechtsentscheidungen eines Gerichts in Ontario nach Sec. 16(4) Divorce Act oder Sec. 28(a) CLRA in einer anderen kanadischen Provinz als Ontario, zum anderen der Vollstreckung ausländischer Sorge- und Umgangsrechtsentscheidungen einer eigenen Betrachtung unterzogen werden.

Ursprünglich waren Sorge- und Umgangsrechtsentscheidungen nach „Common Law" nicht außerhalb der territorialen Zuständigkeitsgrenzen eines Gerichts vollstreckbar.[772]
1974 erarbeitete die Uniform Law Conference of Canada den Extra-Provincial Custody Orders Enforcement Act.[773] Dieses Gesetz wurde 1981 seitens der Uniform Law Conference of Canada überprüft und durch einen Uniform Custody Jurisdiction and Enforcement Act ersetzt.[774] Derzeit haben alle Provinzen Kanadas mit Ausnahme von Quebec entweder ersteren oder letzteren verabschiedet.[775] In Nova Scotia ist die Vollstreckungsmöglichkeit von Sorgerechts- und Umgangsrechtentscheidungen anderer Provinzen oder Staaten durch Gegenseitigkeit hinsichtlich der Unterzeichnung des Abkommens bedingt.[776] Sinn und Zweck dieser Regelungen ist es, Kindesentführungen vorzubeugen.[777]

-Saskatchewan: Sec. 17, 18, 23, 24, 26, 29 Children's Law Act, S.S. 1990, c.C-8.1, das Gericht darf die Vollstreckung von Sorge- und Umgangsrechtsanordnungen verweigern, wenn es dies für notwendig erachtet; „restraining order"-Vorschrift, „contempt"-Vorschrift, entsprechende Regelung wie der nichtverabschiedete Sec. 34 a CLRA
-Yukon: Sec. 35 Children's Act, R.S.Y. 1986, c.22, entsprechend Sec. 34 CLRA, Sec. 46 „apprehension"-Vorschrift, Sec. 47 entsprechend Sec. 37 CLRA

772 Siehe Mc Leod, Child Custody Law and Practice, S. 10-18

773 Dieses Gesetz wurde von allen Provinzen mit Ausnahme der Provinzen Quebec und Ontario verabschiedet. Siehe: Diamond, Enforcement of Custody and Access Orders, 4 C.F.L.Q. 303 (314)

774 Diamond, Enforcement of Custody and Access Orders, 4 C.F.L.Q. 303 (314)

775 Siehe dazu Wilson, Myanchi, Enforcement of Family Law Orders and Agreements: Law and Practice, S. 2-35; Die Provinzen, die den Uniform Custody Jurisdiction and Enforcement Act in ihre Gesetze aufgenommen haben sind: British Columbia, Family Relations Act, R.S.B.C.1979, c. 121, Sec. 38-42; Manitoba, Child Custody Enforcement Act, R.S.M. 1987, c. C 360; Ontario, Children's Law Reform Act, R.S.O. 1990, c.C.12; New Brunswick, Family Services Act, S.N.V. 1980, c. F-2.2, ss. 129-137; Prince Edward Island, Custody Jurisdiction and Enforcement Act, S.P.E.I. 1984, c. 17; Yukon- Children's Act, R.S.Y. 1986, c.22 Part 2; die Provinzen, die den Extra-Provincial Custody Enforcement Act aufgenommen haben sind: Alberta, Extra-Provincial Enforcement of Custody Orders Act, R.S.A. 1980, c. E. 17; Saskatchewan, Extra-Provincial Custody Orders Enforcement Act, R.S.S. 1978, c. E 18(Supp.); Nova Scotia, Reciprocal Enforcement of Custody Orders Act, S.N.S. 1976, c. 15; Newfoundland, Children's Law Act, R.S.N. 1990, c. C-13; Northwest Territories, Extra-Territorial Custody Orders Enforcement Act, S.N.W.T. 1981(2), c.2

776 Mc Leod, Child Custody Law and Practice, S. 10-19

777 Diamond, Enforcement of Custody and Access Orders, 4 C.F.L.Q. 303 (315)

Vorliegend werden am Beispiel Ontarios die gesetzlichen Regelungen kurz erläutert.
Gemäß Sec. 19 CLRA ist es u.a. Sinn und Zweck der Regelungen, Kindesentführungen zu verhindern (Sec. 19(c) CLRA) und für die effektivere Anerkennung und Vollstreckung von Sorge- und Umgangsrechtsentscheidungen außerprovinzieller und ausländischer Gerichte zu sorgen (Sec. 19(d) CLRA).
Wenn eine Sorge- oder Umgangsrechtsentscheidung eines außerprovinziellen oder ausländischen Gerichts innerhalb von Ontario vollstreckt werden soll, dann ist zunächst die Anerkennung der Entscheidung in Ontario notwendig. Gemäß Sec. 41 (1) CLRA soll ein Gericht auf Antrag grundsätzlich die Entscheidung anerkennen, die Ausnahmen werden in Sec. 41 (1)(a) bis (e) CLRA statuiert. Darunter fällt es beispielsweise, daß das Gericht, welches die Entscheidung getroffen hat, nicht nach den „child's best interests" zu entscheiden hatte.
Mit Anerkennung der Entscheidung ist die Entscheidung wie eine Entscheidung eines Gerichts Ontarios zu behandeln und auf die selbe Weise zu vollstrecken (Sec. 41(2) CLRA).
Das Gericht, welches mit der außerprovinziellen oder ausländischen Entscheidung konfrontiert wird, kann diese auf Antrag durch eine eigene Entscheidung ersetzen, wenn veränderte Umstände eingetreten sind (s.dazu Sec. 42 CLRA) oder das Kind mit Vollstreckung der Entscheidung in ernster Gefahr („serious harm") wäre (s. dazu Sec. 43 CLRA)[778].

Darüberhinaus ist Kanada Vertragsstaat des Haager Rückführungsübereinkommens über die internationalen Aspekte der Kindesentführung (HKÜ). Das Übereinkommen wurde von allen Provinzen Kanadas unterzeichnet und ratifiziert.[779] Für Ontario gilt Sec. 46 CLRA.

d) Support Plan Act[780] und Family Responsibility and Support Arrears Enforcement Act, 1996[781]

In Ontario existierte auf der Basis provinzieller Gesetzgebung bis 1997 der Support Plan Act, welcher dann vom Family Responsibility and Support Arrears Enforcement Act ersetzt wurde.
Nach Sec. 2 (2) Support Plan Act diente dieser der automatisierten Vollstreckung von Unterhalts- und Sorgerechtsentscheidungen, ausdrücklich nicht aber Umgangsrechtsentscheidungen (Sec. 1 (1)). Nach den Bestimmungen des Support Plan Act existiert eine öffentliche Stelle mit Namen „Director of the Family Support Plan". Dort kann jeder seine Sorgerechtsentscheidung („custody order") registrieren lassen. Nach Registrierung hat der Director die Pflicht, die Vollstre-

[778] Im Einzelnen siehe Mc Leod, Child Custody Law and Practice, S. 10-24 ff.
[779] Siehe Mc Leod, Child Custody Law and Practice, S. 10-33, m.w.N.
[780] R.S.O. 1990, c. S.28
[781] R.S.O. 1996, c.31

ckung einzuleiten.[782] Die Vollstreckung darf dann ausschließlich seitens des Director betrieben werden. [783] In der Praxis ist der Director jedoch hauptsächlich mit der Vollstreckung von Unterhaltsentscheidungen befaßt, so daß die Vollstreckung von Sorgerechtsentscheidungen mit Hilfe des Director of Enforcement in den Hintergrund getreten ist.[784] Sorgerechtsentscheidung („custody order") ist in Sec. 1 (1) des Support Plan Act definiert als gerichtliche Anordnung über die Sorge für ein Kind, welche in Ontario vollstreckbar ist oder eine Bestimmung in einem „separation agreement" nach Sec. 54 Family Law Act.[785]
In den Bestimmungen des neuen Gesetzes, dem Family Responsibility and Support Arrears Enforcement Act, 1996, welcher am 31.1.1997 in Kraft getreten ist, ist keine ausdrückliche Bestimmung für die Vollstreckung von Sorgerechtsentscheidungen mehr enthalten, vielmehr handeln diese nur von Unterhaltsentscheidungen. Trotzdem können die nach dem früheren Support Plan Act eingerichteten Möglichkeiten, die Vollstreckung von Sorgerechtsentscheidungen mit Hilfe des Director vorzunehmen, weiterhin in Anspruch genommen werden.[786]

e) Family Orders and Agreements Enforcement Assistance Act, 1986

Nach dem Family Orders and Agreements Enforcement Assistance Act kann der Sorgerechtsinhaber, der sein Recht zu vollstrecken sucht oder seines Rechts durch eine Kindesentführung beraubt wurde, mittels Zugang zu, seitens der Bundesregierung geführten, Informationsbanken (und zwar der des Gesundheits- und Sozialministeriums und des Arbeits- und Einwanderungsministeriums) durch einen beauftragten Beamten („Recipient Officer") Informationen über die Adresse, den Namen und den letzten Arbeitgeber des anderen sowie Adressen der Kinder in Erfahrung bringen. Voraussetzung ist insoweit ein Antrag bei Gericht, wobei der Antragssteller bereits vorher die Informationsquellen der Provinz in Anspruch genommen haben muß. Einen derartigen Antrag kann zum Beispiel für Ontario ebenfalls der Director of Family Support Plan stellen.[787]

f) Criminal Code[788]

Unabhängig von den zivilrechtlichen Vollstreckungsmöglichkeiten innerhalb und außerhalb einer Provinz (siehe oben), kann die Vollstreckung von Sorge-

[782] Siehe Wilton, Myanchi, Enforcement of Family Law Orders and Agreements: Law and Practice, S.2-34.12
[783] Ebstein, Custody and Access, S. 4-31
[784] Ebstein, Custody and Access, S. 4-31
[785] Wilson, Myanchi, Enforcement of Family Law Orders and Agreements: Law and Practice, S. 2-34.13,14
[786] Ebstein, Custody and Access, S. 4-31
[787] Siehe dazu Ebstein, Custody and Access, S. 4-32
[788] R.S.C. 1985, c. C.46

und Umgangsrechtsentscheidungen faktisch auch über die Einleitung eines strafrechtlichen Ermittlungsverfahrens wegen Kindesentführung bzw. -Entziehung angestrengt werden.[789]
Nach Sec. 282, 283 des Criminal Code ist die Kindesentführung oder Kindesentziehung vom Elternteil, Vormund oder einer anderen Person, die die gesetzliche Pflege oder Obhut des Kindes ausübt, strafbar mit bis zu 10 Jahren Freiheitsstrafe. Sinn und Zweck der Vorschriften ist der Schutz des Kindes.[790]
Die genannten Vorschriften sollen vor der Entführung/Entziehung des Kindes vom Elternteil, Vormund oder einer anderen Person, die die gesetzliche Pflege oder Obhut des Kindes ausübt, der oder die eine gerichtliche Sorgerechtsentscheidung erwirkt hat (Sec. 282), vom Elternteil, Vormund oder einer anderen Person, die die gesetzliche Pflege oder Obhut des Kindes ausübt, der oder die keine gerichtliche Sorgerechtsentscheidung erwirkt hat (Sec. 283), zum Beispiel in Fällen, in denen eine außergerichtliche Vereinbarung zwischen den Eltern besteht oder ein Elternteil faktisch das Sorgerecht ausübt (Sec. 283), sowie vom Umgangsberechtigen[791], schützen. Ausreichend ist insoweit das gesetzliche Recht zum „Besitz" („right to possession") des Kindes aufgrund eines Sorgerechts- oder Umgangsrechts.[792]

Der Vorteil der Einleitung eines Strafverfahrens für den des Kindes beraubten Elternteil besteht darin, daß ein Strafverfahren schneller zum gewünschten Ergebnis, nämlich der Auffindung des Kindes und der Bestrafung des Entführers oder Entziehers führen kann als bei der Inanspruchnahme anderer (zivilrechtlicher) Vollstreckungsmittel (siehe oben). Im Falle der Einleitung eines strafrechtlichen Ermittlungsverfahrens kann ein bundesweit wirksamer Haftbefehl gegen den Entführer/Entzieher ausgestellt werden, womit der Entführer/Entzieher und damit auch das Kind schneller aufgefunden werden können. Zudem kommt es, falls wünschenswert, schneller zu einer Verurteilung des Entführers/Entziehers im Rahmen eines Strafverfahrens als beispielsweise innerhalb eines „contempt of court"-Verfahrens.[793]

[789] Diamond, Enforcement of Custody and Access Orders, 4 C.F.L.Q. 303 (306)
[790] Cook v. R. (1984), 39 R.F.L. (2d) 405 (415)
[791] Es ist streitig, ob Sec. 282 auch für „access rights" gilt; dagegen: R.v.Powless (1988), 18 R.F.L. (3d) 433 (Ont. Prov. Ct.), dafür: Supreme Court of Canada R.v. Dawson (1996), 25 R.F.L. (4th) 181; R.v.Petropoulos (1990), 29 R.F.L.(3d) 289 (B.C.C.A.), in R.v.Hart (1978) 7 R.F.L. (2d) 85 (Ont. Co.Ct.) Verurteilung noch nach 250(1)d.h.282 a. F. wegen Entziehung von Umgangsrecht; das Wortlautargument spricht eher dagegen;
[792] Supreme Court of Canada: R. v. Dawson (1996), 25 R.F.L. (4th) 181
[793] So auch Wilton, Myanchi, Enforcement of Family Law Orders and Agreements: Law and Practice, S. 2-15

II. Die Untersuchung einzelner Vollstreckungsmechanismen im Hinblick auf die Berücksichtigung der Kindesinteressen in der gerichtlichen Praxis

Im Folgenden werden einzelne zivilrechtliche Mechanismen zur Durchsetzung von Sorge- und Umgangsrechtsentscheidungen insbesondere im Hinblick auf die Berücksichtigung der Kindesinteressen in der gerichtlichen Praxis untersucht. Dabei soll es darauf ankommen, weitere Alternativen zu den herkömmlichen Vollstreckungsmitteln des § 33 FGG ausfindig zu machen.

Da jede Sorge- und Umgangsrechtsentscheidung unter Zugrundelegung der „child's best interests" getroffen wird, muß auch die Durchsetzung dieser Entscheidungen nach Maßgabe der „child's best interests" durchgeführt werden.[794] Die Auswahl des Mittels der Durchsetzung steht im Ermessen des Gerichts. Dies ergibt sich aus Sec. 28(b) und (c) CLRA und Sec. 16(6) Divorce Act. Nach Sec. 16(6) Divorce Act wird dem Gericht u.a. hinsichtlich der das Sorge- und Umgangsrecht ausgestaltenden Regelungen oder Bedingungen Ermessen eingeräumt. Die Durchsetzung des Sorge- und Umgangsrechts ist Teil der das Sorge- oder Umgangsrecht ausgestaltenden Regelungen oder Bedingungen. Nach Sec. 28(b) und (c) CLRA steht es dem Gericht zu, über jegliche Angelegenheiten der Ausgestaltung des Sorge- oder Umgangsrechts nach seinem Ermessen zu entscheiden und die erforderlichen zusätzlichen Anordnungen zu treffen.

Es besteht anders als im bundesdeutschen Recht bezüglich der Vollstreckung von Sorge- oder Umgangsrechtsentscheidungen keine strikte Trennung in Erkenntnis- und Vollstreckungsverfahren, wenn auch Maßnahmen der Durchsetzung des Sorge- oder Umgangsrechts weitgehend Rechtsfolgen eines „contempt"- Verfahrens sind, ohne daß ein Herausgabeanspruch vergleichbar mit § 1632 I, III BGB zwischengeschaltet ist.
Das Gericht ist nach diesen Regelungen und des Charakters des „Case Law" im Einzelfall freier und flexibler, was die Auswahl des Mittels der Durchsetzung des Sorge- oder Umgangsrechts angeht und ist nicht an starre Regeln gebunden. Die vorhandenen gesetzlichen Regelungen zur Durchsetzung des Sorge- und Umgangsrechts schließen die darüberhinausgehende einzelrichterliche Ermessensentscheidung nicht aus. Im Gegenzug dazu fehlt es aber an der gesetzgeberischen Kontrolle und Regulierung im Vergleich zum bundesdeutschen Recht. Ist zwar eine höhere Einzelfallgerechtigkeit möglich, so birgt dies auch die Gefahr der Unsicherheit des Einzelnen.
Insoweit besteht ein wesentlicher Unterschied zum bundesdeutschen Recht. Dem Gericht steht zwar in Bezug auf die Entscheidung, ob und wie ein bestimmtes Zwangsmittel oder eine bestimmte Maßnahme im Sinne § 1684 BGB angewendet werden soll, ein Ermessensspielraum zu. Darüberhinaus stehen jedoch alle gerichtlichen Anordnungen unter dem Vorbehalt des Gesetzes. Eine

[794] Genua v. Genua (1979), 12 R.F.L. (2d) 85 (Ont. Prov. Ct. - Fam. Div.); Rocca (1990) 4 O.F.L.R. 53 (Ont. Prov. Div.)

Regelung, die dem zuständigen Gericht im Hinblick auf die Ausgestaltung des Sorge- oder Umgangsrechts, auch betreffend dessen Durchsetzung, grundsätzlich Ermessen einräumt, existiert im bundesdeutschen Recht nicht.[795]

1. „Contempt of Court"

Nach dem oben Gesagten steht es im Ermessen der Gerichts gemäß Sec. 38 CLRA und Rule 60.11(1) der Rules of Civil Procedure im Falle der Mißachtung der Entscheidung wegen „contempt of court" eine Geld- oder Haftstrafe zu verhängen.

Sinn und Zweck eines „contempt"-Verfahrens ist grundsätzlich der Schutz der Authorität der Justiz.[796]
Es wird eine Unterscheidung in „civil" und „criminal contempt"[797]- Verfahren vorgenommen.

Die Durchführung eines „criminal contempt"-Verfahrens dient seiner Natur nach nur der Bestrafung und hat ausschließlich Strafcharakter für die Mißachtung der Authorität des Gerichts.[798]
Die Durchführung eines Civil „contempt"- Verfahrens dient eher der Sicherung und Durchsetzung eines Privatrechts und ist seiner Natur nach eher ein Beugemittel. Daneben hat es auch Strafcharakter, da die Mißachtung der Authorität des Gerichts sanktioniert wird und damit ein bestimmtes menschliches Verhalten als Unrecht definiert wird.[799]
Sinn und Zweck eines „contempt"-Verfahrens in Sorge- und Umgangsrechtsstreitigkeiten ist die Durchsetzung der Entscheidung neben der Bestrafung für die Mißachtung der Authorität der Justiz. Daher ist der Charakter der Durchführung eines „contempt"-Verfahrens zur Durchsetzung des Sorge- oder Umgangsrechts eher zivilrechtlicher Natur.[800]

Es ist aber grundsätzlich auch möglich, neben der Durchführung eines „civil contempt"-Verfahrens, ein Strafverfahren nach Sec. 127 Criminal Code wegen

[795] Siehe oben II., III., VI.
[796] Canadian Encyclopedic Digest, Contempt, §§ 2, 3
[797] So existiert neben den genannten Regelungen Sec. 127(1) Criminal Code, wo es heißt: „Every one who, without lawful excuse, disobeys a lawful order made by a court of justice or by a person or body of persons authorized by any Act to make or give the order, other than an order for the payment of money, is, unless a punishment or other mode of proceeding is expressly provided by law, guilty of an indictable offence and liable to imprisonment for a term not exceeding two years."
[798] Canadian Encyclopedic Digest, Contempt, §§ 2, 3
[799] „(civil) contempt proceedings are quasi-criminal in nature", siehe dazu Mc Leod, Child Custody Law and Practice, S. 10-8
[800] Ebenso: R. v. Rupert (1974), 16 R.F.L. 325 (Ont. Prov. Ct.)

„contempt of court" für die Mißachtung von Sorge- oder Umgangsrechtsentscheidungen einzuleiten.[801]

In der Praxis werden „contempt"- Verfahren hinsichtlich der Durchsetzung von Umgangs- und Sorgerechtsstreitigkeiten jedoch in der Regel innerhalb eines Zivilverfahrens durchgeführt.[802] Deshalb wird vorliegend auch das Verfahren wegen „civil contempt of court" beleuchtet (a)).

Wegen des dem Gericht eingeräumten Ermessens hinsichtlich der Verurteilung wegen „contempt of court" an sich auf der einen Seite und der Ausgestaltung und der Durchsetzung des Sorge- und Umgangsrechts auf der anderen Seite, geht eine Verurteilung wegen „contempt of court" nicht ausschließlich mit der Verhängung von Geld- oder Haftstrafen einher. Vielmehr wurden auf der Rechtsfolgenseite auch andere Mechanismen entwickelt (b)).

a) Voraussetzungen eines „civil contempt"-Verfahrens und rechtsvergleichende Wertung

Tatbestandlich muß zunächst eine gewollte Mißachtung der Sorge- oder Umgangsrechtsentscheidung gegeben sein („wilful refusal to comply with the provisions of the order").[803] Die direkte Absicht, die Entscheidung zu mißachten, muß nicht vorliegen. Ausgeschlossen ist lediglich zufälliges oder ungewolltes Verhalten.[804]
Es liegen einige Gerichtsentscheidungen vor, die näher ausgestalten, wann eine solche gewollte Mißachtung gegeben oder nicht gegeben ist.[805]

[801] Dies entschied der Supreme Court of Canada in R. v. Clement (1981) 23 R.F.L. (2d) 225; Dies gilt jedenfalls für Verfahren vor den Superior Courts eines Landes, da jeder Superior Court die ihm innewohnende Macht hat, „Civil contempt"- Verfahren durchzuführen[801] und neben den „Regulations" (=Verordnungen, bsp.: Rules of civil procedure) keine gesetzliche Regelung für die Durchführung eines „Civil contempt"- Verfahrens gegeben ist
Allerdings existiert in Ontario eine gesetzliche Regelung für „contempt"- Verfahren vor dem Ontario Court of Justice (Sec. 38 CLRA). Insoweit erscheint es fraglich, ob nach dem Wortlaut von Sec. 127(1) Criminal Code neben „civil contempt"- Verfahren vor dem Ontario Court of Justice nach Sec. 38 CLRA noch Raum für die Durchführung eines „criminal contempt"- Verfahrens gemäß Sec. 127 Criminal Code ist. Zwar stellt Sec. 38 CLRA ein Gesetz dar, danach wäre gemäß Sec. 127 die Durchführung eines „criminal contempt"- Verfahrens ausgeschlossen. Dieses ist jedoch ein provinzielles Gesetz und es ist unklar, ob Sec. 127 Criminal Code unter „Law" sowohl Bundes- als auch Landesgesetze subsumiert. Siehe dazu: Wilton, Myanchi, Enforcement of Family Law Orders and Agreements: Law and Practice, Siehe 2-25 m.w.N.
[802] Siehe McLeod, Child Custody Law and Practice, S. 10-6 ff.
[803] Sec. 38 CLRA, Singer v. Singer (1974) 17 R.F.L. 18 (Ont. H.C.)
[804] Paton v. Shiymkiw (1996) 26 R.F.L.(4th) 22 (27) (Man. Q.B.)
[805] Siehe zum Beispiel Singer v. Singer (1974) 17 R.F.L. 18 (Ont. H.C.), kein „wilful refusal", wenn Unklarheiten hinsichtlich der Umgangsrechtstage bestehen oder das Kind zu krank ist, Zeit mit dem Umgangsberechtigten zu verbringen; oder Gribben v. Gribben (1972) 9 R.F.L.

Insoweit bestehen keine nennenswerten Unterschiede zur Rechtsprechung zu § 33 I FGG.[806]

Die Weigerung eines Kindes, mit dem Sorgeberechtigten zu leben oder Umgang mit dem Umgangsberechtigten zu haben, führt nach der Rechtsprechung teilweise zur Ablehnung des Vorliegens der tatbestandlichen Voraussetzungen des „contempt".[807] Dies ist jedoch nicht die Regel.
Teilweise wird das Vorliegen der tatbestandlichen Voraussetzungen des „contempt" angenommen, obwohl die Weigerung des Kindes, die Entscheidung zu befolgen, gegeben ist.[808]
Die Annahme des Vorliegens der tatbestandlichen Voraussetzungen wird damit begründet, daß insoweit eine Beeinflussung des Vollstreckungsgegners auf das Kind vorliege.[809]

Tendenziell führt die Weigerung älterer Kinder zur Ablehnung der Annahme des Vorliegens der „contempt"-Voraussetzungen, da die Weigerung dieser Kinder nicht mehr auf eine mögliche Beeinflussung zurückgeführt wird.[810]
Unabhängig von der Rechtsfolgenentscheidung im Rahmen eines „contempt"-Verfahrens wird mit der Annahme des Vorliegens der tatbestandlichen Voraus-

114 B.C.S.C.), kein „wilful refusal", wenn die Partei zwar eindeutig die Entscheidung mißachtet hat, aber unfähig war zu sehen, daß ihr Verhalten der Entscheidung zuwider gelaufen ist; M.(B.P.) v. M. (B.L.D.E.) (1992) 42 R.F.L. (3d) 349, im Verhalten der Mutter lag kein „wilful refusal", da sie begründete Anhaltspunkte hatte, daß die Durchführung des Umgangs mit dem Kindesvater das Kind in Gefahr bringen könnte.

806 Siehe oben A.III.2.a)bb)(1), III.3.b)aa): erforderlich ist eine schuldhafte Zuwiderhandlung

807 Betr. Sorgerecht: H.v. H. (1976) 13 O.R. (2d) 371 (Ont. Ct. J.); betr. Umgangsrecht: Hatzioannidis v. Hatzioannidis (1976) 29 R.F.L. 200 (Ont. H.C.); Genua v. Genua (1979) 12 R.F.L. (2d) 85(92) (Ont.Ct.Prov.Div.); Ayotte v. Bishop (1996) 24 R.F.L. (4th) 39 (Ont.Ct. Gen.Div.); Singer v. Singer (1974) 17 R.F.L. 18 (Ont. H.C.)

808 Betr. Umgangsrecht: Paton v. Shymkiw (1996) 26 R.F.L. (4th) 22 (27) (Man.Q.B.); Amaral v. Myke (1992) 42 R.F.L. (3rd) 322 (334) (Ont. U.F.C.); Campbell v. Campbell (1994) W.D.F.L. No 1704; Wood v. Miller (1993) 45 R.F.L. (3rd) 244 (Ont.U.F.C.)

809 So: Paton v. Shymkiw (1996) 26 R.F.L. (4th) 22 (27) (Man.Q.B.).; Amaral v. Myke (1992) 42 R.F.L. (3rd) 322 (334) (Ont. U.F.C.); Wood v. Miller (1993) 45 R.F.L. (3rd) 244 (Ont.U.F.C.)Campbell v. Campbell (1994) W.D.F.L. No 1704; keine Beeinflussung, kein „contempt": Ayotte v. Bishop (1996) 24 R.F.L. (4th) 39 (Ont.Ct. Gen.Div.)

810 Kein „contempt" betreffend Umgangsrecht: Hatzioannidis v. Hatzioannidis (1976) 29 R.F.L. 200 (Ont. H.C.), die Kinder waren 14 und 16 Jahre alt; Genua v. Genua (1979) 12 R.F.L. (2d) 85(92) (Ont.Ct.Prov.Div.), die Kinder waren 11, 14 und 15 Jahre alt; kein „contempt" betr. Sorgerecht: H.v.H. (1976) 13 O.R. (2d) 371 (Ont. Ct. J.), die Kinder waren 14 und 16 Jahre alt.
Dahingegen Annahme des „contempt" betreffend Umgangsrecht: Wood v. Miller (1993) 45 R.F.L. (3rd) 244 (Ont.U.F.C.), das Kind war 10 Jahre alt; Campbell v. Campbell (1994) W.D.F.L. No 1704, die Kinder waren 5, 7 und 9 Jahre alt; Amaral v. Myke (1992) 42 R.F.L. (3rd) 322 (334) (Ont. U.F.C.), das Kind war 6 Jahre alt; Paton v. Shymkiw (1996) 26 R.F.L. (4th) 22 (27) (Man.Q.B.), das Kind war 6 Jahre alt

setzungen des „contempt“ zum Ausdruck gebracht, daß ein bestimmtes Verhalten mißbilligt wird.

Wird im Falle der Weigerung des Kindes angenommen, daß der „contempt“-Tatbestand erfüllt ist, so wird dadurch mittelbar auch zum Ausdruck gebracht, daß die Weigerung des Kindes mißbilligt wird.
Dagegen läßt sich entgegen der Auffassung der Gerichte nicht einwenden, daß die Weigerung durch die Elternpartei beeinflußt worden ist. Denn unabhängig von einer möglichen Beeinflussung wird die Weigerung vom Kind empfunden. Das Kind könnte hier seine Gefühle als im Widerspruch zur Rechtsordnung empfinden. Es ist nämlich davon auszugehen, daß das Kind vom Verfahren auch Kenntnis erlangt. Dies bleibt in allen angeführten Entscheidungen seitens der Gerichte unberücksichtigt.
Dadurch besteht die Gefahr, daß die Annahme der tatbestandlichen Voraussetzungen des „contempt“ in den Fällen der Kindesweigerung schädliche Auswirkungen auf das Kind hat.

Aber auch wenn keine Kindesweigerung vorliegt, kann es aufgrund der Strafwirkung des „contempt“-Verfahrens zu einer mittelbaren Sanktionswirkung seitens des Kindes kommen.[811] Auch dies bleibt in allen angeführten Entscheidungen seitens der Gerichte unberücksichtigt.

Wird es zwar ausschlaggebend auf die Verhängung der Rechtsfolge ankommen, so stellt sich aber die rechtliche Ausgestaltung des Verfahrens zur Durchsetzung von Sorge- und Umgangsrechtsentscheidungen als „contempt“-Verfahren gerade wegen des quasi-kriminellen Charakters und der Wertung eines bestimmten Verhaltens als objektives Unrecht unabhängig von der verhängten Rechtsfolge des Verfahrens als gefährlich hinsichtlich der möglichen schädlichen Auswirkungen auf das Kind dar.
Jener Unterschied zum bundesdeutschen Recht, das mit § 33 FGG nur ein reines Beugeverfahren kennt, ist nicht für die Durchsetzung der Kindesherausgabe und des Umgangsrechts in der Bundesrepublik Deutschland nutzbar zu machen.
Dies muß erst recht für die Durchführung eines Strafverfahrens wegen „Contempt of Court“ gemäß Sec. 127 Criminal Code gelten.

[811] Siehe dazu oben A.V.1. und 2.; das zur Durchführung eines Verfahrens nach § 33 FGG Gesagte kann insoweit übertragen werden.

b) Rechtsfolgen

aa) Geldstrafe (″fine″)

Nach dem oben Genannten handelt es sich im Falle der Mißachtung von Sorge- und Umgangsrechtsentscheidungen um einen „civil contempt of court" und die Verhängung einer Geldstrafe ist eher als Beugemaßnahme denn als Strafe zu verstehen. Wegen des Strafcharakters des „contempt of court"soll die Übersetzung jedoch Geldstrafe und nicht Zwangsgeld lauten, nicht zuletzt, um den Unterschied des zugrundeliegenden Verfahrenszwecks im Gegensatz zum Zwangsgeldverfahren nach § 33 FGG deutlich zu machen.

Gemäß Sec. 38 CLRA steht die Verhängung einer Geldstrafe wegen „contempt of court" im Ermessen des Gerichts („may"). Die Höhe der zu verhängenden Geldstrafe soll 5000 Can$ nicht übersteigen.[812]

(1) Diskussionsstand

Die Möglichkeit zur Verurteilung zu einer Geldstrafe als Sanktion für die unstreitigen Fälle ungerechtfertigter Mißachtung von Sorge- und Umgangsrechtsentscheidungen findet grundsätzlich Zuspruch.[813]

Da das Familieneinkommen durch die Verurteilung zu einer Geldstrafe reduziert wird, wird gefordert, eine Geldstrafe dürfe zur Durchsetzung des Umgangsrechts nur dann verhängt werden, wenn sichergestellt sei, daß das Kind durch die Reduzierung des Familieneinkommens nicht gefährdet wird,[814] die Verwei-

[812] Sec. 32.1(7) des Provincial Court Amendment Act und des Provincial Court Act in Alberta sieht für den Fall der Mißachtung einer Sorgerechts- oder Umgangsrechtsentscheidung eine Geldstrafe bis zu 1000 Can$ vor; Sec. 14(1) des Child Custody Enforcement Act in Manitoba sieht eine Geldstrafe bis zu 500 Can$ für „contempt of court orders'" vor; Sec. 130.7(1) des Child and Family Services and Family Relations Act in New Brunswick sieht für „contempt of court" in Sorge- oder Umgangsrechtssachen eine Geldstrafe bis zu 1000 Can$ vor; Sec. 46 des Children's Law Act in Newfoundland sieht für die Mißachtung einer Sorge- oder Umgangsrechtsentscheidung eine Geldstrafe bis zu 1000 Can$ vor; andere Provinzen haben entweder keine ausdrückliche „contempt"-Regelung oder nur eine allgemeine Regelung ohne die Festsetzung der maximalen Höhe der Geldstrafe; die Verhängung der Geldstrafe an sich steht überall im Ermessen des Gerichts;

[813] Siehe zum Beispiel M.Bailey, Enforcement of Access Orders, 1998, S. 511; M. Bailey, The Crying Game: Enforcement of Access Rights, S. 20; Provincial Governments´Constitutional Responsibilities, S. 51; Government of Canadas Response to the Report of the Special Joint Committee on Child Custody and Access, 1999, S. 13

[814] Ebenso Mc Leod, Annotation zu Rutherford v. Rutherford (1986) 4 R.F.L. (3d) 457 (B.C.S.C.) sowie McLeod, Annotation zu O'Byrne v. Koresec (1986) 2 R.F.L. (3d) 104 (B.C.S.C.); M.Bailey, The Crying Game: Enforcement of Access Rights, S. 20

gerung des Umgangs fortgesetzt stattfindet und andere Rechtsmittel versagt haben.[815]

Es wird gesehen, daß die Verhängung einer Geldstrafe nicht unmittelbar zur Durchsetzung des Sorge- oder Umgangsrechts führt.[816] Daher sei es insoweit grundsätzlich zweifelhaft, daß die Verhängung einer Geldstrafe zu einem positiven Elternverhalten führt.[817]
Es bestehe die Gefahr, daß die Verhängung der Geldstrafe einen Freibrief zur Mißachtung der Entscheidungen darstelle für diejenigen, die sich die Zahlung der Geldstrafe leisten können.[818]

(2) Berücksichtigung der Kindesinteressen bei der Anwendung der Geldstrafe in der gerichtlichen Praxis

In *R.P.D. v. R.C.*[819] verurteilte das Gericht die das Sorgerecht innehabende Mutter wegen „contempt of court" u.a. zu einer Geldstrafe in Höhe von 100 Can$. Bei der Verhängung der Geldstrafe berücksichtigte das Gericht die Einkommenssituation der Familie nicht und prüfte nicht, ob die Verhängung der Geldstrafe sich in irgendeiner Weise negativ auf das Kind auswirken könnte. Das Gericht stellt lediglich fest, daß die Verhängung einer Strafe gegen die Mutter notwendig sei, um die Mißachtung von Gerichtsentscheidungen zu verhindern.

In *O'Byrne v. Koresec*[820] verurteilte das Gericht die sorgeberechtigte Mutter wegen „contempt of court" für die Mißachtung des Umgangsrechts des Vaters nach mehreren erfolglos durchgeführten „contempt"-Verfahren unter anderem zu einer Geldstrafe in Höhe von Can$ 350. Das Gericht berücksichtigte nicht die Einkommensverhältnisse der Familie oder eventuelle Auswirkungen der Verhängung der Geldstrafe auf die „child's best interests".

In *Archibald v. Chamberlain*[821] verurteilte das Gericht den Vater eines Kindes wegen Mißachtung der Bestimmungen eines „shared parenting agreements" zwischen Großmutter, Vater und Mutter (Alkoholverbot, Mißachtung von Abmachungen hinsichtlich Weihnachtskontakt) zu einer Geldstrafe in Höhe von

[815] M. Bailey, The Crying Game: Enforcement of Access Rights, S. 20; Government of Canadas Response to the Report of the Special Joint Committee on Child Custody and Access, 1999, S. 13
[816] Siehe McLeod, Annotation zu O'Byrne v. Koresec (1986) 2 R.F.L. (3d) 104 (B.C.S.C.)
[817] Siehe M.Bailey,Enforcement of Access Orders, 1998, S. 521; Canada Parliament, Special Joint Committee on Child Custody and Access, For the Sake of Children, 1998, S. 65
[818] Siehe McLeod, Annotation zu Rutherford v. Rutherford (1986) 4 R.F.L. (3d) 457 (B.C.S.C.)
[819] (1993) 107 Nfld. & P.E.I.R. 219 (Nfdl. Prov. Ct. Fam. Div)
[820] (1986) 2 R.F.L. (3d) 104 (B.C.S.C.)
[821] (1997) Doc. London F 588/89 (Ont. Ct. of Justice, Gen. Div.)

100 Can$, zahlbar in Raten, wegen „contempt of court". Eine Berücksichtigung der Einkommensverhältnisse der Familie und eventueller Auswirkungen der Verhängung der Geldstrafe auf das Kindeswohl blieb außer Betracht. Vorliegend lebte das Kind nicht bei dem mit Geldstrafe belegten Elternteil.

In *Rawlinson v. Rawlinson*[822] mißachtete die umgangsberechtigte Mutter eine Entscheidung, nach der es ihr verboten war, außerhalb der zur Ausübung des Umgangs festgelegten Zeiten, in die Nähe des Wohnortes der Kinder zu gehen („restraining order"). Sie wurde daraufhin wegen „contempt of court" unter anderem zur Zahlung einer Geldstrafe in Höhe von 3000 Can$ verurteilt, welche sie jedoch nie zahlte. Vielmehr mißachtete sie weiterhin die bestehende Fernbleibensanordnung. Ob die Einkommensverhältnisse der Familie berücksichtigt worden waren, ist nicht bekannt. Das Kind lebte nicht bei dem mit der Geldstrafe belegten Elternteil.

In *T. (A.) v. C. (L.)* [823] verurteilte das Gericht zwar die sorgeberechtigte Mutter wegen „contempt of court". Das Gericht verhängte aber keine Geldstrafe (und auch keine anderen Strafen). Es berücksichtigte, daß die Mutter kein eigenes Einkommen hatte und nicht arbeitete.

In *Campbell v. Campbell*[824] verurteilte das Gericht die sorgeberechtigte Mutter wegen „contempt of court" gegenüber dem umgangsberechtigten Vater. Das Gericht verhängte jedoch keine Geldstrafe. Das Gericht berücksichtigte insoweit, daß die Auferlegung einer finanziellen Bürde das Aufziehen der Kinder beeinflussen könnte.

(3) Stellungnahme und rechtsvergleichende Wertung

Die dargestellten Gerichtsentscheidungen zeigen, daß der Umgang der Gerichte mit der Verhängung einer Geldstrafe uneinheitlich ist. Die Geldstrafe wird sowohl zur Vollstreckung von Umgangs[825], als auch von Sorgerechtsentscheidungen[826] verhängt.
Nicht alle Gerichte berücksichtigen die Einkommensverhältnisse der Familie ausreichend und noch weniger die möglichen Auswirkungen der Verhängung der Geldstrafe auf das Kind. Nur wenige Entscheidungen berücksichtigen über-

[822] (1986) 5 R.F.L. (3d) 166 (Sask. Q.B.)
[823] (1996) No. D100/93-A C2 (Ont. Prov. Div.)
[824] (1994) Doc, Thunder Bay 3535010289-93 (Ont. Gen. Div.)
[825] Siehe zum Beispiel Campbell v. Campbell (1994) Doc. Thunder Bay 3535010289-93 (Ont. Gen. Div.); T.(A.) v. C.(L.) (1996) No. D100/93-A C2 (Ont. Prov. Div.); R.P.D. v. R.C. (1993) 107 Nfld. & P.E.I.R. 219 (Nfdl. Prov. Ct. Fam. Div); O'Byrne v. Koresec (1986) 2 R.F.L. (3d) 104 (B.C.S.C.)
[826] Siehe zum Beispiel Archibald v. Chamberlain (1997) Doc. London F 588/89 (Ont. Ct. of Justice, Gen. Div.); Rawlinson v. Rawlinson (1986) 5 R.F.L. (3d) 166 (Sask. Q.B.)

haupt die „child's best interests" (zum Beispiel: *T. (A.) v. C. (L.*[827]*)* und *Campbell v. Campbell*[828]).
Anhand der dargestellten Entscheidungen zeigt sich zwar, daß die verhängten Geldstrafen eher niedrig sind, mit Ausnahme der Entscheidung in *Rawlinson v. Rawlinson*[829]. Dies gilt auch für den Strafrahmen, den die einzelnen Vorschriften vorsehen. Diesbezüglich kann Anstoß genommen werden, den Rahmen des Zwangsgeldes des § 33 I FGG von bis zu 50.000 DM wieder zu senken. Letztlich ist die Handhabung der Geldstrafe in der Rechtssprechung jedoch nicht für das bundesdeutsche Recht nutzbar zu machen. Denn sowohl das Zwangsmittel als solches weist Mängel im Hinblick auf die Auswirkungen auf das Kind auf.[830] Insoweit bestehen keinerlei Unterschiede zum bundesdeutschen Recht. Aber auch die gerichtliche Praxis ist aus den selben Gründen zu kritisieren wie die gerichtliche Praxis in der Bundesrepublik Deutschland.[831] Der in der kanadischen Literatur angebrachten Kritik gegenüber dem Zwangsmittel als solchem und den Forderungen ist daher grundsätzlich im Sinne des oben Genannten zuzustimmen.[832]

bb) Haft („Imprisonment")

Gemäß Sec. 38 CLRA steht es im Ermessen des Ontario Court of Justice im Falle des Vorliegens eines „contempt of court" die Haft bis zu 90 Tagen anzuordnen.[833]

[827] (1996) No. D100/93-A C2 (Ont. Prov. Div.)
[828] (1994) Doc. Thunder Bay 3535010289-93 (Ont. Gen. Div.)
[829] (1986) 5 R.F.L. (3d) 166 (Sask. Q.B.)
[830] Siehe oben: A.V.3.a)
[831] Siehe dazu zum Beispiel: A.IV.3.f)bb)(1)
[832] Siehe oben: A.V.3.a)
[833] Sec. 32.1(7) des Provincial Court Amendment Act und des Provincial Court Act in Alberta sieht für den Fall der Mißachtung einer Sorgerechts- oder Umgangsrechtsentscheidung eine Haftstrafe nicht länger als 4 Monate vor; Sec. 14(1) des Child Custody Enforcement Act in Manitoba sieht eine Haftstrafe nicht länger als 6 Monate für „contempt of court orders" vor; Sec. 130.7(1) des Child and Family Services and Family Relations Act in New Brunswick sieht für „contempt of court" in Sorge- oder Umgangsrechtssachen eine Haftstrafe nicht länger als 90 Tage vor; Sec. 46 des Children's Law Act in Newfoundland sieht für die Mißachtung einer Sorge- oder Umgangsrechtsentscheidung eine Haftstrafe bis zu 90 Tagen vor; andere Provinzen haben entweder keine ausdrückliche „contempt"-Regelung oder nur eine allgemeine Regelung ohne die Festsetzung der maximalen Höhe der Geldstrafe

(1) Diskussionsstand

Die Möglichkeit der Verhängung einer Gefängnisstrafe findet Zuspruch.[834] Diese soll aber immer das letzte Mittel sein und nur verhängt werden, wenn die „child's best interests" nicht entgegenstehen.[835] Wenngleich auch die Verhängung einer Haftstrafe nicht unmittelbar zur Beachtung der Entscheidung führt, soll sie Anwendung finden, um die Integrität der Gerichtsentscheidungen zu wahren.[836]
Es wird aber auch zu bedenken gegeben, daß die Verhängung einer Haftstrafe die Feindseligkeiten zwischen den Eltern verschlimmert und auch die Eltern – Kind -Beziehung verschlimmert, da es sich nicht vermeiden läßt, daß das Kind erfährt, daß ein Elternteil den anderen ins Gefängnis gebracht hat.[837] Das Kind werde so immer auf irgendeine Art und Weise geschädigt.[838]

Zum Schutz des Kindes wird es teilweise gefordert, daß die Verhaftung des sorgeberechtigten Elternteils auf die Tage fällt, in denen sich das Kind beim Umgangsberechtigten befindet.[839]

(2) Berücksichtigung der Kindesinteressen bei der Anwendung der Haft in der gerichtlichen Praxis

In *Martinez v. Martinez*[840] wurde der vorläufig umgangsberechtigte Vater wegen „contempt of court" zu einer Haft von 45 Tagen verurteilt (in einem früheren Verfahren war er bereits einmal zu sieben Tagen Haft verurteilt worden), weil er eine Fernbleibensanordnung vom Heim der Kinder mißachtete. Er erschien entgegen einer gerichtlichen Anordnung in der Nacht im Heim der Kinder und legte wütendes und gewalttätiges Verhalten an den Tag und erschreckte die Kinder. Er mußte unter Einsatz polizeilicher Gewalt entfernt werden. Gleichzeitig wurde

[834] Government of Canadas Response to the Report of the Special Joint Committee on Child Custody and Access, S.13; M. Bailey, The Crying Game: Enforcement of Access Rights, S. 20; Provincial Governments Constitutional Responsibilities, S. 51; McLeod, Annotation zu Genua v. Genua (1979) 12 R.F.L. (2d) 85; derselbe, Annotation zu B.(L.) v. D.(R.) (1998) 35 R.F.L. (4th) 241

[835] Martinez v. Martinez (1984) 40 R.F.L. (2d) 325 (Ont. Fam. Ct.); Gribben v. Gribben (1972) 9 R.F.L. 114 (B.C.S.C.); Government of Canadas Response to the Report of the Special Joint Committee on Child Custody and Access, S.13; M. Bailey, The Crying Game: Enforcement of Access Rights, S. 20; McLeod, Annotation zu Genua v. Genua (1979) 12 R.F.L. (2d) 85; derselbe, Annotation zu B.(L.) v. D.(R.) (1998) 35 R.F.L. (4th) 241

[836] McLeod, Annotation zu Genua v. Genua (1979) 12 R.F.L. (2d) 85; derselbe, Annotation zu B.(L.) v. D.(R.) (1998) 35 R.F.L. (4th) 241

[837] McLeod, Annotation zu O'Byrne v. Koresec (1986) 2 R.F.L. (3d) 104; McLeod, Annotation zu Rutherford v. Rutherford (1986) 4 R.F.L. (3d) 457; dieser verlangt trotz dieser Bedenken die Möglichkeit der Verhängung einer Haftstrafe

[838] McLeod, Annotation zu O'Byrne v. Koresec (1986) 2 R.F.L. (3d) 104

[839] McLeod, Annotation zu O'Byrne v. Koresec (1986) 2 R.F.L. (3d) 104

[840] (1984) 40 R.F.L. (2d) 325 (Ont. Prov. Ct. Fam. Div)

die vorläufige Umgangsrechtsanordnung beendet bis in der Hauptsache entschieden wurde. Bei der Verhängung der Haftsstrafe wurden die „child's best interests" nicht berücksichtigt.

In *Rawlinson v. Rawlinson*[841] wurde die umgangsberechtigte Mutter wegen „contempt of court" für die mehrfache Mißachtung eines „restraining order" zu sieben Tagen Haft verurteilt, nachdem sie zuvor verschiedene andere Anordnungen mißachtet hatte und dafür bereits wegen „contempt of court" zu einer Geldstrafe (s.o.) verurteilt wurde. Das Gericht prüfte bei der Verhängung der Haft nicht, ob dies mit den „child's best interests" in Einklang steht.

In *F. (E.) v. S.(J.S.)* [842] verbrachte die sorgeberechtigte Mutter zwei Kinder in eine andere Provinz, nachdem für den Vater überwachter und unüberwachter Umgang mit den Kindern gerichtlich angeordnet worden war. Der Vater erwirkte daraufhin eine gerichtliche Anordnung, daß die Mutter die Kinder zum Zwecke der Ausübung des Umgangsrechts zurückzubringen habe, was die Mutter verweigerte. Die Mutter wurde wegen „contempt of court" verurteilt. Dabei wurde angeordnet, sie in Gewahrsam zu nehmen und die Kinder zurück in die Provinz in eine Kindeswohlfahrtseinrichtung zu bringen. Die Mutter legte gegen diese Entscheidung und gegen die ursprüngliche Umgangsrechtsentscheidung Berufung ein und verweigerte weiterhin die Rückkehr in die Provinz. Die Berufungsverhandlung wurde seitens des Gerichts verschoben, bis die Mutter mit den Kindern in die Provinz zurückkehren würde. Es ist nicht ersichtlich, ob das Gericht bei der Verhängung der Haft und der Anordnung, die Kinder in eine Kindeswohlfahrtseinrichtung zu bringen, die „child's best interests" berücksichtigte. Jedenfalls berücksichtigte das Gericht bei der Entscheidung, das Berufungsverfahren zu vertagen und die Verurteilung bis dahin aufrecht zu erhalten, bis die Mutter die Kinder zurückbringen würde, die „child's best interests" nicht.

In *O'Byrne v. Koresec*[843] wurde die sorgeberechtigte Mutter nach dem oben Genannten zu einer Geldstrafe in Höhe von 350 Can$ verurteilt. Darüberhinaus wurde sie für den Fall des Versäumnisses der Zahlung zu einer Haft in nicht ausgesprochener Länge verurteilt. Bei der Verhängung der Haftstrafe wurden die „child's best interests" nicht berücksichtigt. Es wurde ebensowenig berücksichtigt, wo die Kinder während der Haft unterkommen sollten.

In *Kingwell v. Kingwell*[844] wurde die sorgeberechtigte Mutter für die Mißachtung von zwei Anordnungen (Umgangsrecht für den Vater und Unterlassensanordnung, die Kinder aus der Provinz zu verbringen) zu 75 Tagen Haft verurteilt und inhaftiert; aufgrund der Berufung der Mutter wurde die Haft auf die bis da-

[841] (1986) 5 R.F.L. (3d) 166 (Sask. Q.B.)
[842] (1995) 14 R.F.L. (4th) 286 (Alb. C.A.)
[843] (1986) 2 R.F.L. (3d) 104 (B.C.S.C.)
[844] (1993) 45 R.F.L. (3d) 242 (Ont. C.A.)

hin bereits verbüßten 8 Tage reduziert. Das Berufungsgericht prüfte nicht die „child's best interests" in Bezug auf die Verhängung der Haftstrafe. Es wurde lediglich berücksichtigt, daß der Kindesvater nicht die Fortsetzung der Haft begehrte.
In *Re Saxon et al.*[845] verurteilte das Gericht die sorgeberechtigte Mutter wegen „contempt of court" für die Mißachtung einer Umgangsrechtsentscheidung zu zehn Tagen Haft. Das Gericht stellte fest, daß die Verurteilung zur Haft für die Kinder eine besondere Härte darstellte und ließ der Mutter Zeit, um die Zeit der Inhaftierung hinsichtlich der Kindesbetreuung zu organisieren.

In *McMillan v. McMillan*[846] wurde die sorgeberechtigte Mutter zweier Kinder, 12 und 14 Jahre alt, wegen „contempt of court" für die Mißachtung einer Umgangsrechtsanordung zugunsten des Vaters in den Ferien zu fünf Tagen Haft verurteilt. Vorangegangene „contempt"-Verfahren waren wegen Wohlverhaltens und Mediationsabsichten der Parteien ohne Verhängung einer Rechtsfolge eingestellt worden. Zur Begründung der Verhängung der Haft führte das Gericht aus, es sei wichtig, die Authorität der Justiz zu wahren, um ein funktionsfähiges Rechtssystem zu gewährleisten. Da die Mißachtung von Umgangsrechtsanordnungen immer häufiger vorkomme, sei es wichtig, diese nicht zu milde zu handhaben. Gerade weil vorliegend bereits mehrere „contempt"-Verfahren vorangegangen seien, sei daher von Bedeutung, der sorgeberechtigten Mutter und der Öffentlichkeit zu zeigen, daß gerichtliche Anordnungen zu befolgen seien. Andere Mittel als die Haft seien vorliegend nicht geeignet, die Mutter zu beeindrucken oder zu bestrafen. Das Gericht war sich zwar ausdrücklich darüber im klaren, daß die Inhaftierung der Mutter nicht den „child's best interests" entspreche, setzte sich darüber aber mit der Begründung hinweg, daß dies bei einer Haftstrafe nie der Fall sein könne. Der wichtigste Aspekt vorliegend sei die Wahrung der Integrität der Justiz. Das Gericht setzte sich auch ausdrücklich darüber hinweg, daß die Inhaftierung der Mutter dem Vater –Kind -Verhältnis abträglich sein könne, da dies in allen ähnlich gelagerten Fällen ebenso sei.
Das Gericht berücksichtigte nicht, wo die Kinder in der Zeit der Haft unterkommen sollten.

In *B. (L.) v. D. (R.)*[847] wurde die sorgeberechtigte Mutter wegen „contempt of court" für die wiederholte Mißachtung einer Umgangsrechtsentscheidung des Vaters zu einer Haft von 60 Tagen verurteilt, nachdem bereits zuvor die Warnung der Inhaftierung ausgesprochen worden war. Das Gericht führte aus, daß eine längere Haft notwendig sei, um die Mutter von ihrem Fehlverhalten zu überzeugen, die Authorität der Justiz zu wahren und dem Kind das Recht auf Umgang mit dem Vater zu sichern. Für die Zeit der Inhaftierung erhielt der Va-

[845] (1975) 20 R.F.L. 341 (B.C.S.C.)
[846] (1999) 47 R.F.L. (4th) 173 (Ont. Gen. Div.)
[847] (1998) 35 R.F.L. (4th) 241 (Ont. Prov. Div.)

ter das einstweilige Sorgerecht. Darüberhinaus sollte eine Kinderwohlfahrtsinstitution sich um eventuell vorhandene andere Kinder der Mutter kümmern. Darüberhinaus berücksichtigte das Gericht nicht die „child's best interests".

In *Therrien v. Cote*[848] wurde die sorgeberechtigte Mutter wegen „contempt of court" für die Mißachtung des Umgangsrechts des Vaters verurteilt. Die Mutter sollte Gelegenheit haben, ihr Verhalten zu ändern. Sollte sie jedoch die zeitlich bestimmte Umgangsrechtsregelung mißachten, so sei sie automatisch für sieben Tage zu inhaftieren. Bei dieser Entscheidung berücksichtigte das Gericht nicht die „child's best interests" und auch nicht, wo die Kinder für diesen Zeitraum unterkommen sollten.
In *Burke v. Burke*[849] erwog das Gericht die Verurteilung zu einer Haft für die sorgeberechtigte Mutter, weil sie dem umgangsberechtigten Vater den Umgang verweigerte. Das Gericht suspendierte die Haft, da der Vater die Inhaftierung der Mutter nicht wünschte. Darüberhinaus prüfte das Gericht nicht die „child's best interests".

In *Leponiemi v. Leponiemi*[850] wurde eine Haft für drei Tage für den Fall der Nichtzahlung der verhängten Geldstrafe vorgesehen, ohne daß die „child's best interests" berücksichtigt wurden noch die Unterkunft des Kindes für die Zeit der Haft der Mutter.

In *Petryczka v. Petryczka*[851] wurde die sorgeberechtigte Mutter für die Mißachtung von Umgangsrechten des Vaters zu einer Haft von 24 Stunden verurteilt. Das Gericht stellte fest, daß das Verfahren die Kinder stark involviere, ging aber darüberhinaus nicht auf die Wirkung der Inhaftierung der Mutter auf die Kinder ein. Es beachtete aber, daß die Kinder für die Zeit der Haft irgendwo untergebracht werden mußten.

In *Maciborka v. Maciborka* [852]verzichtete das Gericht auf die Verhängung der Haft, da dies zu schädlich für das andere Kind der sorgeberechtigten Mutter, welche dem Vater den Umgang für das eine Kind verweigerte, wäre.[853]

(3) Stellungnahme und rechtsvergleichende Wertung

Nach den dargestellten Entscheidungen zeigt es sich, daß die Haft verhängt werden kann, ohne daß vorher die Verhängung einer Geldstrafe vorangegangen sein

[848] (1980) 32 N.B.R. (2d) 42 (N.B. Q.B.)
[849] (1984) 63 N.S.R. (2d) 443 (N.S.Fam.Ct.)
[850] (1982) 26 R.F.L. (2d) 320 (Ont. C.A.)
[851] (1973) 10 R.F.L.321 (Ont. S.C.)
[852] (1998) Doc. Sudbury A-8186/98 (Ont. Gen. Div.)
[853] Siehe auch Tremblay v. Tremblay (1987) 10 R.F.L. (3d) 166 (Alb.Q.B.), das Gericht lehnt die Verhängung einer Haft aus den selben Gründen ab.

muß, ausreichend ist es vielmehr, daß ein ernster und schwerwiegender Fall vorliegt, dem zwar zumeist, nicht jedoch notwendigerweise, eine Verurteilung wegen „contempt of court“, oft zu einer Geldstrafe, vorangegangen ist.
Es zeigt sich jedoch auch, daß die Auswirkungen der Verhängung einer Haft auf die „child's best interests“ nicht berücksichtigt werden. Die Auswirkungen auf die betroffenen Kinder werden gerade, wenn der sorgeberechtigte Elternteil inhaftiert wird, in Entscheidungen wie *McMillan v. McMillan*[854] oder *B.(L.) v. D.(R.)*[855] gänzlich übergangen. Die „child's best interests“ treten hier zugunsten der Vollstreckbarkeit von Gerichtsentscheidungen zurück, obwohl diese doch erklärtermaßen (s.o.) gerade an den „child's best interests“ gemessen werden sollen. Es wird zudem auch nur selten und auf zweifelhafte Art und Weise berücksichtigt, wo sich das Kind in der Zeit der Inhaftierung des sorgeberechtigten Elternteils aufhält. (*Petryczka v. Petryczka*[856], *Re Saxon*[857], *B. (L.) v. D. (R.)*[858]).
So wurde in *B.(L.) v. D.(R.)*[859] das Sorgerecht übergangsweise geändert, ohne zu überprüfen, ob dies den „child's best interests“ entspricht, darüberhinaus wurde in Kauf genommen, daß andere Kinder der Mutter ins Heim müssen. In den anderen beiden Fällen wird zumindest in Kauf genommen, daß eine übergangsweise Aufenthaltsregelung getroffen wird, die nicht am Maßstab der „child's best interests“ überprüft wird.
Die Haft ist hier praxisrelevant, wobei das Zwangsmittel der Haft in der Bundesrepublik Deutschland vergleichsweise selten in Betracht gezogen wird.[860]
Wegen der Mängel des Zwangsmittels der Haft im Hinblick auf die schädlichen Auswirkungen auf das Kind[861] stellt die kanadische Gerichtspraxis ein Negativbeispiel dar. Der Diskussionsstand in der kanadischen Literatur bringt keine neuen Argumente zutage. Der der Haft entgegengebrachten Kritik ist uneingeschränkt zuzustimmen.
Einzig der niedrigere Haftrahmen kann Anstoß geben, den Haftrahmen auch in Bundesrepublik Deutschland zu senken, wenn nicht die Zwangshaft insgesamt aus dem Bereich des Sorge- und Umgangsrechts im Elternstreit verbannt werden muß.

cc) „Purge of Contempt“

Da die Verhängung einer Rechtsfolge für „contempt of court“ im Ermessen des Gerichts steht (siehe oben) kann das Gericht auch entscheiden, dem die Ent-

[854] (1999) 47 R.F.L. (4th) 173 (Ont. Gen. Div.)
[855] (1998) 35 R.F.L. (4th) 241 (Ont. Prov. Div.)
[856] (1973) 10 R.F.L.321 (Ont. S.C.)
[857] (1975) 20 R.F.L. 341 (B.C.S.C.)
[858] (1998) 35 R.F.L. (4th) 241 (Ont. Prov. Div.)
[859] (1998) 35 R.F.L. (4th) 241 (Ont. Prov. Div.)
[860] Siehe oben: A.III.3. und IV.3.f)(2)
[861] Siehe oben: A.V.3.)b)

scheidung mißachtenden Elternteil die Möglichkeit des Wohlverhaltens („purge of contempt“[862]) einzuräumen.
Teilweise nehmen daher die Gerichte Abstand von der unmittelbaren Verhängung einer Rechtsfolge für „contempt of court“ und geben über eine bestimmte Zeitdauer die Gelegenheit, sich hinsichtlich der Mißachtung der Gerichtsentscheidung wohlzuverhalten, das heißt die Bestimmungen der Sorge- oder Umgangsrechtsentscheidung zu beachten oder eine andere Handlung vorzunehmen[863], bevor eine Strafe zu verbüßen ist,[864] bzw. über die Verhängung einer Strafe entschieden wird.[865] Teilweise entscheiden die Gerichte, daß ein Kautionsversprechen abgegeben werden muß, die Entscheidung von nun an zu beachten („enter into recognizance“).[866] Teilweise verhängen die Gerichte gar keine Rechtsfolge.[867] Teilweise verweigern die Gerichte die Durchführung einer Berufungsverhandlung auf den Antrag des die Entscheidung Mißachtenden hin, solange die Sorge- oder Umgangsrechtsentscheidung mißachtet wird.[868]

Die Einräumung einer Wohlverhaltensfrist ist vergleichbar mit der Androhung eines Zwangsmittels nach § 33 FGG im bundesdeutschen Recht. Lediglich in der Bezeichnung der Maßnahme und der Ausgestaltung der Rechtsfolgen bestehen insoweit Unterschiede. Wie auch im bundesdeutschen Recht schwebt die Rechtsfolge jedoch bereits im Raum. Soweit eine Rechtsfolge mit der Wohlverhaltensfrist nicht verknüpft wird, wird faktisch lediglich eine Warnung ausgesprochen.

862 Wörtliche Übersetzung eigentlich: sich für die Mißachtung des Gerichts entschuldigen
863 Siehe Cillis v. Cillis (1980) 20 R.F.L. (2d) 208 (Ont. S.C. H.Ct. of J.): die sorgeberechtigte Mutter beantragte u.a. die Beendigung des Umgangs der Kinder (9 und 16 Jahre alt) mit dem Vater, der Vater beantragte die Verurteilung der Mutter wegen „contempt of court“ der Umgangsrechtsentscheidung. Der Official Guardian war hier der Ansicht, daß die Einholung eines „assessments“ (entspricht Sachverständigengutachten) hinsichtlich der Entscheidung über das Umgangsrecht sinnvoll wäre. Damit war der Vater einverstanden, nicht aber die Mutter, die Mutter verweigerte die Durchführung dieses Assessments für sich und die Kinder. Die Mutter wurde wegen „contempt of court“ für die Mißachtung der Umgangsrechtsentscheidung verurteilt. Der Mutter wurde die Möglichkeit des“purge of contempt“ eingeräumt, indem sie der Vervollständigung des „assessment“ zustimmte.
864 Therrien v. Cote (1980) 32 N.B.R. (2d) 42 (N.B.Q.B.); Fry v. Fry (1999) Doc. Victoria 23907 T (B.C.S.C.); Burke v. Burke (1984) 63 N.S.R. (2d) 442 (N.S.Fam.C.)
865 Thomas v. Pearcy (1993) 48 R.F.L. (3d) 407 (Ont. Gen. Div.); Campbell v. Campbell (1994) Doc. Thunder Bay 3535010289-93 (Ont. Gen. Div.)
(A.) v. C.(L.) (1996) Doc. Toronto D100/93-A C2, King Prov. J.(Ont. Prov. Div.); Cillis v. Cillis (1980) 20 R.F.L. (2d) 208 (Ont. S.C., H.C.of J.)
866 Wood v. Miller (1993) 45 R.F.L. (3d) 244 (Ont. U.F.C.); Amaral v. Myke (1992) 42 R.F.L. (3d) 322 (Ont. U.F.C.)
867 Rout v. Rout (1998) 40 R.F.L. (4th) 420 (N.S.F.C.); McIntyre v. McIntyre (1994) 5 R.F.L. (4th) 86 (N.B.Q.B.)
868 Benoit v. Reid (1995) 17 R.F.L. (4th) 152 (N.B.C.A.); F.(E.) v. S. (J.S.) (1995) 14 R.F.L. (4th) 286 (Alb. C.A.)

Die Beurteilung der Auswirkungen der Wohlverhaltensanordnung auf das Kind ist hier abhängig von der mit der Nichteinhaltung der Wohlverhaltensregel verknüpften Rechtsfolge, soweit eine solche bereits vorgesehen ist.
Durch die Wohlverhaltensanordnung als solche entstehen für das Kind keine über die Durchführung des „contempt"-Verfahrens im Falle der Kindesweigerung als solche hinausgehenden schädlichen Auswirkungen (siehe oben) , da von ihr keine zusätzlichen Wirkungen ausgehen. Denkbar sind insoweit lediglich mittelbare Auswirkungen abhängig von der Rechtsfolge.

(1) Verknüpfung des „purge of contempt" mit einer Geld- oder Haftstrafe und rechtsvergleichende Wertung

In *Therrien v. Cote*[869] gewährte das Gericht der sorgeberechtigten Mutter, welche dem umgangsberechtigten Vater die Ausübung des Umgangs verweigerte, die Möglichkeit des Wohlverhaltens. Falls die Mutter die Umgangsrechtsentscheidung trotzdem mißachtete, drohte ihr eine Haftstrafe von sieben Tagen. Das Gericht berücksichtigte beim Ausspruch dieser Haftstrafe nicht die „child's best interests", insbesondere nicht die möglichen Auswirkungen auf das Kind.

In *Fry v. Fry*[870] drohte das Gericht der Mutter in einem ähnlich gelagerten Fall eine Geldstrafe oder eine Haftstrafe von 12 Monaten an, falls diese der Möglichkeit des „purge of contempt" nicht nachkäme. Das Gericht berücksichtigte bei der Androhung dieser Strafe nicht die „child's best interests", insbesondere nicht die möglichen Auswirkungen auf das Kind.

In *Burke v. Burke*[871] setzte das Gericht in einem ähnlich gelagerten Fall die Haftstrafe der Mutter aus, um ihr die Möglichkeit zu geben, die Umgangsrechtsentscheidung zugunsten des Vaters zu befolgen. Der Vater hatte kein Interesse daran, die Mutter ins Gefängnis zu bringen und die Mutter hatte ihr negatives Verhalten eingesehen. Die „child's best interests", insbesondere die mögliche Zwangswirkung der Haft auf das Kind, wurden nicht berücksichtigt.

Wird die Nichteinhaltung der Wohlverhaltensanordnung mit einer Haftstrafe[872] oder einer Geldstrafe[873] verknüpft, so können durch die Kenntnis des Kindes um die Tatsache, daß der Mutter oder dem Vater eine Haftstrafe im Falle der Nicht-

[869] (1980) 32 N.B.R. (2d) 42 (N.B. Q.B.
[870] (1999) Doc. Victoria 23907 T (B.C.S.C.)
[871] (1984) 63 N.S.R. (2d) 443 (N.S.Fam.Ct.)
[872] So zum Beispiel Burke v. Burke (1984) 63 N.S.R. (2d) 443 (N.S.Fam.Ct.); Fry v. Fry, (1999) Doc. Victoria 23907 T (B.C.S.C.); Therrien v. Cote (1999) Doc. Victoria 23907 T (B.C.S.C.)
[873] Auch wenn „enter into recognizance, in the penal sum of..." angeordnet wird: Wood v. Miller (1993) 45 R.F.L. (3d) 244 (Ont. U.F.C.); Amaral v. Myke, (1992) 42 R.F.L. (3d) 322 (Ont. U.F.C.)

einhaltung der getroffenen Sorge- oder Umgangsrechtsregelung droht, schädliche Auswirkungen drohen. Bei der Verhängung der Rechtsfolge sind grundsätzlich die oben ausgeführten Maßstäbe anzulegen.
Es zeigt sich hier anhand der dargestellten Entscheidungen, daß auch im Falle der Möglichkeit des „purge of contempt", wenn bereits eine Strafe verhängt worden ist, die Gerichte diesen Anforderungen nicht ausreichend Rechnung tragen. Die Handhabung der Beachtung von Kindesinteressen unterscheidet sich damit nicht von der bundesdeutscher Gerichte bei der Androhung von Zwangsgeld und Zwangshaft.[874] Folglich ist die hier untersuchte kanadische Gerichtspraxis nicht für das bundesdeutsche Recht nutzbar zu machen.

(2) Hinterlegung einer Kaution und rechtsvergleichende Wertung

In *Amaral v. Myke*[875] und *Wood v. Miller*[876] wurde in einem ähnlich gelagerten Fall die Zahlung einer Kaution in Höhe von 2000 Can$ angeordnet, wobei der Geldbetrag jeweils nach einem Zeitraum des Wohlverhaltens von 12 Monaten bzw. 24 Monaten zurückgezahlt werden sollte. Hierbei wurden die „child's best interests", insbesondere mögliche schädliche Auswirkungen auf die Kinder wegen Verminderung des Familieneinkommens, nicht berücksichtigt. Da hier trotz der Möglichkeit, das Geld nach einer bestimmten Zeit zurückzuerhalten, zunächst die der Familie zur Verfügung stehenden finanziellen Mittel gemindert sind, ist die Situation ähnlich, wie im Falle der Verurteilung zu einer Geldstrafe. Die Kritik zur Geldstrafe ist daher übertragbar. Jedoch ist diese Maßnahme in jedem Fall der Verhängung einer Geldstrafe vorzuziehen, da die Familie das Geld wieder zurückerhält. Zwar ist die abschreckende Wirkung im Vergleich zur Geldstrafe bei einkommensstarken Familien nicht so hoch, jedoch hat die Verhängung der Geldstrafe in diesen Fällen ohnehin kaum eine abschreckende Wirkung. Durch die Möglichkeit der Rückzahlung des Geldes wird jedoch ein Ansporn gegeben, sich in der Zukunft korrekt zu verhalten.
Das bundesdeutsche Recht kennt nicht die Zurückzahlung einer geleisteten Kaution im Falle des Wohlverhaltens. Gerade für den Bereich des Umgangsrechts kann diese Möglichkeit jedoch wegen des Ansporns im Vergleich zu einer Zwangsgeldverhängung bessere Resultate erzielen, wenn es auf die längerfristige Beachtung der Umgangsregelung im Sinne des Kindes ankommen soll. Die Möglichkeit der Hinterlegung von Geld bis zum Ablauf einer Wohlverhaltensfrist, könnte daher als milderes jedoch gleich effektives Mittel als Alternative zum Zwangsgeld für das bundesdeutsche Recht nutzbar gemacht werden.

[874] Siehe dazu: A.IV.3.f)bb)(1)(a) und (2)(a)
[875] (1992) 42 R.F.L. (3d) 322 (Ont. U.F.C.)
[876] (1993) 45 R.F.L. (3d) 244 (Ont. U.F.C.)

(3) „Contempt of court“ ohne Verhängung einer Strafe und „purge of contempt“ ohne Verhängung einer Strafe und rechtsvergleichende Wertung

Für den Fall, daß die Entscheidung des Gerichts zwar auf „contempt of court“ lautet, das Gericht aber keine Rechtsfolge verhängt,[877] oder das Gericht die Entscheidung über die Rechtsfolge aufschiebt und in der Zwischenzeit die Möglichkeit des „purge of contempt“ gewährt[878] sind keine über die schädlichen Auswirkungen des Verfahrens weitergehenden Auswirkungen auf das Kind ersichtlich. Gleichzeitig ist aber eine Warnung für den das Sorge- oder Umgangsrecht mißachtenden Elternteil ausgesprochen, welche ihn vielleicht tatsächlich zu einem Wohlverhalten bringt.

Aufgrund der verfahrensmäßigen Unterschiede im bundesdeutschen Recht ist dies jedoch nicht nutzbar zu machen. Das bundesdeutsche Recht kennt nämlich grundsätzlich nicht den quasi-kriminellen Charakter eines Vollstreckungsverfahrens, so daß der Ausspruch einer Warnung nie auch Strafcharakter haben darf. Dies wäre auch im Hinblick auf das Kind nicht wünschenswert. Eine Androhung muß außerdem immer mit einer konkreten Rechtsfolge verknüpft werden. Dies ist auch beizubehalten, da ansonsten die Gefahr der Willkür besteht und der einzelne sich nicht mehr auf die Rechtsfolgen seiner Zuwiderhandlung einstellen kann.

(4) Verknüpfung der Durchführung einer Berufungsverhandlung an das Wohlverhalten hinsichtlich eines „contempt of court“ und rechtsvergleichende Wertung

Bei der Verknüpfung der Durchführung einer Berufungsverhandlung an das Wohlverhalten eines Elternteils hinsichtlich eines „contempt of court“ wird argumentiert, daß demjenigen, der die Justiz mißachtet, der Rechtsschutz der Justiz nicht zugute kommen kann.[879]
Die Verweigerung von Rechtsschutz für einen Elternteil an sich ist bereits bedenklich, jedoch kommt es vorliegend allein auf die Beurteilung der Auswirkungen auf das Kind an.

Die Verweigerung der Durchführung einer Berufungsverhandlung auf Antrag der die Sorge- oder Umgangsrechtsentscheidung mißachtenden Person bis zum

[877] So zum Beispiel: McIntyre v. McIntyre (1994) 5 R.F.L. (4th) 86 (N.B.Q.B.);
Rout v. Rout (1998) 40 R.F.L. (4th) 420 (N.S.F.C.)
[878] So zum Beispiel: Campbell v. Campbell (1994) Doc. Thunder Bay 3535010289-93 (Ont. Gen. Div.);
Cillis v. Cillis (1980) 20 R.F.L. (2d) 208 (Ont. S.C., H.C.of J.);
Thomas v. Pearcy (1993) 48 R.F.L. (3d) 407 (Ont. Gen. Div.)
[879] Siehe F.(E.) v. S.(J.S.) (1995) 14 R.F.L. (4th) 286 (Alb. C.A.);
Benoit v. Reid (1995) 17 R.F.L. (4th) 152 (N.B.C.A.)

Wohlverhalten hinsichtlich der Entscheidung stellt ein Beugemittel dar, da damit erzwungen werden soll, daß ein Elternteil eine getroffene Entscheidung beachtet. Folglich ist es ein Mittel zur Vollstreckung der mißachteten Entscheidung.
Nach dem oben Gesagten muß die Verhängung eines Vollstreckungsmittels mit den „child's best interests" im Einklang stehen. Bei der Verweigerung der Durchführung einer Berufungsverhandlung müssen demnach die „child's best interests" berücksichtigt werden.
Die „child's best interests" sind grundsätzlich tangiert, wenn das Berufungsverfahren als solches die Prüfung der „child's best interests" beinhalten würde.[880] Das Kind wäre betroffen, da eine Entscheidung nach Maßgabe seiner Interessen verzögert bzw. vom Verhalten einer anderen Person abhängig gemacht würde. Folglich sind schädliche Auswirkungen auf das Kind möglich.
Die Gerichte haben deshalb auch bei der Verweigerung der Durchführung einer Berufungsverhandlung unter Berücksichtigung der möglichen Auswirkungen auf das Kind nach den „child's best interests" zu entscheiden.

In *Benoit v. Reid*[881] verbrachte die sorgeberechtigte Mutter entgegen einer gerichtlichen Anordnung das Kind aus der Provinz und verhinderte so die Ausübung des Umgangs mit dem Vater. Gegen die gerichtliche Anordnung legte die Mutter Berufung ein, welche auch zugelassen wurde. Die Durchführung der Berufungsverhandlung wurde jedoch wegen „contempt" der Anordnung abgelehnt, bis die Mutter das Kind wieder in die Provinz zurück gebracht hätte.
Schädliche Auswirkungen auf das Kind sind vorliegend möglich gewesen, da die Entscheidung, ob das Kind aus der Provinz verbracht werden darf nach Maßgabe der „child's best interests" getroffen werden mußte. Das Gericht berücksichtigte dies bei der Entscheidung jedoch nicht.

In *F.(E.) v. S.(J.S.)*[882] verbrachte die sorgeberechtigte Mutter das Kind entgegen einer gerichtlichen Anordnung aus der Provinz und verhinderte somit die Ausübung des Umgangs des Vaters mit dem Kind. Deshalb wurde sie wegen „contempt of court" verurteilt. Die Mutter legte Berufung gegen die Umgangsrechtsentscheidung sowie gegen die „contempt"-Verurteilung ein. Das Gericht verweigerte die Durchführung dieses Verfahrens, solange die Mutter die Kinder nicht in die Provinz zurückbrachte.
Vorliegend ist das Kind insoweit betroffen, als die Entscheidung über das Umgangsrecht nach den „child's best interests" entschieden werden müßte. Wird die Durchführung dieses Verfahrens jedoch vom Verhalten der Mutter abhängig

[880] Dies ist beispielsweise nicht der Fall in Sagrott v. Sagrott (1979) 11 R.F.L. (2d) 395 (Ont.U.F.C.); Hier wurde die vom Vater beantragte Durchführung des Scheidungsverfahrens von der Herausgabe der Kinder des Vaters an die vorläufig sorgeberechtigte Mutter abhängig gemacht. Bei der Durchführung des Scheidungsverfahrens als solches sind jedoch die „child's best interests" nicht zu berücksichtigen
[881] (1995) 17 R.F.L. (4th) 152 (N.B.C.A.)
[882] (1995) 14 R.F.L. (4th) 286 (Alb. C.A.)

gemacht, so sind schädliche Auswirkungen auf das Kind möglich. Bei seiner Entscheidung berücksichtigte das Gericht die „child's best interests", insbesondere die möglichen schädlichen Auswirkungen auf das Kind, nicht.

Die dargestellten Entscheidungen zeigen, daß auch beim Umgang der Gerichte mit dem Vollstreckungsmittel der Verweigerung der Durchführung einer Berufungsverhandlung schädliche Auswirkungen auf das Kind in Betracht kommen, diese aber unberücksichtigt bleiben.
Allein aus diesem Grunde ist die Anknüpfung eines Beugemittels im Sinne des § 33 FGG an die Zulassung zur Überprüfung der zugrundeliegenden Entscheidung in der zweiten Instanz nicht für das bundesdeutsche Recht nutzbar zu machen. Darüberhinaus verstieße dies auch gegen die aus Art. 19 IV GG resultierende Rechtsweggarantie und ist daher im bundesdeutschen Recht nicht denkbar.

dd) „Reimbursion of Expenses" - Ausgabenrückerstattung

(1) Erstattung der Ausgaben für die Verweigerung der Ausübung des Umgangs

Die nicht proklamierte Sec. 34a(2)(c) CLRA sieht vor, daß die Partei, die der anderen unrechtmäßig den zeitlich bestimmten Umgang mit dem Kind verweigerte, der anderen Partei alle angemessenen Ausgaben, die der Partei durch die Verweigerung des Umgangs entstanden sind zu ersetzen hat.[883] In anderen Provinzen ist teilweise diese Regelung in Kraft getreten, teilweise wird diese Ersatzpflicht als Rechtsfolge für den „contempt of court" nach dem Divorce Act oder ohne Bezugnahme zu einem Statut einer Umgangsrechtsentscheidung verhängt.[884]

[883] Problematisch ist, ob die Vorschrift (bzw. entsprechende Vorschriften anderer Provinzen) auch für unter dem Divorce Act gemachte Umgangsrechtsentscheidungen gelten würde, da die Regelung eigentlich die Ausgestaltung der Abänderung von Umgangsrechtsentscheidungen enthält und der Divorce Act für die Abänderung von Umgangsrechtsentscheidungen eigene Regelungen vorsieht. Gegen die Anwendung jener Vorschrift auf Umgangsrechtsentscheidungen nach dem Divorce Act aus diesen Gründen: Epstein, Custody and Access, 1992, S. 3-39

[884] Siehe Sec. 41(2)(c) Children's Law Act, Newfoundland; Sec. 30(2)(b) Children's Act, Northwest Territories; Sec. 27 Children's Law Act, Saskatchewan; O'Byrne v. Koresec (1986) 2 R.F.L. (3d) 104 (B.C.S.C.), Ali v. Andres (1994) Doc. Vancouver D 930544 (B.C.S.C.), Paton v. Shymkiw (1996) 26 R.F.L. (4th) 22 (Man.Q.B.); S. M. Bailey, The Crying Game: Enforcement of Access Rights; S. 15

(a) Diskussionsstand

Die einheitliche Einführung der Regelung wird z.T. gefordert.[885]
Die Regelung stellt eigentlich eine Schadensersatzregelung dar, die allerdings nur materielle, aber keine immateriellen Schäden ersetzt.[886] Teilweise wird gefordert, die Vorschrift auch auf den Ersatz der immateriellen Schäden auszudehnen.[887]
Z.T. wird die Regelung insgesamt als zu sehr auf die Rechte der Väter zugeschnitten abgelehnt, da der Umgang das Recht des Kindes sei und die Regelung nur die Interessen der Väter vertrete.[888]

(b) Berücksichtigung der Kindesinteressen in der gerichtlichen Praxis

In *Paton v. Shymkiw*[889] verurteilte das Gericht die sorgeberechtigte Mutter wegen „contempt of court" für die Verweigerung des Umgangs gegenüber dem Vater zum Ersatz der angemessenen Ausgaben des Vaters, welche ihm wegen der Verweigerung des Umgangs an einem Abend entstanden sind.
Dabei berücksichtigte das Gericht nicht das Familieneinkommen und auch ansonsten nicht die „child's best interests". Schädliche Auswirkungen auf das Kind sind demnach denkbar.

In *O'Byrne v. Koresec*[890] verurteilte das Gericht die sorgeberechtigte Mutter wegen „contempt of court" für die Verweigerung des Umgangs gegenüber dem Vater zum Ersatz der Ausgaben, die der Vater tätigte, um zum Zwecke der Ausübung des Umgangs zum Wohnort der Tochter zu reisen. Das Gericht berücksichtigte nicht das Familieneinkommen und die „child's best interests". Schädliche Auswirkungen auf das Kind sind daher denkbar.

In *Ali v. Andres*[891] verweigerte das Gericht, die sorgeberechtigte Mutter, die dem Vater den Umgang verweigert hatte und deshalb wegen „contempt of court" verurteilt wurde, zum Ersatz der vom Vater gemachten Ausgaben („special costs") zu verurteilen. Das Gericht berücksichtigte die Einkommenssituation der

885 Bailey, Enforcement of Access Orders, 1998 National Family Law Program Section 'M', S. 37
886 so Diamond, Enforcement of Custody and Access Orders, 4 C.F.L.Q. 303 (333); In Frame v. Smith (1987) 9 R.F.L. (3d) 225 (S.C.C.) hatte der Supreme Court of Canada die Klage eines Vaters auf Schadensersatz und Schmerzensgeld wegen Störung des Vater -Kind - Verhältnisses durch die Verweigerung des Umgangs seitens der Mutter letztinstanzlich abgewiesen, da es keine Rechtsgrundlage für eine derartige Schadensersatzpflicht gebe
887 Siehe: Diamond, Enforcement of Custody and Access Orders, 4 C.F.L.Q. 303 (333)
888 Siehe dazu: McLeod, Enforcement of Access and Ontario Bill 124, 4 C.F.L.Q. 335 (341), m.w.N.
889 (1996) 26 R.F.L. (4th) 22 (Man.Q.B.)
890 (1986) 2 R.F.L. (3d) 104 (B.C.S.C.)
891 (1994) Doc. Vancouver D 930544 (B.C.S.C.)

Mutter und die „child's best interests" ausdrücklich und stellte fest, die Verurteilung der Mutter zum Ersatz der Ausgaben würde den „child's best interests" zuwiderlaufen, da die Mutter kein Geld habe und dies zusätzlich die gesamte Atmosphäre noch stärker belasten würde. Schädliche Auswirkungen auf das Kind sind somit nicht ersichtlich.

(c) Stellungnahme und rechtsvergleichende Wertung

Die dargestellten Entscheidungen zeigen, daß die Gerichte nicht einheitlich mit der Problematik umgehen, da teilweise schädliche Auswirkungen denkbar sind (*Paton v. Shymkiw*[892], *O'Byrne v. Koresec*[893]), teilweise die „child's best interests" dergestalt Berücksichtigung finden, daß schädliche Auswirkungen nicht ersichtlich sind (*Ali v. Andres*[894]).
Der Ersatz der durch die Vereitelung des Umgangsrechts entstandenen Kosten wird auch in der bundesdeutschen Gerichtspraxis teilweise zugesprochen.[895]
Die dazu angebrachte Kritik ist daher voll und ganz übertragbar. Dies bedeutet, daß die die „child's best interests" nicht ausreichend berücksichtigende kanadische Rechtsprechung für die bundesdeutsche Gerichtspraxis nicht nutzbar zu machen ist. Im übrigen kann die kanadische Rechtsprechung Anstoß geben, die familiäre Finanzlage in die Entscheidung stärker miteinzubeziehen und ist damit beispielhaft.
Legt man die oben erläuterten Maßstäbe an,[896] dann sind Entscheidungen, bei denen eine Verurteilung zur Zahlung der Ausgaben ohne die Berücksichtigung des Familieneinkommens und ohne die ausdrückliche Berücksichtigung der Kindesinteressen vorgenommen wird, dahingegen nicht haltbar, da Zwangswirkungen drohen.
Bei der Erstattung der durch die Verweigerung des Umgangsrechts entstandenen Ausgaben wird, wie im Falle der Verhängung einer Geldstrafe, das Familieneinkommen belastet. Sind die Ausgaben üblicherweise vom sorgeberechtigten Elternteil zu ersetzen, so ist das beim sorgeberechtigten Elternteil lebende Kind davon betroffen. Den Interessen des Kindes wird durch die Regelung einer derartigen Ersatzpflicht als solcher bereits nicht Rechnung getragen.

(2) Erstattung der Ausgaben für das Versäumen der Ausübung des Umgangs und rechtsvergleichende Wertung

Gemäß der nicht proklamierten Sec. 34a (5), (6)(b) CLRA kann die sorgeberechtigte Partei von der umgangsberechtigten Partei ihre Ausgaben erstattet

[892] (1996) 26 R.F.L. (4th) 22 (Man.Q.B.)
[893] (1986) 2 R.F.L. (3d) 104 (B.C.S.C.)
[894] (1986) 2 R.F.L. (3d) 104 (B.C.S.C.)
[895] Siehe oben: A.VI.2.j)
[896] Siehe oben: A.V.3.a); A.VI.2.j)

verlangen, wenn die umgangsberechtigte Partei die Ausübung des Umgangsrechts ohne Rechtfertigung versäumt hat.[897]
Durch diese Regelung wird das Familieneinkommen der Partei, bei der das Kind lebt, nicht belastet. Vielmehr wird eine Belastung des Familieneinkommens durch getätigte Ausgaben wegen des Versäumnisses der Umgangsrechtsausübung ausgeglichen, was für das Kind eine Entlastung darstellen kann. Schädliche Auswirkungen auf das Kind sind durch diese Regelung aber nur dann nicht ersichtlich, wenn die Auslagenzahlung nicht zur Leistungsunfähigkeit oder -Unwilligkeit hinsichtlich der Zahlung des Kindesunterhaltes führt.[898] Zudem kann der Streit um die Auslagenerstattung die bereits vorhandenen Konflikte verstärken.
Diese gerichtliche Praxis ist daher für das bundesdeutsche Recht nicht nutzbar zu machen, gleichwohl ein Ersatzanspruch des Sorgeberechtigten bei der Verletzung der getroffenen Umgangsvereinbarung durch den Umgangsberechtigten jedenfalls denkbar wäre.

ee) „Compensatory Access"- Ersatzweiser Umgang

Die nicht proklamierte Sec. 34a (2)(a),(3) CLRA[899] sieht es ebenfalls vor, daß das Gericht zugunsten der umgangsberechtigten Partei im Falle der Nichtbeachtung einer zeitlich bestimmten Umgangsrechtsregelung durch die andere Partei ersatzweisen Umgang für eine Zeitdauer, auf die sich die Parteien einigen, oder wenn sich die Parteien nicht einigen, für eine Zeitdauer, die das Gericht für angemessen erachtet, jedoch nicht länger als die Zeit des verweigerten Umgangs, anordnen kann.[900]

[897] Ebenso: Sec. 41(6)(b) Children's Law Act, Newfoundland; Sec.30 (4) Domestic Relations Act, North-West-Territories

[898] Es werden jedoch grundsätzliche Bedenken gegen diese Regelung vorgebracht, da es fraglich erscheine, ob das Gesetz tatsächlich Regelungen für die Pflicht zur Ausübung des Umgangs einer Elternpartei im Sinne einer Rechtspflicht eines Elternteils, mit dem Kind in Kontakt zu bleiben, vornehmen sollte. Es wird angezweifelt, ob das Gesetz tatsächlich eine Beziehung erhalten könne, wenn die Elternpartei dies nicht will. Siehe M. Bailey, Enforcement of Access Orders, 1998 National Family Law Program Section 'M', S.37, m.w.N.
Dagegen läßt sich zum einen vorbringen, daß auch im Gegenzug die Durchsetzung der Bereitschaft des Kindes, mit der Elternpartei Umgang zu haben keine eine Rechtspflicht des Kindes begründen kann, die effektiv gesetzlich geregelt werden kann. Darüberhinaus ist der Umgang das Recht des Kindes, siehe Frame v. Smith (1987) 9 R.F.L. (3d) 225 (S.C.C.).Hat daher die umgangsberechtigte Elternpartei Vollstreckungsrechte, muß das Kind solche Vollstreckungsrechte ebenfalls haben. Die Frage der Effektivität der gesetzlich geregelten Umgangsrechtsvollstreckung stellt sich insoweit aus beiden Sichtweisen

[899] Zur Problematik der Anwendbarkeit dieser Vorschrift für Umgangsrechtsentscheidungen, die nach dem Divorce Act getroffen worden sind, siehe oben.

[900] Siehe auch: Sec. 41(2)(a),(3) Children's Law Act, Newfoundland; Sec. 30(2)(a) Domestic Relations Act, N.W.Territories; Sec. 26(1)(a) Children's Law Act, Saskatchewan

Zum Teil wird seitens der Gerichte ersatzweiser Umgang als Rechtsfolge für „contempt of court" verhängt oder es wird aufgrund der allgemeinen Befugnis nach dem Divorce Act oder dem jeweiligen Statut, Sorge- oder Umgangsrechtsentscheidungen abzuändern, oder ohne Bezugnahme auf ein bestimmtes Statut ersatzweiser Umgang angeordnet.[901]
Die Einführung einer gesetzlichen Regelung zum ersatzweisen Umgang wird teilweise gefordert.[902] Andererseits wird die Regelung als zu sehr auf die Bedürfnisse der Väter fokussiert erachtet und daher abgelehnt.[903]

(1) Berücksichtigung der Kindesinteressen in der gerichtlichen Praxis

In *Salloum v. Salloum*[904] lehnte das Gericht die Anordnung ersatzweisen Umgangs zugunsten des umgangsberechtigten Vaters ab. Den Antrag des Vaters auf Verurteilung der Mutter wegen „contempt of court" lehnte das Gericht ab, da sich die Mutter seit der Vertagung des Verfahrens wohlverhalten habe.
Das Gericht begründete die Ablehnung der Anordnung ersatzweisen Umgangs damit, daß im vorliegenden Verfahren keine ausreichenden Beweismöglichkeiten bezüglich der „child's best interests" gegeben seien und die Anordnung des ersatzweisen Umgangs damit Gefahr laufe, gegen diese zu verstoßen. Das Gericht ordnete ein Verfahren zur Klärung des Umgangsrechts als solchem an.
Vorliegend berücksichtigte das Gericht ausreichend die „child's best interests". Schädliche Auswirkungen auf das Kind sind nicht ersichtlich.

In *Hume v. Hume*[905] wies das Gericht den Antrag des umgangsberechtigten Vaters auf ersatzweisen Umgang mit dem Kind zurück, da das Umgangsrecht keine Schuld des sorgeberechtigten Elternteils gegenüber dem umgangsberechtigten Elternteil, welche vollständig beglichen werden muß, sei. Das Kind war im vorliegenden Fall unwillig, mit dem Vater Umgang auszuüben.

[901] Ersatzweiser Umgang nach Sec. 24 CLRA angeordnet: P.H. v. D.G.(1994)O.F. No. 2747 (Ont.Prov.Div.); Ersatzweiser Umgang nach Sec. 16 Divorce Act angeordnet: Huber v. Flegel (1992) S.J. No.278 (Sask.Q.B.); Ersatzweiser Umgang ohne Bezugnahme auf ein Statut als Rechtsfolge für „contempt of court" angeordnet: Amaral v. Myke (1992), 42 R.F.L. (3d) 322 (Ont. U.F.C.); Ersatzweiser Umgang verweigert mangels Vorliegens einer Rechtsgrundlage: Rout v. Rout (1998) 40 R.F.L. (4th) 420

[902] Für die generelle Regelung ersatzweisen Umgangs, obwohl dieser den „child's best interests" zuwiderlaufen könnte: M. Bailey, The Crying Game: Enforcement of Access Rights, S. 15; ansonsten dafür: Pearson, Gallaway, For the Sake of Children: Report of the Special Joint Committee on Child Custody and Access, S. 85; Government of Canadas Response to the Report of the Special Joint Committee on Child Custody and Access, 1999, Recommendation 19

[903] McLeod, Enforcement of Access and Ontario Bill 124, 4 C.F.L.Q. 335 (341) m.w.N.

[904] (1994) 154 A.R. 65 (Alb. Q.B.)

[905] (1989) 79 Nfld. & P.E.I.R. 114 (P.E.I.S.C.)

Das Gericht berücksichtigte die „child's best interests" und schätzte die Anordnung von ersatzweisem Umgang nach dem oben Gesagten grundsätzlich richtig ein. Schädliche Auswirkungen auf das Kind sind nicht ersichtlich.

In *R.P.D. v. R.C.*[906] vertritt das Gericht zwar grundsätzlich dieselbe Ansicht, gewährt dem Vater jedoch trotzdem ersatzweisen Umgang mit dem Kind. Die Umgangsrechtsentscheidung als solche sei den „child's best interests" entsprechend getroffen worden, daher sollte der Umgang auch in dem Umfang gewährt werden, wie er vom Gericht innerhalb der Umgangsrechtsentscheidung vorgesehen worden sei. Das Gericht stellte fest, daß die Vater –Kind -Beziehung irreversible Schäden davontragen könne, wenn in der Zukunft nicht die Ausübung des Umgangs stattfinden würde.
Das Gericht berücksichtigte zwar vorliegend die „child's best interests", dies führte aber nicht zu einer angemessenen Entscheidung hinsichtlich des ersatzweisen Umgangs. Zwar mag die Ausübung des Umgangs überhaupt den „child's best interests" entsprechen, die Ausübung ersatzweisen Umgangs kann jedoch vorliegend für das Kind negative Auswirkungen haben. Dies berücksichtigte das Gericht nicht. Schädliche Auswirkungen auf das Kind sind daher möglich.

In *Yunyk v. Judd*[907] ordnete das Gericht als Rechtsfolge eines „contempt of court" seitens der sorgeberechtigten Mutter wegen der Verweigerung des Umgangsrechts gegenüber dem Vater zugungsten des Vaters ersatzweisen Umgang mit dem Kind an. Das Gericht ging pauschal davon aus, damit das Bedürfnis des Kindes, mit dem Vater Kontakt zu haben, zu befriedigen. Darüberhinaus beachtete das Gericht nicht die „child's best interests". Schädliche Auswirkungen auf das Kind sind möglich.

In *Amaral v. Myke*[908] ordnete das Gericht zugunsten des umgangsberechtigten Vaters ersatzweisen Umgang als Rechtsfolge für die Verweigerung des Umgangsrechts durch die sorgeberechtigte Mutter („contempt of court") mit dem Kind an. Das Gericht berücksichtigte nicht die „child's best interests" hinsichtlich der Anordnung des ersatzweisen Umgangs. Schädliche Auswirkungen sind möglich.

(2) Stellungnahme und rechtsvergleichende Wertung

Die Gerichte gehen nach den dargestellten Entscheidungen unterschiedlich mit der Anordnung ersatzweisen Umgangs um. Entscheidungen, durch die schädliche Auswirkungen auf das Kind möglich sind, sind jedoch unter Beachtung der

[906] (1993) 107 Nfdl. & P.E.I.R. 219 (Nfld. Prov. Ct.)
[907] (1986) 5 R.F.L. (3d) 206
[908] (1992) 42 R.F.L. (3d) 322 (Ont. U.F.C.)

„child's best interests" nicht haltbar (*Amaral v. Myke*[909]; *Yunyk v. Judd*[910]; *R.P.D. v. R.C.*[911]). Es sollte vielmehr die in *Hume v. Hume*[912] aufgezeigte Linie verfolgt werden.
Bei der Anordnung ersatzweisen Umgangs reicht es aus, wenn der sorgeberechtigte Elternteil den Umgang boykottiert. Andere das Kind betreffende zwingende Gründe wie zum Beispiel Krankheit oder Zusammenfallen mit einem hohen Festtag sind dabei nicht erforderlich.[913]
Die so getroffene Anordnung von ersatzweisem Umgang mißachtet, daß es keine Kompensation im Bereich menschlicher Beziehungen geben kann. Mit der Anordnung ersatzweisen Umgangs wird der Umgang zudem zu einer Pflicht des Kindes verändert, wo der Umgang nach kanadischem Recht doch das Recht des Kindes sein soll.[914] Dabei werden die „child's best interests" in den Hintergrund gerückt und die „best interests" der umgangsberechtigten Elternpartei in den Vordergrund gestellt. Darüberhinaus ist das Umgangsrecht als Recht auf den Aufbau und Erhalt menschlicher Beziehungen keine Schuld im Rechtssinne, deren Begleichung eingefordert werden kann.[915]
Gerade nach dem Abbruch der Beziehungen des Kindes mit dem Umgangsberechtigten kann die plötzliche Ausweitung des Umgangs für das Kind äußerst verwirrend sein. Denn der Kontakt wird von außen festgelegt und ist nicht auf die gewachsene Bindung zwischen Kind und Elternteil zurückzuführen. Zudem kann die Verhängung des ersatzweisen Umgangs Sanktionscharakter gegenüber dem unterliegenden Elternteil und mittelbar auch gegenüber dem Kind haben. Folglich läuft die von einer Berücksichtigung der „child's best interests" losgelöste Anordnung ersatzweisen Umgangs den „child's best interests" zuwider.[916]
Eine Anordnung ersatzweisen Umgangs kann daher nur dann frei von Zwangswirkungen sein, wenn die „child's best interests" diese Maßnahme erfordern, bzw. das Kind vermehrten Umgang mit der umgangsberechtigten Partei wünscht.[917]
Im übrigen ist das oben Gesagte sinngemäß übertragbar.[918]

Die gerichtliche Praxis, die den ungerechtfertigt des Umgangs beraubten Elternteil automatisch mit ersatzweisem Umgang versorgt, ist daher nicht für die bundesdeutsche Rechtssprechung nutzbar zu machen. Die Einführung einer so gearteten gesetzlichen Regelung ist nicht wünschenswert.

[909] (1992) 42 R.F.L. (3d) 322 (Ont. U.F.C.)
[910] (1986) 5 R.F.L. (3d) 206
[911] (1993) 107 Nfdl. & P.E.I.R. 219 (Nfld. Prov. Ct.)
[912] (1989) 79 Nfld. & P.E.I.R. 114 (P.E.I.S.C.)
[913] Differenzierter daher das deutsche Recht: siehe oben A.VI.2.i)
[914] Siehe Supreme Court of Canada in: Frame v. Smith (1987) 9 R.F.L. (3d) 225 (S.C.C.)
[915] So auch: Hume v. Hume (1989) 79 Nfld. & P.E.I.R. 114 (P.E.I.S.C.)
[916] So grundsätzlich auch: M. Bailey, The Crying Game: Enforcement of Access Rights, S. 15
[917] Ebenso: M. Bailey, The Crying Game: Enforcement of Access Rights, S. 14
[918] Siehe oben: A.VI.2.i)

ff) Suspendierung des Kindesunterhaltes wegen Verweigerung des Umgangs

Als Rechtsfolge einer Verurteilung nach „contempt of court" wegen Verweigerung des Umgangsrechts oder im Rahmen eines Antrages auf Vollstreckung des Umgangsrechts entbinden die Gerichte mitunter den Unterhaltspflichtigen von der Zahlung des Kindesunterhaltes, solange das Umgangsrecht verweigert wird.[919] Gesetzliche Regelungen sind insoweit nicht vorhanden.

(1) Diskussionsstand

Die Verknüpfung des Kindesunterhalts mit dem Umgangsrecht wird teilweise als effektives Mittel zur Umgangssicherung positiv beurteilt.[920] Der den Umgang verweigernde Elternteil profitiere mittelbar von der Unterhaltszahlung, was im Falle der Verweigerung des Umgangs unfair sei.[921]
Einschränkend wird vertreten, daß die Suspendierung des Kindesunterhaltes nur dann Folge der Verweigerung des Umgangsrechts sein darf, wenn das Kind nicht gefährdet wird.[922]
Andererseits wird zum Teil gefordert, die Verknüpfung von Kindesunterhalt und Ausübung des Umgangs generell zu unterlassen, um nicht das Kind für das Verhalten der jeweiligen Elternpartei zu bestrafen, dies sei indes nicht mit den „child's best interests" vereinbar.[923]

(2) Berücksichtigung der Kindesinteressen in der gerichtlichen Praxis

In *Maciborka v. Maciborka*[924] zog das Gericht die Kosten des Umgangsvollstreckungsverfahrens vom Kindesunterhalt ab. Das Gericht war sich darüber im klaren, daß es damit das Kind bestraft. Es vertrat aber die Ansicht, es gebe keine

[919] Als Rechtsfolge für „contempt of court": Harrison v. Harrison (1987) 10 R.F.L. (3d) 1 (1987) (Man.Q.B.); Brownell v. Brownell (1987) 9 R.F.L. (3d) 31 (N.B.Q.B.); Zur Vollstreckung des Umgangsrechts allgemein: Casement v. Casement (1987) 9 R.F.L. (3d) 169 (Alb. Q.B.); Tassou v. Tassou (1976) 28 R.F.L. 171 (Alb. S.C.); Reduzierung des Kindesunterhaltes um die Kosten des Vollstreckungsverfahrens: Maciborka v. Maciborka (1998) Doc. Sudbury A-8186/98 (Ont. Gen. Div.)
[920] A. Kitch, Conditioning Child Support Payments on Visitation Access: A Proposal, (1991) 5 Inter J.L.& Fam. 318; Kitch schlägt eine strenge vier Stufen Regelung zur Vollstreckung des Umgangsrechts vor: Als ersten Schritt verlangt er die automatische Verhängung von ersatzweisem Umgang, als zweiten Schritt verlangt er die automatische Verhängung einer Haftstrafe, als dritten Schritt verlangt er die automatische Sperrung der Unterhaltszahlungen und als vierten Schritt schlägt er die Abänderung der elterlichen Sorge vor
[921] Siehe McLeod, Annotation zu Lee v. Lee (1990) 29 R.F.L. (3d) 417 (B.C.C.A.)
[922] Siehe McLeod, Annotation zu Lee v. Lee (1990) 29 R.F.L. (3d) 417 (B.C.C.A.)
[923] Alberta Law Reform Institute, Family Law Project, Child Guardianship, Custody and Access, 1998, S. 166; M. Bailey, The Crying Game: Enforcement of Access Rights, S.24 f.
[924] (1998) Doc. Sudbury A-8186/98 (Ont. Gen. Div.)

andere Möglichkeit. Damit setzte sich das Gericht bewußt über die „child's best interests" hinweg. Vorliegend sind schädliche Auswirkungen auf das Kind denkbar.

In *Harrison v. Harrison*[925] setzte das Gericht zunächst das Verfahren wegen „contempt of court" aus, um der Mutter die Einholung weiterer Beweise zu ermöglichen, und suspendierte für die Dauer der Aussetzung den Kindesunterhalt. Bei der dann erfolgten Verurteilung der Mutter wegen „contempt of court" für die Verweigerung des Umgangs wurde die Suspendierung des Kindesunterhalts für die Dauer der Verweigerung des Umgangs als Rechtsfolge verhängt. Das Gericht stellte dabei fest, daß die Suspendierung des Unterhalts in der Zwischenzeit dazu geführt hatte, daß das Umgangsrecht ausgeübt wurde. Das Gericht ging davon aus, daß die Kinder durch die Suspendierung des Unterhalts keine Einbußen erleiden würden. Das Gericht berücksichtigte insoweit zwar die Interessen der Kinder. Es berücksichtigte jedoch nicht, daß der Unterhalt das Recht der Kinder ist und mißachtet daher die „child's best interests". Schädliche Auswirkungen auf die Kinder sind daher trotzdem denkbar.

Ebenso entschied das Gericht in *Brownell v. Brownell*[926]. Das Gericht berücksichtigte zwar, daß das Familieneinkommen ausreichend sei, so daß das Kind keine Einbußen erleide. Schädliche Auswirkungen sind aber trotzdem denkbar.

In *Tassou v. Tassou*[927] suspendierte das Gericht für die Dauer der Verweigerung des Umgangs die Unterhaltszahlungen des Vaters für die Kinder. Die Kinder weigerten sich vorliegend, mit dem Vater Kontakt zu haben. Das Gericht hielt es für möglich, daß die Kinder insoweit von der Mutter negativ beeinflußt worden sind. Das Gericht hielt dies für die einzig effektive Methode, um die Ausübung des Umgangsrechts zu gewährleisten. Es berücksichtigte weder die finanzielle Situation der Familie noch die „child's best interests" im übrigen.
Vorliegend wurden im letztendlich die Kinder dafür bestraft, daß sie ihr Recht auf Umgang nicht wahrnehmen wollten. Die Unabhängigkeit der beiden Rechte voneinander (Umgang und Unterhalt) blieb hier unberücksichtigt. Schädliche Auswirkungen sind denkbar.

In *Casement v. Casement*[928] suspendierte das Gericht die Kindesunterhaltszahlungen. Das Gericht erklärte zwar, daß die Aussetzung des Kindesunterhaltes

[925] (1986) 1 R.F.L. (3d) 461 (Man.Q.B.) und (1987) 10 R.F.L 1 (Man. Q.B.)
[926] (1987) 9 R.F.L. (3d) 31 (N.B.Q.B.), siehe auch: Westead v. Bainbridge (1995) 10 R.F.L. (4th) 410 (Ont. Gen. Div.), das Gericht suspendiert mit Rücksicht auf die Einkommensverhältnisse der Familie nicht den Unterhalt, ist aber grundsätzlich der Ansicht, daß diese Maßnahme in Betracht komme, wenn die Einkommensverhältnisse dem nicht entgegenstehen.
[927] (1976) 28 R.F.L. 171 (Alb. S.C.)
[928] (1987) 9 R.F.L. (3d) 169 (Alb. Q.B.), siehe auch ähnlich: Kuntz v. Kaytor (1995) 10 R.F.L. (4th) 246 (Sask.Q.B.), hier weigerte sich ein 11jähriges Kind, den Vater zu sehen. Das

nicht automatisch in Betracht komme, wenn der Umgang verweigert werde. Dies komme aber als letztes Mittel in Betracht, um die Integrität von Gerichtsentscheidungen zu wahren. Das Gericht berücksichtigte nicht die Einkommensverhältnisse der Familie und auch darüberhinaus nicht die „child's best interests". Schädliche Auswirkungen auf das Kind sind denkbar.

In *G.(M.G.) v. T.(C.)*[929] lehnte das Gericht nach der Verurteilung der Mutter wegen „contempt of court" für die Verweigerung des Umgangs die Suspendierung des Kindesunterhaltes ab, da dies das Kind bestrafen würde. Grundsätzlich sei die Suspendierung des Kindesunterhaltes keine in Betracht zu ziehende Maßnahme. Schädliche Auswirkungen auf das Kind sind hier nicht denkbar.

(3) Stellungnahme und rechtsvergleichende Wertung

Die dargestellten Entscheidungen zeigen, daß die Gerichte zum größten Teil die „child's best interests" unberücksichtigt lassen, so daß schädliche Auswirkungen auf die Kinder in Betracht kommen. Lediglich die letztgenannte Entscheidung ist mit den „child's best interests" vereinbar.

Da es sich vorliegend um eine finanzielle Sanktion handelt gelten die Bedenken im Hinblick auf die Verhängung einer Geldstrafe bzw. eines Zwangsgeldes entsprechend.[930]
Darüberhinaus wird hier jedoch nicht lediglich die den Umgang verweigernde Elternpartie mit einer einkommensreduzierenden Sanktion belegt, sondern es wird das Geld vorenthalten, das ausdrücklich zur Bestreitung des Unterhaltes des Kindes bestimmt war.
Das Kind hat das Recht auf Unterhalt und auf Umgang, diese beiden Rechte müssen unabhängig nebeneinander stehen.[931] Das Recht des Kindes auf Unterhalt kann ihm jedoch nicht aufgrund eines Fehlverhaltens der Eltern vereitelt werden. In dieser Situation wäre das Kind dann nämlich doppelt bestraft, da eine Elternpartie ihm ja bereits das Recht auf Umgang mit der anderen Elternpartie vereitelt. Aber auch im Falle des Vorliegens einer kindlichen Weigerungshaltung kann eine Koppelung nicht erfolgen, da hiermit eine direkte Bestrafung des Kindes vorgenommen würde.
Die Koppelung der Unterhaltszahlungen an die Gewährung des Umgangs mit dem Kinde ist demnach nicht vereinbar mit den Kindesinteressen.

Nach dem oben Gesagten, existiert nach bundesdeutschen Recht nicht die Möglichkeit, die Zahlung des Kindesunterhalts an die Umgangsgewährung zu kop-

Gericht ist der Ansicht, der Vater müsse sich nicht von der Tochter diktieren lassen, wann er das Kind zu sehen habe.

[929] (1992) 42 R.F.L. (3d) 284 (B.C.S.C.)

[930] Siehe oben: B.II.1.b)aa)(3); A.V.3.a)

[931] Siehe M. Bailey, The Crying Game: Enforcement of Access Rights, S. 25

peln.[932] Wegen der Mängel finanzieller Beugemittel im Hinblick auf das Kind einerseits[933] und der Besonderheit der Anknüpfung an eine ausdrücklich dem Kind zustehende Geldsumme und der damit einhergehenden unmittelbaren Sanktionswirkung andererseits, ist die Aufnahme einer solchen Regelung ins bundesdeutsche Recht auch nicht wünschenswert.
Die hier dargestellte gerichtliche Praxis ist daher nicht für das bundesdeutsche Recht nutzbar zu machen

2. Ergreifung des Kindes („apprehension“)

Ein weiteres Mittel zur Vollstreckung von Sorge- und Umgangsrechtsentscheidungen ist die Ergreifung des Kindes („apprehension“), welche unabhängig von einem „contempt“-Verfahren angeordnet werden kann. Ergreifung bedeutet in diesem Zusammenhang, daß das Kind aus der Umgebung, in der es sich gerade befindet, von demjenigen Elternteil oder derjenigen anderen Person zu dessen Gunsten eine Sorge- oder Umgangsrechtsentscheidung gegeben ist oder der sonst ermächtigten Person oder Personengruppe, herausgenommen werden kann.[934] Dabei ist eine Unterscheidung in die Vollstreckung des Sorge- und Umgangsrechts vorzunehmen.

a) Gesetzliche Regelung - Sec. 36 CLRA[935]

Nach dem oben Gesagten kann das Gericht auf Antrag des Sorge- oder Umgangsberechtigten, soweit insoweit eine anerkannte gerichtliche Entscheidung existent ist, gemäß Sec. 36(1) CLRA eine Anordnung zur Ergreifung des Kindes

[932] Siehe oben: A.VI.2.k)
[933] Siehe oben: A.V.3.a)
[934] Siehe zum Beispiel Sec. 36 CLRA
[935] Sec. 36(1) des Family Relations Acts in British Columbia bestimmt, daß in den Fällen, in denen eine Sorgerechtsentscheidung existiert, im Falle der Verweigerung der Ausübung des Sorgerechts, es im Ermessen des Gerichts steht, auf Antrag eine Anordnung zu erlassen, nach der ein „peace officer“ (Sheriff oder Polizei) das Kind aufgreifen darf und der sorgeberechtigten Person aushändigen muß. Dazu darf der „peace officer“ gemäß Sec. 36(2) jeden Ort betreten und durchsuchen, wo er angemessene und wahrscheinliche Gründe findet, daß sich das Kind dort befinden könnte. Sec. 9 Child Custody Enforcement Act in Manitoba enthält die selbe Regelung wie Sec. 36 CLRA mit Ausnahme der Formulierung „reasonable steps“ zur Lokalisierung, Ergreifung und Aushändigung des Kindes (Sec. 36(4) CLRA), diese Formulierung ist dort nicht enthalten. Sec. 132.1 Family Services Act in New Brunswick enthält dieselbe Regelung wie Sec. 36 CLRA. Sec. 43 Children's Law Act in Newfoundland enthält dieselbe Regelung wie Sec. 36 CLRA. Hinzu kommt eine Regelung, nach der sich der vollstreckende „peace officer“ von einem Sozialarbeiter des Department of Social Services bei der Vollstreckung unterstützen lassen kann (Sec. 43(6)). Sec. 21 Custody Jurisdiction and Enforcement Act in Prince Edward Island enthält dieselbe Regelung wie Sec. 36 CLRA; Sec. 24 Children's Law Act in Saskatchewan enthält im wesentlichen dieselbe Regelung wie Sec. 36 CLRA. Sec. 46 Children's Act in Yukon enthält dieselbe Regelung wie Sec. 36 CLRA

durch den Antragssteller oder eine andere Person in seinem Namen treffen, wenn das Kind unrechtmäßig zurückgehalten wird.[936]
Gemäß Sec. 36(2) CLRA kann das Gericht auf Antrag des Sorge- oder Umgangsberechtigten, für den Fall, daß insoweit eine anerkannte gerichtliche Entscheidung existent ist und eine andere Person unrechtmäßig das Kind zurückhält (a), oder daß eine Person, der es durch Gerichtsentscheidung oder einer Regelung in einem „separation agreement" untersagt ist, das Kind aus der Provinz zu verbringen, das Kind aus der Provinz verbringen will (b), oder daß eine Person, die ein gerichtlich festgesetztes Umgangsrecht hat, das Kind aus der Provinz verbringen will oder das Kind bereits verbracht hat, wenn das Kind wahrscheinlich nicht zurückkehrt (c), die Polizei ermächtigen, das Kind aufzufinden, zu ergreifen und an den Antragssteller auszuhändigen.
Dem Gericht ist wiederum Ermessen hinsichtlich der Anordnung der Ergreifungsentscheidung eingeräumt, dies ergibt sich aus dem Wortlaut der Sec. 36(1) und (2) CLRA: „may".
Nach dem oben Gesagten sind Maßstab der Vollstreckung die „child's best interests". Bei seiner Entscheidung hat das Gericht folglich nach Maßgabe der „child's best interests" zu entscheiden.

Gemäß Sec. 36(4) CLRA darf die Polizei unter Sec. 36(2) handelnd alle angemessenen Schritte („all things reasonably able to be done") unternehmen, um das Kind aufzufinden, zu ergreifen und auszuhändigen.
Gemäß Sec. 36(5) CLRA darf die Polizei zum Auffinden und Ergreifen des Kindes jeden Ort betreten und durchsuchen, wenn sie vernünftige Anhaltspunkte hat und eine Wahrscheinlichkeit dafür spricht, daß das Kind sich dort aufhält. Es ist davon auszugehen, daß die Polizei mit Gewalt vorgehen darf, soweit es den Umständen nach angemessen sein kann.
Der Polizei wird also Ermessen eingeräumt, nach ihrer eigenen Einschätzung zu entscheiden, welche Methoden zur Vollstreckung des Sorge- und Umgangsrechts angemessen sind.[937] Zu beachten ist, daß die Polizei nur alle angemessenen Schritte, nicht aber alle möglichen Schritte wählen darf.[938] Wenn Maßstab der Vollstreckungsentscheidung als solcher die „child's best interests" sind, muß bei der Durchführung der Vollstreckung derselbe Maßstab angelegt werden. Folglich hat die Polizei bei der Durchführung der Ergreifung des Kindes den „child's best interests" entsprechend zu handeln und darf keine Mittel anwenden, die diesen entgegenstehen.

[936] Bevor es in Ontario eine gesetzliche Ergreifensvorschrift gab, herrschte Unklarheit über die Befugnis der Gerichte, eine Ergreifensanordnung zur Vollstreckung einer Sorgerechtsentscheidung zu machen: Leponiemi v. Leponiemi (1982) 35 O.R. (2d) 440 (Ont.C.A.)
[937] Wilton, Myanchi, Enforcement of Family Law Orders and Agreements: Law and Practice, S. 2-4.2
[938] Shipley, Custody Law Reform in Ontario: The Children's Law Reform Act, S. 183

Die Anwendung von Gewalt zur Vollstreckung von Sorge- und Umgangsrechtsentscheidungen auch gegenüber den Beteiligten und dem Kind ist trotzdem begriffsnotwendig denkbar.[939]

Nach einem Interview mit der Polizei in Toronto[940] wird die Polizei in Fällen der Sorge- und Umgangsrechtsvollstreckung aber nur sehr selten tätig und auch nur dann, wenn ein Friedensbruch („breach of peace") zu befürchten ist. Eine Gewaltanwendung gegenüber den zu ergreifenden Kindern finde auf der Ebene von Sorge- und Umgangsrechtsstreitigkeiten nicht statt. Die Polizei gehe höchstens mit, um den oder die Berechtigte durch ihre Präsenz zu unterstützen.

Seitens der Polizei bestehen hinsichtlich des Tätigwerdens zur Ergreifung eines Kindes Unsicherheiten, weshalb eine bessere Anleitung für derartige Fälle gefordert wird.[941] Insbesondere wird es diesbezüglich gewünscht, eine übersichtliche Fallsammlung zu erstellen[942] und einheitliche gerichtliche Anordnungen, die genaue Vorgaben machen, zu produzieren, damit die Polizei genau weiß, wie sie zu handeln hat[943].

b) Diskussionsstand

Es wird die Meinung vertreten, daß die Ergreifung des Kindes, insbesondere durch die Polizei, den „child's best interests" zuwiderläuft und dadurch eine Traumatisierung des Kindes zu befürchten steht.[944] Es wird insoweit angezweifelt, daß die Ausübung von derartigem Zwang zu einem positiven Elternverhalten führen kann.[945]

Jedoch herrscht ebenfalls Einigkeit darüber, daß die Ergreifung des Kindes zum Zwecke der Ausübung des Sorge- und des Umgangsrechts angemessen sein kann.[946]

Dies soll im Falle der Vollstreckung des Umgangsrechts dann der Fall sein, wenn der Umgang absichtlich und wiederholt verweigert wurde[947], andere Voll-

[939] Ebenso: Ministry of the Attorney General, Report of the Liasion Comittee on Enforcement of Family Law Orders, S. 8

[940] Metropolitan Police, Toronto, Ontario; Interview vom 20.1.2000

[941] Canada Parliament: Special Joint Committee on Child Custody and Access, For the Sake of Children, 1998, S. 67

[942] Canada Parliament: Special Joint Committee on Child Custody and Access, For the Sake of Children, 1998, S. 67

[943] Shipley, Notes on Child Abduction and the Children's Law Reform Act, S. 106

[944] Canadian Bar Association - Ontario, Family Law Section, Report of Special Joint Committee on Child Custody and Access, 1999, S. 13; M. Bailey: The Crying Game: Enforcement of Access Rights, S.17

[945] M. Bailey, Enforcement of Access Orders, 1998 National Family Law Program Section 'M', S. 37

[946] Canadian Bar Association - Ontario, Family Law Section, Report of Special Joint Committee on Child Custody and Access, 1999, S. 13; M. Bailey: The Crying Game: Enforcement of Access Rights, S.17

[947] Canadian Bar Association - Ontario, Family Law Section, Report of Special Joint Committee on Child Custody and Access, 1999, S. 13

streckungsmittel versagt haben und die „child's best interests" hinsichtlich der Fortsetzung der Beziehung zum Umgangsberechtigten das Risiko der Anwendung dieses Rechtsmittels aufwiegen.[948]

Dabei wird einerseits die Ansicht vertreten, daß die Ergreifung durch eine zu diesem Zwecke eingerichtete Spezialeinheit der Polizei ausgeführt werden kann, wenn die Mitarbeiter eine spezielle Ausbildung für das Tätigwerden in diesen Fällen erhalten haben.[949] Andererseits wird die Ansicht vertreten, daß generell speziell ausgebildete Personen die Ergreifung vornehmen sollten, nachdem sie zunächst verbale Überzeugungsarbeit versucht haben.[950] Hier sollte die Ergreifung des Kindes als zusätzliches Erziehungsmittel gegenüber den Eltern eingesetzt werden.[951]

c) Berücksichtigung der Kindesinteressen in der gerichtlichen Praxis

aa) Vollstreckung des Sorgerechts

Zur Vollstreckung von Sorgerechtsentscheidungen sind folgende die Ergreifung eines Kindes betreffende Entscheidungen getroffen worden:

In *B.(L.) v. D.(R.)*[952] wird angeordnet, daß die Polizei dem Vater, welcher die zeitweise Sorge für das Kind erhält, während die Mutter in Haft genommen wird, zur Vollstreckung des Sorgerechts assistieren soll. Das Gericht berücksichtigt bei dieser Anordnung nicht die „child's best interests". Darüber, welche Maßnahmen die Polizei zur Ergreifung des Kindes treffen darf, werden keine Aussagen gemacht.

In *Reid v. Durning*[953] äußerte ein 13jähriges Kind, mit dem Vater keinen Kontakt haben zu wollen. Nach der erstinstanzlichen Entscheidung existierte ein „temporary –custody –order" mit jeweiligen zeitlich festgelegten exklusiven Sorgerechtsperioden. Es existierte eine Anordnung, daß die Polizei das Kind ergreifen dürfe und dazu befugt sei, in das Haus der Mutter notwendigenfalls gewaltsam einzutreten und es zu durchsuchen. Gegen diese Entscheidung legte die Mutter Berufung ein. Die Berufung wurde zurückgewiesen. Das Gericht ist der Ansicht, daß die Ergreifensklausel notwendig sei, um eine Entscheidung, die den „child's best interests" entsprechend getroffen wurde, durchsetzen zu können. Gerichtsentscheidungen müßten auch effektiv sein. Dies sei nicht der Fall, wenn die Vollstreckung von Sorgerechtsentscheidungen lediglich „contempt"-

[948] M. Bailey: The Crying Game: Enforcement of Access Rights, S.17
[949] Canadian Bar Association - Ontario, Family Law Section, Report of Special Joint Committee on Child Custody and Access, 1999, S. 13
[950] M. Bailey: The Crying Game: Enforcement of Access Rights, S.17
[951] M. Bailey: The Crying Game: Enforcement of Access Rights, S.17
[952] (1998) 35 R.F.L. (4th) 241 (Ont. Prov. Div.)
[953] (1995) 137 N.S.R. (2d) 300 (N.S.S.C.)

Verfahren vorbehalten werde. Selbsthilfe müsse vermieden werden. Zudem sei die Äußerung des Jungen, mit dem Vater keinen Kontakt haben zu wollen, von der Mutter beeinflußt. Darüberhinaus berücksichtigte das Gericht nicht die „child's best interests".

In *Luft v. Luft*[954] liegt der Fall zugrunde, daß zur Vollstreckung einer Sorgerechtsentscheidung zugunsten des Vaters und der Großeltern eines siebenjährigen Jungen die Ergreifung des Jungen durch den Vater und die Großeltern angeordnet wurde. Das Berufungsgericht hielt diese Entscheidung aufrecht. Hinsichtlich der Vollstreckungsentscheidung wurde keine Überprüfung am Maßstab der „child's best interests" vorgenommen.

Der Entscheidung *Davidson v. Vancouver*[955] liegt der Fall zugrunde, daß der Vater eines 20 Monate alten Kindes das vorläufige Sorgerecht erwarb. Der Vater griff mit Hilfe der Polizei aufgrund einer dementsprechenden Ergreifensanordnung des Gerichts das Kind auf. Dieses verweilte zu diesem Zeitpunkt im Haus der Tante, wobei die Mutter des Kindes nicht anwesend war.
Die Polizei drohte der Tante mit der gewaltsamen Herausnahme des Kindes, welche die Herausgabe des Kindes zunächst verweigerte. Währenddessen erschien das Kind in dem Raum, in dem diese Auseinandersetzung stattfand, und der Vater nahm es in den Arm. Die Tante sprach sich wiederholt gegen die Wegnahme des Kindes aus. Der Vater und die Polizei nahmen das Kind und verließen das Haus. Die Mutter verklagt nun die Polizisten wegen unrechtmäßigen Verhaltens („negligence action") auf Schadenersatz.
Das Gericht äußert die Ansicht, die Polizei habe sich angemessen verhalten, es wäre sogar gerechtfertigt gewesen, das Kind mit Gewalt zu ergreifen, wenn sich die Tante weiterhin geweigert hätte, das Kind herauszugeben.
Vorliegend mußte nicht die Rechtmäßigkeit der Vollstreckungsentscheidung überprüft werden, sondern die Rechtmäßigkeit des Verhaltens der Polizei.
Jedoch kann das Verhalten der Polizei nur dann seitens des Gerichts als rechtmäßig beurteilt werden, wenn die Polizei auch die „child's best interests" berücksichtigt hat. Solches wurde seitens des Gerichts nicht ausdrücklich berücksichtigt. Darüberhinaus ist nicht ersichtlich, ob das Gericht, welches die Vollstreckungsanordnung getroffen hat, die „child's best interests" berücksichtigt hat.

In *O'Connell v. McIndoe*[956] wurde der Mutter eines 13 jährigen Kindes gegen den Willen des Kindes das alleinige Sorgerecht zugesprochen. Der Vater legte Berufung ein. Das Kind lief fünfmal von der Mutter weg und wurde viermal von der Polizei aufgegriffen und zurück zur Mutter gebracht. Im Zeitpunkt der Berufungsverhandlung hielt sich das Kind an einem unbekannten Ort auf. Das Beru-

[954] (1989) 75 Nfld. & P.E.I.R. 248 (Nfdl. S.C.)
[955] (1986) 4 B.C.L.R. 68 (B.C.S.C.)
[956] (1998) Doc. Vancouver CA 024985 (B.C.C.A.)

fungsgericht entschied, daß die Sorgerechtsentscheidung zwar verständlicherweise zugunsten der Mutter getroffen wurde, jedoch nicht praktizierbar und nicht vollstreckbar ist. Das weitere Eingreifen der Polizei, um den Jungen zur Mutter zurückzubringen sei nicht angebracht. Die Sorgerechtsentscheidung wurde zugunsten des Vaters abgeändert.
Beachtlich ist vorliegend, daß die Polizei offensichtlich das Aufgreifen des Jungen gegen dessen Willen, also mittels Gewalt durchgeführt haben muß.

In *Hatzioannidis v. Hatzioannidis*[957] stellt das Gericht nach der Weigerung zweier Kinder, 14 und 16 Jahre alt, nach einem Besuch beim Vater zur sorgeberechtigten Mutter zurückzukehren fest, daß die Vollstreckung der Sorgerechtsentscheidung aufgrund der Weigerung der Kinder nicht durchgeführt werden kann und der Erlass einer Ergreifensanordnung nicht angemessen ist. Die zugunsten der Mutter getroffene Sorgerechtsentscheidung wurde aufgehoben.

bb) Vollstreckung von Umgangsrechtsentscheidungen

Zur Vollstreckung von Umgangsrechtsentscheidungen sind folgende die Ergreifung eines Kindes betreffende Entscheidungen getroffen worden:

In *Yunyk v. Judd*[958] verweigerte die sorgeberechtigte Mutter dem Vater ihres Kindes den Umgang, mit der Begründung, das Kind erscheine aufgewühlt nach dem Umgang. Das Gericht konnte keine Beweise für eine Gefahr für das Kind feststellen. Das Gericht ordnete an, daß Sheriffs und andere Polizeibeamte tun sollten, was immer notwendig sei, um das Umgangsrecht zu vollstrecken.
Bei der Anordnung dieser Vollstreckung hat das Gericht nicht ausdrücklich die „child's best interests" berücksichtigt. Mit der Formulierung „was immer notwendig ist" brachte das Gericht zum Ausdruck, daß jegliche Schritte zur Vollstreckung des Umgangsrechts eingeleitet werden sollen und die Vollstreckung des Umgangsrechts an höchster Stelle steht. Denkbar ist insoweit auch die Vollstreckung mittels Gewalt auch gegen das Kind.

In *Ayotte v. Bishop*[959] (s.o.) verweigerten vier Kinder unter zehn Jahren alt den Umgang mit dem Vater. Das Gericht traf eine Anordnung zugunsten des Vaters für zeitlich bestimmten Umgang und ordnete an, daß zum Zwecke der Vollstreckung des Umgangs die Polizei die Kinder auffinden, ergreifen und aushändigen solle.
Das Gericht berücksichtigte bei der Vollstreckungsanordnung nicht die „child's best interests", obwohl im Rahmen eines Sachveständigengutachtens festgestellt worden war, daß das Zwingen der Kinder, mit ihrem Vater Umgang zu haben, die Beziehungen verschlechtern würde. Da die Kinder sich ohnehin bereits ge-

[957] (1976) 29 R.F.L. 200 (Ont. H.C.)
[958] (1986) 5 R.F.L. (3d) 206
[959] (1996) 24 R.F.L. (4th) 39 (Ont.Ct. Gen.Div.)

weigert hatten, mit ihrem Vater Umgang zu haben, ist bei einer Vollstreckung durch die Polizei eine negative Zwangswirkung für das Kind zu erwarten.

In *Allen v. Grenier*[960] weigerte sich die Polizei eine Anordnung zur Ergreifung „as and when necessary" auszuführen. Das Gericht entschied nach Erlaß einer ausführlichen, dem Wortlaut der Sec. 36 CLRA entsprechenden Anordnung, daß das in Rede stehende Umgangsrecht mit Hilfe der Polizei vollstreckt werden solle. Es wird ausgeführt, daß das Eingreifen der Polizei in manchen Fällen notwendig sei, um dem Umgangsrecht auch Effektivität zu verleihen.
Hinsichtlich der „child's best interests" machte das Gericht keine Ausführungen, insbesondere wurde nicht auf mögliche schädliche Auswirkungen der Vollstreckung auf das Kind eingegangen.

In *L.(J.G.) v. V.(B.M.)*[961] vollstreckte der umgangsberechtigte Vater das Umgangsrecht mit seinem sechsjährigen Sohn mit Hilfe der Polizei. Im „contempt"-Verfahren gegen die Mutter, welches zugunsten des Vaters entschieden wurde, nahm das Gericht keine Stellung zum Einsatz der Polizei bei der Umgangsrechtsvollstreckung.

In *Paton v. Shymkiw*[962] nahm der Vater beim vierten Versuch, mit seinem Sohn überwachten Umgang auszuüben, die Hilfe der Polizei in Anspruch. Die Polizei erschien im Heim des sechsjährigen Kindes. Daraufhin erklärte sich das Kind damit einverstanden, seinen Vater zu sehen, solange die Polizei und der Großvater des Kindes anwesend waren. Im „contempt"- Verfahren des Vaters gegen die Mutter stellte das Gericht fest, daß die „child's best interests" im Falle der Divergenz zwischen Vollstreckung des Umgangsrechts und den „child's best interests" immer vorrangig zu berücksichtigen seien. Das Gericht stellte zwar fest, daß ein Elternteil sein Kind nicht körperlich zwingen muß, Umgang mit dem anderen Elternteil zu haben. Das Gericht äußerte sich jedoch nicht dazu, ob der Einsatz der Polizei im Hinblick auf die „child's best interests" angemessen war.
Es ist vorliegend nicht ersichtlich, daß der Entscheidung hinsichtlich des zeitlich bestimmten überwachten Umgangs eine Klausel angehängt war, diesen notfalls mit Hilfe der Polizei vollstrecken zu dürfen. Unabhängig von der Zwangswirkung auf das Kind erscheint es bereits fraglich, ob die gerichtliche Anordnung der Hilfe der Polizei bei der Vollstreckung der Entscheidung nicht notwendig gewesen wäre. Allerdings fand hier die Ergreifung des Kindes nicht statt. Sec. 9 des Child Custody Enforcement Act[963] in Manitoba regelt nicht den Besuch mit Hilfe der Polizei.

[960] (1997) 10 O.F.L.R. 195 (Ont. Gen. Div.)
[961] (1996) Doc. Regina Q.B.M. 167/92 (Sask. Q.B.)
[962] (1996) 26 R.F.L. (4th) 22 (Man.Q.B.) (1996)
[963] R.S.M. 1987, c.C360

Da das Kind sich vorliegend mehrfach weigerte, mit dem Vater Umgang zu haben, wenn auch durch die Mutter nicht motiviert, diesen durchzuführen, und erst einwilligte, den Vater zu sehen, als dieser mit der Polizei kam, sind schädliche Auswirkungen auf das Kind zu vermuten.

In *Maciborka v. Maciborka*[964] verweigerte die sorgeberechtigte Mutter mehrfach dem Vater die Ausübung des Umgangs mit dem Kind. Das Gericht ordnete letztlich an, daß die Polizei dem Vater bei der Vollstreckung seines nun zeitlich bestimmten Umgangsrechts assistieren soll. Das Gericht berücksichtigte nicht ausdrücklich die „child's best interests", stellte aber fest, daß das Einschreiten der Polizei in derartigen Fällen keine „gesunde" Situation sei. Auf welche Weise die Polizei assistieren solle, wurde nicht erläutert.

In *McMaster v. McMaster*[965] mißachtete die sorgeberechtigte Mutter eine Umgangsrechtsentscheidung zugunsten des Vaters. Den Antrag des Vaters, der Umgangsrechtsentscheidung eine Anordnung anzuhängen, die den Vater berechtigte, die Hilfe der Polizei zur Vollstreckung des Umgangsrechts in Anspruch zu nehmen, wies das Gericht zurück. Das Gericht verwies darauf, daß weder der Divorce Act noch Sec. 36 Family Relations Act in British Columbia eine solche Anordnung vorsehen. Selbst wenn Sec. 36 Family Relations Act nicht ausschließlich für die Vollstreckung von Sorgerechtsentscheidungen gelten würde, würde das Gericht keine solche Anordnung erlassen. Weder sei die Sicherheit der Kinder in Gefahr, noch sei sonst ein Friedensbruch zu befürchten. Zudem könne der Polizei nicht zugemutet werden, im Einzelfall zu entscheiden, ob nicht doch eine begründete Verweigerung des Umgangsrechts vorliege oder welche Mittel zur Vollstreckung angewendet werden können.
Ausschlaggebend für das Gericht ist danach zwar nicht allein die Berücksichtigung der „child's best interests" gewesen. Zumindest war aber ein Grund für die Zurückweisung des Antrages, daß keine Gefahr für die Sicherheit der Kinder bestand. Ein Eingreifen der Polizei wäre demnach also nur gerechtfertigt, wenn die Sicherheit der Kinder in Gefahr ist.

In *Kingwell v. Kingwell*[966] verweigerte das Gericht den Erlaß einer Ergreifensanordnung durch die Polizei zur Vollstreckung des Umgangsrechts des Vaters, da keine Gefahr für die Kinder im Falle des Verbleibs bei der Mutter bestehe. Auch hier brachte das Gericht zum Ausdruck, daß das Einschreiten der Polizei nur im Falle der Gefahr für die Kinder gerechtfertigt sei.

In *Staranowicz v. Staranowicz*[967] verbrachte die sorgeberechtigte Mutter ihre Kinder aus der Provinz Ontario in die Provinz British Columbia und entzog sie

[964] (1998) Doc. Sudbury A-8186/98 (Ont. Gen.Div)
[965] (1993) Doc. Nanaimo 5920/007980 (B.C.Master)
[966] (1991) 35 R.F.L.(3d) 373 (Ont. Gen. Div.)
[967] (1990) 30 R.F.L. (3d) 185 (Ont. Gen. Div.)

damit dem Umgang mit dem Vater. Die Kinder weigerten sich, ihren Vater zu sehen.
Das Gericht lehnte es mit Rücksicht auf die „child's best interests" ab, die Kinder zur Rückkehr zu zwingen und verweigerte den Erlaß einer Anordnung, wonach die Polizei die Kinder ergreifen und zurückbringen sollte. Das Gericht war der Ansicht, daß zunächst eine erneute Verhandlung über das Sorgerecht stattfinden müsse.

In *Whipp v. Racz*[968] wies das Gericht mit Rücksicht auf die „child's best interests" den Erlaß einer Anordnung, wonach die Polizei das Kind ergreifen und aushändigen solle, zurück. Das Gericht führte aus, die Anordnung der Ergreifung und Aushändigung des Kindes durch die Polizei müsse stets das letzte Mittel sein. Es gebe nichts, das mehr im Widerspruch zu den „child's best interests" stehe, als Polizeibeamte bei der Ausübung des Umgangs mit dem Vater zu sehen.

In *Washburn v. Washburn*[969] wies das Gericht den Antrag der umgangsberechtigten Mutter auf Abänderung des Sorgerechts und hilfsweise der Vollstreckung des Umgangsrechts zurück. Das 14jährige Kind weigerte sich, die Mutter zu sehen. Das Gericht war der Ansicht, daß zwar die Umgangsrechtsregelung den „child's best interests" entspreche, es aber nicht den „child's best interests" gerecht werde, diese gegen den Willen des Kindes zu vollstrecken. Vielmehr müsse der Vater dazu angehalten werden, das Kind zum Umgang mit der Mutter zu ermutigen.

In *R.P.D. v. R.C.*[970] lehnte das Gericht den beantragten Erlaß einer Ergreifensanordnung durch die Polizei zur Vollstreckung des Umgangsrechts ab. Das Gericht war der Ansicht, der Erlaß einer derartigen Ergreifensanordnung sei schlecht für das Kind und stehe außer Verhältnis zu den positiven Aspekten hinsichtlich der Durchführung des Umgangs.

d) Stellungnahme und rechtsvergleichende Wertung

aa) Rechtsvergleichende Wertung der Regelung der Sec. 36 CLRA

Anders als im bundesdeutschen Recht bietet die Regelung der Sec. 36 CLRA keine richterliche Entscheidungsmöglichkeit über die Herausgabe des Kindes zur Vollziehung des Sorgerechts (§ 1632 I, III BGB) und daneben über die Vollziehung dieser Herausgabe (zum Beispiel § 33 II 1 FGG). Vielmehr wird für die Durchsetzung des Sorge- und des Umgangsrechts ohne begriffliche Unterscheidung eine einheitliche Regelung angeboten, indem nur von der Ergreifung des

[968] (1997) Doc. London FD999/96 (Ont.Fam.Ct.)
[969] (1986) 69 N.B.R. (2d) 99 (N.B.Q.B.)
[970] (1993) 107 Nfld. & P.E.I.R. 219 (Nfdl. Prov. Ct. Fam. Div.)

Kindes die Rede ist. Diese Entscheidungsmöglichkeit über die Vollstreckung ist sachnah eingebettet in die restlichen Regelungen zum Sorge- und Umgangsrecht.
Damit wird jedenfalls zum Ausdruck gebracht, daß das Umgangs- und Sorgerecht das Recht beinhaltet, das Kind zu ergreifen. Damit wird bei der Entscheidung über die Anordnung gemäß Sec. 36 CLRA in einem Schritt über die Herausgabe und deren Vollziehung entschieden, während nach bundesdeutschem Recht durch die jedenfalls gesetzlich vorgesehene getrennte Entscheidung über die Herausgabe (§1632 I, III BGB) zum einen und deren Vollstreckung zum anderen ein zusätzliches richterliches Korrektiv zwischengeschaltet ist.

Insgesamt verspricht die vorgenannte Regelung ein weniger zeitaufwendiges Verfahren als im bundesdeutschen Recht. Die im bundesdeutschen Recht jedenfalls zur Durchsetzung des Sorgerechts vorgesehene Zweiteilung des Verfahrens wird in der Praxis ohnehin nicht eingehalten.[971] Jedoch geht auch ein richterliches Korrektiv verloren, welches die Qualität der Entscheidung beeinflussen kann und letztlich dem Kind abträglich sein könnte. Angesichts der gerichtlichen Praxis in der Bundesrepublik Deutschland entspräche die Einführung einer einheitlichen Regelung zur Durchsetzung des Sorgerechts möglicherweise im Rahmen der Regelungen des BGB nur dem, was ohnehin praktisch bereits stattfindet.
Von Vorteil ist in jedem Fall die sachnahe Einbettung der unmittelbaren Vollstreckungsmöglichkeit.

Das Mittel der Ergreifung wählt zudem die vollstreckende Person, bzw. die Polizei. Damit entfällt das richterliche Korrektiv der Entscheidung über das Vollstreckungsmittel der unmittelbaren Herausgabeerzwingung.
Der Gesetzestext spricht darüberhinaus nicht eindeutig von „Gewalt", sondern lediglich von allen vernünftigen Schritten zur Vollziehung der Entscheidung. Durch die Wortwahl der Sec. 36 CLRA („Ergreifung") wird zudem die unmittelbare Durchsetzung des Sorge- oder Umgangsrechts nicht gleichzeitig mit einer Gewaltanwendung gleichgesetzt.[972] Insoweit stellt dies im Gegensatz zur Regelung des § 33 II 1 FGG eine mildere Regelung dar und könnte für das bundesdeutsche Recht nutzbar gemacht werden.
Allerdings führt dies von der Intention des Gesetzes her zu einer Verlagerung der Entscheidung über die Gewaltanwendung auf die Person des Vollstreckenden. Der Idee nach soll die Anordnung gemäß § 33 II 1 FGG aber gerade zu einer verbesserten Situation der von der staatlichen Einmischung betroffenen Person führen, da die Entscheidung judikativ und exekutiv überprüft wird.

[971] Siehe oben: A.IV.3.f)bb)(3)(b)(aa); in keinem der untersuchten Verfahren wurde ein gesondertes Vollstreckungsverfahren durchgeführt.
[972] Zum Begriff der Gewaltanwendung siehe oben: A.III.4.b)aa)

Das kanadische Recht ist insoweit fortschrittlicher, als die Befugnis zum Betreten und Durchsuchen einer Wohnung zum Zwecke des Auffindens eines Kindes ausdrücklich gesetzlich normiert ist. Eine entsprechende Regelung wäre im Hinblick auf Art. 13 GG auch im bundesdeutschen Recht wünschenswert.
Zudem sind die Befugnisse der Polizei mit Ausnahme der der Gewaltanwendung genauer umschrieben, wenn von Suchen, Auffinden, Ergreifen und Aushändigen des Kindes die Rede ist. Die genauere Bestimmung der Befugnisse des Gerichtsvollziehers bzw. der Polizei bei der Herausgabevollstreckung wäre zum Zwecke der Rechtssicherheit für die Betroffenen auch im bundesdeutschen Recht von Vorteil.

Abschließend ist festzustellen, daß die sachnahe Einbettung der unmittelbaren Durchsetzung des Sorge- oder Umgangsrechts in die Regelungen zum Umgangs- und Sorgerecht sinnvoll erscheint. Dies gilt insbesondere für die Einheitlichkeit der Durchsetzung des Sorgerechts in einem Schritt.
Darüberhinaus kann die konkretere Ausgestaltung der Befugnisse der Polizei für das bundesdeutsche Recht nutzbar gemacht werden.

bb) Stellungnahme und rechtsvergleichende Wertung im Hinblick auf den Diskussionsstand und die gerichtliche Praxis

Die dargestellten Entscheidungen zur Vollstreckung des Sorgerechts zeigen, daß die Rechtsprechung uneinheitlich ist. Zum Teil werden seitens der Gerichte die „child's best interests" hinsichtlich der Vollstreckungsentscheidung angemessen berücksichtigt. Gleichzeitig wird in diesen Fällen die zu vollstreckende Entscheidung abgeändert (*O'Connell v. McIndoe*[973]; *Hatzioannidis v. Hatzioannidis*[974]).
Andererseits werden die „child's best interests" jedoch weder bei der Anordnung der Vollstreckung seitens des Gerichts noch hinsichtlich der Art der Durchführung der Vollstreckung berücksichtigt. Insbesondere die Auswirkungen der Vollstreckung auf die Kinder bleiben unberücksichtigt (s. *B.(L.)v. D.(R.)*[975], *Luft v. Luft*[976], *Davidson v. Vancouver*[977]) Dies ist besonders gravierend in den Fällen, in denen eine Weigerung der Kinder, mit dem sorgeberechtigten Elternteil Kontakt zu haben, gegeben ist (s. *Reid v. Durning*[978]).

Auch die zur Vollstreckung des Umgangsrechts dargestellten Entscheidungen zeigen, daß die Rechtssprechung uneinheitlich ist. Teilweise werden die „child's best interests" ausreichend berücksichtigt und führen zur Ablehnung der Durch-

[973] (1998) Doc. Vancouver CA 024985 (B.C.C.A.)
[974] (1976) 29 R.F.L. 200 (Ont. H.C.)
[975] (1998) 35 R.F.L. (4th) 241
[976] (1989) 75 Nfld. & P.E.I.R. 248 (Nfdl. S.C.)
[977] (1986) 4 B.C.L.R. 68 (B.C.S.C.)
[978] (1995) 137 N.S.R. (2d) 300 (N.S.S.C.)

führung der Vollstreckung durch die Polizei (siehe *McMaster v. McMaster*[979], *Kingwell v.Kingwell*[980], *Staranowicz v. Staranowicz*[981], *Whipp v. Racz*[982], *Washburn v. Washburn*[983], *R.P.D. v. R.C.*[984]). In den genannten Entscheidungen erkennen die Gerichte an, daß es im Widerspruch zu den „child's best interests" steht, wenn Polizeibeamte die Vollstreckung des Umgangsrechts durchführen. Hierbei werden Einschränkungen dahingehend vorgenommen, daß die Vollstreckung des Umgangsrechts mittels der Polizei gerechtfertigt wäre, wenn Gefahr für das Kind bestünde (siehe *McMaster .v McMaster*[985], *Kingwell v. Kingwell*[986]).
Teilweise finden die „child's best interests" jedoch keine Berücksichtigung bei der Vollstreckungsentscheidung (s. *Yunyk v. Judd*[987], *Ayotte v. Bishop*[988], *Allen v. Grenier*[989], *L.(J.G.) v. V.(B.M.)*[990],*Paton v. Shymkiw*[991]), vielmehr wird die Durchführung der Vollstreckung höher gewichtet, als die konsequente Berücksichtigung der „child's best interests", selbst wenn diese als gefährdet erkannt werden (siehe *Maciborka v. Maciborka*[992]). Nach dem oben Gesagten bilden jedoch die „child's best interests" den Maßstab auch der Vollstreckungsentscheidung, sie müssen daher in jedem Fall berücksichtigt werden.

Es stehen nach den dargestellten Entscheidungen schädliche Auswirkungen auf das Kind zu befürchten, welche nicht erkannt worden sind.
Es ist insoweit unhaltbar, sich über die „child's best interests" hinwegzusetzen, um die Durchsetzbarkeit der Entscheidungen zu garantieren. Damit wird die Effektivität der Entscheidungen losgelöst vom Zustandekommen des Entscheidungsinhaltes und des Zwecks der getroffenen Grundentscheidung gewahrt.
Gerade im Falle der Vollstreckung von Umgangsrechtsentscheidungen ist es insoweit fraglich, ob der Zweck des Umgangsrechts, die Beziehung zwischen Elternteil und Kind aufzubauen und zu erhalten, eine etwa gewaltsame Vollstreckung rechtfertigen kann oder ob dies nicht von vornherein dem Aufbau einer gesunden Beziehung entgegensteht.[993]

[979] (1993) Doc. Nanaimo 5920/007980 (B.C.Master)
[980] (1991) 35 R.F.L.(3d) 373 (Ont. Gen. Div.)
[981] (1990) 30 R.F.L. (3d) 185 (Ont. Gen. Div.)
[982] (1997) Doc. London FD999/96 (Ont.Fam.Ct.)
[983] (1986) 69 N.B.R. (2d) 99 (N.B.Q.B.)
[984] (1993) 107 Nfld. & P.E.I.R. 219 (Nfdl. Prov. Ct. Fam. Div.)
[985] (1993) Doc. Nanaimo 5920/007980 (B.C.Master)
[986] (1991) 35 R.F.L.(3d) 373 (Ont. Gen. Div.)
[987] (1986) 5 R.F.L. (3d) 206
[988] (1996) 24 R.F.L. (4th) 39 (Ont.Ct. Gen.Div.)
[989] (1997) 10 O.F.L.R. 195 (Ont. Gen. Div.)
[990] (1996) Doc. Regina Q.B.M. 167/92 (Sask. Q.B.)
[991] (1996) 26 R.F.L. (4th) 22 (Man.Q.B.) (1996)
[992] (1998) Doc. Sudbury A-8186/98 (Ont. Gen.Div)
[993] Siehe dazu auch oben: A.V.3.c)

Die kritisierte Rechtssprechung ist daher nicht für das bundesdeutsche Recht nutzbar zu machen.

3. Änderung von Sorge- und Umgangsrechtsentscheidungen

Die Gerichte ändern manchmal einmal getroffene Umgangs- oder Sorgerechtsentscheidungen ab, um beiden Eltern die Durchsetzung ihrer Rechte zu gewährleisten. Schwerpunktmäßig dienen die nachfolgend dargestellten Mechanismen der Durchsetzung des Umgangsrechts.

a) Abänderung der Sorgerechtsentscheidung und rechtsvergleichende Wertung

Gemäß Sec. 17(1)(b), 17(5) Divorce Act kann das Gericht eine einmal unter dem Divorce Act getroffene Sorgerechtsentscheidung abändern, wenn eine Veränderung der Umstände für das Kind seit dem Zeitpunkt der letzten Entscheidung eingetreten ist. Dabei soll das Gericht nur die „child's best interests" in Bezug auf die Veränderung berücksichtigen. Gemäß Sec. 16(10) Divorce Act soll das Gericht bei der Sorgerechtsentscheidung unter anderem berücksichtigen, welcher Elternteil bereit ist, den größstmöglichen Kontakt zum anderen Elternteil für das Kind zu ermöglichen.
Gemäß Sec. 29(1) CLRA kann das Gericht eine einmal getroffene Sorgerechts- oder Umgangsrechtsentscheidung abändern, wenn eine tatsächliche Veränderung der Umstände eingetreten ist, die die „child's best interests" tangiert oder wahrscheinlich tangieren wird. Dabei muß das Gericht die „child's best interests" berücksichtigen (Sec. 24 CLRA).
Diese gesetzliche Regelung entspricht der Regelung des § 1696 BGB.

Die Abänderung des Sorgerechts kann Folge der Verweigerung des Umgangsrechts durch den Sorgeberechtigten[994] oder der Verweigerung des Kindes, die Sorgerechtsentscheidung zu befolgen,[995] sein.
Als Begründung für die Abänderung der Sorgerechtsentscheidung wegen der Verweigerung des Umgangsrechts wird in der Rechtssprechung angeführt, daß es den „child's best interests" entgegensteht, wenn ein Elternteil versucht, den Kontakt mit dem anderen Elternteil zu unterbinden, dieser Elternteil daher nicht geeignet ist, die elterliche Sorge auszuüben.[996] Ist der andere Elternteil bereit,

[994] Siehe Tremblay v. Tremblay (1987) 10 R.F.L. (3d) 166 (Alb. Q.B.); Rose v. Rose (1989) 22 R.F.L. (3d) 72 (Alb. Q.B.); Farden v. Farden (1998) Doc. Saskatoon Div. 28/96 (Sask.Q.B.); Lipscomb v. Parkinson (Oct. 19, 1979 Ont. U.F.C.); Abänderung wegen Verweigerung des Umgangsrechts angedroht: G.L.P. v. J.M.P. (1990) 27 R.F.L. (3d) 64 (B.C.S.C.); C. (W.G.) v. C. (D.F.) (1998) 166 N.S.R. (2d) 384 (N.S.S.C.),
[995] Siehe O'Connell v. McIndoe (1998) Doc. Vancouver CA 024985 (B.C.C.A.)
[996] Tremblay v. Tremblay (1987) 10 R.F.L. (3d) 166 (Alb. Q.B.)

den Kontakt mit dem einen Elternteil zu fördern, so könne die Abänderung der Sorgerechtsentscheidung gerechtfertigt sein.[997]
Teilweise wird in der Rechtssprechung die Abänderung des Sorgerechts als Antwort auf die Verweigerung des Umgangsrechts als zu extreme Maßnahme abgelehnt.[998]
Der Meinungsstand ist vergleichbar mit dem in der bundesdeutschen Diskussion.[999] Die insoweit gezogenen Schlußfolgerungen sind daher übertragbar.[1000]

In *Tremblay v. Tremblay*[1001] verweigerte die sorgeberechtigte Mutter zweier Kinder dem umgangsberechtigten Vater die Ausübung des Umgangsrechts, obwohl ein „specified access order" existierte und der Vater gegen die Mutter bereits ein „contempt"- Verfahren angestrengt hatte. Der Vater beantragte die Abänderung des Sorgerechts zu seinen Gunsten und signalisierte, im Falle der Abänderung des Sorgerechts der Mutter, großzügigen Umgang zu gewähren.
Das Gericht änderte die Sorgerechtsentscheidung zugunsten des Vaters. Das Gericht führte in seiner Begründung an, zwar könne die Abänderung des Sorgerechts nicht automatisch für den Fall der Verweigerung des Umgangsrechts geschehen, jedoch begründe die Verweigerung des Umgangsrechts durch den einen Elternteil ernsthafte Zweifel an dessen Fähigkeit zur Ausübung der elterlichen Sorge. Es entspreche den „child's best interests", demjenigen Elternteil das Sorgerecht zuzusprechen, der bereit sei, den Kontakt auch mit dem anderen Elternteil zu garantieren. Die Kinder hatten bis dahin seit der Scheidung der Eltern ein Jahr früher bei der Mutter gelebt. Das Gericht berücksichtigt keine anderen Aspekte hinsichtlich der „child's best interests", der Wille der Kinder wurde ebensowenig berücksichtigt.

In *Rose v. Rose*[1002] verweigerte der sorgeberechtigte Vater zweier Kinder der umgangsberechtigten Mutter den Umgang. Die Mutter beantragte die Abänderung des Sorgerechts basierend auf der Verweigerung des Umgangsrechts durch den Vater. Das Gericht änderte das Sorgerecht für das ältere Kind, 13 Jahre alt, ab und ordnete zeitlich und örtlich bestimmten Umgang für das jüngere Kind an. Das ältere Kind erklärte, bei der Mutter leben zu wollen. Das Gericht erachtete den Umstand, daß ein Elternteil dem anderen den Umgang verweigert, als einen wichtigen Faktor in der Entscheidung, ob veränderte Umstände nach den Vorschriften des Divorce Act gegeben seien. Jedoch solle eine Sorgerechtsentschei-

[997] Rose v. Rose (1989) 22 R.F.L. (3d) 72 (Alb. Q.B.)
[998] Harrison v. Harrison (1987) 10 R.F.L. (3d) 1 (1987) (Man.Q.B.); Yunyk v. Judd (1986) 5 R.F.L. (3d) 206;
s. auch Wilton, Myanchi, Enforcement of Family Law Orders and Agreements: Law and Practice, S. 2-34.10-5
[999] Siehe oben: A.VI.1.a) und b)
[1000] Siehe oben: A.VI.1.a) und b)
[1001] (1987) 10 R.F.L. (3d) 166 (Alb. Q.B.)
[1002] (1989) 22 R.F.L. (3d) 72 (Alb.Q.B.)

dung nicht abgeändert werden, wenn dies nicht in den „child's best interests" abträglich sei. Das Gericht führte eine umfassende Abwägung der „child's best interests" durch. Vorliegend führten das Verhalten des Vaters sowie ausschlaggebend der Wunsch des Kindes zur Abänderung der Entscheidung. Das Gericht änderte das Sorgerecht für das jüngere Kind unter Berücksichtigung seiner Interessen nicht ab, da es nicht den Wunsch geäußert habe, mit der Mutter täglich zusammenleben zu wollen.
Vorliegend sind aufgrund der Anordnung der Abänderung des Sorgerechts keine schädlichen Auswirkungen auf das ältere Kind ersichtlich, da die Entscheidung dem Kindeswunsch entspricht.

Die beiden dargestellten Entscheidungen zeigen erneut die Uneinheitlichkeit der Rechtssprechung in Bezug auf die Gewichtung der Tatsache der Verweigerung des Umgangsrechts durch den sorgeberechtigten Elternteil. In *Tremblay v. Tremblay*[1003] ist die Tatsache der Verweigerung alleinige Entscheidungsgrundlage für die Abänderung des Sorgerechts, ohne daß die Interessen der Kinder darüberhinaus berücksichtigt wurden. Dies ist nach den oben aufgestellten Grundsätzen, welche grundsätzlich übertragbar sind, nicht haltbar.[1004]

In *Rose v. Rose*[1005] berücksichtigte das Gericht ausreichend die Interessen der Kinder und nahm von der Abänderung des Sorgerechts Abstand, in dem Fall, in dem nicht mehr für die Abänderung der Sorge sprach als die Tatsache der Verweigerung des Umgangs (hinsichtlich des jüngeren Kindes). Diese Entscheidung ist im Hinblick auf die oben aufgestellten Grundsätze vorbildlich.[1006]

Abschließend ist festzustellen, daß sich die kanadische Rechtslage im Hinblick auf die Abänderung von Sorgerechtsentscheidungen nicht wesentlich von der bundesdeutschen unterscheidet und auch in der gerichtlichen Praxis keine Alternativen zutage treten.

b) „Specified Access" und rechtsvergleichende Wertung

Gemäß Sec. 16(6) Divorce Act und Sec. 28(b) und 28(c) CLRA steht es im Ermessen des Gerichts, das Sorge- oder Umgangsrecht ausgestaltende Regelungen zu treffen.[1007] Dazu gehört es neben dem Erlaß anderer Auflagen[1008]auch, das Umgangsrecht zeitlich und örtlich näher zu bestimmen.

[1003] (1987) 10 R.F.L. (3d) 166 (Alb. Q.B.)
[1004] Siehe oben: A.VI.1.a), b)
[1005](1989) 22 R.F.L. (3d) 72 (Alb.Q.B.)
[1006] Siehe oben: A.VI.1.a), b)
[1007] In Alberta existiert keine derartige Regelung in den Provinzgesetzen, die Einführung einer solchen wird aber gefordert, siehe Alberta Law Reform Institute, Family Law Project, Child Guardianship, Custody and Access

Das Gericht hat grundsätzlich die Möglichkeit, eine allgemeine Umgangsrechtsanordnung zu treffen („reasonable, liberal oder generous access"), wenn davon auszugehen ist, daß die Eltern des Kindes in der Lage sind, die nähere Ausgestaltung des Umgangsrechts selbst vorzunehmen. Die Regelung des Umgangsrechts in zeitlicher und örtlicher Hinsicht seitens des Gerichts wird vorgenommen, wenn die Eltern des Kindes nicht in der Lage sind, die Ausgestaltung selbst vorzunehmen, bevor es zur Anordnung weitergehender Vollstreckungsmaßnahmen kommt.[1009] Diese Regelungen sind nach dem oben Gesagten gemäß Sec. 16(8) Divorce Act und Sec. 24(1) CLRA nach Maßgabe der „child's best interests" zu treffen.
Es bestehen danach keine wesentlichen Unterschiede zur bundesdeutschen Gesetzeslage. Folglich kann das oben zur Regelung des Umgangs nach § 1684 BGB Gesagte übertragen werden.[1010]

Die Regelung der Ausgestaltung des Umgangsrechts kann danach zunächst ein milderes Mittel zur Durchsetzung des Umgangsrechts sein, als die Verurteilung wegen „contempt of court" oder die Anordnung einer „apprehension".

In *Mitchell v. Mitchell*[1011] ordnete das Gericht eine zeitlich bestimmte Umgangsregelung an, da zwischen den Eltern Konflikte bestanden. Vorangegangen war überwachter Umgang, ein Sachverständiger befürwortete nun unüberwachten Umgang. Das Gericht beachtete bei der Anordnung den Freizeitplan des neunjährigen Kindes und ordnete an, das Kind solle die Möglichkeit haben, jeweils mehr Umgang zu verlangen. Schädliche Auswirkungen auf das Kind sind durch die Anordnung nicht ersichtlich.

In *Chadda v. Nolin*[1012] verweigerte die Mutter dem Vater den Umgang mit den gemeinsamen Kindern. Das Gericht ordnete zeitlich und örtlich bestimmten Umgang an, da es der Ansicht ist, der Umgang entspreche den „child's best interests". Die Freizeitplanung der Kinder wurde dabei nicht beachtet. Insoweit können schädliche Auswirkungen durch die zeitliche und örtliche Bestimmung des Umgangs in Betracht kommen. Da aber nicht die Vollstreckung des Umgangsrechts angeordnet wurde, erscheinen diese gering.

[1008] Siehe Paynter v. Reynolds (1997) 157 Nfdl. & P.E.I.R. 336 (P.E.I.S.C.): hier ordnete das Berufungsgericht die Überwachung des Umgangs durch das erstinstanzliche Gericht an, um danach eine neue Umgangsregelung treffen zu können, nachdem sich die sorgeberechtigte Mutter nicht an die Vereinbarungen in einem „specified access order" hielt.
[1009] Siehe: Alberta Law Reform Institute, Family Law Project, Child Guardianship, Custody and Access, S. 188
[1010] Siehe oben VI.2.a)
[1011] (1988) 16 R.F.L. (3d) 462 (Sask. U.Fam.C.)
[1012] (1989) 100 N.B.R. (2d) 271 (N.B.C.A.)

In *Burbine v. Burbine*[1013] verweigerte die sorgeberechtigte Mutter dem Vater den Umgang mit der achtjährigen Tochter. Der Vater beantragte, den Umgang zu vollstrecken, die Mutter beantragte, den Umgang zu beenden. Das Gericht ordnete zeitlich bestimmten Umgang an. Die Freizeitpläne des Kindes wurden nicht ersichtlich berücksichtigt. Das Gericht ging davon aus, daß das Kind mit dem Vater Umgang haben wollte. Insoweit können schädliche Auswirkungen in Betracht kommen. Da aber nicht die Vollstreckung angeordnet wurde, sind diese eher gering.

In *Freeman v. Daren*[1014] stoppte die sorgeberechtigte Mutter die Durchführung des Umgangs des achtjährigen Kindes mit dem umgangsberechtigten Vater, obwohl eine einvernehmliche Umgangsrechtsregelung getroffen worden war. Der Vater beantragte die Vollstreckung des Umgangsrechts. Das Gericht änderte die bestehende Umgangsrechtsregelung dahingehend ab, daß es die Mutter von der ursprünglich bestehenden Pflicht, das Kind zum Wohnort des Vaters zu bringen, entband und der Umgang die ersten drei Male am Wohnort der Mutter stattfinden sollte. Damit ging das Gericht auf die Wünsche der Mutter und des Kindes ein, welches sich weigerte die Nacht bei dem Vater zu verbringen. Es sind keine durch die Spezifizierung des Umgangs enstandenen schädlichen Auswirkungen auf das Kind ersichtlich.

In *Frederick v. Ribaric*[1015] wies das Gericht den Antrag des umgangsberechtigten Vaters auf Erlaß eines „contempt orders" gegen die den Umgang mit dem Kind verweigernde sorgeberechtigte Mutter sowie den Antrag der Mutter auf Beendigung des Umgangs zurück. Das Gericht gab dem Antrag des Vaters auf zeitlich bestimmten Umgang statt. Dabei berücksichtigte das Gericht die „child's best interests". Schädliche Auswirkungen auf das Kind durch die Anordnung von zeitlich bestimmtem Umgang sind nicht ersichtlich.

In *Whipp v. Racz*[1016] wies das Gericht den Vollstreckungsantrag des umgangsberechtigten Vaters, dem die sorgeberechtigte Mutter die Ausübung des Umgangsrechts verweigerte, zurück. Die Kinder weigerten sich, Kontakt zum Vater zu haben und waren nach Ansicht des Gerichts durch die Mutter beeinflußt. Das Gericht traf modifizierte zeitliche Bestimmungen des Umgangsrechts. Bei der zeitlichen Bestimmung berücksichtigte das Gericht nicht ausdrücklich die „child's best interests". Insoweit können schädliche Auswirkungen auf die Kinder von der Anordnung herrühren.

[1013] (1990) 96 N.S.R.(2d) 47 (N.S.Fam.Ct.)
[1014] (1998) Doc. Regina F.L.D. 48/98 (Sask. Q.B.)
[1015] (1998) 125 Man.R.(2d) 189 (Man.Q.B.)
[1016] (1997) Doc. London FD999/96 (Ont.Fam.Ct.)

Bei den dargestellten Entscheidungen zeigt es sich, daß die Gerichte die Anordnung zeitlich und örtlich bestimmten Umgangs als Alternative zu den Vollstreckungsmitteln des „contempt of court“ oder „apprehenison“ verwenden.
Dies ist tendenziell positiv im Sinne der betroffenen Kinder auch wenn teilweise keine ausdrückliche Berücksichtigung der „child's best interests“ hinsichtlich der Festlegung der Bestimmung ersichtlich ist. Zwar resultieren aus einer ohne Berücksichtigung der kindlichen Lebensumstände getroffenen bestimmten Umgangsregelung möglicherweise schädliche Auswirkungen für das Kind, da es sich und seinen Alltag als verreguliert empfindet und sich deshalb unfrei fühlt. Aber von einer ohne Berücksichtigung der Freizeitgestaltung oder Wünsche der Kinder getroffenen Umgangsregelungen geht immer noch eine geringere Gefahr schädlicher Auswirkungen auf die Kinder aus, als im Falle der Vollstreckung.
Allerdings erscheint es zweifelhaft, ob die Anordnung von zeitlichen und örtlichen Bestimmungen des Umgangsrechts tatsächlich zur Durchführung des Umgangs verhilft, wenn ohnehin schon eine Verweigerung des Umgangsrechts gegeben ist.

In Fällen wie *Freeman v. Daren*[1017] verspricht die Veränderung der Modalitäten jedoch Erfolg, da die Verweigerung des Umgangs gerade durch die Modalitäten bedingt war. Da jedoch nicht gewiß ist, ob das Umgangsrecht durch die Verhängung einer Geldstrafe oder Haft durchgesetzt wird und die spezielle Ausgestaltung des Umgangsrechts in jedem Fall ein milderes Mittel als die Anordnung der Ergreifung des Kindes darstellt, sollte in Fällen, in denen nicht bereits eine spezifische Anordnung existiert, vor der Ergreifung anderer Vollstreckungsmittel eine solche Bestimmung getroffen werden. Entscheidungen wie in *Ayotte v. Bishop*[1018] sind insoweit nicht haltbar. Hier hat das Gericht die zeitlichen und örtlichen Modalitäten des Umgangsrechts verändert und gleichzeitig die Ergreifung des Kindes angeordnet. Die Wirkung der Anordnung der zeitlichen und örtlichen Bestimmung hätte als milderes Mittel zunächst abgewartet werden müssen.

Die gerichtliche Praxis, vor der Anordnung vollstreckungsrechtlicher Maßnahmen tendenziell zunächst eine (veränderte) Umgangsregelung zu treffen, ist grundsätzlich für die bundesdeutsche Rechtssprechung nutzbar zu machen.

c) „Supervised Access“ – Überwachter Umgang

aa) Gesetzeslage und Diskussionsstand

Gemäß Sec. 34(1) CLRA steht es im Ermessen des Gerichts, die Überwachung („Supervision“) des Sorge- oder Umgangsrechts anzuordnen, wenn eine Sorge- oder Umgangsrechtsentscheidung existiert. Für die Überwachung kann das Ge-

[1017] (1998) Doc. Regina F.L.D. 48/98 (Sask. Q.B.)
[1018] (1996) 24 R.F.L. (4th) 39 (Ont.Ct. Gen.Div.)

richt alle Anordnungen treffen, die es für angemessen hält. Die Überwachung kann durch jede Person, Kindeswohlfahrts- oder andere Einrichtung durchgeführt werden. Gemäß Sec. 34(2) CLRA soll das Gericht keine Person oder Einrichtung zur Überwachung bestimmen, wenn die Person oder Einrichtung nicht zugestimmt hat.
Teilweise existiert in den anderen Provinzen dieselbe Regelung, teilweise wird die Einführung dieser Regelung gefordert.[1019]

Durch die „Supervision“ soll einerseits sichergestellt werden können, daß das Kind mit einem Elternteil Kontakt haben kann, ohne selbst gefährdet zu werden. Andererseits soll durch die „Supervision“ sichergestellt werden, daß Umgang überhaupt stattfindet.[1020]
Durch die „Supervision“ soll ein neutrales Territorium geschaffen werden, welches die Spannungen für das Kind reduzieren soll.[1021] Die „Supervision“ hat eigentlich kein erzieherisches oder therapeutisches Element.[1022] Durch den Abbau von Spannungen wegen der Anwesenheit anderer Personen und, je nach dem, welche Person die „Supervision“ durchführt, kann aber ein erzieherischer oder therapeutischer Nebeneffekt eintreten.[1023]

bb) Projekte im Bereich der „Supervision“

In Ontario gibt es seit 1992 Supervisionzentren, im Rahmen derer Eltern mit ihrem Kindern überwachten Umgang haben können oder die Abholung oder Übergabe der Kinder durchführen können, ohne daß sich die Eltern treffen müssen, wenn dies Konflikte schürt.
In den Supervisionszentren erfolgt die Überwachung des Umgangsrechts, die Sicherheit der Kinder hat dabei Priorität. Dabei werden mehrere Familien gleichzeitig überwacht. Die Teilnahme ist kostenpflichtig und ist Freitags nachmittags und am Wochenende möglich. Die Teilnahme kann freiwillig stattfinden

[1019] Manitoba: Sec. 14(1)(b) Child Custody Enforcement Act R.S.M. 1987, c.C360; Newfoundland: Sec. 40, 41(2)b Children's Law Act R.S.N. 1990, c.C-13, as amended by S.N. 1995, c.27; Northwest Territories: Sec. 30 (2)b Domestic Relations Act R.S.N.W.T. 1988, c.D-8; Saskatchewan: Sec. 26(2)a Children's Law Act S.S. 1990, c.C-8.1; Yukon: Sec. 35 Children's Act R.S.Y. 1986, c.22; Alberta Law Reform Institute, Family Law Project, Child Guardianship, Custody and Access, S. 191: Empfehlung eine der „Supervision“svorschrift Ontarios entsprechende Regelung zu erlassen
[1020] Siehe dazu: Judy Newman, Supervised Access Programmes Revisted: Focus on Children in Matrimonial Affairs (issue and date unknown)
[1021] So auch grundsätzlich die gegen die Entscheidung stimmende Judge Finlayson in: M.(B.P.) v. M. (B.L.D.E.) (1992) 42 R.F.L. (3d) 349 (Ont.C.A.)
[1022] Aus: Ebstein, Rogerson, Children in Family Law, Course Materials, S. 429
[1023] So beabsichtigt seitens des Gerichts: Sekhri v. Mahli (1993) 112 Sask.R 253 (Sask.Q.B.)

oder ist durch die Existenz einer entsprechenden gerichtlichen Anordnung motiviert.[1024]

cc) Berücksichtigung der Kindesinteressen in der gerichtlichen Praxis

In der Rechtssprechung wird die „Supervision" zur Verbesserung der Umstände hinsichtlich der Ausübung des Umgangsrechts im Interesse des Kindes eingesetzt:
In *Lynch v. Lynch*[1025] verweigerte die sorgeberechtigte Mutter eines 12jährigen Kindes die unüberwachte Ausübung des Umgangsrechts durch den Vater, vielmehr erlaubte sie überwachten Umgang. Der umgangsberechtigte Vater hatte die Ausübung seines Umgangsrechtes vernachlässigt. Das Kind hat zu ihm keine tiefere Beziehung entwickelt. Er beantragte die Vollstreckung seines Umgangsrechtes. Das Gericht ordnete keine besonderen Maßnahmen zur Vollstreckung an, sondern entschied, daß in der Zukunft überwachter Umgang stattfinden sollte, obwohl es eigentlich der Ansicht war, daß vorliegend der Umgang dem Kind nicht unbedingt förderlich sei. Die Meinungen des Kindes sind nicht ersichtlich berücksichtigt.

In *M.(B.P.) v. M.(B.L.D.E.)*[1026] beantragte der umgangsberechtigte Vater in zweiter Instanz die Durchführung nichtüberwachten Umgangs sowie die Verurteilung der sorgeberechtigten Mutter wegen „contempt of court" für die Verweigerung des Umgangs mit dem Kind. Die Mutter beschuldigte den Vater, das Kind sexuell zu mißbrauchen. Ursprünglich fand überwachter Umgang statt, später dann unüberwachter Umgang. Obwohl das Gericht keinen sexuellen Mißbrauch feststellte, beendigte es den Umgang des Vaters mit dem Kind, da das Kind zu gestreßt erscheine. Es wurde erwogen, überwachten Umgang stattfinden zu lassen, um die Spannungen für das Kind zu reduzieren. Das Gericht berücksichtigte die „child's best interests" und war der Ansicht, daß auch überwachter Umgang kein dauerhafter Zustand für das Kind sein sollte. Die Anordnung der „Supervision" sei hier nicht länger gerechtfertigt gewesen, da sich die Situation nicht verbessert habe und die Spannungen nach wie vor bestünden, der Umgang also für das Kind keinen Vorteil bringe. Der gegen diese Entscheidung stimmende Richter Finlayson J.A. war der Ansicht, daß alle Probleme durch die „Supervision" des Umgangs gelöst werden könnten und es zu früh sei, das Vater- Kind- Verhältnis aufzugeben. Meinungen des Kindes sind nicht ersichtlich berücksichtigt worden.

[1024] Siehe dazu: Judy Newman, Supervised Access Programmes Revisted: Focus on Children in Matrimonial Affairs (issue and date unknown); Announcement of the Ministry of the Attorney General, Ontario, 14.4.1992; Evaluation Paper der Office of the Children's Lawyers Office, Supervised Access Program
[1025] (1996) W.D.F.L., Issue 34, 5 (N.S.Fam.Ct.)
[1026] (1992) 42 R.F.L. (3d) 349 (Ont.C.A.)

In *Sekhri v. Mahli* [1027] verweigerte die sorgeberechtigte Mutter die Ausübung des Umgangsrechts durch den Vater mit ihrer 13jährigen Tochter sechs Jahre lang. Das Kind fürchtete sich vor dem Vater und wollte mit diesem nichts zu tun haben. Die Mutter hatte das Kind dahingehend beeinflußt. Das Gericht ordnete die „Supervision" des Umgangs an, welche durch einen Sozialarbeiter durchgeführt werden sollte, um die Beziehung zwischen Vater und Kind möglichst wieder aufzubauen.
Durch die Anordnung der „Supervision" sind keine schädlichen Auswirkungen auf das Kind zu vermuten, da nicht ersichtlich ist, daß das Kind sich gegen die Überwachung des Umgangs stellt, vielmehr stellt es sich gegen den Umgang als solchen.

In *Rutherford v. Rutherford*[1028] ordnete das Gericht die Durchführung überwachten Umgangs an. Die Durchführung des Umgangs war mit großen Spannungen für das Kind verbunden, so daß das Umgangsrecht unter Berücksichtigung der „child's best interests" nahezu gänzlich beendet werden sollte. Das Kind wünschte sich, weiterhin mit dem Vater Umgang zu haben.
Zwangswirkungen auf das Kind hinsichtlich der Anordnung der „Supervision" des Umgangs sind nicht ersichtlich.

dd) Stellungnahme und rechtsvergleichende Wertung

Die Gesetzeslage entspricht bezüglich des Umgangsrechts der des § 1684 IV 3 und 4 BGB. Es kann daher auf die kritischen Ausführungen dazu verwiesen werden.[1029]
Darüberhinaus ermächtigt die kanadische Regelung das Gericht, alle dazu erforderlichen Anordnungen nach seinem Ermessen zu treffen. Die gesetzliche Regelung weist dem entscheidenden Gericht damit einen größeren Spielraum zu, als dies durch § 1684 IV 3 und 4 BGB geschieht. Ein im Zusammenhang mit der Anordnung überwachten Umgangs anfallender größerer Entscheidungsspielraum, kann für die Ausgestaltung der Regelung und ihrer Praktikabilität jedoch von Vorteil sein. Insoweit kann die kanadische Regelung für das bundesdeutsche Recht nutzbar gemacht werden.

Hinsichtlich der Praktizierung und der Kostentragung des überwachten Umgangs in der Bundesrepublik Deutschland, können die Erfahrungen mit dem beschriebenen „Supervisions"-Modell nützlich sein. Eine vergleichbare Einrichtung ist in der Bundesrepublik Deutschland nicht bekannt. Die Ausgestaltung des überwachten Umgangs im Rahmen einer solchen Einrichtung verspricht die Förderung von Umgangskontakten in einem breiterem Spektrum, wenn überwachte Umgangskontakte aus Kostengründen oder wegen fehlender Überwa-

[1027] (1993) 112 Sask.R 253 (Sask.Q.B.)
[1028] (1986) 4 R.F.L. (3d) 457 (B.C.S.C.)
[1029] Siehe oben: A.VI.2.f)

chungspersonen nicht durchgeführt werden können. Die dargestellten Erfahrungen können für weitere Experimente in Bundesrepublik Deutschland Anstoß bieten.

Hinsichtlich des Sorgerechts gibt es im bundesdeutschen Recht keine entsprechende gesetzliche Regelung. Die Unterschiedlichkeit resultiert insoweit aus der unterschiedlichen Vergangenheit hinsichtlich der Regelung der gemeinsamen Sorge. Während nach kanadischem Recht verschiedene Möglichkeiten der gemeinsamen Sorge bestehen[1030] wurde die Regelung der gemeinsamen elterlichen Sorge in der Bundesrepublik Deutschland erst 1998 eingeführt.[1031]
Die Durchsetzung der gemeinsamen elterlichen Sorge unter den Eltern ist bislang noch nicht besonders problematisch.[1032] Es bleibt aber die Entwicklung abzuwarten. Möglicherweise kann aus dem kanadischen Beispiel längerfristig ein Nutzen gezogen werden.

Die dargestellten Entscheidungen zeigen, daß in der Praxis von der Möglichkeit zur Anordnung der „Supervision" weitgehend Gebrauch gemacht wird und daß keine schädlichen Auswirkungen auf das Kind ersichtlich sind. Kommen solche aber ausnahmsweise in Betracht, so muß dies seitens der Gerichte berücksichtigt werden und in deren Ermessensentscheidung einfließen.
Insgesamt ist aber festzuhalten, daß die Anordnung überwachten Umgangs dazu führen kann, daß der Umgang wieder stattfindet, ohne daß jedoch schädliche Auswirkungen auf das Kind in dem Maße, wie etwa bei der Verhängung einer Geld- oder Haftstrafe oder der Ergreifung, entstehen können, solange das Kind sich nicht gegen die Überwachung wendet. Die Anordnung der „Supervision" ist folglich ein milderes Mittel und kann zur Durchführung des Umgangsrechts in den Fällen eher als die Verhängung einer Geldstrafe oder Haftstrafe verhelfen, in denen der sorgeberechtigte Elternteil aus Sorge um das Wohl seines Kindes den Umgang verweigert.
Dasselbe gilt theoretisch auch für die Durchführung des „Supervision" des Sorgerechts, wobei die „Supervision" dabei auch in Kanada weniger von praktischer Relevanz ist.

4. „Parent education" und Mediation

Zur Durchsetzung von Sorge- und Umgangsrechten kommen auch pädagogische und therapeutische Maßnahmen, wie „parent education" und Mediation in Betracht.
Dies sind keine Vollstreckungsmaßnahmen im eigentlichen Sinne, vielmehr soll aufgrund der Durchführung einer pädagogischen oder therapeutischen Maßnah-

[1030] Siehe oben: B.I.1.
[1031] KindRG v. 16.12.1997 (BGBl.I, S.2942), in Kraft getreten am 1.7.1998
[1032] Dies machten lediglich drei von allen untersuchten Verfahren aus: siehe oben A.IV.3.c)cc)

me eine praktikable Lösung zur Durchführung des Sorge- oder Umgangsrechts erarbeitet werden können, bzw. das Verständnis für die Belange des Kindes in der elterlichen Streitsituation geschult werden.

a) „Parent education“

aa) Diskussionsstand und gerichtliche Praxis

Die Anordnung zur Teilnahme an einem „parent education“-Seminar zur Durchsetzung des Sorge- oder Umgangsrechts ist gesetzlich nicht vorgesehen.
Die Durchführung von „parent education“-Programmen wird für die bessere Möglichkeit zur Durchsetzung von Umgangsrechten als die vorhandenen legislativen Mechanismen zur Vollstreckung gehalten, da es die Konfliktlösung dahin adressiere, wo sie hingehöre.[1033]
Es wird insoweit gefordert, daß die Gerichte die Möglichkeit haben sollten, im Falle der Umgangsrechtsverweigerung die Teilnahme an einem „parent education“-Seminar anordnen zu dürfen,[1034] dies sollte in allen Fällen der ungerechtfertigten Verweigerung des Umgangsrechts geschehen.[1035] Dabei wird teilweise ausdrücklich vertreten, daß daneben noch punitive Mechanismen zur Verfügung stehen müssen.[1036]
Es wird gefordert, grundsätzlich das Angebot an „parent education“-Seminaren zu erweitern.[1037]
Dabei wird es angeregt, die zwangsweise Teilnahme an „parent education“-Seminaren zum Zwecke der generellen Einführung zu testen und insgesamt mehr Pilotstudien durchzuführen.[1038]
Die Durchführung der Seminare soll ausgebildeten Dritten überlassen werden, zum Beispiel Rechtsanwälten, Sozialarbeitern, Kinderpsychologen.[1039]

[1033] Siehe zum Beispiel Canada Parliament, Special Joint Committee on Child Custody and Access, 1998, S. 65; Canadian Bar Association - Ontario Family Law Section, 1999, S. 13
[1034] So M. Bailey, The Crying Game: Enforcement of Access Rights, S. 4, 13; Alberta Law Reform Institute, Family Law Project, 1998, S. 190; Canada Parliament, Special Joint Committee on Child Custody and Access, 1998, S. 65 f.; For the Sake of Children: Report of the Special Joint Committee on Child Custody and Access, 1998, S. 41
[1035] So M. Bailey, The Crying Game: Enforcement of Access Rights, S. 13
[1036] For the Sake of Children: Report of the Special Joint Committee on Child Custody and Access, 1998, S. 41 f.; Government of Canadas Response to the Report of the Special Joint Committee on Child Custody and Access, 1999, S.13
[1037] So M. Bailey, The Crying Game: Enforcement of Access Rights, S. 4; For the Sake of Children: Report of the Special Joint Committee on Child Custody and Access, 1998, S. 42; Government of Canadas Response to the Report of the Special Joint Committee on Child Custody and Access, 1999, S. 14
[1038] So M. Bailey, The Crying Game: Enforcement of Access Rights, S. 13
[1039] Canadian Bar Association - Ontario Family Law Section, 1999, S. 13

In anderen kanadischen Bundesstaaten als Ontario empfehlen die Gerichte die Teilnahme an einem solchen Seminar im Rahmen einer „contempt of court"-Verhandlung wegen der Verweigerung des Umgangsrechtes oder im Rahmen eines allgemeinen Umgangsrechtsvollstreckungsverfahrens[1040] oder ordnen auch die Teilnahme an einem solchen Seminar als Folge eines „contempt of court" wegen der Verweigerung des Umgangsrechts an.[1041]

bb) Stellungnahme und rechtsvergleichende Wertung

Bei der Empfehlung oder der Anordnung der Teilnahme an einem „parent education"-Programm sind keine schädlichen Auswirkungen für das Kind zu befürchten, da das Kind nicht von der Durchsetzungsmaßnahme betroffen ist.[1042] Es sind im Gegenteil eher positive Auswirkungen auf das Kind denkbar, wenn die Ziele einer „parent education" erreicht werden. Dann werden nämlich die elterlichen Sinne für die Bedürfnisse des Kindes geschärft, und die Eltern lernen bestenfalls, die Kinder in angemessenem Umfang konfliktfreien Umgang mit der jeweils anderen Elternpartei haben zu lassen. Insoweit kann verwiesen werden auf das oben zur Durchführung therapeutischer oder erziehungsberatender Maßnahmen Gesagte.[1043]

Im Gegensatz zur kanadischen Rechtsprechung kann nach dem oben Gesagten nach bundesdeutschem Recht die Teilnahme an erziehungsberatenden Angeboten nicht seitens des Gerichts zwangsweise angeordnet werden.[1044] Vielmehr kann nur dazu geraten werden.[1045]
Die Erfolgsaussichten zwangsweise durchgeführter erziehungsberatender Maßnahmen müssen zunächst auch kritisch beurteilt werden.
Die Lernwilligkeit der Eltern im Falle der zwangsweisen Teilnahme an einem solchen Seminar könnte stark eingeschränkt sein. Die Aufnahmefähigkeit und

[1040] Siehe im Rahmen eines „contempt"-Verfahrens: R.P.D. v. R.C. (1993) 107 Nfld. & P.E.I.R. 219 (Nfdl. Prov. Ct.), neben der Anordnung einer „fine"; Fry v. Fry (1999) Doc. Victoria 23907 T (B.C.S.C.), „purge of contempt"; Siehe im Rahmen eines allgemeinen Vollstreckungsverfahrens: Frederick v. Ribaric (1998) 125 Man.R. (2d) 189 (Man. Q.B.), neben der Anordnung von „specified access"; Weber v. Weber (1997) Doc. Vancouver D093245 (B.C.S.C.)
[1041] Siehe Paton v. Shymkiw (1996) 26 R.F.L. (4th) 22 (Man.Q.B.), „contempt" Verurteilung mit der Rechtsfolge der Anordnung zur Teilnahme an einem „parent education"-Seminar „For the Sake of Children" neben der Anordnung zur „reimbursion of expenses"; MacNaughton v. MacNaughton (1998) 132 Man.R. (2d) 318 (Man.Q.B.), Anordnung zur Teilnahme an einem „parent education"-Seminar „For the Sake of Children" neben der Verurteilung zu einer Geldstrafe in Höhe von 200 Can$ wegen „contempt" für die Verweigerung des Umgangsrechts
[1042] Zur Empfehlung der Durchführung erziehungsberatender Maßnahmen gemäß § 52 FGG siehe oben: A.VI.3.b)
[1043] Siehe oben: A.VI.3.b)
[1044] Siehe oben: A.VI.3.a)
[1045] Siehe oben: A.VI.3.b)

Bereitschaft zur aktiven Konfliktlösung könnten so den Erfolg der Erziehungsmaßnahme gefährden.
Jedoch kann auch hier davon ausgegangen werden, daß auch im Falle der zwangsweisen Durchführung der Seminare oder ähnlicher erziehungsberatender Maßnahmen etwas hängen bleiben kann und jedenfalls keine geringere schädliche Auswirkungen auf das Kind ersichtlich sind, als im Falle der Anordnung punitiver Maßnahmen oder der Durchführung eines Vermittlungsverfahrens nach § 52a FGG, da hier wenigstens Fachleute die Maßnahme durchführen.[1046]
Eine Elternpartie, die sich weigert mitzuarbeiten, ist möglicherweise auch nach der Verurteilung zu einer Geldstrafe nicht bereit, den Umgang zu gewähren. Hier fehlen jedoch ebenfalls gesicherte Kenntnisse. Wegen der Vorteile sollten auch hier Pilotstudien durchgeführt werden, um die tatsächlichen Auswirkungen zwangsweiser Teilnahme an erziehungsberatenden Maßnahmen zu testen.

Fraglich ist insoweit, ob die Anordnung der Teilnahme an erziehungsberatenden Maßnahmen die Anwendung der punitiven Vollstreckungsmechanismen gänzlich ersetzen kann. Um eine entsprechende Aussage treffen zu können, sind die Durchführung weiterer Pilotstudien notwendig, da bislang nicht genügend Erfahrungen vorliegen.
Abschließend läßt sich feststellen, daß durch die gesetzliche Einräumung des richterlichen Ermessens im Hinblick auf die Durchsetzung des Sorge- oder Umgangsrechts eine breitere Palette von Maßnahmen zur Durchsetzung im Bereich der Beratung eingesetzt werden kann. Dies ermöglicht eine flexiblere Konfliktlösung.
Die kanadische gerichtliche Praxis der zwangsweisen Anordnung zur Teilnahme an „parent education"-Seminaren stellt eine, von den schädlichen Auswirkungen auf das Kind her gesehen, sinnvolle ergänzende Alternative zu den „herkömmlichen" Vollstreckungsmechanismen dar und kann insoweit für das deutsche Recht nutzbar gemacht werden.

b) Mediation

aa) Diskussionsstand und gerichtliche Praxis

Gemäß der nicht proklamierten Sec. 34a(2)(d) CLRA kann das Gericht auf Antrag im Rahmen eines Verfahrens wegen unrechtmäßiger Verweigerung des Umgangsrechts Mediation anordnen. Gemäß Sec. 34a(2)(d) im Verbindung mit Sec. 31(3) CLRA ist es die Pflicht des Mediators auf eine elterliche Vereinbarung hinsichtlich der Durchsetzung des Umgangsrechts hinzuwirken.
Die Parteien haben sich gemäß Sec. 34a(2)(d) inVerbindung mit Sec. 31(4) CLRA zu entscheiden, ob der Mediator nach Beendigung der Mediation einen vollständigen Bericht für das Gericht, welcher alles beinhaltet, was der Mediator

[1046] Siehe zu § 52a FGG oben: A.VI.3.c)

für relevant hält, abgeben soll ,oder ob dieser lediglich die Übereinkunft bzw. die Tatsache, daß die Parteien nicht übereingekommen sind, mitteilen soll.[1047]

Die Gerichte ordnen Mediation auch ohne Antrag der Parteien als Rechtfolge eines „contempt of court“ wegen der Verweigerung des Umgangsrechts an. In *Harrison v. Harrison* ordnete das Gericht die Durchführung der Mediation an, ohne jedoch das Kräftegleichgewicht der Parteien zu berücksichtigen.[1048] Schädliche Auswirkungen auf das Kind sind insoweit zumindest denkbar. Teilweise empfehlen die Gerichte lediglich die Durchführung der Mediation.[1049]

bb) Stellungnahme und rechtsvergleichende Wertung

Im bundesdeutschen Recht existiert weder die gesetzliche Möglichkeit, auf Antrag einer Partei die Mediation anzuordnen, noch kann die Mediation als Zwangsmittel von Amts wegen angeordnet werden.[1050]
Mit der Regelung des § 52a FGG existiert ein ähnliches Instrument, das allerdings deshalb mangelhaft ist, da mediationsähnliche Maßnahmen seitens des Gerichts, nicht aber von Fachkräften vorgenommen werden müssen.[1051]

Da durch die Mediation versucht wird, zwischen den streitenden Elternparteien zu vermitteln, ist das Kind zunächst von der bloßen Anordnung oder Empfehlung der Mediation nicht negativ betroffen. Schädliche Auswirkungen auf das Kind sind im Idealfall nicht ersichtlich. Vielmehr kann die erfolgreiche Streitschlichtung positive Auswirkungen auf das Kind haben, wenn dies dazu führt, daß eine praktikable Umgangsregelung erarbeitet wird.[1052] Insoweit ist auf das oben zur Durchführung therapeutischer und erziehungsberatender Maßnahmen Gesagte zu verweisen.[1053]
Die Erfolgsaussichten einer zwangsweise durchgeführten Mediation müssen zunächst auch kritisch beurteilt werden.
Die Mediationsbereitschaft der Eltern könnte stark eingeschränkt sein. Die Aufnahmefähigkeit und Bereitschaft zur aktiven Konfliktlösung könnten so den Erfolg der Mediation gefährden. Jedoch besteht auch hier die Chance, daß auch die zwangsweise durchgeführte Mediation das Bewußtsein der Parteien und die Problemlösungsbereitschaft positiv beeinflußt.

[1047] Siehe ebenfalls: Sec. 41(2)d) Children's Law Act, Newfoundland; Sec. 30(2)d) Domestic Relations Act, Northwest Territories; Sec. 26(1)d) Children's Law Act, Saskatchewan
[1048] Harrison v. Harrison (1987) 10 R.F.L. (3d) 1 (Man.Q.B.), hier wurde neben der Mediation auch noch die Aussetzung des Kindesunterhaltes angeordnet (s.o.)
[1049] Freeman v. Daren (1998) Doc. Regina F.L.D. 48/98 (Sask.Q.B.)
[1050] Siehe oben: A.VI.3.a)
[1051] Siehe dazu oben: A.VI.3.c)
[1052] So auch: Hulbert, Mediation: An Effective Alternative to the Litigation Process in the Resolution of Custody and Access Disputes, S. 80
[1053] Siehe oben: A.VI.3.b)

Die Mediation kommt aber nur in Betracht, wenn zwischen den Elternparteien ein ausgewogenes Kräfteverhältnis herrscht und beide auf dem selben emotionalen Level sind.[1054] Sonst besteht die Gefahr, daß sich das Kräfteungleichgewicht, welches sich in der Beziehung der Eltern entwickelt hat, weiter fortsetzt und letztlich unfaire Resultate produziert.[1055] Schädliche Auswirkungen auf das Kind sind insoweit als Fortsetzung der etwa aus dem Mediationsergebnis resultierenden Zwangswirkungen auf den kräftemäßig unterliegenden Elternteil denkbar.
Außerdem besteht die Gefahr, daß die Mediation im Gegensatz zu der Durchführung erziehungsberatender Maßnahmen bzw. „parent education"-Seminare nicht die Belange des Kindes fokussiert, sondern die Streitschlichtung zwischen den Elternparteien in den Mittelpunkt stellt.[1056] Die Elternparteien können eine ihnen angenehme Regelung herausarbeiten und die Berücksichtigung der kindlichen Belange bleibt insoweit ihnen überlassen. Auf diese Weise greift der Staat aber gleichzeitig auch weniger in die Elternautonomie ein, somit könnte eine Stärkung der Elternverantwortung erfolgen.
Bei der Erwägung der Anordnung der Mediation seitens des Gerichts, auf Antrag einer der Elternparteien, muß dieses folglich beachtet werden. Mediation sollte daher nicht angeordnet werden können, wenn solches zu befürchten steht, insoweit besteht allerdings Konkretisierungsbedarf.

Die Durchführung von erziehungsberatenden Maßnahmen stellt sich danach als sinnvoller dar. Allerdings erscheint rechtsvergleichend die gesetzliche Regelung einer zwangsweisen Mediation auf Antrag einer Partei sinnvoller als die gesetzliche Regelung der Durchführung eines Vermittlungsverfahrens gemäß § 52a FGG. Auf diese Weise ist wenigstens gewährleistet, daß ausgebildete Fachkräfte tätig werden, was die Qualität des Mediations- bzw. Vermittlungsergebnisses maßgeblich steigert. Außerdem verspricht eine Mediation, die frei von der unmittelbaren Drohung mit den Zwangsmitteln des § 33 FGG, bzw. des Ausschlußes des Umgangsrechts, durchgeführt wird, ein verantwortungsbewußteres Einlassen der Parteien auf das Erarbeiten einer Lösung.

Im Ergebnis ist daher festzuhalten, daß grundsätzlich die Einräumung des Ermessens im Hinblick auf die Anordnung von Maßnahmen zur Durchsetzung des Sorge- und Umgangsrechts flexiblere Lösungsmöglichkeiten zulässt. Die Anordnung der zwangsweisen Mediation von Amts wegen erscheint aus der Sicht

1054 Ebenso: Ebstein, Goodman, Custody and Access, 1992, S. 3-3
1055 So auch: National Association of Women and Law, Custody and Access, 1998, S. 19; daher vertritt diese die Ansicht, daß Mediation niemals pflichtmäßig sein darf; der Schutz der Frauen und Kinder gerate zugunsten der Vermeidung von Gerichtsverfahren in diesen Fällen in den Hintergrund. Es reicht jedoch im Falle der gerichtlichen Anordnung der Mediation aus, wenn jene Problematik im Erwägungsvorgang Berücksichtigung findet
1056 Ebenso: National Association of Women and Law, Custody and Access, 1998, S.20

des Kindes weniger sinnvoll als die Anordnung der zwangsweisen Teilnahme an erziehungsberatenden Maßnahmen.
Die Möglichkeit zur Anordung der Durchführung einer zwangsweisen Mediation auf Antrag einer Partei ist jedoch der Regelung des § 52a FGG vorzuziehen. Die kanadische Rechtslage kann insoweit nutzbar gemacht werden.

c) Pilotprojekte im Bereich „parent education“ und Mediation

Im Bereich „parent education“ und Mediation sind eine Fülle von Projekten durchgeführt worden, die in ihrer Gesamtheit nicht dargestellt werden können. Nachfolgend werden daher nur drei unterschiedliche Projekte aus diesem Bereich vorgestellt. Diese können für die bundesdeutsche gerichtliche und außergerichtliche Praxis Anstöße vermitteln, kreativer in jenem Bereich tätig zu werden bzw. konkrete Ideen aufzugreifen und innerstaatlich umzusetzen. Auf diese Weise kann längerfristig das Gebiet der therapeutischen und erziehungsberatenden Maßnahmen besser erforscht werden, um die Elternverantwortung zu stärken, und um Hilfe zur Selbsthilfe zu geben. Damit ist eine Entlastung des Kindes zu erwarten.
Auffällig ist insgesamt, daß eine breitere Schicht der betroffenen Familien angesprochen wird und gerade die Durchführung von erziehungsberatenden Maßnahmen durch Seminare es ermöglicht, die Betroffenen zusammenzubringen.

aa) Pilotstudie: „Mandatory Information Program“, Toronto

Gemäß Rule 69.05.1[1057] in Verbindung mit Rule 70.03.1(1)[1058] der Rules of Civil Procedure[1059] wurde bei allen das Sorge- und Umgangsrecht[1060] betreffenden Verfahren vom 1.7.1998 an ein pflichtmäßiges Informationsprogramm („Mandatory Information Program“) in Gruppen mit den beteiligten Parteien als Pilot-

[1057] Gesetzeswortlaut: d) Mandatory Information Program (Rule 69.05.1)
Rule 69.05.1 applies to a divorce action commenced at Toronto after July 1, 1998 (Rule 70.03(1)) in which any relief other than a divorce, costs and the incorporation of the terms of a separation agreement or prior court order, is sought. Each party to a divorce proceeding *must* attend the mandatory information program and file a certificate of attendance no later than 45 days after the proceeding is commenced. The petitoner shall arrange his/her own appointment to attend the program, obtain an appointment for the respondent from the person who conducts the program and serve notice of the respondent appointment with the petition. The program provides information on separation and the legal process, and can include information on topics such as alternative dispute resolution options, the impact the separation of parents has no children, and resources available to deal with problems arising from separation

[1058] Rule 70.03.1(1): Rule 69.05.1 applies, with necessary modifications, to proceedings governed by this Rule that are commenced at Toronto after July 1, 1998 and in which any relief, other than costs, the incorporation of the terms of a separation agreement or prior court order and variation of the terms of a final order, is sought

[1059] R.R.O. 1990, Reg. 194; Rule 70.03.1 ist annuliert zum 1.10.1999, s. 70.03.1(4)

[1060] Darüberhinaus auch bei allen Scheidungsverfahren, die nicht lediglich die Scheidung zum Gegenstand haben

studie durchgeführt. Die Parteien haben innerhalb von 45 Tagen seit Beginn des Gerichtsverfahrens eine Teilnahmebestätigung vorzuweisen.

Das „Information Program" ist als 2,5 stündige Sitzung aufgebaut. Antragssteller oder Kläger erscheinen an einem anderen Wochentag als Antragsgegner oder Beklagte. Die Sitzung wird begleitet von einem/einer Sozialarbeiter(in) und einem/einer Rechtsanwalt/Rechtsanwältin, welche bestenfalls beide als Mediatoren ausgebildet sind.[1061]
Inhaltlich besteht das Information Programm aus Videovorführungen („Dealing with Emotions, Impact on Children, Mediation, Role of the Lawyer, Role of the Courts, Conclusion"), Gruppendiskussionen über die Trennung und ihre Auswirkungen auf die Kinder, über alternative Möglichkeiten zur Konfliktlösung, das Gerichtsverfahren sowie Frage- und Antwortperiode zum Abtasten der Konfliktsituation.[1062]

bb) Pilotstudie: „Brief Intervention Model for Access-based Postseparation Disputes", Toronto

Die *Family Court Clinic, Clarke Institute of Psychiatry (Centre for Addiction and Mental Health)* und die *Office of the Children's Lawyer (Ministry of the Attorney General, Toronto, Ontario)* haben ein Interventionsmodell für einfachere, weniger komplizierte Umgangsrechtsstreitigkeiten entwickelt, welches lediglich kurze Zeit, etwa 10 Sitzungen in Anspruch nehmen soll.
Voraussetzung ist hier, daß bereits ein Rechtsstreit anhängig ist.

Mit diesem Interventionsmodell sollen zur schnellen Beilegung des Rechtsstreits durch die Auseinandersetzung mit der gegenwärtigen Situation schwerpunktmäßig praktikable Lösungen erarbeitet werden und das Bewußtsein für die elterliche Verantwortung gestärkt werden. Hauptsächlich sollen dabei die Bedürfnisse und Fähigkeiten der Kinder, die Verbesserung des Eltern- Kind- Verhältnisses und der gemeinschaftlichen Wahrnehmung der Elternverantwortung herausgearbeitet werden.[1063]
Damit ist es Ziel, die Durchführung langer Gerichtsverfahren und die mehrfache Durchführung von Gerichtsverfahren zu verhindern und den Streß eines solchen Verfahrens für das Kind zu mindern.[1064]
Daher wird die Ansicht vertreten, daß die Durchführung jenes Modells eine effektive Alternative zur Einholung eines Sachverständigengutachtens sein könn-

[1061] Siehe Family Information Session Instructor's Guide, December 1999 Revisions
[1062] Siehe Family Information Session Schedule sowie Instructor's Guide, December 1999 Revisions, insbes. Check the Pressure und Conflict Levels and Dispute Resolution Options
[1063] Siehe insgesamt: Birnbaum, Radovanovic, Brief Intervention Model for Access-Bases Postseparation Disputes, F.C.C.R., Vol. 37, No. 4, October 1999, 504
[1064] Research Update of the Office of the Childrens Lawyer, 2000

te. Dadurch könnte nicht nur dem Gericht, sondern auch den Eltern hinsichtlich der Lösung der Konflikte Hilfestellung gegeben werden.[1065]

Die Sitzungen werden im frühen Stadium von Therapeuten geleitet, wobei beide Elternparteien sowie die Kinder möglichst zusammengebracht werden, um die Konflikte in der Familie herauszuarbeiten. Hierbei werden stets die Bedürfnisse der Kinder in den Mittelpunkt gestellt. In einem späteren Stadium sollen Eltern-Kind- Interviews und Interviews mit den Kindern alleine stattfinden. Zum Schluß werden alle Beteiligten zusammengebracht, um bestenfalls einen Elternplan zu erarbeiten.
Es wird unabhängig davon, ob tatsächlich ein Elternplan erarbeitet werden konnte oder nicht, ein Bericht für das Gericht erstellt, der keine spezielle Empfehlung zur Regelung des Umgangsrechts enthält, sondern vielmehr mögliche Optionen nachweist.[1066]

Dieses Projekt wurde mit 24 Familien als Pilotstudie in Toronto durchgeführt, für die das Gericht in allen Fällen die Einholung einer klinischen Erhebung, das heißt im Normalfall die Einholung eines Sachverständigengutachtens angeordnet hatte. Die Familien wurden allesamt sechs bis acht Monate nach der Durchführung der durchschnittlich 8 Sitzungen erneut telefonisch interviewt.
In der Mehrzahl der Fälle hat sich der Umgang mit den Kindern verbessert, wobei hinsichtlich der Absprachenproblematik zwischen den Eltern keine Veränderung eingetreten ist.
In 35 % der Fälle ist die gegenwärtige Umgangsregelung im Rahmen des Projekts erarbeitet worden und damit der Rechtsstreit beigelegt worden, in 50 % der Fälle ist die gegenwärtige Regelung vor Gericht getroffen worden unter Zuhilfenahme der Vorschläge innerhalb des Berichts. 7,5 % der Familien lösten ihre Probleme im Rahmen einer gerichtlichen Anhörung außerhalb des Verfahrens und 7,5 % streiten noch immer gerichtlich.[1067]

cc) Pilotstudie: „Access Assistance Program", Winnipeg, Manitoba

In den Jahren 1989 bis 1993 wurde seitens der *Family Law Branch of the Manitoba Attorney General's Department* und des *Family Dispute Services of the Manitoba Department of Community Services* in Winnipeg, Manitoba eine Pilotstudie durchgeführt, das „Access Assistance Program". Sinn und Zweck dieser Studie war es, Familien zu helfen, ihre Umgangsstreitigkeiten außerge-

[1065] Birnbaum, Radovanovic, Brief Intervention Model for Access-Bases Postseparation Disputes, F.C.C.R., Vol. 37, No. 4, October 1999, 504 (510)
[1066] Siehe Modellbeschreibung in: Birnbaum, Radovanovic, Brief Intervention Model for Access-Bases Postseparation Disputes, F.C.C.R., Vol. 37, No. 4, October 1999, 504 (506 f.)
[1067] Birnbaum, Radovanovic, Brief Intervention Model for Access-Bases Postseparation Disputes, F.C.C.R., Vol. 37, No. 4, October 1999, 504 (508, 509)

richtlich zu lösen, aber gleichzeitig die Möglichkeit zur Inanspruchnahme rechtlicher Mittel zu gewährleisten.

Der Fokus liegt auch hier auf der Durchsetzung der Interessen des Kindes, welches darin unterstützt werden sollte, mit dem nichtsorgeberechtigten Elternteil eine längerfristige Eltern- Kind- Beziehung aufzubauen. Dem umgangsberechtigen Elternteil sollte dabei geholfen werden, diese Beziehung zu erhalten. Der sorgeberechtigte Elternteil sollte dabei unterstützt werden, Besuchspläne zu erstellen und einzuhalten. Feindseligkeiten zwischen den Eltern sollten dabei möglichst reduziert werden. Vermieden werden sollte somit das Tätigwerden der Polizei, sowie die sofortige Einleitung eines Gerichtsverfahrens durch einen Elternteil.

Vor Beginn des Programms führt ein Rechtsanwalt ein Interview mit dem die Einleitung des Gerichtsverfahrens beabsichtigenden Elternteil und nötigenfalls mit dem Kind durch, um die Probleme innerhalb der Familie herauszuarbeiten und Gefahrenherde für das Kind zu erkennen. Zum Zwecke der Problemsichtung wird auch freiwillige Mediation angeboten. Schlägt die Mediation fehl und existiert ein „specified access order", erstellt ein Mitarbeiter des Programmes einen Einschätzungsbericht, um das familiäre Problem mit seinen Auswirkungen auf das Kind zu definieren. Dieser kann dann vorschlagen, mit der Familie im Rahmen von Schlichtungssitzungen einen Elternplan zu erarbeiten. Es handelt sich dabei nicht um eine zwangsweise Mediation.

Lassen sich die Eltern auf diesen Vorschlag nicht ein, so kann der Mitarbeiter des Programms die Eltern zum Zwecke der Durchführung von „contempt proceedings" an Rechtsanwälte verweisen. Dies steht im Ermessen des Mitarbeiters und wird nicht geschehen, wenn der Mitarbeiter der Ansicht ist, das die Durchsetzung des Umgangs nicht den „child's best interests" entspricht.
Den Parteien steht es jedoch frei, außerhalb des Programmes ihre Interessen anwaltlich vertreten zu lassen.

Um weiterhin sicherzustellen, daß die „child's best interests" verfolgt werden, kann der Mitarbeiter Zeuge in dem dann stattfindenden Umgangsrechtsverfahren sein. Die Durchführung eines Gerichtsverfahrens soll jedoch lediglich das letzte Mittel sein, der Schwerpunkt des Programmes liegt in der kindgerechten Schlichtung des Streits.
Lassen sich die Eltern auf die Erarbeitung eines Elternplans ein, so wird zur Unterstützung Mediation oder „Supervision" angeboten.[1068]

[1068] Siehe zu allem, Beschreibung des Projekts: Diamond, Enforcement of Custody and Access Orders, 4 C.F.L.Q. 303 (330 f.)

5. Maßnahmen zur Sicherung der Ausübung des Sorge- oder Umgangsrechts

a) Diskussionstand und gerichtliche Praxis

Gemäß Sec. 37(1) und (2) CLRA kann das Gericht in bestimmten Fällen auf Antrag Maßnahmen nach Sec. 37(3) CLRA treffen, die die Ausübungsmöglichkeit des Sorgerechts (Sec. 37(1) und (2) CLRA) und des Umgangsrechts sichern, soweit dieses Grundlage eines Verbringensverbotes des Kindes seitens des sorgeberechtigten Elternteils im Rahmen einer gerichtlichen Anordnung oder eines „separation agreements" ist (Sec. 37(1) CLRA).[1069]
Es kann jedoch davon ausgegangen werden, daß die Gerichte zugunsten des Umgangsberechtigten, für den Fall, daß kein gerichtlich angeordnetes oder aus einem „separation agreement" resultierendes Verbringensverbot für den sorgeberechtigten Elternteil gegeben ist, aufgrund des nach Sec. 28(b) und (c) CLRA eingeräumten Ermessens hinsichtlich der Umstände von Sorge- und Umgangsrechten die Maßnahmen nach Sec. 37(3), mit Ausnahme der Maßnahme gemäß Sec. 37(3)2. CLRA, ebenfalls anordnen können.[1070]

b) Stellungnahme und rechtsvergleichende Wertung

Die Möglichkeit der sicherheitsweisen Anordnung der Übertragung von Eigentum (Sec. 37(3)1. CLRA) und der Zahlung einer Sicherheitsleistung (Sec.37(3)3. CLRA) zur Sicherung der Ausübung des Sorgerechts oder Umgangsrechts zum Beispiel bei Entführungsgefahr oder ständiger Vereitelung des Umgangsrechts, existiert im bundesdeutschen Recht nicht. Dies liegt auch darin begründet, daß wegen der Größe der Bundesrepublik Deutschland im Vergleich zu Kanada die Verbringung des Kindes innerhalb des Landes kein vergleichbares Problem darstellt.

Bezüglich der sicherheitsweisen Anordnung der Übertragung von Eigentum (Sec. 37(3)1. CLRA) und der Zahlung einer Sicherheitsleistung (Sec.37(3)3. CLRA) kommen schädliche Auswirkungen auf das Kind in Betracht, wenn das Kind beim Schuldner dieser Anordnungen lebt und das Familieneinkommen so gering ist, daß die Verminderung des Vermögens wenn auch nur übergangsweise für das Kind im Alltag spürbar ist. Im Falle des Vorliegens einer konkreten Entführungsgefahr oder der Kindesentführung kann mit einer Sicherheitsleistung oder der Übertragung von Eigentum eine von den Auswirkungen auf das Kind her gesehene mildere Maßnahme getroffen werden als im Falle der Haft

[1069] Dieselben Regelungen wie Sec. 37 CLRA enthält im wesentlichen: Sec. 132.2 Family Services Act, New Brunswick; Sec. 45 Children's Act, Newfoundland; Sec. 22 Custody Jurisdiction and Enforcement Act, Prince Edward Island; Sec. 25 Children's Law Act, Saskatchewan; Sec. 47 Children's Act, Yukon
[1070] Ebenso: Ebstein, Custody and Access, 1992, S. 3-20

oder des Zwangsgeldes. Somit kann der Verbleib des Kindes gesichert werden, ohne daß es zu einer Umgangsvereitelung oder Kindesherausgabe zur Zeit des Umgangskontaktes kommen muß, soweit der Aufenthaltsort des Kindes bekannt ist. Andererseits kann so die Bekanntgabe des kindlichen Aufenthaltsortes erzwungen werden. Die Maßnahmen der Zahlung einer Sicherheitsleistung oder der Übertragung des Eigentums können daher für das deutsche Recht nutzbar gemacht werden.

Bezüglich der Zahlungen des Kindesunterhaltes an einen Treuhänder (Sec. 37(3)2. CLRA) kommen ebenfalls schädliche Auswirkungen auf das Kind in Betracht. Der Unterhaltsanspruch steht dem Kind zu. Bei der Zahlung von Unterhalt kommt es auch gerade darauf an, daß dieser monatlich zur Verfügung steht. Wenn auch der Unterhaltspflichtige nicht zeitweise von der Zahlung der Unterhaltspflicht entbunden wird, sondern der Unterhalt für einen gewissen Zeitraum sichergestellt wird, so sind die Auswirkungen für das Kind für diesen Zeitraum doch dieselben.[1071]

Im übrigen sind die Mittel zur Sicherung der Durchsetzung des Sorge- und Umgangsrechts nicht für die bundesdeutsche Situation nutzbar zu machen.
Jedoch zeigt sich an dieser Stelle erneut die aus der Einräumung des Ermessens im Hinblick auf die Durchsetzung des Sorge- und Umgangsrechts resultierende Flexibilität des Rechts.

6. Rolle des „Children's Lawyer" im Verfahren der Vollstreckung von Sorge- oder Umgangsrechtsentscheidungen und rechtsvergleichende Wertung

In sorge- oder umgangsrechtlichen Streitigkeiten kann das Gericht die rechtliche Vertretung des Kindes durch einen „Children's Lawyer" (Anwalt des Kindes) gemäß Sec. 89(3.1) Courts of Justice Act anordnen.[1072] Auch das Kind kann von sich aus eine unabhängige rechtliche Interessenvertretung suchen.[1073]
Es können im allgemeinen sowohl Sozialarbeiter als auch Rechtsanwälte als „Children's Lawyers" tätig werden. Die Sozialarbeiter fertigen lediglich Berichte für das Gericht gemäß Sec. 112 Courts of Justice Act an,[1074] wohingegen die Rechtsanwälte das Kind über die gesamte Dauer des Verfahrens rechtlich vertreten.[1075]

[1071] Siehe zu der Kindeswohldienlichkeit finanzieller Maßnahmen die obigen Ausführungen zum Zwangsgeld, die insoweit übertragbar sind: A.V.3.a)
[1072] Siehe auch Family Relations Act, Sec. 2, British Columbia; Code of Civil Procedure, Quebec; Sec. 167 Children's Act, Yukon
[1073] Rowe v. Rowe (1976) 26 R.F.L. 91 (Ont. H.C.)
[1074] Hauptsächlich bei Kindern unter 8 Jahren, so Dena Moyal, Legal Director (Personal Rights) of the Office of the Children's Lawyer, Interview vom 28.3.2000
[1075] Hauptsächlich bei Kindern über 8 Jahren, so Dena Moyal, Legal Director (Personal Rights) of the Office of the Children's Lawyer, Interview vom 28.3.2000

In Ontario existiert ein „Office of the Children's Lawyer" als Abteilung der Regierung, des Ministry of the Attorney General.[1076]
Diese Stelle wird nach der Ausübung eigenen Ermessens nur in den schwierigsten Fällen tätig und kann auch das Tätigwerden ablehnen.[1077]

Die „Children's Lawyer" des „Office of the Children's Lawyer" werden nicht in „contempt of court"-Verfahren tätig.[1078] Hinsichtlich der Vollstreckung von Sorge- und Umgangsrechtsentscheidungen kommt eine Tätigkeit schwerpunktmäßig in den Fällen, in denen es um die Abänderung von Sorgerechts- oder Umgangsrechtsentscheidungen oder die Ergreifung des Kindes geht, in Betracht.[1079]

Die Tätigkeit des „Children's Lawyers" ist daher stark eingeschränkt, denn die Vollstreckung des Sorge- und Umgangsrechts wird hauptsächlich in „contempt"-Verfahren gesucht. Da nach den obigen Ausführungen aber gerade in solchen Verfahren schädliche Auswirkungen für Kinder drohen, ist eine rechtliche Interessenvertretung für Kinder notwendig.

Die kanadische gerichtliche Praxis weist insoweit die selben Mängel auf, wie die bundesdeutsche.[1080] Der Umgang mit der Anordnung einer Interessenvertretung des Kindes in der gerichtlichen Praxis ist daher nicht für das bundesdeutsche Recht nutzbar zu machen.

[1076] Siehe Office of the Children's Lawyer, Annual Review

[1077] Dena Moyal, Legal Director (Personal Rights) of the Office of the Children's Lawyer, Interview vom 28.3.2000

[1078] So: Dena Moyal, Legal Director (Personal Rights) of the Office of the Children's Lawyer, Interview vom 28.3.2000

[1079] wie häufig die Kinder in diesen Fällen repräsentiert werden, ist nicht bekannt, allerdings fand in keinem der im Rahmen dieser Arbeit zitierten Fällen die Beiordnung eines Kindesanwaltes statt

[1080] Siehe dazu oben: III.2.a)aa)(3), b)aa)(4), 3.a)cc), 4.a)dd)

III. Ergebnis

Durchsetzung des Sorge- und Umgangsrechts für das bundesdeutsche Recht Im Ergebnis ist festzustellen, daß das kanadische Recht im Bereich der verwertbare Alternativen und Erfahrungen aufweist.
Im Einzelnen sind die nachfolgenden positiven Aspekte hervorzuheben.

1. Grundlegende Erkenntnisse

Die Einräumung des Ermessens im Hinblick auf die Anordnung von Maßnahmen zur Durchsetzung des Sorge- oder Umgangsrechts ermöglicht eine flexiblere Handhabung der Durchsetzungsmechanismen, zugeschnitten auf den Einzelfall. Starre Regelungen tragen insoweit nichts zu einer Konfliktlösung bei.[1081]

Die sachnahe Einbettung der Durchsetzungsmöglichkeiten im Bereich der gesetzlichen Sorge- und Umgangsrechtsregelungen erweist sich als sinnvoll. Insoweit kann durch die auf den speziellen Problemkreis zugeschnittene Regulierung besser auf die Belange des Kindes Rücksicht genommen werden.[1082]

2. Erkenntnisse im Bereich der klassischen Zwangsmittel

Im Bereich der unmittelbaren Herausgabe- oder Umgangsvollstreckung entspräche angesichts der gerichtlichen Praxis in der Bundesrepublik Deutschland die Einführung einer einheitlichen Regelung zur Durchsetzung des Sorgerechts möglicherweise im Rahmen der Regelungen des BGB der faktischen Situation.
Als von Vorteil erweist sich die sachnahe Einbettung der unmittelbaren Vollstreckungsmöglichkeit.
Das kanadische Recht ist insoweit fortschrittlicher, als die Befugnis zum Betreten und Durchsuchen einer Wohnung zum Zwecke des Auffindens eines Kindes ausdrücklich gesetzlich normiert ist. Eine entsprechende Regelung wäre im Hinblick auf Art. 13 GG auch im bundesdeutschen Recht wünschenswert.
Zudem sind die Befugnisse der Polizei mit Ausnahme der Gewaltanwendung genauer umschrieben, wenn von Suchen, Auffinden, Ergreifen und Aushändigen des Kindes die Rede ist. Die genauere Bestimmung der Befugnisse des Gerichtsvollziehers bzw. der Polizei bei der Herausgabevollstreckung wäre zum Zwecke der Rechtssicherheit für die Betroffenen auch im bundesdeutschen Recht von Vorteil.

[1081] Siehe B.II.,I.2.a) und b)
[1082] Siehe B.I.2.a) und b)

3. Erkenntnisse im Bereich der Alternativen zu den klassischen Zwangsmitteln

Im Bereich der finanziell wirkenden Zwangsmittel könnte die Möglichkeit der Hinterlegung von Geld bis zum Ablauf einer Wohlverhaltensfrist, als milderes doch gleich effektives Mittel als Alternative zum Zwangsgeld für das bundesdeutsche Recht nutzbar gemacht werden.[1083]
Im Falle des Vorliegens einer konkreten Entführungsgefahr oder der Kindesentführung kann mit einer Sicherheitsleistung oder der Übertragung von Eigentum eine von den Auswirkungen auf das Kind her gesehene mildere Maßnahme getroffen werden als im Falle der Haft oder des Zwangsgeldes. Somit kann der Verbleib des Kindes gesichert werden, ohne daß es zu einer Umgangsvereitelung oder Kindesherausgabe zur Zeit des Umgangskontaktes kommen muß, soweit der Aufenthaltsort des Kindes bekannt ist. Andererseits kann so die Bekanntgabe des kindlichen Aufenthaltsortes erzwungen werden. Die Maßnahmen der Zahlung einer Sicherheitsleistung oder der Übertragung des Eigentums können daher für das deutsche Recht nutzbar gemacht werden.

Die gerichtliche Praxis betreffend das Umgangsrecht, vor der Anordnung vollstreckungsrechtlicher Maßnahmen tendenziell zunächst eine (veränderte) Umgangsregelung zu treffen, ist grundsätzlich für die bundesdeutsche Rechtssprechung nutzbar zu machen.

Hinsichtlich der Praktizierung und der Kostentragung des überwachten Umgangs in der Bundesrepublik Deutschland, können die Erfahrungen mit dem beschriebenen „Supervisions"-modell Anstoß für weitere Experimente dieser Art bieten. Die Ausgestaltung des überwachten Umgangs im Rahmen einer solchen Einrichtung verspricht die Förderung von Umgangskontakten in einem breiterem Spektrum, wenn überwachte Umgangskontakte aus Kostengründen oder wegen fehlender Überwachungspersonen nicht durchgeführt werden können.
Hinsichtlich des Sorgerechts gibt es im bundesdeutschen Recht keine entsprechende gesetzliche Regelung zur Überwachung des Sorgerechts.
Die Durchsetzung der gemeinsamen elterlichen Sorge unter den Eltern ist bislang noch nicht besonders problematisch.[1084] Es bleibt insoweit die Entwicklung im Hinblick auf die gemeinsame Sorgerechtsausübung abzuwarten. Möglicherweise kann diesbezüglich aus dem kanadischen Beispiel längerfristig ein Nutzen gezogen werden.

Die kanadische gerichtliche Praxis der zwangsweisen Anordnung zur Teilnahme an „parent education"-Seminaren stellt eine von den schädlichen Auswirkungen auf das Kind her gesehen sinnvolle gegebenenfalls ergänzende Alternative zu

[1083] Siehe B.II.1.b)cc)(2)
[1084] Dies machten lediglich drei von allen untersuchten Verfahren aus: siehe oben A.IV.3.c)cc)

den herkömmlichen Vollstreckungsmechanismen dar und kann insoweit für das deutsche Recht nutzbar gemacht werden.

Die Anordnung der zwangsweisen Mediation von Amts wegen erscheint aus der Sicht des Kindes weniger sinnvoll als die Anordnung der zwangsweisen Teilnahme an erziehungsberatenden Maßnahmen.
Die Möglichkeit zur Anordung der Durchführung einer zwangsweisen Mediation auf Antrag einer Partei ist jedoch der Regelung des § 52a FGG vorzuziehen. Die kanadische Rechtslage kann insoweit nutzbar gemacht werden.

Die Beispiele der dargestellten Projekte im Bereich der „parent education" bzw. Mediation können für die bundesdeutsche gerichtliche und außergerichtliche Praxis Anstöße vermitteln, kreativer in jenem Bereich tätig zu werden bzw. konkrete Ideen aufzugreifen und innerstaatlich umzusetzen. Auf diese Weise könnte längerfristig das Gebiet der therapeutischen und erziehungsberatenden Maßnahmen besser erforscht werden, um die Elternverantwortung zu stärken, um Hilfe zur Selbsthilfe zu geben, und um letzlich schädliche Auswirkungen auf das Kind zu vermeiden.

C. Schlußbetrachtung - Anforderungen an ein kindgerechtes Verfahren zur Durchsetzung der Kindesherausgabe und des Umgangsrechts

Es bleiben nunmehr als Ergebnis der vorangegangenen Untersuchung zusammenfassend die Anforderungen an ein kindgerechtes Verfahren zur Durchsetzung der Kindesherausgabe und des Umgangsrechts für die Ausgangssituation des Elternstreits darzustellen.[1085]

I. Anforderungen an ein kindgerechtes Verfahren zur Durchsetzung der Kindesherausgabe und des Umgangsrechts - de lege lata

Im Hinblick auf die geltende Rechtslage haben sich die folgenden Anforderungen an ein kindgerechtes Verfahren zur Durchsetzung der Kindesherausgabe und des Umgangsrechts im Elternstreit ergeben.

1. Anforderungen an die Durchführung der Vollstreckung gemäß § 33 FGG

a) Kindeswohldienlichkeit der Vollstreckung gemäß § 33 FGG

Das Gericht hat bei der Androhung oder Verhängung von Zwangsmitteln nach § 33 FGG im Rahmen seiner Ermessensentscheidung den Verhältnismäßigkeitsgrundsatz zu beachten.[1086] Unter anderem folgt daraus, daß die Vollstreckung der Kindesherausgabe oder des Umgangsrechts mit den Mitteln des § 33 FGG dem Kindeswohl dienlich sein muß.[1087]
Dies bedeutet konkret, daß die Entscheidung über die Durchführung der Vollstreckung der Ermittlung und ausführlichen Abwägung aller für die Durchsetzung der Kindesherausgabe oder des Umgangsrechts relevanten Belange des Kindes bedarf.
Die Belange des Kindes finden gegenwärtig in der gerichtlichen Praxis insgesamt keine ausreichende Berücksichtigung.[1088]

Für die Durchführung der Vollstreckung mit den Mitteln des § 33 FGG darf sich das Gericht nur dann entscheiden, wenn die Vollstreckung die für das Kind am wenigsten schädliche Alternative darstellt.[1089] Dabei sind zur Verfügung stehende Alternativen zur Durchführung der Vollstreckung nach § 33 FGG mit in die

[1085] Zur vorangegangenen Untersuchung siehe Teil A. und B.
[1086] Über die Androhung und Verhängung der Zwangsmittel entscheidet das Gericht nach seinem pflichtgemäßen Ermessen: OLG Karlsruhe DAVorm 2000, 351; FamRZ 1998, 638; OLG Nürnberg EzFamR aktuell 1994, 286 (S); 1992, Nr. 7, 7; OLG Hamm FamRZ 1975, 639
[1087] So auch: OLG Hamburg FamRZ 1994, 1128; Staudinger[12]/ Salgo, § 1632 BGB, Rdnr. 37; Jopt, ZfJ 1991, 93 (95); Raak, FPR 1996, 54
[1088] Siehe dazu zusammenfassend oben: A.IV.3.g)
[1089] Siehe dazu ausführlich oben: A.V.2.

Abwägung einzubeziehen.[1090] Die Entscheidung des Gerichts über die Durchführung einer Vollstreckung mit den Mitteln des § 33 FGG ergeht von Amts wegen, ein Antrag eines Elternteils ist nicht erforderlich.[1091]

Immer zu berücksichtigen hat das Gericht dabei die besondere Situation des Kindes. Im Zeitpunkt der Entscheidung über die Vollstreckungsfrage ist das Kindeswohl nämlich in Gefahr. Diese Gefahr resultiert aus drei Komponenten. Einerseits befindet sich das Kind in einer erhöhten Belastungssituation wegen der dem Herausgabe- oder Umgangsstreit zumeist zugrundeliegenden Trennung oder Scheidung seiner Eltern. Zum anderen geht mit der Vollstreckung der Kindesherausgabe oder des Umgangsrechts die Trennung von Bezugspersonen, nämlich des anderen Elternteils, einher. Letztlich ist das Kind von der offenen, es voll und ganz einbeziehenden Konfliktaustragung der Eltern vor Gericht unmittelbar betroffen.[1092]

Weil das Kindeswohl in Gefahr ist, ist das Kind besonders unterstützungsbedürftig. Die Vollstreckung der Kindesherausgabe gemäß § 1632 I, III BGB oder des Umgangsrechts im Elternstreit ist daher auch nur dann dem Kindeswohl dienlich, wenn das Kind dadurch Unterstützung erfährt.[1093]
Die Vollstreckung kann theoretisch unterstützend auf das Kind wirken, wenn dieses sich eindeutig und ausdrücklich positiv im Hinblick auf die Herausgabe oder den Umgangskontakt verhält.[1094] Aber selbst dann können von den einzelnen Zwangsmitteln schädliche Auswirkungen auf das Kind ausgehen.[1095]
Deshalb ist der Belastungsstand des Kindes unbedingt ausreichend zu ermitteln. Anderenfalls kann keine der jeweiligen Situation des Einzelfalles angemessene kindgerechte Entscheidung getroffen werden.

b) Sonstige allgemeine Entscheidungsmaßstäbe

Aus der Beachtung des Verhältnismäßigkeitsgrundsatzes und aus § 33 V FGG resultiert zudem das Gebot, daß jedes Zwangsmittel zunächst angedroht werden muß.[1096]
Soweit § 33 V FGG seinem Wortlaut nach in der Entbehrlichkeit der Androhung ein Stufenverhältnis bezüglich der einzelnen Zwangsmittel erkennen läßt,[1097]

[1090] Zu den Alternativen siehe ausführlich oben: A.VI.
[1091] Siehe dazu ausführlich oben: A.III.1.b)
[1092] Siehe dazu ausführlich oben: A.V.1.
[1093] Siehe oben: A.V.2.b)
[1094] Siehe oben: A.V.2.b)
[1095] Siehe dazu ausführlich oben: A.V.3.
[1096] Siehe dazu jeweils oben: A.III.2.b), 3.a)aa), 4.a)ff)
[1097] Hinsichtlich des Zwangsgeldes spricht § 33 III 1 FGG von einem „Muß“ der Androhung, hinsichtlich der Androhung des Zwangshaft spricht § 33 III 3 FGG von „soll“, hinsichtlich der Androhung der Anordnung gemäß § 33 II 1 FGG spricht § 33 III 6 FGG von „soll in der Regel“.

gebietet der Verhältnismäßigkeitsgrundsatz für alle Zwangsmittel einheitlich zunächst eine Androhung. Ausnahmsweise entbehrlich ist die Androhung, wenn ansonsten der Zweck des Zwangsmittels vereitelt werden würde.
Die gerichtliche Praxis ist diesbezüglich besonders im Hinblick auf § 33 II 1 FGG unzureichend, da hier grundsätzlich die Androhung des Zwangsmittels unterbleibt.[1098]

Weiterhin resultiert aus dem Verhältnismäßigkeitsgrundsatz die Maßgabe, stets nur ein Zwangsmittel anzudrohen oder zu verhängen. Die schädlichen Auswirkungen der einzelnen Zwangsmittel im Hinblick auf das Kindeswohl sind andernfalls nicht mehr kontrollierbar. Dies hat auch hinsichtlich § 33 II 1 FGG zu gelten, obwohl der Wortlaut des Gesetzes die Möglichkeit der gleichzeitigen Verhängung der Zwangsmittel zuläßt. Insbesondere die Verhängung von Zwangsgeld in Verbindung mit ersatzweiser Haft ist insoweit unzulässig.[1099]

Die gerichtliche Praxis ist insoweit unzureichend, da in der Regel mehrere Zwangsmittel gleichzeitig angedroht oder verhängt werden.[1100]

c) Besondere materielle Anforderungen an ein kindgerechtes Vollstreckungsverfahren

In materieller Hinsicht ergeben sich im Falle des Vorliegens einer kindlichen Weigerungshaltung (aa)), aus den spezifischen Auswirkungen des einzelnen Zwangsmittels auf das Kind (bb)) und im Falle des Zugrundeliegens einer zu vollstreckenden Umgangsregelung (cc)), besondere Anforderungen an eine kindgerechte Entscheidung hinsichtlich des „Ob“ und des „Wie“ der Zwangsvollstreckung gemäß § 33 FGG.

aa) Vollstreckungsverbot im Falle des Vorliegens einer kindlichen Weigerungshaltung

Im Falle des Vorliegens einer kindlichen Weigerungshaltung, der Herausgabeanordnung oder der Umgangsregelung Folge zu leisten, dürfen Zwangsmittel gemäß § 33 FGG nicht angedroht oder verhängt werden.[1101]

Die Vollstreckung der Kindesherausgabe und des Umgangsrechts gegen den Willen des Kindes ist im Falle des Elternstreits nicht dem Kindeswohl dienlich.

[1098] Siehe oben: IV.f)bb)(3)(a), lediglich einmal wurde die Androhung der Anordnung gemäß § 33 II 1 FGG erst in zweiter Instanz ausgesprochen.
[1099] Siehe oben: III.3.a)dd)
[1100] Siehe dazu oben: IV.3. f)
[1101] An dieser Stelle sei noch einmal darauf hingewiesen, dass sich die vorliegende Arbeit nicht mit den Anforderungen an ein kindgerechtes Verfahren zur Durchsetzung der Kindesherausgabe nach § 1666, § 1666a BGB befaßt.

In der kindlichen Weigerungshaltung kann die Überlastung des Kindes mit der Trennungs- oder Herausgabesituation zum Ausdruck kommen. Jene Spannungen würde man durch die zwangsweise Überwindung des Kindeswillens noch verschärfen.
Zudem ist die zwangsweise Überwindung des Kindeswillens zur Durchsetzung des Sorge- oder Umgangsrechts dem Erhalt einer Eltern- Kind- Beziehung auf längere Sicht abträglich.[1102]

Die kindliche Weigerungshaltung läßt außerdem die Voraussetzungen für die Androhung oder Verhängung von Zwangsgeld gemäß § 33 I FGG entfallen. Liegt eine kindliche Weigerungshaltung vor, so ist keine Handlung im Sinne des § 33 I 1 FGG vorzunehmen, die ausschließlich vom Willen des Verpflichteten abhängt.[1103]
Hinsichtlich der Androhung und Verhängung der Zwangshaft oder der Androhung oder des Ausspruchs einer Anordnung gemäß § 33 II 1 1.Alt. FGG gilt dies, da das Kind nicht Verpflichteter der Herausgabeanordnung im vollstreckungsrechtlichen Sinne ist, bzw. wegen der Kindesweigerung keine Handlung im Sinne der §§ 33 I 1, 33 II 1 2.Alt. FGG vorzunehmen ist, die ausschließlich vom Willen des Verpflichteten abhängt.[1104]
Die Formulierung einer Pflicht zur erzieherischen Einflußnahme auf das Kind zur Überwindung des entgegenstehenden Kindeswillens ist gerade zum Zwecke der Durchsetzung von Umgangsregelungen nicht vollstreckbar, da das Kind insoweit nicht Vollstreckungsgegner sein kann.[1105]

Wird eine Grundentscheidung zum Wohle des Kindes entgegen dem Kindeswillen getroffen, so ist gegebenenfalls die Nichtdurchsetzbarkeit der Entscheidung mit den Zwangsmitteln des § 33 FGG hinzunehmen. Andere Maßnahmen zur Auflösung der kindlichen Haltung sind aufzufinden und durchzuführen.[1106]

Die gerichtliche Praxis ist unzureichend, soweit die kindliche Haltung gar nicht erst ermittelt wird[1107] bzw. neben einer Zwangsgeldandrohung oder –verhängung die Pflicht zur Vornahme einer erzieherischen Einwirkung im Falle des Vorliegens einer kindlichen Weigerungshaltung ausgesprochen wird.[1108]

[1102] Siehe dazu ausführlich: A.V.2.d)
[1103] Siehe oben: A.III.2.c)cc)(1), (3)
[1104] Zur Zwangshaft siehe diesbezüglich: A.III.3.b)bb)(1)(b); zur Anordnung gemäß § 33 II 1 FGG siehe: A.III.4.b)bb)(1)
[1105] Siehe oben: A.III.2.c)cc)(1)
[1106] Siehe zu den Konsequenzen der Kindesweigerung ausführlich oben: A.III.2.c)cc)(2), (3)
[1107] Siehe oben A.IV.3.e)dd) und ff)(3)
[1108] Siehe oben: III.2.c)aa)

bb) Spezifische Auswirkungen des Zwangsmittels

(1) Zwangsgeld

Ein Zwangsgeld darf nur angedroht und verhängt werden, wenn sichergestellt ist, daß der Familienunterhalt trotzdem erhalten bleibt und der Kindesalltag durch die Androhung oder Verhängung des Zwangsgeldes keine spürbaren Veränderungen erfährt. Bei der Bemessung der Höhe des Zwangsgeldes sind im Hinblick auf das Kindeswohl vorrangig die wirtschaftlichen Verhältnisse zu berücksichtigen. Andere Umstände können nur berücksichtigt werden, soweit die Bedürfnisse des Kindes nach wie vor unverändert Deckung erfahren.[1109] Im Einzelfall müssen daher die finanziellen Verhältnisse ermittelt werden.
Insoweit ist die gerichtliche Praxis unzureichend.[1110]

(2) Zwangshaft

Die Vollstreckung der Kindesherausgabe und des Umgangsrechts mittels Zwangshaft stellt eine für das Kindeswohl sehr schädliche Alternative dar.[1111] Dies gilt einerseits deshalb, da es sich vor dem Kind kaum verbergen lassen wird, daß ein Elternteil den anderen Elternteil inhaftieren läßt. Bei der Verhaftung kann es zudem zu einer staatlichen Gewaltanwendung kommen. Schuldgefühlen und Loyalitätskonkflikten kann insoweit kaum noch entgegengewirkt werden. Zum anderen wird dem Kind für die Haftdauer entweder ein Elternteil entzogen oder das Kind muß sich mit dem Elternteil in die Haft begeben.[1112] Darüberhinaus wird es bei der Inhaftierung auch zu einer staatlichen Gewaltanwendung kommen können.

Die Verhaftung eines Elternteils kann daher nach intensiver Abwägung im Einzelfall nur in ganz außergewöhnlichen Fällen in Betracht kommen, etwa im Falle der konkreten Entführungsgefahr des Kindes ins Ausland durch den Nichtsorgeberechtigten, oder wenn der Aufenthaltsort des Kindes unbekannt ist, bzw. das Kind bereits entführt worden ist.
Es muß dann unbedingt sichergestellt sein, daß das Kind möglichst unberührt von den schädlichen Auswirkungen der Inhaftierung eines Elternteils bleibt. Dies ist nur dann möglich, wenn sich das Kind ohnehin nicht bei der herausgabepflichtigen Person befindet.

Befindet sich das Kind an einem unbekannten Aufenthaltsort und besteht eine konkrete Entführungsgefahr oder ist das Kind bereits entführt worden, kommt zunächst die Abgabe einer eidesstattlichen Versicherung über den Verbleib des

[1109] Siehe dazu ausführlich oben: A.V.3.a)
[1110] Siehe oben: A.III.2.a)bb)(3); IV.3.e)bb), f)bb)(1)
[1111] Siehe zur Zwangshaft ausführlich oben: A.V.3.b)
[1112] Siehe oben: A.V.3.b)

Kindes als milderes Mittel oder die Androhung und Verhängung von Zwangsgeld in Betracht.[1113] Befindet sich das Kind bei der herausgabepflichtigen Person kommt neben einer Zwangsgeldandrohung oder –verhängung immer eine Vollstreckung gemäß § 33 II 1 FGG als milderes Mittel in Betracht.[1114]
Eine vorbeugende Verhängung der Zwangshaft ist unzulässig.[1115]

Die gerichtliche Praxis ist gerade im Hinblick auf die große Zahl der Eilverfahren, die ohne eine mündliche Verhandlung zum Abschluß kommen und wegen des Mangels an Berücksichtigung der kindlichen Belange hinsichtlich der Anwendung der Zwangshaft unzureichend.[1116]

(3) Anordnung gemäß § 33 II 1 FGG

Eine Anordnung gemäß § 33 II 1 FGG ist unabhängig von der zu vollstreckenden Grundentscheidung und vom Alter des Kindes ausgeschlossen, wenn gegen ein Kind Gewalt verübt werden soll.[1117]
Dies folgt schon aus dem Grundsatz, daß die Vollstreckung mit den Mitteln des § 33 FGG ausscheidet, wenn eine Kindesweigerung gegeben ist und begrifflich eine Gewaltanwendung gegen ein Kind im Sinne des § 33 II 1 FGG nur vorliegen kann, wenn sich das Kind weigert, der Anordnung zu folgen.[1118]
Das ergibt sich rechtlich aus dem Verhältnismäßigkeitsgrundsatz und aus § 33 II 2 FGG.[1119] Auch die Systematik des Vollstreckungsrechts verbietet die Gewaltanwendung gegen ein Kind, da das Kind selbst nicht Vollstreckungsgegner ist.[1120] Der Grundsatz der gewaltfreien Erziehung, wie er in § 1631 II BGB verwirklicht ist, sowie die Grundrechte des Kindes aus Art. 1 I und Art. 2 I GG erfordern zudem einen Gewaltverzicht gegenüber der Person des Kindes.[1121]

Darüberhinaus stellt jegliche Form von Gewaltanwendung, die sich nicht unmittelbar gegen die Person des Kindes richtet, ein Risiko für das Kindeswohl dar.[1122] Sie ist ausgeschlossen im Falle der Kindesweigerung.[1123]
Stellt sich die Vollstreckung mit Gewalt gegen andere Personen als das Kind oder gegen Sachen bzw. die Vollstreckung mittels staatlichen Zwangs ohne

[1113] OLG Hamm FamRZ 1993, 1479
[1114] Siehe oben: A.V.3.b)
[1115] BT/Drucks 11/3622, S. 4
[1116] Dies gilt auch, wenn die Zwangshaft nur angedroht wird. Siehe oben: A.IV.3.f)bb)(2)
[1117] Siehe dazu ausführlich oben: A.III.4.b)bb)(2)
[1118] Siehe zur Definition des Gewaltbegriffs gegen Personen: A.III.4.b)aa)(2)
[1119] Siehe oben: A.III.4.b)bb)(2)(b)(ee)(aaa)
[1120] Siehe oben: A.III.4.b)bb)(2)(b)(ee)(bbb)
[1121] Siehe oben: A.III.4.b)bb)(2)(b)(ee)(ddd) und (eee)
[1122] Siehe dazu grundlegend: A.V.3.c)
[1123] Siehe oben: A.V.2.d); an dieser Stelle sei erneut einmal darauf hingewiesen, dass sich die vorliegende Arbeit nicht mit den Anforderungen an ein kindgerechtes Verfahren zur Durchsetzung der Kindesherausgabe nach § 1666, § 1666a BGB befaßt.

konkrete Gewaltanwendung durch die Präsenz der polizeilichen Vollzugsorgane unter Berücksichtigung der möglichen Auswirkungen auf das Kind im Vergleich zum Verbleib des Kindes und der Anwendung anderer Alternativen zur Durchsetzung des elterlichen Anspruchs als am wenigsten schädliche Alternative dar, so ist in jedem Fall das Jugendamt wegen der Fachkompetenz der Mitarbeiter in sozialen Konflikten um Mithilfe zu bitten.[1124] Grundsätzlich kommt die Androhung oder Verhängung eines Zwangsgeldes gemäß § 33 I 1 FGG vorrangig in Betracht.

cc) Besondere Anforderungen an die Vollstreckung des Umgangsrechts

Zur Vollstreckung des Umgangsrechts ist grundsätzlich jegliche Form von Zwang bedenklich.[1125]

In Betracht zu ziehen ist die zwangsweise Durchsetzung des Umgangsrechts dann, wenn sie vom Kind als Unterstützung empfunden werden kann. Dies erscheint nur dann möglich, wenn sich das Kind in Bezug auf den Umgangskontakt eindeutig und ausdrücklich positiv verhält.[1126]
Äußert sich das Kind nicht eindeutig und ausdrücklich positiv zum Umgangskontakt, so können aufgrund des dadurch zum Ausdruck kommenden Loyalitätskonfliktes mit einer zwangsweisen Durchsetzung des Umgangsrechts die Spannungen für das Kind verstärkt werden.[1127] Die zwangsweise Durchsetzung des Umgangsrechts ist hier unangemessen.

Die Androhung und Verhängung der Zwangshaft zur Vollstreckung des Umgangsrechts scheidet ohnehin aus. Dies ergibt sich zum einen aus der Intention des Gesetzgebers, der die Zwangshaft nicht zur Vollstreckung des Umgangsrechts zur Verfügung stellen wollte.[1128] Zum anderen ergibt sich dies bei Berücksichtigung der kindlichen Belange aus den schädlichen Risiken, die mit der Zwangshaft verbunden sind.[1129]

Zur Durchsetzung des Umgangsrechts kommt auch die Gewaltanwendung gegen andere Personen als das Kind oder gegen Sachen bzw. die Präsenz staatlicher Vollzugsorgane gemäß § 33 II 1 FGG nicht in Betracht. Wegen der mit der Anwendung von Gewalt bzw. der Präsenz staatlicher Vollzugsorgane verbunden Risiken für das Kindeswohl wäre die Vollstreckung des Umgangsrechts mittels

[1124] Siehe zu den Auswirkungen der Gewaltanwendung oder der Präsenz der staatlichen Vollzugsorgane bei der Vollstreckung auf das Kind oben: A.V.3.c), III.4.b)bb)(3)
[1125] Siehe dazu insbesondere: A.V.2.c)
[1126] Siehe dazu: A.V.2.b)
[1127] Siehe zur Situation des Kindes: A.V.1.
[1128] Siehe dazu ausführlich: A.III.3.b)bb)(2)
[1129] Siehe dazu ausführlich: A.V.3.b)

Gewalt, auch wenn keine kindliche Weigerungshaltung vorläge, unverhältnismäßig.[1130]

Äußert sich das Kind im Hinblick auf den durchzusetzenden Umgangskontakt eindeutig und ausdrücklich positiv, so kann auch die Androhung oder Verhängung eines Zwangsgeldes als letztes Mittel nur in Betracht gezogen werden, wenn andere Alternativen nicht verfügbar sind und vom Zwangsgeld keine so schädlichen Wirkungen für das Kind ausgehen, daß nach Abwägung aller kindlichen Belange der Einsatz des Zwangsmittels unterbleiben muß.

dd) Erfordernis der Bestellung eines Verfahrenspflegers gemäß § 50 FGG

Im Verfahren um die Vollstreckung der Kindesherausgabe oder des Umgangsrechts kann das Interesse des Kindes im Sinne des § 50 II Nr. 1 FGG nach allem in erheblichem Gegensatz zu dem seines gesetzlichen Vertreters stehen, so daß ein Verfahrenspfleger für das Kind gemäß § 50 I FGG zu bestellen ist.[1131]
Dies kommt insbesondere dann in Betracht, wenn der sorgeberechtigte Elternteil entgegen einer kindlichen Weigerungshaltung einen Herausgabeanspruch gemäß § 1632 I, III BGB zu vollstrecken sucht.
Aber auch in der bloßen Bereitschaft des sorgeberechtigten Elternteils, die Herausgabe des Kindes mittels unmittelbaren Zwangs durchzusetzen, kann bereits ein Interessenkonflikt im Sinne des § 50 II Nr. 1 FGG zu sehen sein, ohne daß eine kindliche Weigerungshaltung gegeben ist.
Im Hinblick auf das Umgangsrecht kann die Uneinsichtigkeit des sorgeberechtigten Elternteils, dem Umgangsrecht des Nichtsorgeberechtigten Folge zu leisten oder ein Verstoß gegen die Loyalitätspflichten des § 1684 II BGB, einen Interessenkonflikt darstellen, der spätestens, wenn die Durchsetzung des Umgangsrechts mittels Zwangs zu entscheiden ist, einen vorläufigen Höhepunkt gefunden hat.

Die Bestellung eines Verfahrenspflegers muß daher im Zeitpunkt der Entscheidung über die Vollstreckung der Kindesherausgabe oder des Umgangsrechts daher immer in Betracht gezogen werden und ist teilweise unerläßlich.[1132]

d) Besondere formelle Anforderungen an ein kindgerechtes Vollstreckungsverfahren

In formeller Hinsicht müssen bestimmte Anforderungen zur Absicherung der kindlichen Bedürfnisse im Vollstreckungsverfahren besonders beachtet werden,

[1130] Siehe dazu ausführlich: A.V.3.c) und A.III.4.b)bb)
[1131] Siehe dazu jeweils oben: A.III.2.a)aa)(3), 3.a)cc), 4.a)dd)
[1132] Siehe zu den Fallkonstellationen, in denen die Bestellung eines Verfahrenspflegers in Betracht kommen kann auch: A.V.2.

wenn über die Anwendung von Zwangsmitteln gemäß § 33 FGG zu entscheiden ist.

aa) Anhörungen / Durchführung einer mündlichen Verhandlung

Die Durchführung von Anhörungen aller Verfahrensbeteiligten und des Jugendamtes, gegebenenfalls im Rahmen einer mündlichen Verhandlung im Hinblick auf die Frage der Vollstreckung mit den Mitteln des § 33 FGG, ist von besonderer Bedeutung für die Ermittlung des kindlichen Belastungsstandes. Dem trägt die Regelung des § 52 I 2 FGG besonders Rechnung. Danach hat die Anhörung der Beteiligten so früh wie möglich zu erfolgen.

(1) Anhörung des Kindes

Die persönliche Anhörung des Kindes muß im Vollstreckungsverfahren gemäß § 50b I, II FGG immer durchgeführt werden, da das Verfahren um die Vollstreckung des Herausgabeanspruches gemäß § 1632 I, III BGB bzw. das Umgangsrecht ein die Personensorge betreffendes Verfahren darstellt.[1133]
Die Anhörung des Kindes ist unbedingt notwendig, um den kindlichen Belastungsstand im Zeitpunkt der Vollstreckungsfrage herauszufinden und um die Auswirkungen der Durchführung der Vollstreckung realistisch einschätzen zu können.[1134] Nur im Rahmen einer Anhörung können Alternativen zur zwangsweisen Durchsetzung der elterlichen Ansprüche diskutiert werden. Auch muß das Kind im Rahmen der persönlichen Anhörung auf seinen Beratungsanspruch gemäß § 18 KJHG hingewiesen werden.[1135]
Die Erforschung der kindlichen Haltung ist dabei von großer Wichtigkeit für die Anordnung der zwangsweisen Vollstreckung des zugrundeliegenden elterlichen Anspruchs. Nur durch die Anhörung des Kindes kann herausgefunden werden, ob etwa eine kindliche Weigerungshaltung gegeben ist und deshalb die Vollstreckung nicht durchgeführt werden darf, bzw. wie diese aufgelöst werden kann.[1136] Auch können nur durch die Durchführung einer Anhörung veränderte Umstände aufgedeckt werden.

Dabei ist der persönliche Eindruck des Familienrichters vom Kind wichtig, um einen direkten unmittelbaren Eindruck zu gewinnen.
Insoweit wäre eine obligatorische Zusatzausbildung eines jeden Familienrichters erforderlich, damit dieser überhaupt in der Lage ist, den kindlichen Belastungsstand zur ermitteln und richtig einzuschätzen.[1137]

[1133] Siehe dazu auch oben: A.III.2.a)aa)(1), b)aa)(2); 3.a)bb); 4.a)bb)
[1134] Siehe dazu A.V.1., 2., 3.
[1135] Siehe oben: A.VI.3.b)
[1136] Zur Unzulässigkeit der Vollstreckung entgegen einer kindlichen Weigerungshaltung siehe: C.I.1.b)aa) m.w.N.
[1137] Siehe dazu auch: A.V.2.a)

Auch wenn das Kind noch nicht 14 Jahre alt ist, muß die Anhörung im Hinblick auf die Vollstreckung gemäß § 50 b I FGG durchgeführt werden. Denn die Neigungen, Bindungen und der Wille des Kindes sind nach dem oben Gesagten gerade entscheidend für die Zulässigkeit der Vollstreckung.[1138]
Soweit in der höchstrichterlichen Praxis auf die Anhörung des Kindes verzichtet wird, weil es auf seine Neigungen, Bindungen und seinen Willen bei der Frage der Androhung oder Verhängung des Zwangsgeldes nicht ankomme, ist dies nicht haltbar.[1139]
Die Kindesanhörung muß auch im Eilfall grundsätzlich vor der Entscheidung über die Vollstreckung der Herausgabe oder des Umgangsrechts durchgeführt werden.[1140] Denn gerade die Eilentscheidung über die Vollstreckung der Herausgabe, die oft ihrerseits auf der Grundlage einer vorläufigen Anordnung getroffen wird, birgt für das Kind einen erhöhten Unsicherheitsfaktor. Die Eilentscheidung wird mit denselben Vollstreckungsmitteln vollstreckt wie die Hauptsacheentscheidung, eine Sicherheitsanordnung ist nicht möglich im Falle der Kindesherausgabe oder des Umgangsrechts. Gerade im Bereich der Herausgabe bzw. Übergabe können mit unrichtigen Entscheidungen nicht wieder gutzumachende Schäden beim Kind entstehen. Es besteht außerdem die Gefahr, daß sich das Kind nach der Entscheidung in der Hauptsache erneut der Vollstreckung ausgesetzt sieht, wenn die Eilentscheidung bzw. die ihr zugrundeliegende Entscheidung nicht gehalten wird.[1141]
Der Wortlaut des Gesetzes § 50b III 1, 2 FGG muß daher zum Wohle des Kindes restriktiv ausgelegt werden. Die Anhörung, die wegen Gefahr im Verzug unterblieben ist, muß danach unbedingt nachgeholt werden. Für die Glaubhaftmachung des Vorliegens der Gefahr im Verzug müssen im Sinne des Kindes erhöhte Anforderungen gelten.

In der gerichtlichen Praxis herrscht insoweit ein bedenklicher Zustand, weil das Anhörungserfordernis nicht in ausreichendem Maße befolgt wird.[1142]

(2) Anhörung der Eltern / Mündliche Verhandlung

Die Eltern sind beide persönlich anzuhören. Dies ergibt sich aus § 50a I 1, II FGG.[1143] Dazu bietet sich die Durchführung einer mündlichen Verhandlung an.

[1138] Siehe dazu insbesondere: A.V.2.b),c),d)
[1139] Unzulässig daher: BayObLG FamRZ 1998, 1129; BayObLG FamRZ 1996, 878 (879)
[1140] Siehe dazu ausführlich: A.IV.3.e)ff)(3)
[1141] Siehe zum Beispiel oben: A.I.Fallstudie 3
[1142] Nur 19,7 % aller von einem Herausgabeverfahren betroffener Kinder wurden angehört, dabei ist die Anhörung im Hinblick auf die Vollstreckung der Herausgabe weitgehend unterblieben, 71 % aller durchgeführter Herausgabeverfahren waren Eilverfahren, siehe dazu oben: A.IV.3.e)ff)(2) und (3) m.w.N.
[1143] Siehe zur Begründung oben: A.III.2.a)aa)(1), b)aa)(2); 3.a)bb); 4.a)bb)

Im Falle der Anhängigkeit eines Scheidungsverfahrens gebietet dies ausdrücklich § 613 ZPO.
Im Hinblick auf die Erforschung des kindlichen Belastungsstandes ist die Anhörung unbedingt notwendig. Auch kann nur im Rahmen einer persönlichen Anhörung auf Alternativen zur Vollstreckung eingegangen werden und insbesondere auf ein Einvernehmen der Parteien (§ 52 FGG) hingewirkt werden, bzw. können nur durch eine Anhörung veränderte Umstände aufgedeckt werden.
Im Hinblick auf die unterschiedlichen Zwangsmittel muß im Rahmen der Anhörung der Schwerpunkt gesetzt werden, z.B. müssen im Falle des Zwangsgeldes die finanziellen Verhältnisse der Familie erforscht werden.[1144] Im Hinblick auf die Verhängung der Zwangshaft muß versucht werden, den Nichtherausgabewilligen von der Bekanntgabe des Aufenthaltsorts des Kindes zu überzeugen. Im Falle der Erwägung des Treffens einer Anordnung gemäß § 33 II 1 FGG ist es besonders wichtig, Alternativen zur zwangsweisen Durchsetzung des elterlichen Anspruchs aufzuzeigen.[1145] Da die Verhängung der Zwangshaft bzw. das Treffen einer Anordnung gemäß § 33 II 1 FGG zudem stark in die Grundrechte des Vollstreckungsgegners eingreift, wirkt man durch die Durchführung einer Anhörung auch der Gefahr entgegen, dem Vollstreckungsgegner das rechtliche Gehör nicht zu gewähren.[1146]
Die Anhörung ist auch grundsätzlich im Eilverfahren durchzuführen.[1147] Diesbezüglich gilt das zur Kindesanhörung Gesagte entsprechend.[1148]

Die gerichtliche Praxis weist insoweit Mängel auf, als grundsätzlich im Rahmen eines Eilverfahrens noch nicht einmal im Hinblick auf das Grundverfahren eine mündliche Verhandlung mit den Parteien durchgeführt wird.[1149]

(3) Anhörung des Jugendamtes

Das Jugendamt muß gemäß § 49a I Nr. 6 und 7 FGG vor einer Entscheidung über die Kindesherausgabe gemäß § 1632 I, III BGB und des Umgangsrechts angehört werden. Im Rahmen dieses Verfahrens muß die Frage der Durchsetzung bereits erörtert worden sein.
Da aber durch die Vollstreckung über die Grundentscheidung hinaus wichtige Kindesbelange berührt werden, muß das Jugendamt auch stets im Rahmen des Vollstreckungsverfahrens nach § 12 FGG erneut angehört werden.[1150]
Gerade in der durch die Vollstreckungsbereitschaft der Eltern zum Höhepunkt kommenden verfahrenen Situation kann das Jugendamt vermitteln und auch im

[1144] Siehe A.V.3.a)
[1145] Siehe auch: A.III.4.a)bb)
[1146] Siehe oben: A.III.2.a)aa)(2), b)aa)(3), 3.a)bb), 4.a)cc)
[1147] Siehe oben: A.III.2.a)aa)(1)
[1148] Siehe C.I.1.c)aa)(1)
[1149] In nur 31,8 % aller Eilverfahren zur Herausgabe eines Kindes wurde eine mündliche Verhandlung durchgeführt, siehe dazu oben: A.IV.3.e)cc) und kritisch dazu A.IV.3.e)ff)(2)

Rahmen der Anhörungen nochmals auf die Beratungsansprüche der Eltern gemäß §§ 17, 18 KJHG hinweisen.[1151] Zudem ist die Fachkompetenz des Jugendamtes zur Beurteilung des kindlichen Belastungsstandes von Nutzen.
Hinsichtlich der Durchführung von Eilverfahren gilt das zur Kindesanhörung Gesagte entsprechend.[1152] Die Anhörung des Jugendamtes hat auch grundsätzlich im Eilverfahren stattzufinden. Im Falle des Unterbleibens wegen Gefahr im Verzug ist sie gemäß §§ 49 IV, 49a II FGG unverzüglich nachzuholen.

In der gerichtlichen Praxis zeigen sich hinsichtlich der Beteiligung des Jugendamtes am Herausgabe- oder Umgangsverfahren nicht zuletzt wegen der großen Zahl der Eilverfahren erhebliche Unterschiede.[1153] Auch hier zeigt sich, daß die Anhörungsvorschriften bereits im Hinblick auf das Grundverfahren nicht befolgt werden, erst recht also nicht im Hinblick auf die Vollstreckung.[1154] Dabei erweist sich die Beteiligung des Jugendamtes im Herausgabe- oder Umgangsverfahren in der gerichtlichen Praxis als förderlich.[1155]

bb) Anforderungen an die Zusammenfassung des Herausgabe- bzw. Umgangsverfahrens mit dem Vollstreckungsverfahren

Grundsätzlich handelt es sich bei dem (Erkenntnis-)Verfahren zum Erlaß der der Vollstreckung zugrundeliegenden Entscheidung, also dem Herausgabe-, Rückführungs- oder Umgangsverfahren um ein selbständiges Verfahren.[1156]
Im Hinblick auf die Vollstreckungsentscheidung kann diese unter Umständen korrigierende Wirkung haben, wenn sich zwischen Erlaß der Grundentscheidung und Erlaß der Vollstreckungsentscheidung veränderte Umstände ergeben haben.[1157]
Auch dient die Trennung der Verfahren dem Zweck, die Vollstreckungsentscheidung gerade im Hinblick auf die zusätzlichen Belastungen für den Vollstreckungsgegner und das Kind eingehend zu überprüfen, da insoweit ein selbständiger Eingriff in die Rechte des Vollstreckungsgegners oder des Kindes gegeben ist.
Die Grundentscheidung und die Vollstreckungsentscheidung können zusammen ergehen, beide Verfahren können zusammengefaßt werden.[1158] Dies ist jedoch

[1150] Die Anhörungsvorschriften der §§ 49, 49a FGG sind insoweit nicht abschließend, siehe oben: A.III.2.a)bb)
[1151] Siehe dazu auch oben: A.VI.3.b)
[1152] Siehe oben: C.I.1.c)aa)(1)
[1153] In nur 35,5 % aller untersuchter Herausgabeverfahren wurde das Jugendamt angehört, siehe oben: A.IV.3.e)ee)
[1154] Siehe zur Kritik an der Beteiligungspraxis des Jugendamtes oben: A.IV.3.e)ff)(4)
[1155] 2/3 aller untersuchter Verfahren, in denen das Jugendamt beteiligt wurde, haben sich wegen der Einigung der Parteien erledigt, siehe dazu oben: A.IV.3.d)aa) und dd)
[1156] Siehe oben: A.III.1.
[1157] Siehe dazu ausführlich oben: A.III.2.c)cc)(2)
[1158] Siehe oben: A.III.1.b)aa)(1), zu den Voraussetzungen ausführlich: A.III.4.a)aa)

nur dann zulässig, wenn die Durchsetzungsfrage ausreichende Erörterung findet und eine klare Trennung der Verfahrensgegenstände gegeben ist.[1159] In der gerichtlichen Praxis ist diese Vorgehensweise die Regel.[1160]
Dies ist auch im Hinblick auf die Sachnähe beider Verfahren und auf den Zeitfaktor hinsichtlich der Beschleunigungsmaxime, die auch dem Kindeswohl dienlich ist, sinnvoll.[1161]

Auf die Erörterung der Durchsetzungsfrage, insbesondere die Ermittlung des kindlichen Belastungsstandes im Hinblick auf die Durchführung der Vollstreckung und die Anwendung des einzelnen Zwangsmittels, ist aber bei der Zusammenfassung beider Verfahren besonders zu achten.
Wegen der großen Zahl der Eilverfahren ohne Durchführung einer mündlichen Verhandlung bzw. dem Unterbleiben von Anhörungen, unterbleibt dabei die Erörterung der Frage der Vollstreckung unzulässigerweise.[1162]

cc) Anforderungen an die besondere Verfügung im Sinne des § 33 II 1 FGG und die Durchführung der Vollstreckung nach § 33 II 1 FGG

Die Trennung des Erkenntnis- und Vollstreckungsverfahrens findet in dem Erfordernis einer besonderen Verfügung zum Erlaß einer Anordnung im Sinne des § 33 II 1 FGG besondere Ausprägung.[1163]

Sinn und Zweck der besonderen Verfügung ist es unter anderem, aufzuzeigen, daß eine angemessene Auswahl des Vollstreckungsmittels erfolgt ist, sowie ein ausreichendes Maß an Rechtssicherheit bei der Durchführung der Vollstreckung zu gewährleisten.[1164] Dies ist gerade im Hinblick auf die ausreichende Berücksichtigung der kindlichen Belange wichtig.

Die besondere Verfügung muß deshalb genau bezeichnen, wer gegenüber wem zu welcher Handlung berechtigt ist.
Die besondere Verfügung muß daher einen Auftrag an den zuständigen Gerichtsvollzieher enthalten, dem Herausgabe- oder Umgangspflichtigen oder einer in seinem Auftrag handelnden dritten Person das Kind wegzunehmen und dem Herausgabe- oder Umgangsberechtigten ggf. zum Zwecke des Umgangs zuzuführen. Der Gerichtsvollzieher ist gleichzeitig zu ermächtigen, zur Durchsetzung dieser Anordnung Gewalt zu gebrauchen, insbesondere den Widerstand des Herausgabepflichtigen zu überwinden und seine Wohnung zu durchsuchen so-

[1159] Siehe oben: A.III.4.a)aa)
[1160] Siehe oben: A.IV.3.f), g)
[1161] Siehe zum kindlichen Zeitbegriff grundlegend: Heilmann, Kindliches Zeitempfinden und Verfahrensrecht, 1998
[1162] Siehe oben: A.IV.3.f), g)
[1163] Siehe oben: A.III.4.a)aa)
[1164] Siehe oben: A.III.4.a)aa)

wie die Unterstützung der polizeilichen Vollzugsorgane in Anspruch zu nehmen.[1165]
Zum Zwecke der Rechtssicherheit und Rechtsklarheit bei der Durchführung der Vollstreckung muß die besondere Anordnung zum Schutz des Kindes zusätzlich ein Gewaltanwendungsverbot gegenüber der Person des Kindes beinhalten.

Um die schädlichen Folgen einer nicht vermeidbaren Vollstreckung gemäß § 33 II 1 FGG auf das Kind bei deren Durchführung möglichst gering zu halten, sollte das Jugendamt ob seiner Fachkompetenz um Hilfe gebeten werden. Das Jugendamt kann insoweit im Rahmen seiner aus § 50 I 1 KJHG resultierenden Unterstützungspflicht auf freiwilliger Basis zur Unterstützung bei der Vollstreckungsdurchführung herangezogen werden.[1166]

Die gerichtliche Praxis ist bezüglich des Inhalts der besonderen Anordnung und der Leitung der Durchführung der Vollstreckung seitens des Gerichts uneinheitlich und unzureichend.[1167]

dd) Erfordernis der Begründung der Vollstreckungsentscheidung hinsichtlich der Berücksichtigung der kindlichen Belange

Die Entscheidung über die Vollstreckung der Kindesherausgabe oder des Umgangsrechts mit den Mitteln des § 33 FGG muß im Hinblick auf die beschränkte Überprüfbarkeit der richterlichen Ermessensausübung begründet werden. Nur auf diese Weise kann überhaupt überprüft werden, ob die kindlichen Belange ausreichend Berücksichtigung gefunden haben.

Die gerichtliche Praxis ist insoweit unzureichend, als die kindlichen Belange innerhalb der Begründung der Vollstreckungsentscheidungen weitestgehend überhaupt keine Erwähnung finden.[1168]

2. Alternativen zur Durchführung der Vollstreckung mit den Zwangsmitteln des § 33 FGG

Vor der Durchführung der Vollstreckung der Kindesherausgabe bzw. des Umgangsrechts mit den Zwangsmitteln des § 33 FGG müssen wegen der stets zu

[1165] Siehe AG Hamburg Streit 1994, 83 (ST); zum Erfordernis der Wohnungsdurchsuchungsanordnung siehe auch BVerfG FamRZ 2000, 411
[1166] Siehe dazu ausführlich oben: A.III.4.b)bb)(3)
[1167] Siehe zur besonderen Anordnung ausführlich oben: A.IV.3.f)(3)(b)(bb); zur Durchführung der Vollstreckung unter Nichtheranziehung des Jugendamtes siehe oben: A.IV.3.f)(3)(b)(cc)
[1168] Nur bei einer Vollstreckungsentscheidung aller untersuchter Verfahren fanden in zweiter Instanz die kindlichen Belange überhaupt Berücksichtigung; siehe dazu: A.I.Fallstudie 3; A.IV.3.f)bb)(1)(a), (2)(a), (3)(b)(aa)

befürchtenden schädlichen Auswirkungen der Vollstreckung gemäß § 33 FGG[1169] alle zur Verfügung stehenden Alternativen überprüft und gegebenenfalls zur Anwendung gebracht werden.[1170] Strafrechtliche Maßnahmen sind insoweit nicht vom Familienrichter nutzbar zu machen.[1171]

a) Hinwirken auf das Einvernehmen und auf die Teilnahme an therapeutischen oder erziehungsberatenden Maßnahmen gemäß § 52 FGG

Gemäß § 52 I 1 FGG soll das Gericht so früh wie möglich und in jeder Lage des Verfahrens auf ein Einvernehmen der Beteiligten hinwirken.
Dies gilt unabhängig davon, ob es sich um einen Herausgabestreit auf der Grundlage sorgerechtlicher Ansprüche oder um einen Umgangsstreit handelt.[1172]

Die Beteiligten sind nach § 52 I 2 FGG so früh wie möglich anzuhören. Auf die Möglichkeit der Inanspruchnahme von Beratung ist unbedingt hinzuweisen. Dabei stehen dem Gericht gemäß § 52 II FGG Möglichkeiten zur Aussetzung des Verfahrens zur Hand, die die Teilnahme an einer Beratung fördern und letztlich zu einer einvernehmlichen Beilegung des Elternstreits führen sollen.[1173] Im Falle der Anhängigkeit eines Scheidungsverfahrens ergibt sich dies ohnehin aus § 613 I ZPO.
Diese Maßnahmen, die § 52 FGG vorsieht, hat das Gericht unbedingt auszuschöpfen.[1174]

Die Teilnahme an therapeutischen oder erziehungsberatenden Maßnahmen kann die Eltern befähigen, ihre Elternverantwortung wieder selbst wahrzunehmen und eine einvernehmliche praktikable Lösung zu erarbeiten. Damit kann längerfristig dem Sorge- und Umgangsrecht zur Durchsetzung und dem Kind zu seinem Recht auf beide Elternteile verholfen werden, ohne daß die Anwendung staatlicher Zwangsmittel notwendig ist.[1175]

[1169] Siehe zu den zu befürchtenden schädlichen Auswirkungen der Vollstreckung mit den Zwangsmitteln des § 33 FGG ausführlich: A.V.

[1170] Zur Untersuchung der nach geltendem Recht zur Verfügung stehenden Alternativen siehe ausführlich oben: A.VI.

[1171] Siehe ausführlich oben: A.VI.4.

[1172] Wobei dieses in der Praxis zumeist miteinander einhergeht: siehe zu den Grundlagen der Herausgabestreitigkeiten oben A.IV.3.c)

[1173] Gerade die Teilnahme an Beratungsgesprächen des Jugendamtes erweist sich dabei streckenweise als förderlich für die Beilegung des Rechtsstreits: siehe oben IV.3.d)(2) und (3)

[1174] Zu § 52 FGG siehe ausführlich: A.VI.3.b)

[1175] So auch die Zielsetzung des Gesetzgebers im Rahmen der Kindschaftsrechtsreform, siehe BT/Drucks 13/4899, S. 75; siehe auch oben: A.VI.3.b)

In der Praxis erweist sich die Teilnahme an therapeutischen oder erziehungsberatenden Maßnahmen als sinnvoll, auch oder gerade, wenn dies auf Druck des Gerichts hin geschieht.[1176]

Das Gesetz greift den bestehenden Beratungsbedarf durch die aus §§ 17, 18 KJHG auf.[1177] Die aus § 17 III KJHG resultierende Pflicht des Gerichts, über die Rechtshängigkeit von Scheidungssachen das Jugendamt zu informieren, ist extensiv zu handhaben. Auch im Falle der Anhängigkeit von Herausgabestreitigkeiten gemäß § 1632 I, III BGB und Umgangsstreitigkeiten gemäß § 1684 BGB muß das Jugendamt informiert werden, um die Beteiligten zur Teilnahme an einer Beratung anzuhalten.
Insoweit wären bundesweit einheitliche Beratungsstandards wünschenswert, sowie die Förderung des Angebots durch freie Träger.

Es existiert darüberhinaus keine gesetzliche Grundlage, die zur gerichtlichen Anordnung der Durchführung therapeutischer oder erziehungsberatender Maßnahmen legitimiert.[1178]

Die Regelung des § 52a FGG ist im Hinblick auf die Durchsetzung des Umgangsrechts nicht zufriedenstellend und weist vielmehr Gefahren für das Kindeswohl auf.[1179]

b) Alternativen zur Durchsetzung des Umgangsrechts

Da gerade im Hinblick auf die Durchsetzung des Umgangsrechts die Anwendung von Zwang bedenklich ist, ist das Aufzeigen spezieller, auf die Durchsetzung des Umgangsrechts zugeschnittener, Alternativen zu den Zwangsmitteln des § 33 FGG notwendig.[1180]

aa) Gerichtliche Regelung, Nichtregelung oder Änderung des Umgangs

Die erstmalige Regelung des Umgangsrechts gemäß § 1684 III BGB kann sich auch ohne die Anordnung von Zwangsmitteln als hilfreich zur Durchsetzung des Kontaktes zwischen Kind und nichtsorgeberechtigtem Elternteil erweisen. Die erstmalige Regelung des Umgangsrechts sollte daher immer ohne die gleichzeitige Anwendung von Zwangsmitteln erfolgen.[1181]

[1176] Siehe dazu – insbesondere zu den Studien bzw. Erfahrungen in der BRD auf diesem Gebiet - ausführlich oben: VI.3.b)
[1177] Siehe oben: VI.3.b)
[1178] Siehe dazu ausführlich oben: VI.3.a)
[1179] Siehe dazu ausführlich oben: A.VI.3.c)
[1180] Siehe zu den Alternativen insgesamt ausführlich oben: A.VI.
[1181] Siehe dazu ausführlich oben: A.VI.2.a)

Die bloße Nichtregelung des Umgangs kann im Falle der Konfliktverhärtung, die unter Umständen bereits zu einer kindlichen Weigerungshaltung geführt haben kann, die am wenigsten schädliche Alternative für das Kind sein, wenn nicht zum Schutz des Kindes der Ausschluß oder die Beschränkung des Umgangsrechts entschieden werden muß. Dies hält dem Kind gerade im Falle der Kindesweigerung Rückzugsmöglichkeiten offen.[1182]
Bestmöglich erklären sich die Eltern dann zunächst bereit, den Konflikt außergerichtlich, ggf. unter Teilnahme an therapeutischen oder erziehungsberatenden Maßnahmen ,zu lösen.[1183]

Im Falle des Vorliegens einer kindlichen Weigerungshaltung hinsichtlich des Umgangskontaktes ist es Folge, daß die Umgangsregelung im Hinblick auf eine mögliche Änderung überprüft werden muß.[1184]
Im übrigen ist es immer notwendig, zu überprüfen, ob die Konflikte im Zusammenhang mit den Umgangskontakten durch die Veränderung der Regelung beigelegt werden können, wenn tatsächliche Gründe, gerade im Hinblick auf die wachsende Verselbständigung des kindlichen Tagesablaufes, gegen die bestehende Umgangsregelung nicht zuletzt vom Kind vorgebracht werden, was Ergebnis einer Anhörung sein kann.[1185] Die Änderung der Umgangsregelung stellt insoweit eine weniger schädliche Alternative für das Kind dar.[1186]

bb) Aussetzung oder Einschränkung der Vollziehung des Umgangsrechts

Im Falle des Vorliegens einer kindlichen Weigerungshaltung hat der Staat den Eltern seine Unterstützung im Wege der Vollstreckung zu versagen.[1187]
In der Anordnung der Aussetzung oder Einschränkung der Vollziehung des Umgangsrechts gemäß § 1684 IV 1 BGB manifestiert sich in diesem Falle die Schutzpflicht des Staates gegenüber dem Kind,[1188] ohne daß bereits der Ausschluß oder die Einschränkung des Umgangsrechts als solchem erklärt werden muß.[1189]
Damit kann es zu einer Unterstützungswirkung gegenüber dem Kind kommen, dem mit der Aussetzung der Vollziehung verdeutlicht wird, daß seine Belange ernst genommen werden, der Rückweg zum Umgangskontakt aber nicht abge-

[1182] Siehe dazu ausführlich oben: A.VI.2.b)
[1183] Siehe zu den Pflichten des Gerichts in dieser Situation oben: A.VI.3.b)
[1184] Siehe dazu oben: A.III.2.c)cc)(3)
[1185] Zum Erfordernis der Kindesanhörung siehe insbesondere: C.I.1.d)aa)(1)
[1186] Siehe zur Änderung der Umgangsregelung ausführlich oben: A.VI.3.c)
[1187] Siehe oben: C.I.1.c)aa)
[1188] Siehe oben: A.VI.2.d)
[1189] Siehe zum Ausschluß und der Einschränkung des Umgangsrechts ausführlich oben: A.VI.2.e)

schnitten wird. In Fällen der Kindesweigerung kann daher die Aussetzung oder Beschränkung der Vollziehung dem Kindeswohl dienlich sein.[1190]
Die Einschränkung und Aussetzung der Vollziehung ist über den Fall der Kindesweigerung hinaus auch eine sinnvolle Alternative, wenn die Durchführung des Umgangskontaktes, selbst wenn das Kind den Umgang wünscht, nicht dem Kindeswohl dienlich wäre, soweit zum Schutz des Kindes der Ausschluß des Umgangsrechts als solchem jedoch nicht erforderlich ist oder allein die Vollstreckung mit den Mitteln des § 33 FGG dem Kindeswohl nicht dienlich ist bzw. dieses gefährdet.[1191]

cc) Durchführung des Umgangs in Anwesenheit mitwirkungsbereiter Dritter

Gemäß § 1684 IV 3, 4 BGB kann angeordnet werden, den Umgang in Anwesenheit mitwirkungsbereiter Dritter durchzuführen.
Diese Maßnahme kann in Konfliktfällen streitschlichtend wirken oder das Kind schützen, ohne daß die Vollziehung des Umgangs bzw. der Umgang ganz ausgesetzt werden muß oder ohne daß gerade im Falle des Umgangsboykotts durch den Sorgeberechtigten zu den Vollstreckungsmitteln des § 33 FGG gegriffen werden muß. Der Kontakt des Kindes zum nichtsorgeberechtigten Elternteil bleibt so erhalten.
Die Umgangsbegleitung kann nur auf bestimmte Dauer angelegt sein. Es darf nicht aus den Augen verloren werden, daß die Beteiligten befähigt werden sollen, den Umgangskontakt zu halten und eine tragfähige Beziehung aufzubauen.
Der begleitete Umgang kommt auch nur dann in Betracht, wenn das Kind generell bereit ist, den Umgangskontakt durchzuführen und gegen die Begleitperson keine Einwände hat. Lehnt das Kind die Begleitung unabhängig von der Begleitperson ab, so hat eine Abwägung der Kindesinteressen zu erfolgen.[1192]
Die Anordnung eines Umgangspflegers unter teilweisem Sorgerechtsentzug ist indes es keine sinnvolle Alternative.[1193]

Insoweit wären einheitliche Standards wünschenswert, was die pädagogisch und psychologisch notwendige Fachkompetenz der Begleitpersonen und die Ausgestaltung der Begleitung betrifft. Die Begleitperson muß pädagogisch und psychologisch über die notwendige Fachkompetenz verfügen.
Hinsichtlich der Durchführung des begleiteten Umgangs kann beispielsweise das dargestellte kanadische Modell Anstoß sein, für Fälle der Umgangsobstruk-

[1190] Siehe oben: A.VI.2.d)
[1191] Siehe oben: A.VI.2.d); Fälle, in denen das Kind den Umgang wünscht, dieser aber nicht dem Kindeswohl dienlich ist, können z.B. Fälle des sexuellen Mißbrauchs sein, wenn die Schuldgefühle des Kindes durch den einem Umgangsverbot gleichkommenden Ausschluß des Umgangsrechts verstärkt werden würden.
[1192] Siehe zum begleiteten Umgang ausführlich oben: A.VI.2.f)
[1193] Siehe dazu ausführlich oben: A.VI.1.c)

tion durch den Sorgeberechtigten praktikable und finanzierbare Modelle zu entwickeln. Es wären auch Angebote durch das Jugendamt und freie soziale Träger zu fördern.[1194]

Soweit der begleitete Umgang von den bestehenden Beratungsansprüchen gemäß §§ 17, 18 KJHG umfasst ist besteht ein Anspruch auf finanzielle Unterstützung. Im übrigen müssen bundeseinheitliche Finanzierungskonzepte gefunden werden.[1195]

[1194] Siehe oben: B.II.3.c)bb)

[1195] Siehe zur Finanzierung ausführlich: Walter, FPR 1999, 204 (205); kritisch im Hinblick auf die in der Trennungs- und Scheidungssituation angespannte finanzielle Lage zu betrachten ist die Auffassung des Gesetzgebers, wonach die Beteiligten zur Kostenübernahme herangezogen werden sollen: BT/Drucks 13/4899, S. 106

II. Anforderungen an ein kindgerechtes Verfahren zur Durchsetzung der Kindesherausgabe und des Umgangsrechts - de lege ferenda

Nachfolgend werden Forderungen an den Gesetzgeber formuliert, mit denen die kindlichen Interessen bei der Durchsetzung der Kindesherausgabe oder des Umgangsrechts bestmöglich berücksichtigt werden können. Dabei werden insbesondere die durch den Rechtsvergleich mit Kanada gewonnenen Erfahrungen einbezogen.[1196]

1. Nutzen von Zwangsmitteln im Elternstreit

Die Situation, die der Vollstreckungsfrage im elterlichen Herausgabe- oder Umgangsstreit zugrundeliegt, dient bereits nicht dem Kindeswohl. Daher kann nie gewährleistet sein, daß das Kind von der Vollstreckung mit Zwangsmitteln unberührt bleibt. Dies wäre jedoch sowohl rechtsdogmatisch als auch pädagogisch und psychologisch notwendig.[1197]
Unabhängig vom Ausmaß der Kindesbelastung sind Zwangsmittel aber riskant, da sie die konfliktbeladene Situation selten entlasten, dagegen eher weiteres Konfliktpotential schaffen.[1198]

Aus der Sicht des Kindes ist die Vollstreckung der Kindesherausgabe oder des Umgangsrechts mit Zwangsmitteln nicht förderlich.
Gerade im Hinblick auf das Umgangsrecht sollte deshalb auch gesetzlich auf den Einsatz von Zwangsmitteln zum Wohle des Kindes ganz verzichtet werden.[1199] Bleibt die Vollstreckbarkeit des Umgangsrechts mit Zwangsmitteln nur deshalb erhalten, da davon eine Signalwirkung ausgehe,[1200] so werden hierbei bereits die kindlichen Interessen verkannt. Die auf dem Druck einer finanziellen „Sanktion" aufgebaute Eltern- Kind- Beziehung ist durch Unfreiwilligkeit geprägt. Zum Abbau von Spannungen oder dem Schärfen des Bewußtseins der kindlichen Interessen im Elternstreit kann dies nichts beitragen.

Die vom Gesetzgeber zur Verfügung gestellten Möglichkeiten zur Durchsetzung der Kindesherausgabe und des Umgangsrechts müssen vielmehr – anders als die geltenden Zwangsmaßnahmen - gerade da ansetzen, wo der elterliche Konflikt sich nicht mehr ohne Hilfe von Außen zum Wohle des Kindes beilegen läßt und die kindlichen Interessen aus den Augen verloren werden. Das Gesetz hat Möglichkeiten anzubieten, durch die Unterstützung und Hilfe zur Selbsthilfe in die-

[1196] Zum Rechtsvergleich siehe oben: B.
[1197] Siehe dazu oben: A.V.2.
[1198] Siehe oben: A.V.2.a)
[1199] Die Anwendung von Zwangsmitteln ist hier bedenklich, siehe auch oben: C.I.1.c)cc)
[1200] So BT/Drucks 13/4899, S. 69

ser Situation geleistet und das Bewußtsein für die kindlichen Interessen geschärft wird.

2. Standort der Durchsetzungsmöglichkeiten

Die geltenden Regelungen der Zwangsmittel und anderer Möglichkeiten zur Durchsetzung der Kindesherausgabe bzw. des Umgangsrechts sind nicht alle sachnah im Bereich des Sorge- und Umgangsrechts eingebettet, sondern finden sich vielmehr verstreut an verschiedenen Stellen im BGB und FGG. Dazu zählen z.B. § 1684 IV BGB, § 33 FGG, § 52 FGG und § 52a FGG.

Durch die Regelung des § 33 FGG werden nicht nur Vollstreckungsmaßnahmen im Bereich des Kindschaftsrechts geregelt, es wird vielmehr der Vollzug aller gerichtlichen Entscheidungen erfaßt, deren zwangsweise Durchführung zu den Aufgaben der freiwilligen Gerichtsbarkeit gehört.[1201] Insoweit ist es nicht verwunderlich, daß diese gesetzliche Regelung auf die besonderen Anforderungen zur Durchsetzung der Kindesherausgabe bzw. des Umgangsrechts im Elternstreit nicht einzugehen vermag. Die Unterschiedslosigkeit der Regelung des § 33 FGG stellt sich dabei gerade wegen des Verzichts auf die Formulierung der Belange des Kindes als schwerer Mangel dar.[1202] Vielmehr wird das Kind gleichbehandelt mit Nachlaßsachen, Registersachen und Grundbuchsachen.[1203] Das Kind ist jedoch keine Sache, es verbietet sich ohnehin jegliches schuld- oder sachenrechtliches Denken.[1204]
Um den speziellen Anforderungen der Durchsetzung der Kindesherausgabe bzw. des Umgangsrechts gerecht zu werden, müßte eine Regelung geschaffen werden, in der die Belange des Kindes ausdrücklich berücksichtigt werden.
Insoweit bietet sich für konkrete repressive der Durchsetzung der Kindesherausgabe oder des Umgangsrechts dienende Vorschriften insgesamt eine sachnahe Einbettung der Regelungen in die Vorschriften des Gesetzes über die Angelegenheiten der freiwilligen Gerichtsbarkeit an[1205] Dabei macht die standörtliche und sachliche Trennung der beiden Verfahrensarten des Erkenntnis- und Vollstreckungsverfahrens hinsichtlich der zweifachen Kontrolle bei der richterlichen

[1201] Siehe zu den einzelnen Angelegenheiten, die § 33 FGG erfasst: Bassenge/Herbst, § 33 FGG, Rdnr. 1

[1202] Ähnlich: Dickmeis, NJW 1992, 537

[1203] Diese sind von § 33 FGG erfaßt: siehe Bassenge/Herbst, § 33 FGG, Rdnr. 1

[1204] Bezeichnend ist insoweit auch, daß in der Praxis die Protokollvordrucke für die Vollstreckung über die Herausgabe von Sachen auch bei der Vollstreckung der Kindesherausgabe verwendet werden, wobei jedenfalls manchmal das Wort „Sachen" durchgestrichen wird und durch das Wort „Kindern" ersetzt wird

[1205] Dies ist insgesamt übertragbar auf alle Kindesrückführungsregelungen nach ESÜ oder HKÜ. Denn diesen liegt letztlich auch die Vollstreckung des Sorge- oder Umgangsrechts zugrunde. Bezüglich einer im Rahmen des § 1666 BGB anfallenden Herausgabeproblematik liegt eine andere Situation zugrunde, so daß die inhaltliche Ausgestaltung der Durchsetzungsmechanismen dieser Situation angepaßt werden muß.

Entscheidungstätigkeit aber Sinn. Diesbezüglich können beim Entscheidungsprozeß zur Vollstreckungsentscheidung Mängel der Grundentscheidung aufgedeckt werden.[1206]
Die kanadische Standortgestaltung der Durchsetzungsvorschriften stellt diesbezüglich ein sinnvolles Beispiel dar.[1207]

3. Inhaltliche Ausgestaltung der Durchsetzungsregelungen

a) Allgemeine Anforderungen

Die Einräumung richterlichen Ermessens hinsichtlich der Anordnung von Maßnahmen zur Durchsetzung der Kindesherausgabe oder des Umgangsrechts würde sich grundsätzlich als sinnvoll erweisen. So ermöglichte man eine flexiblere Handhabung der Durchsetzungsmechanismen, zugeschnitten auf den Einzelfall.[1208]

Innerhalb dieser Durchsetzungsregelungen müßte zunächst gesetzlich klargestellt werden, daß die Durchsetzung der Kindesherausgabe bzw. des Umgangsrechts mittels Zwang gegenüber dem anderen Elternteil dem Kindeswohl dienlich sein muß[1209] und insbesondere im Falle des Vorliegens einer kindlichen Weigerungshaltung unabhängig vom Zwangsmittel nicht zulässig ist.[1210]

b) Finanzielle Zwangsmittel

Im Hinblick auf die Androhung und Verhängung eines Zwangsgeldes ist es von Seiten des Gesetzes her notwendig, den Kindesbelangen zur Berücksichtigung zu verhelfen, da die gerichtliche Praxis dies nur unzureichend unternimmt.[1211]
Um den Anforderungen an ein kindgerechtes Vollstreckungsverfahren gerecht zu werden, muß das Gesetz zum Ausdruck bringen, daß ein Zwangsgeld nur angedroht und verhängt werden darf, wenn die materiellen Bedürfnisse des Kindes vom Zwangsgeld unbeeinträchtigt weiterhin Deckung erfahren.

Im Hinblick auf die Handhabung des Zwangsgeldes in der deutschen Gerichtspraxis wird deutlich, daß der Zwangsgeldrahmen von bis zu 50.000 DM nicht

[1206] Siehe dazu ausführlich oben: A.III.2.c)cc)(3)
[1207] Siehe dazu ausführlich oben: B.I.2.a) und b)
[1208] Siehe dazu die Gesetzeslage Kanadas: B.I.2.a) und b), B.II.
[1209] Dies gilt ohnehin nach dem Verhältnismäßigkeitsgrundsatz, siehe oben: C.I.1.a)
[1210] Dies gilt ohnehin nach dem Verhältnismäßigkeitsgrundsatz, siehe oben: C.I.1.c)aa) m.w.N.
[1211] siehe oben: C.I.1.c) bb)(1) m.w.N.

annähernd ausgeschöpft wird.[1212] In rechtsvergleichender Sicht zeigt sich insoweit auch ein wesentlich niedrigerer Rahmen.[1213] Die mangelnde Praxisrelevanz des hohen Zwangsgeldrahmens sowie die bei Androhung oder Verhängung eines sehr hohen Zwangsgeldes zu befürchtende intensivere Gefährdung der kindlichen Belange muß daher Anlaß zur Senkung des Zwangsgeldrahmens bieten.

Die Regelung der Hinterlegung einer Kaution für einen bestimmten Zeitraum des Wohlverhaltens im Falle der Umgangsvereitelung durch den Sorgeberechtigten bzw. die Hinterlegung einer Kaution und die Übertragung von Eigentum im Falle der Entführungsgefahr erweist sich nach kanadischem Beispiel als sinnvoll, wenn die Bedürfnisse des Kindes, von der Kautionszahlung unbeeinträchtigt, weiterhin Deckung erfahren.[1214]
Im Hinblick auf die Durchsetzung des Umgangsrechts stellt die Pflicht zur Hinterlegung einer Kaution im Gegensatz zum Zwangsgeld das mildere Mittel dar, wenn der Verpflichtete die Gelegenheit erhält, das Geld zurück zu erlangen, soweit er sich der Ausübung des Umgangsrechts für einen bestimmten längeren Zeitraum nicht verweigert. Wegen des damit verbundenen Ansporns, das Geld zurückerhalten zu wollen, könnten auch bessere Resultate erzielt werden, als im Falle der Androhung oder Verhängung des Zwangsgeldes.[1215]
Wird seitens des Sorgeberechtigten aufgrund konkreter Umstände befürchtet, der Umgangsberechtigte könnte das Kind während des Umgangskontakts entführen, so kann die Zahlung einer Kaution durch den Umgangsberechtigten den Verbleib des Kindes sichern, so daß der Umgangskontakt stattfinden kann, bzw. eine Herausgabeanordnung gemäß § 1632 I, III BGB unterbleiben kann. Insoweit kommt auch die Übertragung von Eigentumswerten in Betracht. Die kanadische Rechtslage stellt daher ein interessantes Beispiel dar.[1216]

c) Zwangshaft

Weil die Androhung bzw. Verhängung der Zwangshaft gemäß § 33 I 2 FGG sich als sehr schädliche Alternative zur Durchsetzung der Kindesherausgabe oder des Umgangsrechts aus der Sicht des Kindes erweist,[1217] sollte zur zwangsweisen Durchsetzung der Kindesherausgabe oder des Umgangsrechts aus der Sicht des Kindes auch im Hinblick auf Fälle einer konkreten Entführung oder

[1212] In allen untersuchten Verfahren wurde kein einziges Mal ein Zwangsgeld verhängt, der Rahmen der Androhung blieb immer unter dem gesetzlichen Höchtsrahmen, siehe oben: A.IV.3.f)bb)(1)(a) und (b)
[1213] Siehe dazu ausführlich: B.II.1.b)aa)(2) und (3)
[1214] Siehe oben: B.II.1.b)bb)(2) und B.II.5.
[1215] Eine sinnvolle Handhabung weist daher das kanadische Recht auf, siehe dazu ausführlich : B.II.1.b)bb)(2)
[1216] Siehe dazu ausführlich oben: B.II.5.
[1217] Siehe oben: C.I.1.c)bb)(2) m.w.N.

Entführungsgefahr gesetzlich auf das Zwangsmittel der Zwangshaft verzichtet werden.
Die Zwangshaft hat ohnehin eine geringe Praxisrelevanz in der deutschen Rechtsprechung.[1218] Gesetzlich stehen im Falle der Kindesentführung bei Vorliegen der tatbestandlichen Voraussetzungen des § 235 StGB auch strafrechtliche Mittel zur Verfügung, bei denen allerdings die Beugewirkung fehlt, die aber trotzdem abschreckende Wirkung haben.[1219] Die Beugewirkung kann aus Kindessicht schonender durch die Abgabe einer eidesstattlichen Versicherung oder finanzielle Zwangsmittel erreicht werden. Dazu bieten sich neben der Androhung oder Verhängung von Zwangsgeldern wiederum die Zahlung einer Kaution oder die Übertragung von Eigentum an.[1220]

d) Gewaltanwendung

Daß gegen ein Kind zum Zwecke der Durchsetzung der Kindesherausgabe oder des Umgangsrechts nie Gewalt angewendet werden darf,[1221] muß ausdrücklich zum Schutz des Kindes aus dem Gesetz hervorgehen. Insoweit war die Gesetzesänderung des § 33 II FGG im Zuge der jüngsten Kindschaftsrechtsreform unzureichend, da zur Klarstellung nur ausdrücklich die Unzulässigkeit der Gewaltanwendung zur Vollstreckung des Umgangsrechts gegen das Kind in den Gesetzestext aufgenommen wurde.[1222]

Ebenfalls muß zum Schutz des Kindes klargestellt werden, daß zur Durchsetzung des Umgangsrechts die Anwendung von Gewalt generell ausscheidet.[1223]

Die Handlungen, die zur Durchsetzung der Herausgabeanordnung gemäß § 1632 I, III BGB vorgenommen werden dürfen, sollten bereits vom Gesetz her hinreichend bestimmt werden. Dies gilt insbesondere im Hinblick auf eine eventuell stattfindende Wohnungsdurchsuchung. Insbesondere mögliche Personen oder Sachen, gegen die Gewalt verübt werden darf, müssen genau bestimmt werden.[1224] Dadurch kann eine höhere Rechtssicherheit für den Vollstreckungsgegner erreicht werden.
Insoweit liefert die kanadische Gesetzeslage gerade auch im Hinblick auf eine Wohnungsdurchsuchung ein sinnvolles Beispiel, wie die einzelnen zur Herausgabevollstreckung notwendigen Handlungen genauer umschrieben werden können.[1225]

[1218] Siehe dazu oben: A.II.3. und A.IV.3.f)bb)(2); anders in Kanada: B.II.1.b)bb)
[1219] Dazu siehe oben: A.II.3. und A.VI.4.
[1220] So das kanadische Recht, siehe dazu oben: B.II.5.
[1221] Siehe dazu auch ausführlich oben: C.I.1.c)bb)(3) m.w.N.
[1222] Art. 8 Nr. 1 KindRG vom 16.12.1997 (BGBl. I, S. 2942)
[1223] Siehe dazu ausführlich auch: C.I.1.c)cc)
[1224] Siehe dazu auch: A.II.4.a)aa)
[1225] Siehe dazu ausführlich oben: B.II.2.a)

Die Person, welche die Herausgabevollstreckung durchführt, sollte über eine Zusatzausbildung verfügen, innerhalb derer der Umgang mit familiären Konflikten sowie die Berücksichtigung der besonderen kindlichen Belange in der Vollstreckungssituation erläutert werden.[1226] Dieses obligatorische Erfordernis muß seitens des Gesetzgebers geregelt werden, um einen einheitlichen Standard zu garantieren.

e) Durchführung zwangsweiser Erziehungsberatung und Mediation

Da die Durchsetzung der Kindesherausgabe und des Umgangsrechts mittels Zwang insgesamt eine dem Kindeswohl eher schädliche Alternative darstellt,[1227] ist die Verlagerung der Durchsetzungsmöglichkeiten auf Maßnahmen, von denen das Kind nicht negativ berührt wird, besonders wichtig.
Wo der elterliche Konflikt sich nicht mehr ohne Hilfe von Außen zum Wohle des Kindes beilegen läßt und die kindlichen Interessen aus den Augen verloren werden, kann durch die Erziehungsberatung und die Mediation Unterstützung und Hilfe zur Selbsthilfe geleistet und das Bewußtsein für die kindlichen Interessen geschärft werden.

Die Ergebnisse des Rechtsvergleichs mit Kanada im Bereich zwangsweiser Erziehungsberatung und Mediation sind dabei für das deutsche Recht nutzbar zu machen.[1228] Auch deutsche Studien weisen insoweit brauchbare Ergebnisse auf, auch und gerade wenn ein Zwang zur Beratung oder Mediation bestanden hat.[1229]
Speziell durch die Erziehungsberatung kann das elterliche Bewußtsein für die Bedürfnisse des Kindes in der besonderen Konfliktsituation der Trennung oder Scheidung wieder geschärft werden. Auch ist es Ergebnis einer erfolgreichen Mediation, daß die ausgeglichenen Eltern wieder in der Lage sind, die Belange ihres Kindes eigenverantwortlich und bewußt wahrzunehmen.

Die zwangsweise Anordnung der Teilnahme an einer Erziehungsberatung für den Fall, daß ein Elternteil gegen den anderen gerichtlich das Umgangsrecht oder die Kindesherausgabe geltend machen will, ist ,mangels schädlicher Auswirkungen auf das Kind, eine sinnvolle Alternative zu den herkömmlichen Vollstreckungsmitteln und sollte in der deutschen gerichtlichen Praxis obligatorisch durchgeführt werden können.[1230]
Ob die obligatorische Durchführung erziehungsberatender Maßnahmen im Vorfeld der Vollziehung gerichtlicher Anordnungen die Anwendung von Zwang gänzlich ersetzen kann, muß durch die Durchführung weiterer Studien ermittelt

[1226] Siehe dazu auch: A.V.3.c)
[1227] Siehe oben: A.V.1. und 2.
[1228] Siehe dazu ausführlich oben: B.II.4.
[1229] Siehe dazu oben: A.VI.3.b)
[1230] Siehe dazu ausführlich oben: B.II.4.a)bb)

werden. Insoweit wäre es wünschenswert, wenn der Gesetzgeber bei Anerkennung der Notwendigkeit jener Maßnahmen finanzielle Unterstützung leistete.

Die gerichtliche Anordnung der Durchführung zwangsweiser Mediation erscheint aus der Sicht des Kindes zwar weniger sinnvoll als die Anordnung der zwangsweisen Teilnahme an erziehungsberatenden Maßnahmen.[1231] Dies liegt daran, daß die Mediation nicht eigentlich die Kindesinteressen fokussiert, sondern die Elterninteressen zum Ausgleich bringen will. Die Möglichkeit zur Anordnung der Durchführung einer zwangsweisen Mediation auf Antrag einer Partei ist jedoch im Falle des Umgangsstreits der Regelung des § 52a FGG vorzuziehen. Auf diese Weise ist es gewährleistet, daß bei der Durchführung der Mediation ausgebildete Fachkräfte tätig werden und die Drohung mit Zwangsmitteln unterbleibt. Dies kann sich auf das Mediationsergebnis im Gegensatz zum Vermittlungsergebnis nach § 52a FGG nur positiv auswirken.[1232] Die Durchführung einer zwangsweisen Mediation auf Antrag einer Partei im Umgangsstreit ist insoweit milderes und effektiveres Mittel im Gegensatz zur Durchführung eines Vermittlungsverfahrens nach § 52a FGG. Die kanadische Regelung zur Anordnung der Durchführung einer Mediation auf Antrag einer Partei im Falle der Nichtbeachtung einer gerichtlichen Umgangsregelung stellt daher ein sinnvolles Beispiel dar.[1233]

Es bedarf auch insoweit bundesweit einheitlicher Standards hinsichtlich der Durchführung und Finanzierung obligatorischer Maßnahmen der Erziehungsberatung und der Mediation die, gemessen an der Einkommenssituation der Betroffenen, staatlich unterstützt werden müssen.

f) Konkrete gesetzliche Ausgestaltung

§ 33 II Satz 2 FGG wird gestrichen.

§ 33 a FGG wird eingefügt und hat folgenden Wortlaut:
(1) Das Gericht kann zum Zwecke der Herausgabe eines Kindes oder der Durchführung einer gerichtlichen Verfügung über den Umgang mit dem Kind geeignete Maßnahmen treffen, wenn dies dem Kindeswohl dienlich ist.
(2) Ist ein Kind herauszugeben, ist die Anordnung
1. der in § 33 bezeichneten Maßnahmen, wenn der Wille des Kindes der Herausgabe entgegensteht,
2. einer Gewaltanwendung gegen das Kind
3. einer Maßnahme gemäß § 33 I Satz 2
unzulässig.

[1231] siehe oben: B.II.4.b)bb)
[1232] Siehe dazu ausführlich oben: B.II.4.b)bb)
[1233] Siehe oben: B.II.4.b)aa)

(3) Zur Durchsetzung des Umgangsrechts ist die Anordnung der in § 33 bezeichneten Maßnahmen unzulässig.

§ 52a FGG wird ersatzlos gestrichen.

Kolibri 360 GmbH
Ferdinand-Jühlke-Straße 7
99095 Erfurt, Deutschland
produktsicherheit@kolibri360.de

Druck:
CPI Druckdienstleistungen GmbH
im Auftrag der
Kolibri 360 GmbH
Ferdinand-Jühlke-Str. 7
99095 Erfurt